吕思勉 著

白话本国史

上

吕思勉著作精选 通史

图书在版编目(CIP)数据

白话本国史 / 吕思勉著. —上海：上海古籍出版社，2022.11
(吕思勉著作精选. 通史)
ISBN 978-7-5732-0443-1

Ⅰ.①白… Ⅱ.①吕… Ⅲ.①中国历史—通俗读物 Ⅳ.①K209

中国版本图书馆 CIP 数据核字(2022)第 177447 号

吕思勉著作精选·通史

白话本国史

(全二册)

吕思勉　著

上海古籍出版社出版发行

(上海市闵行区号景路 159 弄 1-5 号 A 座 5F　邮政编码 201101)
(1) 网址：www.guji.com.cn
(2) E-mail: guji1@guji.com.cn
(3) 易文网网址：www.ewen.co
上海颛辉印刷厂有限公司印刷
开本 890×1240　1/32　印张 28.375　插页 4　字数 662,000
2022 年 11 月第 1 版　2022 年 11 月第 1 次印刷
ISBN 978-7-5732-0443-1
K·3262　定价：118.00 元
如有质量问题，请与承印公司联系

前　言

　　有一种说法,说理想的历史著述家,要写过一部历史的专著,写过一部历史教科书,再写过一部历史通俗读物。又有一种类似的说法,把教科书换成了方志书,或是把通俗读物换成了历史地图册,说唯有著述了多种主题、多种形式的史学作品,历史著述才算达到了完满的境界。这些说法,当然不是在为史学评论提供一种评判的标尺,其本意是强调历史著述家除了要撰写专业领域里的学术著作,还要尽其所能为社会大众提供多种多样的历史作品,以满足不同层次、不同爱好的读者需要。

　　由此而论,史学家吕思勉先生倒是达到了理想的历史著述境界。他不仅写有大部头的史学著作,如《先秦史》《秦汉史》等成系统的四部断代史,还写过大量的文史教科书和历史通俗读物。其数量之多、品类之丰,在民国时代众多的史学大家中也是很罕见的。而且,他撰写的教科书和历史通俗读物,都是精心之作,或被后人称之为通俗读物之典范。

　　如此次"吕思勉著作精选"收录的一九二四年商务印书馆出版的《新学制高级中学教科书本国史》,黄永年先生曾评价说:这本书现在已经很少有人知道了,有一篇《吕思勉先生主要著作》,就没有提到这本书,也许认为这只是教材而非著作。"其实此书从远古讲到民国,只用了十二万字左右篇幅,而政治、经济、文化以及典章制度各个方面无不顾及,在取舍详略之中,体现出吕先生的史学史识,实是吕先生早期精心之作。有些青年人对我讲,现在流行的通史议论太多,史实太少,而且头绪不清,实在难读难记。我想吕先生这本要言不烦的《本国史》是否可以给现在编写通史、讲义的同志们一点启发。"(黄永年:《回忆我的老师吕诚之先生》,《学林漫录》第四集,北京,中华书局,1981年)

又如《三国史话》,原是吕先生撰写《秦汉史》的副产品,出版之后,就很受欢迎,被视为历史通俗读物的典范之作。虞云国先生说:史学大师吕思勉既有代表其学术高度的断代史,又有通俗读物《三国史话》,"各擅胜场,令人叹绝"。(吕思勉:《三国史话》封底,北京,商务印书馆,2015年)梁满仓先生也说:"《三国史话》的大家风范,首先体现在作者强烈的历史责任意识……还表现在一些经得住时间检验的观点……《三国史话》是一部通俗历史读物,然而通俗中却包含着渊博的知识……小中见大、通俗中见高雅,《三国史话》为我们树立了典范。"(梁满仓:《〈三国史话〉的大家风范》,吕思勉:《三国史话》,北京出版社,2012年)如今,吕先生的各种著述一再重版、重印,成为民国史学家中最为大众欢迎的史家之一,说明上述史学家们的评说已经成为大家的共识。

本着这样的认识,我们在吕先生一千余万字的著述中,选择了二十余种兼具通俗性与专业性且篇幅适宜者,根据内容分为七类,分别是:通史、专门史、修身、历史分级读本、读史札记、史话和国学,组成"吕思勉著作精选",以飨读者。如最先推出的"吕思勉著作精选·专门史",收入《中国社会史》、《中国社会变迁史(附大同释义)》、《中国民族史两种》和《中国文化史六讲 中国政治思想史十讲》。何以收入此四种?吕先生历来备受关注者,即其"两部通史、四部断代史、一种札记",但其对专门史亦非常重视。他提倡"专就一种现象的陈迹加以研究"之专门的历史,并且身体力行,在史学实践中完成社会史、民族史、文化史、政治思想史等专史著作,涵盖面很广。且其专门史常常有一种贯通的眼光,既是朝代的贯通,也是"专门"的贯通,如其讲政治思想史、文化史,则先论社会史,因此其专门之中又多贯通,体现了其"综合专门研究所得的结果,以说明一地域、一时代间一定社会的真相"的治学路径。吕思勉先生的历史著作,大多都蕴含着这种"贯通"的眼光。以此为例,是想说明我们精选吕思勉著作的用意,以及帮助读者更好地理解中国历史的希望。

此次整理将吕先生做过的一些眉批,作页下注处理;此外,编者的按语也作页下注。民国年间,《白话本国史》曾有两处修订:一处是第三篇近古史(下)第一章的第一节和第二节(1933年10月国难后第二版已改),另一处是第四篇近世史(下)第四章的第三节(1926年11月第四版已改)。这两处改动后的段落,现都用作附录。本书原用民国纪年法,即以1912年民国元年为基准,民国纪元之前是倒向逆推,称民国前某某年,简称前某某年;民国纪元之后是顺向增加,称民国某某年等。为适应今日的阅读习惯,在原民国纪年之后,加括弧注明公元年代。

目 录

前言 ·········· 1

序例 ·········· 1

绪 论

第一章 历史的定义 ·········· 7
第二章 中国的历史 ·········· 9
第三章 现在研究史学的方法 ·········· 13
第四章 本书的分期 ·········· 15

第一篇 上古史

第一章 汉族的由来 ·········· 19
第二章 古史的年代和系统 ·········· 22
第三章 三皇五帝 ·········· 29
 第一节 三皇五帝时代社会进化的状况 ·········· 29
 第二节 黄帝和蚩尤的战争 ·········· 31

第三节　尧舜的禅让 ………………………… 35
　　　第四节　禹的治水 …………………………… 42
第四章　三王时代 …………………………………… 45
　　　第一节　羿的代夏和少康中兴 ……………… 45
　　　第二节　夏殷的兴亡 ………………………… 51
　　　第三节　商朝的事实 ………………………… 57
　　　第四节　商周的兴亡 ………………………… 61
　　　第五节　西周的事迹 ………………………… 67
第五章　春秋战国 …………………………………… 73
　　　第一节　春秋 ………………………………… 73
　　　第二节　战国 ………………………………… 82
第六章　汉族以外的诸族 …………………………… 86
　　　第一节　獯粥 ………………………………… 86
　　　第二节　东胡 ………………………………… 89
　　　第三节　貉 …………………………………… 91
　　　第四节　氐羌 ………………………………… 92
　　　第五节　粤 …………………………………… 93
　　　第六节　濮 …………………………………… 97
第七章　中国古代的疆域 …………………………… 99
第八章　古代社会的政治组织 ……………………… 110
　　　第一节　古代社会的阶级制度 ……………… 110
　　　第二节　封建 ………………………………… 114
　　　第三节　官制 ………………………………… 119
　　　第四节　教育和选举 ………………………… 126
　　　第五节　兵制 ………………………………… 133

第六节　法律 …… 140
第九章　古代社会的经济组织 …… 148
　　第一节　农业 …… 148
　　第二节　工商业和货币 …… 155
　　第三节　春秋战国时代社会经济的变迁 …… 160
第十章　古代的宗教和文化 …… 165
　　第一节　古代的哲学和宗教 …… 165
　　第二节　文字的起源和变迁 …… 174
　　第三节　东周以后的学派 …… 180

第二篇　中古史（上）

第一章　秦始皇帝的政策 …… 189
第二章　封建政体的反动 …… 194
　　第一节　豪杰亡秦 …… 194
　　第二节　项羽的分封和楚汉的兴亡 …… 198
　　第三节　汉初功臣外戚宗室三系的斗争 …… 203
第三章　汉初的休养生息 …… 214
第四章　汉朝的武功 …… 217
　　第一节　匈奴 …… 217
　　第二节　西域 …… 221
　　第三节　朝鲜 …… 224
　　第四节　闽粤南越和西南夷 …… 225
第五章　前汉的衰亡 …… 228
　　第一节　汉武帝的内政 …… 228
　　第二节　霍光废立和前汉的外戚 …… 231

第六章 社会革命 ………………………………………… 235
第七章 后汉的兴亡 ……………………………………… 240
　第一节 光武的中兴 …………………………………… 240
　第二节 后汉的武功 …………………………………… 242
　第三节 后汉的外戚和宦官 …………………………… 245
第八章 秦汉时代的政治和文化 ………………………… 248
　第一节 官制 …………………………………………… 248
　第二节 教育和选举 …………………………………… 250
　第三节 赋税 …………………………………………… 253
　第四节 兵制 …………………………………………… 255
　第五节 法律 …………………………………………… 257
　第六节 学术 …………………………………………… 260

第二篇　中古史(中)

第一章 后汉的灭亡和三国 ……………………………… 267
　第一节 后汉的乱源 …………………………………… 267
　第二节 汉末的割据和三国的兴亡 …………………… 271
第二章 两晋和五胡 ……………………………………… 279
　第一节 晋初异族的形势 ……………………………… 279
　第二节 八王之乱 ……………………………………… 281
　第三节 西晋的灭亡 …………………………………… 283
　第四节 胡羯的兴亡 …………………………………… 285
　第五节 鲜卑的侵入 …………………………………… 287
　第六节 东晋内外的相持 ……………………………… 289
　第七节 苻秦的盛强 …………………………………… 292

第八节　淝水之战和北方分裂 ………………………… 294

　　第九节　拓跋氏的兴起 ………………………………… 295

　　第十节　宋篡东晋和魏并北方 ………………………… 298

第三章　南北朝 …………………………………………… 302

　　第一节　宋齐的治乱 …………………………………… 302

　　第二节　北魏的盛衰 …………………………………… 304

　　第三节　东西魏的纷争和侯景乱梁 …………………… 307

　　第四节　周齐的兴亡和隋的统一 ……………………… 309

第四章　军阀和异族 ……………………………………… 313

第二篇　中古史（下）

第一章　隋朝的内政外交 ………………………………… 321

　　第一节　隋文帝的内治 ………………………………… 321

　　第二节　回族的起源和分布 …………………………… 322

　　第三节　高车和柔然 …………………………………… 325

　　第四节　突厥的起源 …………………………………… 327

　　第五节　突厥的盛强和隋朝与突厥的交涉 …………… 330

　　第六节　朝鲜半岛三国和中国的关系 ………………… 331

　　第七节　隋唐的兴亡 …………………………………… 334

第二章　唐朝的初盛 ……………………………………… 338

　　第一节　唐太宗灭突厥 ………………………………… 338

　　第二节　藏族的兴起 …………………………………… 340

　　第三节　印度阿利安人入藏 …………………………… 343

　　第四节　唐朝和朝鲜日本的关系 ……………………… 347

　　第五节　从魏晋到唐中国和南洋的关系 ……………… 348

第六节 武韦之乱和开元之治 ········· 351
第三章 从魏晋到唐的政治制度和社会情形 ········· 355
　第一节 官制 ········· 355
　第二节 教育和选举 ········· 357
　第三节 兵制 ········· 361
　第四节 刑制 ········· 364
　第五节 赋税制度和民生 ········· 366
　第六节 学术和宗教 ········· 371
　第七节 门阀的兴废 ········· 377

第三篇 近古史（上）

第一章 近古史和中古史的异点 ········· 385
第二章 唐朝的分裂和灭亡 ········· 387
　第一节 安史之乱 ········· 387
　第二节 唐中叶后的外患 ········· 390
　第三节 肃代到穆宗时候的藩镇 ········· 393
　第四节 宦官的专横 ········· 396
　第五节 黄巢之乱和唐朝的灭亡 ········· 398
第三章 五代的兴亡和契丹的侵入 ········· 403
　第一节 梁唐晋的争夺 ········· 403
　第二节 契丹的兴起和侵入中国 ········· 406
　第三节 周世宗的强盛和宋朝的统一 ········· 412
第四章 北宋的积弱 ········· 418
　第一节 宋初和辽夏的交涉 ········· 418
　第二节 宋初的政策和后来腐败的情形 ········· 421

第三节　王荆公的变法 ………………………………… 428
　　第四节　神宗的武功 …………………………………… 431
　　第五节　元祐绍圣的纷更和徽宗的衰侈 ……………… 435
第五章　北宋辽金的兴亡 …………………………………… 438
　　第一节　女真和金室的起源 …………………………… 438
　　第二节　辽朝的灭亡 …………………………………… 442
　　第三节　北宋的灭亡 …………………………………… 445

第三篇　近古史(下)

第一章　南宋和金朝的和战 ………………………………… 451
　　第一节　南宋初期的战事 ……………………………… 451
　　第二节　和议的成就和军阀的翦除 …………………… 455
　　第三节　海陵的南侵和韩侂胄的北伐 ………………… 463
第二章　南宋金元的兴亡 …………………………………… 466
　　第一节　蒙古的由来 …………………………………… 466
　　第二节　蒙古征服漠南北 ……………………………… 471
　　第三节　金朝的灭亡 …………………………………… 476
　　第四节　南宋的灭亡 …………………………………… 481
第三章　蒙古的武功 ………………………………………… 485
　　第一节　大食盛强以后西域的形势 …………………… 485
　　第二节　蒙古的西征 …………………………………… 490
　　第三节　蒙古和朝鲜日本 ……………………………… 493
　　第四节　蒙古和南方诸国 ……………………………… 495
第四章　元朝的衰亡 ………………………………………… 499
　　第一节　汗位继承的纷争 ……………………………… 499

第二节　元朝的政治 ... 505
第三节　元朝的灭亡 ... 507

第五章　宋辽金元四朝的政治和社会 ... 511
第一节　官制 ... 511
第二节　学校选举 ... 517
第三节　兵制 ... 522
第四节　刑制 ... 526
第五节　租税制度（上） ... 529
第六节　租税制度（下） ... 535
第七节　钞法 ... 542
第八节　学术风俗 ... 546

第四篇　近世史（上）

第一章　明朝的对外 ... 553
第一节　明初的武功 ... 553
第二节　瓦剌的强盛 ... 558
第三节　蒙古的再兴 ... 560
第四节　倭寇和丰臣秀吉 ... 563

第二章　明朝的内治 ... 567
第一节　宦官的专权 ... 567
第二节　权臣和党祸 ... 569

第三章　清朝的兴起 ... 573
第一节　清朝的先世 ... 573
第二节　建州女直的盛衰 ... 577
第三节　海西女直的南迁 ... 579

第四节　清太祖的兴起 ················ 580

　　第五节　辽东西的战争 ················ 582

第四章　明朝的灭亡 ···················· 586

　　第一节　流寇和北都陷落 ·············· 586

　　第二节　福唐桂三王的灭亡 ············ 588

　　第三节　郑氏和三藩 ·················· 591

第五章　清朝的盛世 ···················· 594

　　第一节　满洲内部特殊势力的消灭 ······ 594

　　第二节　清朝对待汉人的政策 ·········· 597

　　第三节　顺康雍乾四朝的政治 ·········· 600

第六章　近代的蒙回藏 ·················· 604

　　第一节　种族和宗教的变化 ············ 604

　　第二节　黄教的盛行和天山南路的回教 ·· 605

　　第三节　卫拉特的盛强和清朝征服蒙古 ·· 608

　　第四节　清朝平定西藏 ················ 610

　　第五节　清朝平定卫拉特 ·············· 611

　　第六节　清朝平定回部 ················ 613

　　第七节　清朝征服廓尔喀 ·············· 615

第七章　近代的西南诸族 ················ 617

　　第一节　湘黔的苗族 ·················· 617

　　第二节　滇黔的濮族和金川 ············ 619

　　第三节　两广的粤族 ·················· 621

第八章　近代的后印度半岛 ·············· 623

　　第一节　平缅、麓川的灭亡和缅甸建国 ·· 623

　　第二节　清朝和缅甸的交涉 ············ 625

第三节　黎莫新旧阮的纷争和清朝讨伐新阮 ………… 626
　　　第四节　暹罗的建国 …………………………………… 628
　第九章　清朝的中衰 ……………………………………… 630
　　　第一节　乾隆时的衰机 ………………………………… 630
　　　第二节　嘉庆时的内乱 ………………………………… 631

第四篇　近世史(下)

第一章　中西交涉的初期 …………………………………… 637
　　　第一节　西人的东来 …………………………………… 637
　　　第二节　基督教初入中国的情形 ……………………… 640
　　　第三节　中俄初期的交涉 ……………………………… 643
　　　第四节　西南最初对待外人的情形 …………………… 647
　　　第五节　五口通商 ……………………………………… 649
　　　第六节　英法兵攻破京城和东北的割地 ……………… 653
第二章　咸同时的大内乱 …………………………………… 658
　　　第一节　太平军 ………………………………………… 658
　　　第二节　捻匪 …………………………………………… 662
　　　第三节　回乱 …………………………………………… 663
第三章　藩属的丧失 ………………………………………… 666
　　　第一节　英俄的亚洲侵略和伊犁交涉 ………………… 666
　　　第二节　安南和缅甸暹罗的丧失 ……………………… 668
　　　第三节　中日甲午之战和朝鲜的丧失 ………………… 672
　　　第四节　教士保护权的变迁和德据胶州 ……………… 678
第四章　清朝覆亡和民国的兴起 …………………………… 680
　　　第一节　革新的原动力 ………………………………… 680

第二节　咸同光三朝的朝局 ································ 681
  第三节　戊戌政变和庚子拳乱 ···························· 685
  第四节　满蒙藏的危机（上） ···························· 689
  第五节　满蒙藏的危机（下） ···························· 695
  第六节　清朝的末运 ·· 701
第五章　明清两代的政治和社会 ······························ 708
  第一节　官制 ··· 708
  第二节　学校选举 ·· 712
  第三节　兵制 ··· 715
  第四节　法律 ··· 717
  第五节　赋税制度（上） ·································· 719
  第六节　赋税制度（下） ·································· 723
  第七节　币制的变迁 ······································· 725
  第八节　学术思想的变迁 ·································· 727

第五篇　现代史

第一章　从武昌起义到正式政府成立 ························ 735
  第一节　武昌起义和各省光复 ···························· 735
  第二节　临时政府的成立和北迁 ························· 738
  第三节　大借款宋案和赣宁之役 ························· 744
  第四节　正式总统的举出和国会解散 ··················· 749
第二章　俄蒙英藏的交涉 ······································ 754
  第一节　俄蒙交涉 ·· 754
  第二节　英藏交涉 ·· 759
第三章　五月九日 ··· 763

第一节　五口通商以来外交上形势的回顾 ········· 763
   第二节　日占青岛和二十一条的要求 ············· 769
第四章　帝制复辟和护法 ······························· 773
   第一节　帝制运动 ····································· 773
   第二节　对德宣战和复辟 ··························· 775
   第三节　护法战争和南北议和 ····················· 778
第五章　南北分裂后的变故 ··························· 783
   第一节　皖直战争 ····································· 783
   第二节　军政府的绝续和北方下统一令 ········ 785
   第三节　赣豫陕的战事和川湘鄂之争 ············ 788
   第四节　直奉战争 ····································· 791
   第五节　北方黎徐的更迭和南方广州之变 ····· 794
   第六节　各省的纷扰 ································· 799
   第七节　裁兵废督和自治的潮流 ·················· 805
第六章　最近的蒙藏 ··································· 808
   第一节　蒙古的取消独立和再陷 ·················· 808
   第二节　六年后的英藏交涉 ························ 810
第七章　最近的交涉 ··································· 813
   第一节　巴黎和会的失败 ··························· 813
   第二节　华府会议的参与 ··························· 820
   第三节　鲁案的解决 ································· 825
   第四节　共同出兵和中东路 ························ 831
   第五节　松黑航权和尼港事件 ····················· 835
   第六节　中俄的新交涉 ······························ 837
   第七节　中国和德奥的新交涉 ····················· 840

第八节　日本在东北的形势 …………………… 842
第八章　最近的财政 ……………………………… 846
　第一节　民国时代的财政情形 …………………… 846
　第二节　中国的内外债 …………………………… 849
　第三节　新银行团的复活 ………………………… 856
　第四节　最近的关税问题 ………………………… 858

附　录　一

第一章　南宋和金朝的和战 ……………………… 867
　第一节　南宋初期的战事 ………………………… 867
　第二节　和议的成就 ……………………………… 870

附　录　二

　第三节　戊戌政变和庚子拳乱 …………………… 881

序　例

　　我很想做一部《新史钞》,把中国历史上重要的事情,钞出来给大家看看。其原因如下:

　　中国历史是很繁的。要想博览,很不容易。专看其一部分,则知识偏而不全。前人因求简要钞出的书,亦都偏于一方面(如《通鉴》专记"理乱兴衰",《通考》专详"典章经制"等),且其去取的眼光,多和现在不同。近来所出的书,简是很简的了。但又有两种毛病:(1)其所谓简,是在全部历史里头,随意摘取几条,并不是真有研究,知道所摘出的事情,都是有关紧要的。(2)措词的时候,随意下笔,不但把自己主观羼入,失掉古代事实的真相,甚至错误到全不可据。

　　因有这种原因,所以我想做部书,把中国的历史,就个人眼光所及,认认真真的,将他紧要之处摘出来;而又用极谨严的法子,都把原文钞录(有删节而无改易),自己的意见,只注明于后。但是这种书已经不大容易做了。就做成了,也不大容易刻。

　　这一部书,是我历年在学校里教授所豫备的一点稿子,联缀起来的。虽然和《新史钞》的体例相去尚远。然而其中也不无可取之处。给现在的学生看了,或者可以做研究国史的"门径之门径,阶梯之阶梯"。我这一部书,和以前出版的书,重要的异点如下:

（一）颇有用新方法整理旧国故的精神。其中上古史一篇，似乎以前出版的书，都没有用这种研究法的。此外特别的考据，特别的议论，也还有数十百条。即如中国的各种民族（特如南族近人所通称为高地族的），似乎自此以前，也没有像我这么分析得清楚的。

（一）读书自然不重在呆记事实，而重在得一种方法。我这部书，除掉出于愚见的考据议论外，所引他人的考据议论，也都足以开示门径；可称是研究史学的人必要的一种常识。

（一）这一部书，卷帙虽然不多；然关于参考的书，我都切实指出（且多指明篇名卷第）；若能一一翻检，则这部书虽不过三十多万言，①而读者已不啻得到二三百万言的参考书。且不啻替要想读书的人，亲切指示门径。

（一）现在读史，自然和从前眼光不同，总得在社会进化方面着想。但是随意摘取几条事实（甚且是在不可据的书上摘的），毫无条理系统，再加上些凭虚臆度之词，硬说是社会进化的现象。却实在不敢赞成。我这部书，似乎也没这种毛病。

以上的话，并不是要自行表扬；只是希望读者诸君，在这方面注意一点。至于这部书的体制，我还有几条要说，如下：

（一）本书全用白话，取其与现在人的思想较为接近。但遇（1）文言不能翻成白话处，（2）虽能翻而要减少其精神，（3）考据必须照录原文处，仍用文言。

（一）全书区区三十余万言，②于历史上的重要事实，自然不能完具。但其详略之间，颇有斟酌。大抵众所共知之事从略，不甚经见之事较详，有关特别考证之处最详。

---

① 原文如此。
② 原文如此。

（一）中国的历史，和东南洋中西亚各国、各民族，关系极多。要彻底明白中国史，必须于这诸国诸族的历史，也大略叙述。但为篇幅所限，只得想个断制之法。其民族遂入于中国，变为中国之一民族者详之。其余便只能述其与中国关系的事情。我于这一部分，也略有研究。将来若有机会，当再另做一部书，以飨读者。

（一）引据的书，和举出的参考书，都注明篇名卷第。惟当然可知其在何篇何卷的，不再加注，以避繁琐。如某君时代某人之事，当然在正史某帝纪某人传中，某朝的赋税兵刑制度，当然在某史的食货刑法志内之类。

（一）纪年都据民国纪元逆推。但若必须知其为某朝某君时之事，或须知其为西元何时之事，则或附注于下，或竟从变例。

（一）地名除与现今相同者外，均注明其为今何地。惟区域太大者，其势无从注起（如郡只能注其治今何地，势难尽注其所辖之地），请自用读史地图等参考。人地名有参照西史的，都于其下附注原文。

（一）双行夹注，为吾国书中最善之款式（可使首尾完全，而眉目仍清醒），故本书仍多用之。① 本书用双行夹注处，与用夹句号处不同，并请注意。

（一）凡引用成文处，除提行另写外，两头皆施""号。删节处用……号。其(1)名词，(2)成语，(3)特别提出的名词或语句，(4)引用他人之言而不尽照原文钞录处，均用''号。②

民国九年十二月十六日著者自识

---

① 本次排印，双行夹注改作单行夹注。
② 本次排印，原书所用''号改作""号。

绪 论

第一章　历史的定义

历史究竟是怎样一种学问？我可以简单回答说：

历史者，研究人类社会之沿革，而认识其变迁进化之因果关系者也。

原来宇宙之间，无论哪一种现象，都是常动不息的，都是变迁不已的。这个变迁，就叫做"进化"。

因此，无论什么事情，都有个"因果关系"。明白了他的"原因"，就可以豫测他的结果，而且可以谋"改良"、"补救"的法子。

要明白事情的因果关系，所以要"经验"。一个人的经验有限，要借助于别时代、别地方的人，就要有"纪载"。纪载就是"历史"。

所以历史是各种学问都有的。但是从前的人，研究学问的方法粗，常把许多现象，混合在一起。后来的人，知道这种法子是不行，就把宇宙间的现象，分析做若干部分，各人研究其一部分，就各部分研究所得，再行想法子合拢起来。这个便唤做"科学"。研究社会进化现象的一部分，就唤做"历史学"。

从前的人，研究学问的方法粗，以为"史者，记事者也"，宇宙间什么现象，都应该记载在里头。所以《史记》的《八书》，《汉书》的《十志》，什么专门的学问，譬如天文，律历。奇怪的事情譬如五行。都有。现在的宗旨，却不是这样了。

"社会现象",也是"宇宙现象"之一,他的"变迁进化",也脱不了"因果关系"的。虽然这种因果关系,不像自然现象那么简单,因而"断定既往","推测将来",也不能如自然科学那么正确,譬如断定既往,不如矿物学。推测将来,不如天文学。然而决不能说他没有因果关系。研究历史之学,就是要想"认识这种因果关系"。这便是历史学的定义。

第二章　中国的历史

要明白一种现象的因果关系,先要晓得他的"事实"。考究人类社会已往的事实的东西很多,譬如(一)人类之遗骸,(二)古物,无论工艺品,美术品,建筑物。(三)典章制度,风俗习惯等都是。记载往事的书籍,不过是其中的一种。然而最完全最正确的,究竟要推书籍。所以研究历史,仍得以"史籍"为中心。

我们中国的史籍,究竟怎样？我且举两种史籍分类的法子,以见其大概。一种是清朝的《四库书目》,这是旧时候"目录之学"中最后的分类。

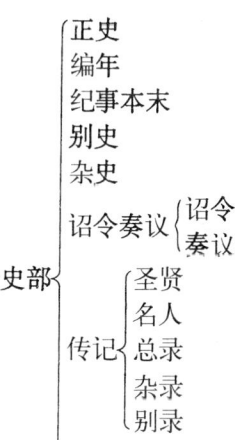

```
         ┌史钞
         │载记
         │时令
         │   ┌总志
         │   │都会郡县
         │   │河渠
         │   │边防
         │地理┤山川
         │   │古迹
         │   │杂记
         │   │游记
         │   └外纪
         │   ┌官制
         │职官┤
         │   └官箴
         │   ┌通制
         │   │典礼
         │政书┤邦计
         │   │军政
         │   │法令
         │   └考工
         │   ┌经籍
         │目录┤
         │   └金石
         └史评
```

一种是近人所撰的《新史学》，略参些新科学思想的。见《新民丛报》和《饮冰室文集》。

第一正史 ｛（甲）官书 所谓《二十四史》是也。
　　　　　（乙）别史 如华峤《后汉书》、习凿齿《蜀汉春秋》、《十六国春秋》、《华阳国志》、《元秘史》等，其实皆正史体也。

第二编年 《资治通鉴》等是也。

第三纪事本末 ｛（甲）通体 如《通鉴纪事本末》、《绎史》等是也。
　　　　　　　（乙）别体 如《平定某某方略》、《三案始末》等是也。

第四政书 {
　(甲) **通体** 如《通典》、《文献通考》等是也。
　(乙) **别体** 如《唐开元礼》、《大清会典》、《大清通礼》等是也。
　(丙) **小记** 如《汉官仪》等是也。
}

第五杂史 {
　(甲) **综记** 如《国语》、《战国策》等是也。
　(乙) **琐记** 如《世说新语》、《唐代丛书》、《明季稗史》等是也。
　(丙) **诏令奏议** 四库另列一门，其实杂史也。
}

第六传记 {
　(甲) **通体** 如《满汉名臣传》、《国朝先正事略》等是也。
　(乙) **别体** 如《某帝实录》、《某人年谱》等是也。
}

第七地志 {
　(甲) **通体** 如《某省通志》、《天下郡国利病书》是也。
　(乙) **别体** 如《纪行》等书是也。
}

第八学史 如《明儒学案》、《国朝汉学师承记》等是也。

第九史论 {
　(甲) **理论** 如《史通》、《文史通义》等是也。
　(乙) **事论** 如《历代史论》、《读通鉴论》等是也。
　(丙) **杂论** 如《廿二史札记》、《十七史商榷》是也。
}

第十附庸 {
　(甲) **外史** 如《西域图考》、《职方外纪》等是也。
　(乙) **考据** 如《禹贡图考》等是也。
　(丙) **注释** 如裴松之《三国志注》等是也。
}

以上两种分法，都不十分正确，现在且别评论他。要知道历史书分类的法子，可以自己把"目录之学"的书参考。其中应该先看的，是《汉书·艺文志》、《隋书·经籍志》、《文献通考·经籍考》、《四库书目》四种。**我以为历史的书，从内容上分起来，不过（一）纪载，（二）注释，（三）批评三种。** 考订大抵属于注释，也有因此而下批评的。其中又以纪载为主，必须有了纪载，批评、注释两种，才有所附丽，其间有主从的关系。

历史书所纪载的事实，从前的人，把他分做（一）治乱兴亡，

（二）典章制度两大类。① 参看《文献通考》序。这两个名词,不甚妥当,但是一时没有适当的名词,姑且沿用他,我以为前一类可称为"动的史实",后一类可称为"静的史实"。正史中的"纪"、"传",是记前一类事实的;"志"是记后一类事实的;二者又皆可出之以"表",以图减省;所以正史可称为"纪传表志体"。各种历史,要算这一种的体例,最为完全。所以从前把他立于学官,算做正史。编年和纪事本末,是专记前一类的事实。政书是专记后一类的事实。从研究上说,编年体最便于"通览一时代的大势";纪事本末体,最便于"钩稽一事的始末";典章制度一类的事实,尤贵乎"观其会通";所以正史、编年、纪事本末、政书这四种书在研究上都是最紧要的:因其都能"网罗完备",而且都有一个"条理系统"。其余的书,只记一部分的事实,或者是许多零碎的事实。只可称为"未经编纂的史材",专门研究,都是很有用的,初学暂可从缓。

我们中国是个文明开化极早之国,历史一类的书,真是汗牛充栋;其余各种材料,却也不少;譬如钟鼎碑刻和其余各种古器物,都有合于前说的古物一类。各地方特别的风俗,特别的方言,都有合于前说的风俗习惯、典章制度一类。可惜科学不甚发达,没有能彀把他严密整理罢了。这就是今后学者的责任了。

---

① 治乱兴亡,典章制度。

第三章　现在研究史学的方法

现在研究史学，有两件事情，最应当注意的：

其（一），是要有科学的眼光。便是现存的材料，都要用科学方法，去整理他。其中最紧要的有两层：（一）是把不关于历史之学的析出，以待专门家的研究；譬如天文、律、历。①（二）是把所存的材料，用种种科学的眼光去研究他，以便说明社会进化的现象。譬如用经济学的眼光去研究食货一类的史实，就可以知道社会的生活状况，就知道社会物质方面。物质方面，就是社会进化的一种原因。

其（二），是要懂得考据之学。研究历史，最紧要的就是"正确的事实"。事实不正确，根据于此事实而下的断案，自然是不正确的了。然而历史上一大部分的事实，非加一番考据，断不能算做精密正确的。只要看从前人所考据的便可见。所以考据之学，实在不能不讲，其中最紧要的也有两层：（一）是要懂得汉学家的考据方法；这一派学问，是我们中国最新而又最精密的学问。必须懂得这一种方法，一切书才都可以读，一切材料才都可以使用。不然，就全据了些靠不住的材料，或者有了材料，不知道用法。（二）是要参考外国的书；从前中国历史中，关于外国一部分最不正确。譬如朝鲜、安南要算同中国关

---

① 析出。

系最深的,然而纪载这两国的事情,还是误谬百出。今后研究,必须搜罗他们自己的书。《四库书目》著录外国人所自著的历史,只有郑麟趾的《高丽史》等两三种。这是因为当时朝鲜、安南等,表面上都是我的属国,暗中却都是帝制自为,所以禁止国内的书籍不准到中国来。中国人也就不去考求,可谓暗于外情了。就是中国的事情,也有要借外国史参考,方才得明白的:譬如元朝在西域一方面的事实,就须参考西史;参看《元史译文证补》。清朝未入关以前的事实,中国人完全茫昧,反要参考朝鲜人的著述;参看日本稻叶君山《清朝全史》。就是个好例。这一层,外国也是如此。譬如朝鲜人,讲高丽以前的历史,就一大部分要借中国书参考。总而言之,世界大通,各国的历史,都可以参稽互证。试看近人《章氏丛书》中的《法显发见西半球说》,就可见得中国的历史竟可供给墨西哥人参考了。

　　这两层,是最紧要的。其余应当注意的地方还很多,且待讲到下面,随时再说。

第四章　本书的分期

从来讲历史的人，因研究的方便，总把他画分做若干时期。本书也用此法。现在把本书所分的时期，开列于下。

（一）上古史　周以前

（二）中古史
- 上　从秦朝统一起，到后汉全盛时代止。
- 中　从汉末分裂起，到南北朝止。
- 下　从隋朝统一起，到唐朝全盛时代止。

（三）近古史
- 上　从唐中叶以后藩镇割据起，到五代止。
- 中　北宋。
- 下　南宋。

（四）近世史
- 上　元。
- 中　明。
- 下　清中叶以前。

（五）最近世史　从西力东渐到现在。

以上不过是大略的区画，其中一切事实，并不能截然分清。总而言之，是为研究上的便利。至于所以如此分法，读到后文自见，现在也不必絮烦。

第一篇 上古史

第一章　汉族的由来

研究一个国家的历史，总得知道他最初的民族。现在世界上，固然没有真正单纯的"民族国家"。一个国家，要想自立于世界之上，究竟民族宜乎单纯，还宜乎复杂？假如说复杂，可以复杂到怎样程度？自然也还是一个问题。然而一个国家建立之初总是以一个民族为主体，然后渐次吸收其余诸民族，这是一定不移的道理。然则要晓得一个国家最古的历史，必须要晓得他最初的民族，也是毫无疑义的了。①

建立中国国家最早的民族，就是"汉族"，这个也是讲历史的人，没有异议的。近来有人说，"汉"字是一个朝代的名称，不是种族的本名，主张改称"华族"或"中华民族"。殊不知"汉"字做了种族的名称，已经二千多年，譬如唐朝用兵，兼用本国兵和外国兵，就称"汉蕃步骑"，这就是以"汉"字为种族之名的一证。而且现在还是一句活语言——譬如现在称汉满蒙回藏，岂能改作华满蒙回藏？况且"种"、"族"二字，用起来总得分别。汉族不能改作"华种"，若称"华族"，这两个字，有时候当他贵族用的，不免相混。若称"中华民族"，四个字的名词，用起来怕不大方便。而且现在"中华"做了国号，中国又是五族共和，这四个字，用到最近的时代，意义也容易混淆。总而言之，把臆定的名词，来改通行的语言，极难妥当。所以本书仍旧用汉族两字。

---

① 最初的民族。

然则汉族还是从"有史以前"久已在中国本部的呢？还是从他处迁来，入"有史时代"，其形迹还有可考的呢？这便是"汉族由来"的问题。

关于这一个问题的回答，要算是"西来说"最为有力。近来人关于这一个问题的著述，要算蒋观云的《中国人种考》，在《新民丛报》里。最为详博。但是他所举的证据，还不尽可靠，我现在且举两种证据如下。① 这两种证据，似乎都还谨严的。

其（一）古书上说昆仑的很多。《周礼·大宗伯》："以黄琮礼地。"郑注："此……礼地以夏至，谓神在昆仑者也。"《典瑞》："两圭有邸，以祀地旅四望。"郑注："祀地，谓所祀于北郊，神州之神。"疏："案《河图括地象》：昆仑东南万五千里神州。是也。"入神州以后，还祭"昆仑之神"，可见得昆仑是汉族的根据地。然则昆仑究在何处呢？《尔雅》："河出昆仑墟。"《史记·大宛列传》："《禹本纪》言：河出昆仑。昆仑，其高二千五百余里，日月所相隐蔽为光明也。其上有醴泉瑶池。"《说文》："河水出敦煌塞外昆仑山，发原注海。"《水经》："昆仑墟在西北，去嵩高五万里，地之中也。其高万一千里。河水出其东北陬。"《山海经》："海内昆仑之墟，在西北，河水出其东北隅。"都以河所出为昆仑。河源所在，虽有异说，然都起于唐以后，不能拿来解释古书。要讲"古代所谓河源"，《史记·大宛列传》所谓"汉使穷河源，河源出于阗。其山多玉石，采来。而天子案古图书，名河所出山曰昆仑云"，其说自极可靠。那么，如今于阗河上源一带。一定是汉族古代的根据地了。《书·禹贡》："织皮，昆仑，析支，渠搜，西戎即叙。"《释文》："马云：昆仑，在临羌西。……析支，在河关西。"疏："郑玄云：衣皮之民，居此昆仑、析支、渠搜三山之野者，皆西戎也。……郑以昆仑为山，谓别有昆仑之山，非

---

① 当看蒙文通《古史甄微》。

河所出者也。"这一个昆仑,在如今西宁县的西边青海地方,和前一个昆仑无涉。所以孔疏特地申明一句道"非河所出",郭璞《山海经注》,也说:"言海内者,明海内复有昆仑山。"这个"海"是"夷蛮戎狄,谓之四海"的"海",不是"洋海"的"海"。

(二)汉族二字,是后起之称,古代汉族自称。他族称汉族,或说"华",或说"夏"。《左传》戎子驹支对晋人,"我诸戎饮食衣服,不与'华'同"。襄十四年。《国语》"裔不谋夏,夷不乱'华'",都是个证据。近人因此附会到《列子》上头的华胥之国,固然不甚可靠,列子这部书,本来真伪夹杂,这一段又是寓言。凡寓言里的人名、地名,以至一切物的名,都不宜求其物以实之。然而西史的巴克特利亚(Bactria),《史记》上称他做大夏,似乎是这地方的旧名。为因汉时西域诸国,譬如安息、大夏等,都能证明他是译音。《吕氏春秋·古乐篇》:"黄帝令伶伦作律,伶伦自大夏之西,乃之阮隃之阴,取竹于嶰谿之谷。"似乎就是这一个大夏。那么,阿母河流域,似乎也是古代汉族的居地。参看近人《太炎文集·论种姓》。

以上两种说法,如假定为不谬,则汉族古代,似居今葱岭帕米尔高原一带,这一带地方,据人种学历史家考究,原是各大人种起源的地方。汉族入中国,所走的大概是如今新疆到甘肃的路。近来人多说,"汉族沿黄河东徙"。这句话,似乎太粗略。现在的黄河上源,在古代是氐羌人的根据地。见第六章第四节。

总而言之,"汉族西来",现在虽没有充分的证据,然而蛛丝马迹是很多的。将来古书读得更精,古物发现得更多,再借他国的历史参考,一定可以大为明白。这就要希望诸位的努力了。

第二章　古史的年代和系统

研究历史,"年代"是很紧要的。因为历史的年代,好比地理的经纬度。然而古史的年代,大概是很茫昧的,然而咱们现在既然要研究历史,无论如何茫昧,总得考究他一番。

请问从何研究起呢?那么,自然总要以一种传说为凭。古书上记得最整齐的,就是《春秋纬》。① 司马贞《补三皇本纪》引他道:

> 自开辟至于获麟,凡三百二十七万六千岁。分为十纪:……一曰九头纪;二曰五龙纪;三曰摄提纪;四曰合雒纪;五曰连通纪;六曰序命纪;七曰修飞纪;八曰回提纪;九曰禅通纪;十曰流讫纪。《尚书序正义》引《广雅》,作二百七十六万岁。修飞作循飞;流讫,毛刻本作疏仡。

这种数目字,一看已是宏大可惊了。据现在史家所考究,埃及等开化最早之国,历史也不满一万年,中国如何得独有二三百万年呢?不问而知其不可信了。然则请问从何下手呢?有了:古人的时间观念,很不发达。所传述的事情,都没有正确的年代。所以读后世的历史,可以按着年月,考求事实;读古代的历史,却只能根据事实,推求年代。而古人所传说的事实,又总要把他归到一个"酋

---

① 纬书年代之长。

长"或者"半神半人的人"身上。所以考求古代君主的系统,便可大略推见其年代。

那么,古书上所说最早的君主是什么人?不问而知其为盘古了。

> 徐整《三五历》:"天地浑沌如鸡子,盘古生其中。一万八千岁,天地开辟,阳清为天,阴浊为地,盘古在其中。一日九变,神于天,圣于地,天日高一丈,地日厚一丈,盘古日长一丈,如此万八千岁,天数极高,地数极深,盘古极长。"《太平御览》卷二。

这一段神话,似乎纯出想像,其中并无事实。近来又有人疑心盘古是苗族的神话,汉族误把他拉来算做自己的,其说亦颇有理,见第三章第二节。盘古以后的君主,又是什么人呢?那也不问而知其为三皇五帝了。

> 司马贞《补三皇本纪》:"天地初立,有天皇氏……兄弟十二人,立各一万八千岁。地皇氏……十一人……亦各万八千岁。人皇氏……兄弟九人……凡一百五十世,合四万五千六百年。"原注:"天皇以下,皆出《河图》及《三五历》也。"案,这是司马贞所列的或说,其正说同郑玄。

> 《尚书大传》:"燧人为燧皇,伏羲为戏皇,神农为农皇也。"《风俗通·皇霸第一》引。《风俗通》又引《礼纬·含文嘉》同。又宋均注《援神契》引《甄耀度》、谯周《古史考》,都同此说,见《曲礼》正义。

> 《白虎通》:"三皇者,何谓也?谓伏羲、神农、燧人也。或曰:伏羲、神农、祝融也。"

> 《礼记·曲礼》正义郑玄注《中候敕省图》引……《运斗枢》:"伏羲,女娲,神农为三皇。……"

> 《史记·秦始皇本纪》:"令丞相御史曰:……其议帝号。

丞相绾，御史大夫劫，廷尉斯等皆曰：……臣等谨与博士议曰：古有天皇，有地皇，有泰皇；泰皇最贵。……"索隐："天皇地皇之下，即云泰皇，当人皇也。……"

以上是三皇的异说；五帝的异说，也有两种。

《史记》正义："……太史公依《世本》、《大戴礼》，以黄帝、颛顼、帝喾、唐尧、虞舜，为五帝。谯周、应劭、宋均皆同。"

《曲礼》正义："其五帝者，郑注《中候敕省图》云……黄帝，金天氏，高阳氏，高辛氏，陶唐氏，有虞氏，是也；实六人而称五者，以其俱合五帝座星也。"

咱们现在所要研究的，有三个问题：其（一）三皇五帝，到底是什么人？其（二）他们的统系是否相接？其（三）三皇五帝以前有无可考的帝王？

关于第一个问题：①除司马贞《补三皇本纪》所列的或说，似乎也是苗族的神话，汉族误拉来的不算外，见第三章第二节。《白虎通》的第一说和《尚书大传》本来相同。《尚书大传》"遂人以火纪，火，太阳也，阳尊，故托遂皇于天；伏羲以人事纪，故托戏皇于人；……神农悉地力，种谷疏，故托农皇于地"。可见得三皇是取天地人的意思；与《史记》"古有天皇，有地皇，有泰皇"，索隐"泰皇当人皇"的说法正合；伏生就是秦博士之一，这两说一定是一说。《补三皇本纪》："女娲氏，亦风姓，代宓牺立。……一曰：女娲亦木德王，盖宓牺之后，已经数世，金木轮环，周而复始；特举女娲，以其功高而充三皇。……当其末年也，诸侯有共工氏……乃与祝融战，不胜而怒，乃头触不周山崩，天柱折，地维缺。女娲乃炼五色石以补天，断鳌足以

---

① 皆德号。

立四极。"原注:"按其事出《淮南子》也。"按见今《淮南子·览冥训》。则女娲就是祝融;《白虎通》第二说,和郑玄的说法相同。五帝的两说,就是后一说多了个少昊。① 还有《尚书伪孔传序》,把伏羲、神农、黄帝,算做三皇,少昊、颛顼、高辛、唐、虞,算做五帝,这是无据之谈。皇甫谧和造《伪孔传》的王肃,是一路人,所以他所做的《帝王世纪》,和他相同。这其间的关系,只要看丁晏的《尚书余论》就明白了。所以现在不列这一种说法。咱们要辨别这两说的是非,就要入于第二个问题了。

关于第二个问题,②也有两种说法:一种是说黄帝以后,世系都是明白可考的。是《大戴记·帝系》:"少典产轩辕,是为黄帝。黄帝产玄嚣,玄嚣产蟜极,蟜极产高辛,是为帝喾;帝喾产放勋,是为帝尧。黄帝产昌意,昌意产高阳,是为帝颛顼;颛顼产穷蝉,穷蝉产敬康,敬康产句芒,句芒产蟜牛,蟜牛产瞽叟,瞽叟产重华,是为帝舜;及产象,傲;颛顼产鲧,鲧产文命,是为禹。"这是《史记·五帝本纪》所本。

一种是把其间的年代说得极为辽远的。就是《曲礼》正义:"《六艺论》云:燧人至伏羲,一百八十七代。宋均注《文耀钩》云:女娲以下至神农,七十二姓。谯周以为伏羲以次有三姓,始至女娲;女娲之后五十姓至神农;神农至炎帝,一百三十三姓。"又《祭法》正义:"《春秋命历序》:炎帝,号曰大庭氏,传八世,合五百二十岁;黄帝,一曰帝轩辕,传十世,二闽本、宋本作一。千五百二十岁;次曰帝宣,曰少昊,一曰金天氏,则穷桑氏,传八世,五百岁;次曰颛顼,则高阳氏,传二十世,三百五十岁;次是帝喾,传十世,四百岁。"案古人所谓某某生某某,不过是"本其族姓所自出……往往非父子继世"。孔广森《大戴礼记补注》据了《大戴记》的《帝系篇》,就说他《五帝德篇》的五帝,

---

① 《伪孔传》、《帝王世纪》。
② 系世之为物。

是及身相接，原不免武断；然而后燧人到帝喾，其间的世次年代，也决不会像《礼记正义》所引诸说那么远。《五帝德》："宰我问于孔子曰：昔者予闻诸荣伊，言黄帝三百年，请问黄帝者，人邪？抑非人邪？何以至于三百年乎。孔子曰：……生而民得其利百年，死而民畏其神百年，亡而民用其教百年，故曰三百年。"可见古人对于年代的观念，全然和后世不同；照孔子对宰予的说法，是连死后也算进去。这许多数目字，全然不足为据。我们现在没有别的法子想，只好把黄帝、颛顼、帝喾、尧、舜，姑且算他是及身相接的；就是不及身相接，其间相去的年代，也必不远。燧人、伏羲、神农，姑且算他不是及身相接的；这几个君主，本来没有紧相承接的说法；而介居其间的君主，却有不能不承认他存在的，譬如女娲氏。司马贞说他在伏羲、神农之间，似乎不能就相信；然而《淮南子》既然记载他和共工战争的事实，《礼记》的《祭法》，又有"共工氏之霸九州也"一句，就是一个旁证。《白虎通》三皇的第二说，又列一个祝融；把《淮南子》核对起来，祝融和女娲就是一人，就又是一个旁证。有这两个旁证，就不能不承认了。

　　三皇五帝，既然得了一个勉强的算法，就可以进而考究第三个问题了。《补三皇本纪》："自人皇已后，有五龙氏、燧人氏、大庭氏、柏皇氏、中央氏、卷须氏、栗陆氏、骊连氏、赫胥氏、尊卢氏、浑沌氏、昊英氏、有巢氏、朱襄氏、葛天氏、阴康氏、无怀氏，斯盖三皇已来，有天下者之号；但载籍不纪，莫知姓、王、年代、所都之处；①而《韩诗》以为自古封太山，禅梁甫者万有余家，仲尼观之，不能尽识；管子亦曰：古封太山七十二家，夷吾所识，十有二焉，首有无怀氏；案以上一段说法，系根据《庄子·胠箧篇》、《史记·封禅书》。然则无怀之前，天皇已后，年纪悠邈，皇王何升而告，但古书亡矣，不可备论，岂得谓无帝王耶？"案这一段议论，自极通达；然而《春秋繁露·三代改制质文篇》：

---

① 姓、王，万有余家。

"……故圣王生则称天子,崩迁则存为三王,绌灭则为五帝,下至附庸,绌为九皇,下极其为民;有一谓之三代,故虽绝地,庙位祝牲,犹列于郊号,宗于代宗。"①所谓"宗于代宗",似乎就是"封太山",《周礼》"都宗人,掌都宗祀之礼,凡都祭祀,致福于国",郑注:"都,或有山川及因国无主九皇六十四民之祀。"疏:"按《史记》,这《史记》不知道是什么书。伏羲以前,九皇六十四民,并是上古无名号之君,绝世无后,今宜主祭之也。""绝世无后",就是董子所谓"绝地";那么,六十四民,就是董子所谓下极其为民。然则管子所谓七十二家,正就是这些上古无名号之君了。所可疑惑的,周朝时候所记得古代的君主,何以能有如许之多,而且三王五帝九皇六十四民,恰合于九九八十一之数,恐怕是宗教上的理由,不能当他历史了;据《春秋繁露》所说,分明是随意推算。就算不是如此,司马贞所举五龙氏……无怀氏一大篇君主的名号,也大概是无事迹可稽的,况且只有一个五龙氏在燧人以前,咱们现在也只得姑且截断他,把古史的年代系统,姑且推到燧人为止了。

《史记》确实的纪年,起于共和元年;②从此以前的年代,都不可靠。咱们现在,姑且用《汉书·律历志》所推,夏四百三十二年,殷六百二十九年,周八百六十七年计算。因为别种书所载数目,也差不多;这部书,究竟是以历法推古代年代最古的。共和元年,在民国纪元前二千七百五十二年;在此以前,周朝还有一百二十二年,再加上殷朝的六百二十九,夏朝的四百三十二,共是一千一百八十三,就在民国纪元前三千九百三十五年;尧舜两朝,用《史记》的尧九十八,舜三十九,加上居丧三年计算,共是一百四十年;其余帝喾、颛顼、黄帝三代,用尧

---

① 三王五帝,九皇六十四民。
② 纪年起共和。以历法推年代。

舜年代的平均数——七十年去算他，就加上二百一十年，从燧人到伏羲，姑且用荣伊说黄帝的例子，算他每人三百年，其间间代之主，就都包括在这三个人里头。又加上九百年；那么，燧人氏的元年，就在民国纪元前的五千一百八十五年了。这种算法，固然极为可笑，然而现在实在没有别的法子想，也只得姑且如此，总算是"慰情聊胜无"罢了。

第三章　三皇五帝

第一节　三皇五帝时代社会进化的状况

既然知道中国可考的古史,起于三皇五帝,那么,咱们现在讲历史,就可以暂时从这里起了。

要晓得一个时代的历史,总得先晓得这个时代的社会是什么状况。三皇五帝的事迹,散见在古书里的很多,关于社会状况的也不少,但是苦于没有一个条理系统,而且不尽可靠。且慢,我现在找着两种书,说这时代社会进化的状况,却是很明白的。一种是《白虎通》的《论三皇》,①他说:

> 古之时,未有三纲六纪;民人但知其母,不知其父;能蔽前而不能蔽后;《北堂书钞》引《五经异义》:"太古之时,未有布帛,人食禽兽肉而衣其皮,知蔽前,未知蔽后。"卧之詓詓,行之吁吁,饥即求食,饱即弃余;茹毛饮血,而衣皮苇。于是伏羲仰观象于天,俯察法于地;因夫妇,正五行;始定人道,画八卦以治下;下伏而化之,故谓之伏羲也。谓之神农何?古之人民,皆食禽兽肉;至于神农,人民众多,禽兽不足。于是神农因天之时,分地之利;制耒

---

① 三皇事迹。

耜，教民农作；神而化之，使民宜之，故谓之神农也。谓之燧人何？钻木燧取火，教民熟食；养人利性，避臭去毒，谓之燧人也。

三皇的次序，应当从《尚书大传》，燧人在前，伏羲次之，神农最后。

八卦是中国古代的宗教，见第十章第一节。燧人的时候还在"渔猎时代"，所以要教民熟食。渔猎时代，还没有"夫妇之伦"，一群的女子，都是一群的男子的妻，参看严复译甄克思《社会通诠》。所以"但知其母，不知其父"。渔猎时代，还没有"所有权"，所有权，是到畜牧时代，因为畜牧要花劳力起的，也见《社会通诠》。所以"饥即求食，饱即弃余"。到伏羲时候，便进入"游牧社会"。游牧社会，人民便从山谷之中，分散到各处平地；"家族制度"，就从此发生，所以有"夫妇之伦"。从游牧时代，变到耕稼社会，总是因为人民众多，地力不给；所以神农才要"教民农作"。《白虎通》这一段话，无一句不和现在社会学家所说相合的，可见得真古书的可贵。

一种是《易·系辞》说伏羲以后的创作，[①]他说：

> 古者包牺氏之王天下也，仰则观象于天，俯则观法于地；观鸟兽之文，与地之宜；近取诸身，远取诸物；于是始作八卦，以通神明之德，以类万物之情。作结绳而为网罟，以佃以渔……包牺氏没，神农氏作。斫木为耜，揉木为耒；耒耨之利，以教天下。……日中为市，致天下之民，聚天下之货；交易而退，各得其所。……神农氏没，黄帝、尧、舜氏作。……黄帝、尧、舜，垂衣裳而天下治。……正义自此已下，凡有九事，黄帝制其初，尧舜成其末，故连云黄帝、尧、舜也。垂衣裳者，以前衣皮，其制短小；今衣丝麻布帛，所作衣裳，其制长大，故云垂衣裳也。刳木为舟，剡木为楫；舟楫之利，以济不

---

① 五帝事迹。

通。……服牛乘马,引重致远。……重门击柝,以待暴客。……断木为杵,掘地为臼;臼杵之利,万民以济。……弦木为弧,剡木为矢;弧矢之利,以威天下。……上古穴居而野处,后世圣人易之以宫室,上栋下宇,以待风雨。……古之葬者,厚衣之以薪,葬之中野,不封不树,丧期无数,后世圣人易之以棺椁。……上古结绳而治,后世圣人易之以书契;百官以治,万民以察。

耕稼时代,人民四处分散,更不能如游牧时代之"列帐而居"。切需用的东西都不能取诸近处,所以"商业"就随之而起。商业既兴,"水陆交通",就随之便利。

农耕时代,人民的生活程度渐高,所以"衣服"、"住居"、"器用"、"葬埋",都比古人讲究。农耕时代,人民就都"定住",而且都有了"储蓄",就要防人"掠夺";所以"战争"、"守御"的事情,也就随之而起。生活程度既高,"文化"自然发生了,所以就有"文字"。这一节所述,于社会进化情形也是很对的。

第二节　黄帝和蚩尤的战争

三皇时代,君主的传统,还不可考;到五帝时代就不然,①就不是紧相承接,也必相去不远。可见得五帝时代的历史,更比三皇时代明白。咱们现在,就得要提出几件五帝时代的大事来讲讲。其第一件,便是黄帝和蚩尤的战争。

这件事,据《史记·五帝本纪》所载,是:

> 黄帝者,少典之子,《索隐》:"少典者,诸侯国号,非人名也。又按《国语》云:少典娶有蟜氏女,而生炎帝。然则炎帝亦少典之子。"姓公

---

① 炎——文明,黄——大国。

孙,名曰轩辕。……轩辕之时,神农氏世衰,诸侯相侵伐,暴虐百姓,而神农弗能征;于是轩辕乃习用干戈,以征不享,诸侯咸来宾从;而蚩尤氏最为暴,莫能伐。炎帝欲侵陵诸侯,诸侯咸归轩辕;轩辕乃修德振兵……以与炎帝战于阪泉之野,三战然后得其志。蚩尤作乱,不用帝命;于是黄帝乃征师诸侯,与蚩尤战于涿鹿之野,遂禽杀蚩尤;而诸侯咸尊轩辕为天子,代神农氏。案,阪泉,《集解》引服虔,只说是地名;涿鹿,服虔说是山名,在涿郡,似乎是的。有许多人说在如今的涿鹿县,恐怕是因汉朝在此置了一个涿鹿县,所以附会上去的。①

近来的人说,蚩尤是三苗的酋长,三苗,就是现在所谓苗族;②他占据中国本部,在汉族之先,后来给汉族驱逐掉的。黄帝和蚩尤的战争,就是其中的一事。这句话不很精细。三苗是古代的一个国名,不是种族之名;他的民族,却唤做"黎";黎族的君主,起初是蚩尤,后来才是三苗。《书·尧典》:"窜三苗于三危。"《释文》:"马王云:国名也;缙云氏之后为诸侯,盖饕餮也。"《淮南子·修务训》高诱注:"三苗,盖谓帝鸿氏之裔子浑敦,少昊氏之裔子穷奇,缙云氏之裔子饕餮,三族之苗裔,故谓之三苗。"又《书·吕刑》"蚩尤惟始作乱",《释文》:马云:少昊之末,九黎君名。"《礼记·缁衣》:"甫刑曰:苗民弗用灵,制以刑,惟作五虐之刑曰法。"正义:"案郑注《吕刑》云:苗民,谓九黎之君也。九黎之君,于少昊氏衰,而弃善道。上效蚩尤重刑,必变九黎。言苗民者,有苗,九黎之后,颛顼代少昊诛九黎,分流其子孙,居于西裔者为三苗;至高辛之衰,又复九黎之恶。尧兴,又诛之,尧末,又在朝。舜时,又窜之;后王深恶此族三生凶恶,故著其氏而谓之民。③ 民者冥也,言未见仁道。"据以上几种说法,三苗究竟是饕餮,还是浑敦、穷奇、饕餮三族之后,虽不能定,然而的确是个国名——就是氏族之名。并不含有人民——种族的意

---

① 涿郡,今涿县。
② 苗,先汉。苗——蛮,黎——里——俚。蚩尤——三苗。
③ 著其氏而谓之民。

思。高注：“一曰：放三苗国民于三危也。"就是郑注所谓箸其氏而谓之民，也并不是指人民。蚩尤，马融说："少昊之末，九黎君名。"郑玄说："九黎之君，于少昊氏衰，上效蚩尤重刑。"则蚩尤还在少昊以前，似乎郑说为是。这一族人君主虽是蚩尤三苗，人民却是九黎。和汉族竞争，从黄帝时代起，直到尧舜时代止，看上文所引《吕刑》郑注，就可明白。不可谓不久；然而曾到黄河流域与否，毫无证据；《吕氏春秋》：尧战于丹水之浦以服南蛮。也只到今汉水流域。他的占据江域和汉族的占据河域，孰先孰后，也史无可征；怎能武断说他占据中国本部在汉族之前呢？

这一族人，现在称他为苗，乃是蛮字的转音，和古代"三苗"的"苗"字无涉。试看古代"三苗之国"亡后，历代都只有所谓蛮，并无所谓"苗"；从元明清以来方渐次改称为"苗"，就更无所谓蛮可知。蛮是中国人通称南方异族之名，他种族的本名，实在是"黎"字。后世都写作"俚"或又写作"里"；《后汉书·南蛮传》："建武十二年，九真徼外蛮里张游，率种人慕化内属，封为归汉里君。"注："'里'，蛮之别号，其实是本名。今呼为'俚人'。"是也。这一族人，似乎本来住在中央亚细亚高原，后来沿长江东徙的，何以知道呢？《后汉书·南蛮传》：

> 昔高辛氏有犬戎之寇，帝患其侵暴，而征伐不克；乃访募天下，有能得犬戎之将吴将军头者，购黄金万（千）镒，邑万家，又妻之以女。时帝有畜狗，其毛五采，名曰槃瓠。下令之后，槃瓠遂衔人头造阙下。群臣怪而诊之，乃吴将军首也。……乃以女配槃瓠。槃瓠得女，负而走入南山，止石室中。经三年，生子一十二人，六男六女。槃瓠死后，因自相夫妻。……今长沙武陵蛮是也。

近来有人说：这槃瓠就是盘古，①关于盘古的神话，都是苗族所传，汉族误把他拉来，算做自己的；这话很奇而很确。为什么

---

① 槃瓠传说，今畲民等仍有之。

呢？（一）槃瓠、盘古，声音相同；（二）关于盘古的神话，思想和中国别种神话不同；（三）汉族古帝，都在北方；独盘古则祠在桂林，墓在南海；见任昉《述异记》。（四）干宝《晋纪》、范成大《桂海虞衡志》都说："苗人杂糅鱼肉，叩槽而号，以祭槃瓠。"《文献通考》引。近人笔记，说广西岩洞中，往往有崇宏壮丽，榜为盘古庙的；庙里奉祀的，是盘古和天皇、地皇、人皇；阴历六月初二，相传是盘古生日，远近聚集，致祭极虔。见《地学杂志》。照此说来，不但盘古是苗族的古帝，连司马贞《补三皇本纪》所列后一说的三皇，也是苗族的古帝了。《遁甲开山图》说天皇被迹在柱州昆仑山下，地皇兴于熊耳龙门山，人皇起于形（刑）马。《御览》卷七十八。柱州，以昆仑山高若天柱然，故名；形（刑）马，山名，旧说在蜀。《通鉴外纪》。据此看来，天皇，人皇，实在是从如今的青海到四川的。昆仑，见第一章。熊耳山在如今河南的卢氏县，龙门山在陕西韩城县、山西河津县之间，也和四川的山脉相接。所以《华阳国志》也说"蜀之为国，肇自人皇"。到三苗时代，就进到左洞庭、右彭蠡的地位了。《史记·吴起列传》。《书·尧典》："窜三苗于三危。"《禹贡》："导黑水，至于三危，入于南海。"《史记集解》《夏本纪》。和《通典》卷一百七十五。引《郑注》道："《地理志》，益州滇池有黑水祠，而不记此山水所在，今中国无之矣。《地记》曰：三危山，在鸟鼠之西南，与岷山相连。"则黑水就是如今的金沙江，一者，黑水祠在滇池，滇池是金沙江流域；两者，金沙江古名泸水，"泸"就是"卢"，也就是"旅"，就是"黑"。三危山，就是如今的巴颜哈喇山脉。三苗是江域之国，把他窜到这个地方，一定因为三苗是九黎之君，三危是黎族的根据地，叫他去治理，却很相宜，所以《史记》说："以变西戎。"《禹贡》雍梁二州，都以黑水分界；是雍州的西南界，到如今青海木鲁乌苏北岸；梁州的西界，到如今川边这一条水的东岸；断乎没有两条黑水的。入于南海的"海"，是"夷蛮戎狄谓之四海"的海，不是"洋海"的海。当时道金沙江，实在还没到他和岷江合流之处，所以就把岷江算做长江的上源。后人凿定了海是洋海的海，就生出许多异说来；却又因为哈剌乌苏，译言黑水，就把来附会《禹贡》的黑水；殊不知哈喇译言黑，是句"蒙古话"；这个名词，一定是蒙古人侵入青海之后才有的。古人所说的山，都是所包甚广，和现在地理学上所谓"山脉"、"山系"相当；断没有像志书上所说，仅指一峰一岭。《水经注》：江水"东过资阳县南——如今四川的泸县——洛水从三危东，道广魏洛县南——如今四川的广汉县——东南注之"。可见得三危二字，所包甚广。《括地志》把他凿定在"敦煌县东南四十里"，就又生出疑问来了。《括地志》这句话，是跟《山海经》"三危在敦煌南"——《水经注》二十一卷引——来的；殊不知《山海经》下文，还有"与岷山相接，南带黑水"两句，所谓在敦煌南，和《说文》说"河水出敦煌塞外昆仑山"一样。因为中国郡县，极尽于此，只得如此说法；并不是说他在敦煌境内，或者极近的地方。不然《汉书·地理志》《续汉书·郡国志》敦煌郡下，为什么都不说有三危山呢？照第一章所考据，于阗河的上源有昆仑，河曲的东面，又有昆仑；这两个昆仑，其实原是一山，不过因为一处是汉族发祥之地，一处为西戎所据，所以分出"海内"、"海外"罢了。这也是古人所说的山所包甚广的一个证据。这一条例子，讲古代的地理，用处甚大，请诸位牢牢记着。

第三节　尧舜的禅让

颛顼、帝喾两代，据《史记·五帝本纪》，没有甚么实事可述。《史记》系根据《大戴礼》。大抵这两位君主，功业本不及黄帝、尧、舜，所以《易·系辞》也把他略掉。

尧舜时代，第一个大问题便是"禅让"，咱们现在且把他提出来研究研究。这件事据《史记》所记，是：

(《五帝本纪》)尧曰：嗟！四岳，朕在位七十载，汝能庸命，践朕位。岳应曰：鄙德，忝帝位。尧曰：悉举贵戚及疏远隐匿者。众皆言于尧曰：有矜在民间曰虞舜。尧曰：然，朕闻之，其何如。岳曰：盲者子；父顽，母嚚，弟傲，能和以孝，烝烝治，不至奸。尧曰：吾其试哉。于是尧妻之以二女，观其德于二女。舜饬下二女于妫汭，如妇礼。尧善之，乃使舜慎和五典，五典能从；乃遍入百官，百官时序；宾于四门，四门穆穆，诸侯远方宾客皆敬。尧使舜入山、林、川、泽，暴风雷雨，舜行不迷。尧以为圣，召舜曰：汝谋事至而言可绩三年矣，女登帝位。舜让于德不怿。正月上日，舜受终于文祖；文祖者，尧太祖也。于是帝尧老，命舜摄行天子之政。……尧立七十年得舜。二十年而老，令舜摄行天子之政，荐之于天；尧辟位凡二十八年而崩。……尧崩，三年之丧毕，舜让辟丹朱于南河之南。诸侯朝觐者，不之丹朱而之舜；狱讼者，不之丹朱而之舜；讴歌者，不讴歌丹朱而讴歌舜。舜曰：天也。夫而后之中国，践天子位焉。

舜子商均亦不肖，舜乃预荐禹于天；十七年而崩。三年之丧毕，禹乃亦让舜子，如舜让尧子，诸侯归之。然后，禹践天子位。尧子丹朱，舜子商均，皆有疆土以奉先祀，服其服，礼乐如之；以客见天子，天子弗臣，示不敢专也。

（《夏本纪》）帝禹立而举皋陶，荐之，且授政焉；而皋陶卒……而后举益任之政。十年帝禹东巡狩，至于会稽而崩，以天下授益。三年之丧毕，益让帝禹之子启，而辟居箕山之阳。禹子启贤，天下属意焉；及禹崩，虽授益，益之佐禹日浅，天下未洽。故诸侯去益而朝启，曰：吾君帝禹之子也。于是启遂即天子之位。

儒家的话，几千年以来，就把他算做历史；然而到底有个刘知幾，[①]明目张胆攻他；《史通·疑古篇》。还有造《竹书纪年》这类书的

[①] 《竹书》(今《竹书》)，刘知幾。

人,也是对于儒家的话怀疑的。《五帝本纪》正义:"《括地志》云:故尧城,在濮州鄄城县东北十五里。①《竹书》云:昔尧德衰,为舜所囚也。又有偃朱故城,在县西北十五里。《竹书》云:舜囚尧,复偃塞丹朱,使不与父相见也。"现在的《竹书纪年》,却又是明以来的伪书。咱们现在,且引几句非儒家的话看看。

《韩非子·外储说》:尧欲传天下于舜,鲧谏曰:不祥哉,孰以天下而传之于匹夫乎。尧不听,举兵而诛杀鲧于羽山之郊。共工又谏曰:孰以天下而传之于匹夫乎。尧不听,又举兵而诛共工于幽州之都;于是天下莫敢言无传天下于舜。

又:燕王欲传国于子之也,问之潘寿,对曰:禹爱益而任天下于益,已而以启人为吏;及老而以启为不足任天下,故传天下于益,而势重尽在启也;已而启与友党攻益,而夺之天下。

又《忠孝》:瞽叟为舜父而舜放之,象为舜弟而舜杀之。放父杀弟,不可谓仁;妻帝二女,而取天下,不可谓义。

《淮南子·齐俗训》:昔有扈氏为义而亡。注:有扈,夏启之庶兄也。以尧、舜举贤,禹独与子,故伐启,启亡之。

《韩非子》说得好:"孔子、墨子,俱道尧舜,而取舍不同;皆自谓真尧舜,尧舜不复生,将谁使定儒墨之诚乎?"《显学篇》。非儒家的话,自然不足以服儒家之心;咱们现在,且再就儒家的话,校勘校勘。

(一)前文所引的《史记》,和《尚书》、《孟子》,都相同的。《史记·孟子列传》"退而与万章之徒,序《诗书》,述仲尼之意,作《孟子》七篇"。赵岐《孟子题辞》"通《五经》,尤长于《诗书》"。那么,《孟子·万章上篇》所说,一定都是《书》说了。史公、孟子,似乎同用的《书》说;《史记》上和《孟子》相合的话,是同源异流的。未必史迁曾见过《孟子》。然

---

① 鄄(甄韵),今濮县东。

而把《尚书》古文家言和今文家言核对，就有不符的地方。《孟子》"帝使其子九男事之，二女女焉"。《尚书大传》"舜耕于历山，尧妻之以二女，属以九子也"。《初学记·帝王部》引。这是《尚书》今文家言。《书·皋陶谟》伪孔分做《益稷》。"无若丹朱敖，惟慢游是好，傲虐是作，罔昼夜頟頟，罔水行舟，朋淫于家，用殄厥世"。《释文》"傲，字又作奡"。《说文》奡字下："《虞书》曰：若丹朱奡，读若傲。"又引"《论语》曰：奡荡舟"。这是古文家言，非儒家言，只有《淮南子·泰族训》"尧属舜以九子"，和《孟子》、《大传》相合。此外《吕氏春秋·去私篇》就说"尧有子十人"。《求人篇》说"尧妻以二女，臣以十子"。《庄子·盗跖篇》又说，"尧杀长子"。《韩非子·说疑篇》"其在《记》曰：尧有丹朱，而舜有商均，启有五观，商有太甲，武王有管蔡。五王之所诛，皆父子兄弟之亲也"。丹朱被杀，别处都没有征验；然而尧杀掉一个儿子，似乎是真的；这个儿子，恐怕就是奡。参看《癸巳类稿》卷一《奡证》。

（二）《小戴记·檀弓》"舜葬于苍梧之野"，各种书都同的。《大戴记·五帝德》、《白虎通·巡狩篇》、《淮南子·修务训》、《汉书·刘向传》、《三国志·薛综传》《吕凯传》。又《小戴记·祭法》"舜勤众事而野死"，《国语·鲁语》同，郑玄韦昭，都把葬于苍梧之野解释他。独有《孟子》说："舜生于诸冯，迁于负夏，卒于鸣条，东夷之人也。"这句话，不知哪里来的。案《史记·五帝本纪》"舜耕历山，渔雷泽，陶河滨，作什器于寿丘，就时于负夏"，索隐引《尚书大传》"贩于顿丘，就时负夏"。史公、孟子，似乎也是同用《书》说的。"迁于负夏"的迁，作懋迁解。《史记》下文"南巡狩，崩于苍梧之野，葬于江南九疑，是为零陵"。一定是后人窜入。《史记》这部书，给后人窜乱的地方极多；请看近人崔适的《史记探原》。苍梧零陵到了如今湘粤的边界，似乎有被窜逐的嫌疑，刘知几就很疑心他。所以今文家把他讳掉。这个"今文家"三字，是指经学真有传受的人，并不是指古文既兴以后的今文家。请看末一段。然而鸣条也是南夷的地方,舜禹果然"雍容揖让",如何舜会死在这里,讳了半天,似乎还是不能自圆其说。赵岐《孟子》注"诸冯、负夏、鸣条,皆地名,负海也"。这个"海",是"夷蛮戎狄,谓之四海"的海,正是注释《孟子》"东夷之人也"这一句。《吕氏春秋·简选篇》"殷汤登自鸣条,乃入巢门",《淮南子·主术训》"汤困桀鸣条,禽之焦门",《修务训》"汤整兵鸣条,困夏南巢,谯以其过,放之历山"。可见得鸣条和南巢历山相近,正是所谓"东夷之地"。参看第六章第五节。《书·汤誓序》正义引"郑玄云:南夷地名",已经微误。至《书序》"伊尹相汤伐桀。升自陑,遂与桀战于鸣条之野",这个陑,本来是无可考的,伪孔硬说汤都偃师,桀都安邑,正义勉强傅会,才生出"陑在河曲之南,鸣条在安邑之西"种种曲说来,参看第四章第二节自明。还有舜封象于有庳一事,也极为可疑。孟子答万章的话,无论如何,也不能自圆其说。顾炎武就说"上古诸侯之封万国,其时中原之地,必无闲土可以封也"(《日知录》)。然而古人所说万国、三千、千八百,实在是个虚拟之词,并不是真有这些国度(参看第七章)。有庳苍梧,地极相近;舜放象的地方,就是后来自己逃去的地方,这个疑团,更无从解释了。

(三)《新序·节士篇》:"禹问伯成子高曰:昔者尧治天下,吾子立为诸侯;尧授舜,吾子犹存焉,及吾在位,子辞诸侯而耕,何故?子高曰:昔尧之治天下,举天下而传之他人,至无欲也;择贤而与之,至公也;舜亦犹然。今君之所怀者私也,百姓知之,贪争之端,自此起矣;德自此衰,刑自此繁矣;吾不忍见,是以野处也。"这一段,竟说禹有私天下之心,和孟子答万章的话,大相反背。刘向是个博极群书的人,《新序》又是杂采古书而成的,自然不能谨守家法。这也是今古义家,互相违反的一证。《书·甘誓序》疏:"……盖由自尧舜受禅相承,启独见继父,以此不服,故伐之。"这个说法,也必有所本。

(四)以上都是儒家说话可疑之处,还有他不说话的地方,也很可疑。《史记·伯夷列传》:"夫学者载籍极博,犹考信于六艺,《诗》、《书》虽缺,然虞夏之文可知也。尧将逊位,让于虞舜,舜禹之间,岳牧咸荐；乃试之于位；典职数十年，功用既兴，然后授政；示天下重器，王者大统，传天下若斯之难也。而说者曰：尧让天下于许由，许由不受，耻之，逃隐；及夏之时，有卞随、务光者。此何以称焉。太史公曰：余登箕山，其上盖有许由冢云。孔子序列古之仁圣贤人，如吴太伯、伯夷之伦，详矣；余以所闻，由、光义至高，其文辞不少概见，何哉。"太史公这一段文字，是深苦于载籍上的话，和《书》义不合，《尚书》：虞夏同科（见义疏），太史公说"虞夏之文"，是指《尚书》而言可知。"尧将逊位……然后授政"是述《书》义；"尧让天下于许由……何以称焉"是述非儒家的载籍；"示天下重器……若斯之难也"，与"此何以称焉"句相呼应。**既不能一笔抹杀**，因为有许由冢等实迹可证。《五帝本纪》赞："学者多称五帝，尚矣，然《尚书》独载尧以来，而百家言黄帝，其文不雅驯，荐绅先生难言之。孔子所传宰予问《五帝德》及《帝系姓》，儒者或不传。余尝西至空峒，北过涿鹿，东渐于海，南浮江淮矣，至长老皆各往往称黄帝尧舜之处，风教固殊焉；总之不离古文者近是。"可见得太史公的学问，极注重实验，他亲眼看见了一个许由冢，又听见许多传说，然而六艺无征，自然要委决不下了。而又六艺阙然，无可考信的意思。然而据清朝宋翔凤所考究，许由实在就是伯夷。他说尧舜时候的四岳，一共有三起人：第一起就是羲仲、羲叔、和仲、和叔四个；第二次分做八伯，四个是驩兜、共工、放齐、鲧，余无可考。第三起就是伯夷等八人。见《尚书略说》，原文："《周礼疏序》引郑《尚书》注云：四岳，四时之官，主四岳之事，始羲和之时，主四岳者，谓之四伯；至其死，分岳事置八伯，皆王官。其八伯，惟驩兜、共工、放齐、鲧四人而已。其余四人，无文可知矣。案上文羲和四子，分掌四时，即是四岳，故云四时之官也。云八伯者，《尚书大传》称阳伯、仪伯、夏伯、羲伯、秋伯、和伯、冬伯，其一阙焉。郑注以阳伯为伯夷掌之，夏伯弃掌之，秋伯咎繇掌之，冬伯垂掌之，余则羲和仲叔之后，《尧典》注言驩兜四人者，郑以《大传》所言，在舜即真之年，此在尧时，当别自有人，而经无所见，故举四人例之。……案唐虞四岳有三：其始为羲和之四子，为四伯；其后共驩等为八伯；其后伯夷诸人为之。《白虎通·王者不臣篇》先王老臣不名，亲与先王戮力共治国，同功于天下，故尊而不名也。《尚书》曰：咨尔伯，不言名也。案班氏说《尚书》，知伯夷逮事尧，故在八伯之首，而称太岳。《春秋左氏》隐十一年"夫许，太岳之胤也"。申、吕、齐、许，同祖，故吕侯训刑，称伯夷、禹、稷为三后，知太岳定是伯夷也。《墨子·所染篇》、《吕氏春秋·当染篇》并云：舜染于许由伯阳，'由'与'夷'，'夷'与'阳'，并声之转。《大传》之阳伯，《墨》、《吕》之许由伯阳，与《书》之伯夷，正是一人。伯夷封许，故曰许由。《史记》：尧让天下于许由（原注"本《庄子》"）。正传会"咨四岳異朕位"之语；百家之言，自有所出。《周语》太子晋称共之从孙四岳佐禹。又云：胙四岳国，命曰侯伯，赐姓曰姜，氏曰有吕。《史记·齐太公世家》云：吕尚，其先祖尝为四岳，佐禹平水土，虞夏之际，封于吕，姓姜氏。此云四岳，皆指伯夷：盖伯夷称太岳，遂号为四岳，其实四岳非指伯一人也……"据他这个说法，尧让天下，就是让之于四岳；和《尧典》"咨四岳，朕在位七十载，汝能庸命，巽朕位"的话正合；然而四岳里三个，倒就在"四罪"之中，《尧典》（伪古文的《舜典》）"流共工于幽州，放驩兜于崇山，窜三苗于三危，殛鲧于羽山，四罪而天下咸服"。岂不可骇。儒者于此，没有一句话疏通证明；让国的许由，也不提及一字，一任非儒家去传说，这又是什么原故呢？又《史记·秦本纪》："秦之先，帝颛顼之苗裔，孙曰女脩；女脩织，玄鸟陨卵，女脩吞之，生子大业。"正义：《列女传》云：陶子生五岁而佐禹。曹大家注云：陶子，皋陶之子伯益也。按此，即知大业是皋陶。"据此，则益是皋陶的儿子，禹要行禅让，而皋陶死后，任政于益，反有世及的意思，这一层也很可疑。

以上所举几条，不过是彰明较著的；要是仔细搜寻起来，一定还有许多证据。① 总而言之："唐虞揖让"，"汤武征诛"，都是为公而不为私。孟子所谓"唐虞禅，夏后殷周继，其义一也"。实在是儒家的学说，并非实有其事。所以儒家是这样说法，别一家却并不是这样说法。就是儒家里头，古文家也还时时露出马脚，只有今文家弥缝得完

---

① 荐于天——民视民听，客见天子。书说 ｛孟子／史公｝

密——这是因为今文家的老祖师,都是亲受口说于孔子,纯粹是儒家的学说;古文家却有些不纯粹的古书做根据。请看近人井研廖氏的《今古文考》,南海康氏的《孔子改制考》,自然明白。咱们因此可以悟到两种道理:

其(一)儒家的学说,都是孔子所创造,并没有所谓尧、舜、禹、汤、文、武、周公等等的圣人。① 后世实行儒家之学,便是实行孔子之学;其"功罪"、"祸福",一大部分,应当由孔子负其责任。且勿论其为是为非,为功为罪;孔子这个人理想的博大,他这学说组织的完密(看《孟子·万章上篇》便见;这一篇的话,都是孔门的"《书》"义,上文已经说过了)却很是可惊;所以当时有一部分人,很佩服他,说他是"集大成",是"生民所未有"。一小部分的责任,后世的儒家,也应当分负的。

其(二)世界究竟是"进化"的,后世总比古人好。② 譬如"政体",断没有后世是"专制",古时候反有所谓"禅让"之理。其余各事,都是如此;一部历史,都要用这种眼光看。

第四节　禹　的　治　水

禹的治水,也是当时一大事。水患的原因,《尧典》上只有"汤汤洪水方割,荡荡怀山襄陵,浩浩滔天,下民其咨"二十个字。看不出什么道理来。《吕氏春秋·爱类篇》说"古者龙门未开,吕梁未发,河出孟门之上,大溢逆流;无有丘陵高阜,尽皆灭之,名曰鸿水",似乎仍旧是河患;但是《吕氏春秋》这句话,是原本《尸子》的。《尸子》已佚,只有辑本,所以现在就引《吕氏春秋》。尸子是晋国人,他单说龙门吕梁,是就他眼见的地方立论,参看胡渭《禹贡锥指》卷三。再看《淮南子·本

---

① 唯心、唯物之争。
② 此(一)(二)改唯心、唯物。

经训》"龙门未开,吕梁未发,江淮流通,四海溟涬"。就可以见得当时的水患,实在是"弥漫于中国大平原"之上了。原来古时候,江淮河济诸水都是相通的。这个说法太长,不能细讲;欲知其略,请看孙星衍的《分江导淮论》。《白虎通》:"谓之渎河?渎者,浊也。中国垢浊,发源东注海,其劲著大,故称渎也。"《风俗通》引《尚书大传》:"渎,通也。所以通中国垢浊。"《水经·河水注》"自河入济,自济入淮,自淮达江,水径周通,故有四渎之名"。则四渎之渎字,实在含有"通"、"浊"二义;"通"字之中,又含有"通垢浊"同"周通"二义。这都是相传的旧训,决非郦道元所能造的。所以一有水患,就灾区极广。尧时候的水,据《尧典》看起来,似乎"是多年的积害",那么,自然情形更重大了。《孟子》上说:

> 《滕文公上》:当尧之时,天下犹未平:洪水横流,泛滥于天下;草木畅茂,禽兽繁殖;五谷不登,禽兽逼人;兽蹄鸟迹之道,交于中国。
>
> 《滕文公下》:当尧之时,水逆行,泛滥于中国;蛇龙居之,民无所定;下者为巢,上者为营窟。《淮南子》也说"民皆上丘陵,赴树木"。

就可以见得当时的情形了。孟子既然是用的《书》说,见上节。这许多话,一定有所受之,不是随口乱道的。这许多话,却不是儒家文饰出来的,因为用不着文饰。

禹的治水,《史记》总叙他道:"禹乃遂与益、后稷奉帝命,命诸侯百姓,兴人徒以敷土;行山表木,定高山大川。……乃劳身焦思,居外十二年,《孟子》说"禹八年于外",这些琐细的问题,且别去考据他。过家门不敢入。……陆行乘车,水行乘船,泥行乘橇,山行乘檋;左准绳,右规矩;载四时;以开九州,通九道,陂九泽,度九山。令益与众庶稻,可种卑湿;令后稷与众庶难得之食;食少,调有余相给,以均诸侯。"和《孟子》"舜使益掌火……禹疏九河,瀹济、漯,而注之海;决汝、汉,排淮、泗,而注之江;……后稷教民稼穑……"的说法相合。可见得当时治水,实在是禹为主而益、稷佐之。《史记·殷本纪》载《汤诰》"古禹皋陶,旧劳于外",大概皋陶和益,是父子继业的。至于治水的法子,大概是疏导诸水,使之各有去路。当时江淮两流域的水,本来都是相通的,就其天然的趋势,叫小水归入大水,大水东流入海,那么,江、淮、河、济四水,就是诸水的纲领,所以这四条水,就唤做四渎。《风俗通·山泽》引《尚书大传》:"江、淮、河、济为四渎。"《汤诰》:"东为江,北为汉,西为河,南为淮;四渎既修,万民乃有居。"《孟子》:"水由地中行,江淮河汉是也。"因为当时诸水互通,所谓四渎,不过是举出四条大水,以为诸水之纲领,所以济汉也不妨互言。然而孟子的意思,也不是凿定,把江、淮、河、汉算做四渎;所以"疏九河","瀹济漯","决汝、汉","排淮、泗",又是把江淮河济并举,却因为诸水本来都相通,所以"而注之海","而注之江",又不妨互言。大概古人这等处,观念本不是精密确定的,不必泥定字面,生出许多麻烦的问题来。禹治水的方法,[①]大概是如此;《孟子》说"水由地中行,江、淮、河、汉是也",这十一个字,最能得概括的观念。上句是治水的方法,下句是水的统系。至于详细的情形,要带起许多麻烦的问题来,现在暂不必讲他。《禹贡》里的地理,有一部分应当讲明的,见第七章。如要晓得详细的情形,可把胡渭的《禹贡锥指》先看一遍。这部书,虽不很精,然而汇集的说法很多,很容易看;看了这一部,倘要再看别种,也就有门径了。

---

① 而注之江。

第四章 三王时代

第一节 羿的代夏和少康中兴

"三王"就是"三代",似乎应当算到东周之末;但是《孟子》已经说"三代之得天下也以仁,其失天下也以不仁"。古人所说的"三王"、"三代",大概专指夏殷西周。我如今也图立名的方便,用个"三代时代",来包括夏殷西周三朝,和五帝时代对举。

要讲三王时代的事情,自然要从夏朝讲起。然而禹的治水,已经编入五帝时代;启伐有扈,第三章第三节,也已经略说。这件事情的详细,是无可考见的。此外夏朝的事情,较为著名的,只有"羿的代夏和少康中兴"一件事。我们现在要讲这件事,且请先看夏朝的世系图。一、二、三、四等字,系表君位继承;所用的线,是表血统上的统系。

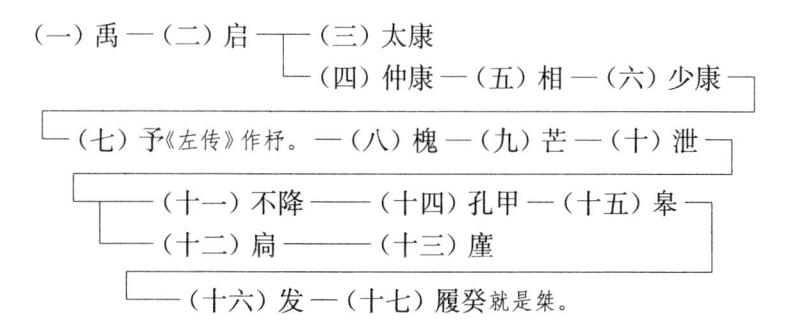

(一)禹 —(二)启 ┬ (三)太康
　　　　　　　　　└ (四)仲康 —(五)相 —(六)少康 ┐
┌───┘
└ (七)予《左传》作杼。—(八)槐 —(九)芒 —(十)泄 ┐
┌───┘
├ (十一)不降 ── (十四)孔甲 —(十五)皋 ┐
└ (十二)扃 ── (十三)廑　　　　　　　　│
┌─────────────────────────────────────┘
└ (十六)发 —(十七)履癸 就是桀。

据下文看起来,这个图,未必尽可靠;然而现在他无可据,只得姑且照他。

羿的代夏和少康中兴,是夏朝一件著名的事,却又是一个考据问题。这件事,《史记》上只有"帝太康失国。昆弟五人,须于洛汭,作五子之歌"十八个字,和《书序》相同,其余一概不提。《伪古文尚书》说:"太康尸位以逸豫,灭厥德,黎民咸贰。乃盘游无度,畋于有洛之表,十旬弗反;有穷后羿,因民弗忍,距于河。厥弟五人,御其母以从,徯于洛之汭;五子咸怨,述大禹之戒以作歌。"伪古文的不可信,无待于言;这一篇,尤其荒谬可笑。别的且勿论,各种书上都说太康兄弟五人,他却说"厥弟五人",那么,连太康倒有六个了。羿的代夏,详见于《左传》襄公四年和哀公元年,咱们现在,且把他钞在下面。

……昔有夏之方衰也:后羿自鉏,迁于穷石,因夏民以代夏政,恃其射也,不修民事,而淫于原兽。弃武罗、伯因、熊髡、尨圉,而用寒浞。杜注:寒国,北海平寿县东有寒亭。如今山东的潍县。寒浞,伯明氏之谗子弟也;伯明后寒弃之,夷羿收之;信而使之,以为己相。浞行媚于内,而施赂于外;愚弄其民,而虞羿于田;树之诈慝,以取其国家。羿犹不悛,将归自田,家众杀而烹之,《孟子·离娄下篇》:逢蒙学射于羿,尽羿之道;思天下惟羿为愈己,于是杀羿。以食其子;其子不忍食诸,死于穷门。靡奔有鬲氏,杜注:今平原鬲县。如今山东的德县。浞因羿室,生浇及豷。恃其残慝诈伪,而不德于民。使浇用师,灭斟灌及斟寻氏。杜注:二国,夏同姓诸侯;仲康之子后相所依。乐安,寿光县东南有灌亭。如今山东的寿光县。北海平寿县东南有斟亭。如今山东的潍县。**处浇于过**,杜注:东莱掖县北有过乡。如今山东的掖县。处豷于戈。杜注:戈,在宋郑之间。靡自有鬲氏收二国之烬,以灭浞而立少康;少康灭浇于过,后杼灭浇(豷)于戈;有穷由是遂亡,失人故也。昔周辛甲之为太史也,命百官,官箴王阙。于《虞人之箴》曰:芒芒禹迹,画为九州,经启九道。民有寝庙,兽有茂草,各有攸处,德用不扰。在帝夷羿,冒于原兽;忘其国恤,而思其麀牡。武不可重,用不恢于夏家。兽臣司原,敢告仆夫。……襄四年魏绛告晋悼公的话。

……昔有过浇,杀斟灌以伐斟鄩,灭夏后相;后缗方娠,杜注:后缗相妻。逃出自窦,归于有仍,梁履绳《左通补释》:《春秋经》桓五年,天王使仍叔之子来聘,《穀梁》经传并作任叔。仍任声相近,或是一地。……案《地理志》,东平有任县,盖古仍国。如今直隶邢台县附近。杜注:后缗,有仍氏女。生少康焉;为仍牧正,惎浇能,戒之。浇使椒求之;杜注:椒,浇臣。逃奔有虞,杜注:梁国有虞县。如今河南的虞城县。为之庖正,以除其害。虞思于是妻之以二姚,而邑诸纶;杜注:纶,虞邑。有田一成,有众一旅;能布其德,而兆其谋;以收夏众,抚其官职;使女艾谍浇,杜注:女艾,少康臣。使季杼诱豷。杜注:季杼,少康子后杼也。遂灭过戈,复禹之绩;祀夏配天,不失旧物。……哀元年伍员谏吴夫差的话。

以上都只说羿的代夏,和少康中兴;至于太康为什么失国,始终没有提及。我们再看:

《墨子·非乐》:于武观曰:启乃淫溢康乐,野于饮食,将将铭,苋磬以力,湛浊于酒,渝食于野;万舞翼翼;彰闻于人,人用弗式。

《逸周书·尝麦》:其在启之五子,忘伯禹之命,假国无正,用胥兴作乱。遂凶厥国。皇天哀禹,赐以彭寿,思正夏略。

《墨子》的话,不甚可解,然而"湛浊于酒,渝食于野,万舞翼翼"十二个字,大概是说"饮食""作乐"的。"彰闻于大"的"大"字,惠氏栋说是"天"字之误,见江声《尚书集注音疏》。也大概不错。其余不必强解。合着《墨子》和《逸周书》看起来,似乎夏之亡,由于沉湎于酒,又好饮食,又好音乐;其事起于启,而亡国却在他五个儿子手里。"胥兴作乱"四字,不知道是什么事;彭寿是什么人,也不可考。《竹书纪年》:"帝启十一年,放王季子武观于西河。十五年,武观以西河叛,彭伯寿帅师征西河,武观来归。"就是据着《逸周书》伪造的,惠氏以为可信,就差了。武观就是五观,据下文所考,确是五个人,不是一个人。还有《楚辞》的《离骚》,有几句,却像总述这件事的始末的:

> 启九辩与九歌兮,夏康娱以自纵;不顾难以图后兮,五子用失乎家巷。羿淫游以佚田兮,又好射夫封狐;固乱流其鲜终兮,浞又贪夫厥家。浇身被服强圉兮,纵欲而不忍;日康娱而自忘兮,厥首用夫颠陨。

五子就是武观,为什么呢?《楚语》"启有五观",《书·甘誓》疏引作"夏有观扈",看韦注,似乎《书》疏是错的。韦昭注"启子,太康昆弟也";《汉书·古今人表》:"太康,启子,昆弟五人,号五观。"《潜夫论·五德志》:"启子太康仲康更立,兄弟五人,皆有昏德,不堪帝事,降在洛汭,是为五观。"诸说皆同。"武"、"五"是一声之转。那么,为什么要称观呢?《水经》巨洋水注:"国语曰:启有五观,谓之奸子。五观,盖其名也。所处之邑,其名曰观。"《左传》昭公元年:"夏有观扈。"杜注:"观国,今顿丘卫县。"卫县,就是如今山东的观城县。然而依我看来,这话未必可信。为什么呢?(一)观城决不能称为洛汭,《书序》虽不可靠,然而这一篇却和《史记》、《潜夫论》都相合的,没有反对证据。不便就疑心他。(二)卫县是后汉的卫国,前汉名为畔观;杜预的注,似乎有点牵合。(三)古人注文用个盖字,都是疑辞;郦道元说"盖其名也",可见也只是推测,不敢决定。所以我说"夏有观扈"的观究竟在什么地方没有考据清楚,且不必把他来和太康兄弟五人牵合。然则太康兄弟五人,究竟在什么地方呢?我说且算他在洛汭。他为什么要在洛汭呢?他居洛汭之前又在何处呢?这个问题,却不能有圆满的解答;我且引证一个人的话,来做一个推测。

金鹗《禹都考》:《求古录礼说》卷四。世言禹都安邑,其误始于皇甫谧《帝王世纪》,郦道元浍水注因之;近洪氏颐煊,谓禹都阳城,不都安邑,足以证其谬矣;然其所考犹未详也。鹗窃疑禹都有二:其始都在阳城,而其后乃都于晋阳。案《汉书·地理志》:颍川郡阳翟,夏禹国。应劭曰:夏禹都也。臣瓒曰:《世本》言禹都阳城,《汲郡古文》亦云居之,不居阳翟也。师古曰:阳翟本禹所受封耳,应瓒之说皆非。洪氏颐煊谓阳城亦属颍川郡,与阳翟之地相近;或当日禹所都阳城,本在阳翟,故《汉志》云。鹗考《史记·夏本纪》,禹避舜子于阳城,诸侯皆去商均朝禹,于是即天子位;知其遂都阳城,盖即所避之处以为都也。赵岐《孟子》注,阳城在嵩山下;《括地志》嵩山,在阳城县西北二十三里;则阳城在嵩山之南,今河南府登封县是也。若阳翟,今在开封府禹州,其地各异。《汉书·地理志》,丁偃师曰殷汤所都,于朝歌曰纣所都,于故侯国皆曰国;今阳翟不曰夏禹所都,而曰夏禹国,可知禹不都阳翟矣。……然《左传》定公四年,祝佗谓唐叔,封于夏虚,启以夏政;例以上文康叔封于殷虚,启以商政,则禹之都即唐国也。唐国在晋阳:《汉书·地理志》太原郡晋阳,故诗唐国,周成王火唐,封弟叔虞。杜预注《左传》云:夏虚,大夏,今太原晋阳是也。本于《汉志》,其说自确。《水经》云:晋水出晋阳县西县瓮山。郦道元注:县,故唐国也。亦本《汉志》。乃臣瓒以唐为河东永安,张守节以为在平阳;不知唐国有晋水,故燮父改唐曰晋;若永安去晋四百里,平阳去晋七百里,何以改唐曰晋乎?唐定在晋阳,今山西太原府是也。又郑康成《诗谱》云:魏国,虞舜夏禹所都之地。魏与唐相近,同在河北冀州;故哀公六年《左传》引《夏书》云:惟彼陶唐,帅彼天常,有此冀方;今失其行,乱其纪纲,乃灭而亡。服虔以为尧居冀州,虞夏因之;此皆禹都在河北之证也;但在晋阳,不在安邑;皇甫谧、郦道元以安邑为禹都,此为谬耳。……

我以为古代的事情,都不过传得一个大略;都邑之类亦然,不过大略知道他在什么地方;区区计较于数十百里之间,实在是白费心血的,所以阳城到底在登封,还在禹县,这个问题,暂可不必较量。至于所论禹都晋阳一层,实在非常精确。禹都河北这一层,造伪书的人,也似乎知道的,不过知道得不甚精确。他脑筋里,只有一个"魏国夏禹所都"的观念,见战国时的魏,是都安邑,就以为安邑必是禹都;禹都既在安邑,就桀都也在安邑了;桀都既在安邑,就连鸣条也搬到河北去了;辗转牵率,就闹出绝大笑柄。见下节。然而禹都虽不在安邑,却不害其为在晋阳;并且"惟彼陶唐……乃灭而亡"几句《夏书》,怕确也是指太康亡国的。不过造伪书的人,不应当把兄弟五人改作"厥弟五人",再把这几句《夏书》硬栽在他口里,算是他所做的歌罢了。这样看来,太康似乎是本居晋阳,失了国,逃到洛汭的;当时还离河北不远,到后来,才给寒浞等愈逼愈东,以至于灭亡。少康虽灭寒浞,曾否恢复河北却是一个疑问;所以桀之都,又在河南了。见下节。然则后羿又是从什么地方来的呢?《左传》说:"后羿自鉏迁于穷石。"《淮南子·地形训》:"弱水,出自穷石。"高诱注:"穷石,山名也。在张掖北,塞水也。"似乎太远些。然而尧本都冀州,羿在尧手里就是射官,见《淮南子》。是个西北之国,却也不足为怪。难道羿是从西北塞外侵入的么?看春秋时候的情形,便知道如今的山西省,在古代强半是戎狄占据之地。又夏好音乐,羿好田猎,也似乎一个是久居开明地方的人,一个是从塞外侵入的。这个实在证据不足,只可存为一种推测罢了。

第二节　夏殷的兴亡

夏朝从少康以后,无事可见。《史记》说:孔甲"好方鬼神,事淫乱,夏后氏德衰;诸侯畔之"。又说:"自孔甲以来,而诸侯多畔夏。桀不务德而武,伤百姓,百姓弗堪。乃召汤而囚之夏台,已而释之。汤修德,诸侯皆归汤。汤遂率兵以伐夏桀,桀走鸣条,遂放而死。"那么,夏朝的衰弱,是从孔甲时候起,至桀而灭亡的。

《史记》记夏殷兴亡的事:

> 自契至汤,八迁,汤始居亳,从先王居。汤征诸侯:葛伯不祀,汤始伐之。……当是时:夏桀为虐政,淫荒,而诸侯昆吾氏为乱。汤乃兴师,率诸侯,伊尹从汤,汤自把钺,以伐昆吾,遂伐桀。……于是汤曰:吾甚武。号曰武王。桀败于有娀之虚,桀奔于鸣条,夏师败绩。汤遂伐三㚇,俘厥宝玉。……于是诸侯服,汤乃践天子位。平定海内。汤归至于泰卷陶,中䐆作诰。既绌夏命,还亳。

这一段事情,须把他的地理考核清楚,才能知道当日战争的形势。案上文所见的地名,是(一)亳,(二)葛,(三)昆吾,(四)有娀之虚,(五)鸣条,(六)三㚇,(七)泰卷陶;除有娀之虚无可考外,其余的,我都替他考核如下:

亳的说法,最为麻烦。据《书经》正义所引:

> (一)郑玄云:亳,今河南偃师县有汤亭。《帝誉(告)厘沃序》疏。

(二)《汉书音义》:臣瓚者云:汤居亳,今济阴亳县是也。……同上。

(三)杜预云:梁国蒙县北有亳城。同上。

(四)皇甫谧云:《孟子》称汤居亳,与葛为邻,葛伯不祀,汤使亳众往为之耕。葛,即今梁国宁陵之葛乡也。若汤居偃师,去宁陵八百余里,岂当使民为之耕乎?亳,今梁国谷熟县是也。同上。又《立政》"三亳阪尹"疏:皇甫谧以为三亳,三处之地,皆名为亳;蒙为北亳,谷熟为南亳,偃师为西亳。

(五)郑玄以三亳阪尹,共为一事,云:汤旧都之民服文王者,分为三邑;其长居险,故言阪尹。盖东成皋,南辕辕,西降谷也。江氏声《尚书集注音疏》说"降"是"函"之音转,降谷,就是函谷。

这所引诸说,《立政》和《帝䎱(告)厘沃序》的正义,都说是不能定其是非。咱们当考核之初,有一件事,应当注意的,就是三亳是周初的事,不能和汤时的亳,并为一谈。皇甫谧的错误,就出在这里;他硬把周初的三亳,和商汤时候的亳,并为一谈;就把蒙、谷熟区区地方,硬分做南北两亳,去配偃师的西亳;这个,清朝的王鸣盛氏驳得他最痛快,他说:《尚书后案》卷六。

盖薄县者,汉本属山阳郡,后汉又分其地置蒙、谷熟二县,与薄并改属梁国;晋又改薄为亳,且改属济阴。故臣瓚所谓汤都在济阴亳县者,即其所谓在山阳薄县者也,案《汉书·地理志》山阳郡薄县下:"臣瓚曰:汤所都。"其"汤居亳今济阴亳县是也",见于河南郡偃师县下。亦即司马彪所谓在梁国薄县,案《续汉书·郡国志》薄县下:"汤所都。"杜预所谓在蒙县北亳城者也;而亦即皇甫谧所分属于蒙、谷熟者也,本一说也。孔颖达《书》、《诗》疏,案《诗·商颂·玄鸟》疏。皆误认为异说,其谬已甚。……而皇甫谧巧于立说,又以一薄分为南北二亳,且欲兼存偃师旧说,以合《立政》三亳之文;不知《立政》三亳,郑解谓迁亳之民而分为三。亳本一耳,安得有三?皇甫谧之谬如此。……

这个说法,精核极了;但是王鸣盛是一生"佞郑"的,他就一口断定亳在偃师,而于皇甫谧去葛太远,不便代耕之说,却只把"其说浅陋,更不足辨矣"九个字,轻轻撇过,这个却也未足服人。皇甫谧的话,大概是信口开河,没有一句可据的。但是这一驳,却不能全说他无理。

我说古人的"城名"和"国名",是分不开的;"国名"自然不能随时变换,所以新迁了一个都城,大概就把旧都城的名字,做他的名字。① 譬如晋国的新绛故绛。商朝是随便搬到什么地方,都城都唤做亳的;所以"所谓亳的地方",实在很多。但是当成汤时,考核得出来的,却也刚刚有三处:

(一) 是如今陕西的商县。这个是魏氏源《书古微》上说的。《汤誓序发微》。他所举最强的理由是(1)《书序》"汤始都亳,从先王居",先王就是契;《周语》:"玄王勤商,十四世而兴。"韦昭注:"玄王,契也。"据《史记》世系看起来,契到汤,恰好十四世。又《商颂》毛传,也说玄王是契。《伪孔传》说先土是帝喾,实在大错了的。契封于商。《书·帝喾(告)厘〔沃〕序》疏:"郑玄云:契本封商国在太华之阳。"(2)《诗·商颂》疏引《雒子命》《书纬》。"天乙在亳,东观于洛"。《艺文类聚》引《尚书中候》,"天乙在亳,诸邻国襁负归德;东观于洛,降三分沈璧"。亳一定在洛之西,才可说东观。(3)《史记·六国表序》:"或曰:东方物所始生,西方物之成孰。夫作事者必于东南,收功实者常于西北。故禹兴于西羌;汤起于亳;周之王也,以丰镐伐殷;秦之帝,用雍州兴;汉之兴,自蜀汉。"看他所连类并举的,就可以知道亳一定在雍州境内。

---

① 域名,国名,国名移徙。

(二) 就是偃师。这个，班固、《汉书·地理志》河南郡偃师县："有尸乡，汤所都。"刘昭《续汉书·郡国志》河南郡偃师县注引《皇览》："有汤亭，有汤祠。"又"尸乡，在县西三十里"。说法，都和郑玄相同。依我看起来，还有一条证据：《孟子》："伊尹耕于有莘之野。"《史记》："阿衡欲干汤而无由，乃为有莘氏媵臣。"有莘是周太姒的母家，在如今陕西郃阳县。《吕氏春秋·本味篇》："有侁氏得婴儿于空桑，后居伊水。命曰伊尹。"伊尹见汤的时候在有莘，后来居于伊水，就是汤始居商县，后居偃师的旁证。

(三) 就是汉朝的薄县，后来又分置蒙、谷熟的，地当今河南商丘、夏邑、永城三县之境。这个班固于薄县下，虽没有说是汤所都；然而后文论宋地，说："昔尧作游成阳，舜渔雷泽，汤止于亳；故其民犹有先王遗风：重厚，多君子；好稼穑，恶衣食，以致畜藏。"王鸣盛硬说止字是"游息"；然而古人说"某某之遗风"，都是指他久居之地，不是指他游息之地，《汉书·地理志》的本身，就处处是证据。不能如此曲解。况且孟子的话，就是一个大证据，岂能袒护着郑康成，反疑心孟子。孟子所用的，都是《书》说，是有传授的，上章已经证明了。

然则当汤的时候，既然有这三处可指为亳，汤到底是先住在哪一个亳，后来才迁居到哪两个亳的呢？要解决这个问题，就得一考当时用兵的形势。上文《史记》所举汤用兵之地是：

葛，《汉书·地理志》陈留郡宁陵下：孟康曰：故葛伯国，今葛乡是。如今河南的宁陵县。

昆吾，昆吾有两处：(一)《左》昭十二年，"昔我皇祖伯父昆吾，旧许是宅"。是如今河南的许昌县。(一) 哀十七年，"卫侯梦于北宫，见人登昆吾之观"。注："卫有观，在古昆吾之虚，今濮阳城中。"是如今直隶的濮阳县。桀时的昆吾在旧许，见后。

鸣条，见第三章第一节。

三㐲,《续汉书·郡国志》,济阴郡定陶,有三䵆亭。如今山东的定陶县。

泰卷陶。《书序》：汤归自夏,至于大坰,仲虺作诰。《史记》索隐："……卷当为坰……解衍尚书者以大坰今定陶。……旧本或旁记其地名,后人转写,遂衍斯字也。"又《左传》定元年"仲虺居薛",薛是如今山东的滕县。

又《诗·商颂》："韦顾既伐,昆吾夏桀。"则汤当伐桀之前还伐过韦顾两国；韦在如今河南的滑县,《左传》注"东郡白马县有韦城",《郡国志》作韦乡。《通典》：滑州卫城县,古豕韦国。顾在如今山东的范县。《郡县志》：顾城,在濮州范县东二十八里,夏之顾国。

又桀的都城,《伪孔传》说在安邑。《书序》："伊尹相汤伐桀,升自陑。"他说"汤升道从陑,出其不意；陑在河曲之南"。正义："盖今潼关左右。""遂与桀战于鸣条之野。"他说"地在安邑之西,桀逆拒汤"。皇甫谧就再连昆吾也拉到安邑来,说"今安邑见有昆吾邑,鸣条亭"；然而昆吾所在,证据确凿,苦于不能一笔抹杀,就说明"昆吾亦来安邑,欲以卫桀,故同日而亡"。如此信口开河,真乃千古笑柄。金氏鹗据《史记》吴起对魏武侯"夏桀之居：左河济,右太华,伊阙在其南,羊肠在其北",《国语》"幽王三年,西周三川地震,伯阳父曰：周将亡矣,昔伊洛竭而夏亡,河竭而商亡",断定桀之都在洛阳,韦注引禹都阳城,还不密合。《求古录礼说》卷六《桀都安邑辨》。我说：古人都邑所在,不过传得个大略,见上节。阳城、洛阳,数十百里之间,实在无从硬断。《小戴记·缁衣》引尹吉：就是《尹诰》,《书经》篇名。序《书》的又把他唤做《咸有一德》,见郑注。"惟尹躬天见于西邑夏。"注："天当为先字之误。……夏之邑,在亳西。"正义："案《世本》及《汲冢古文》云：禹都咸阳。……"咸阳,是误字,如今《汉书·地理志》注引《世本》、《续汉书·郡国志》引《汲冢古义》,正作阳城,"西邑夏",似乎是对于东迁的夏而言之。《国语》史伯对郑桓公曰："昆吾为夏伯矣。"

韦昭注:"祝融之孙陆终第三子,名樊,为己姓,封于昆吾。昆吾,卫是也。其后夏衰,昆吾为夏伯,迁于旧许。"据此,桀似乎是始都阳城,后迁旧许,同昆吾在一起的;所以同日而亡。《商颂》郑笺。

再看《逸周书·殷祝篇》"汤将放桀于中野;士民闻汤在野,皆委货,扶老携幼奔,国中虚。……桀与其属五百人,南徙千里,止于不齐;不齐士民,往奔汤于中野。……桀与其属五百人徙于鲁,鲁士民又奔汤;……桀与其属五百人去居南巢。……"就可以知道桀的踪迹,是步步往东南退的。《御览》八十三引《尚书大传》略同。

桀既然是往东退,汤自然是往东进;那么,一定是先都商县的亳,再都偃师的亳,再都邻葛的亳的。不过,"既绌夏命还亳"的亳,却无从断定其在哪一处。因为他随便到什么地方,都把他唤做亳,所以不敢断定这亳是灭桀以前最后所住的亳。何以知道他随便到什么地方,都把他唤做亳呢?据上文所考证,当汤的时候,就有三个亳,是一个证据;《左》襄二十年,"鸟鸣于亳社",是宋国的社,还唤做亳社。《史记·秦本纪》:"宁公二年……遣兵伐荡社;三年,与亳战,亳王奔戎,遂灭荡社。"集解:"徐广曰:荡音汤;社,一作杜。"索隐:"西戎之君,号曰亳王,盖成汤之胤。其邑曰荡社。徐广云:一作汤杜,言汤邑在杜县之界,故曰汤杜也。"《封禅书》:"于社、亳有三社主之祠。"索隐:"徐广云:京兆杜县有亳亭,则社字误,合作杜亳。"《说文》:亳,"京兆杜陵"。是汤之后在雍州的,所居的城,还唤做亳。是两个证据。所以我只说汤的时候,考得出的亳有三处。并不敢说汤的时候,亳只有三处。

然而汤用兵的形势,却因此可以推定。①

汤初都于今商县的亳,后来进取偃师;桀大约是这时候(或者不是)弃阳城,退到旧许;汤再进到现在河南的东境(邻葛的亳);从此以后,伐葛,伐韦,伐顾,然后回向南伐昆吾。伐昆吾,就是伐桀;桀是从中野、不齐、鲁,步步东南退,最后逃到鸣条;汤以其间,又伐三朡。

---

① 商周用兵形势相类,秦亦相类。

鸣条是东夷之地；三㔇、鲁，也是和东夷逼近的。参看第六章第五节。中野、不齐无可考。我们因此悟到：汤用兵的形势，实在和周初相同；不过周朝灭纣，东征，伐淮夷，是武王、周公、成王三世相继，汤却是一个人干的罢了。《孟子·滕文公篇》："汤始征，自葛载，十一征而无敌于天下。"赵注："载，始也。……一说，言当作再字；再十一者，汤再征十一国；再十一，凡征二十二国也。"不论十一、二十二，总之汤用兵的次数很多。

第三节　商朝的事实

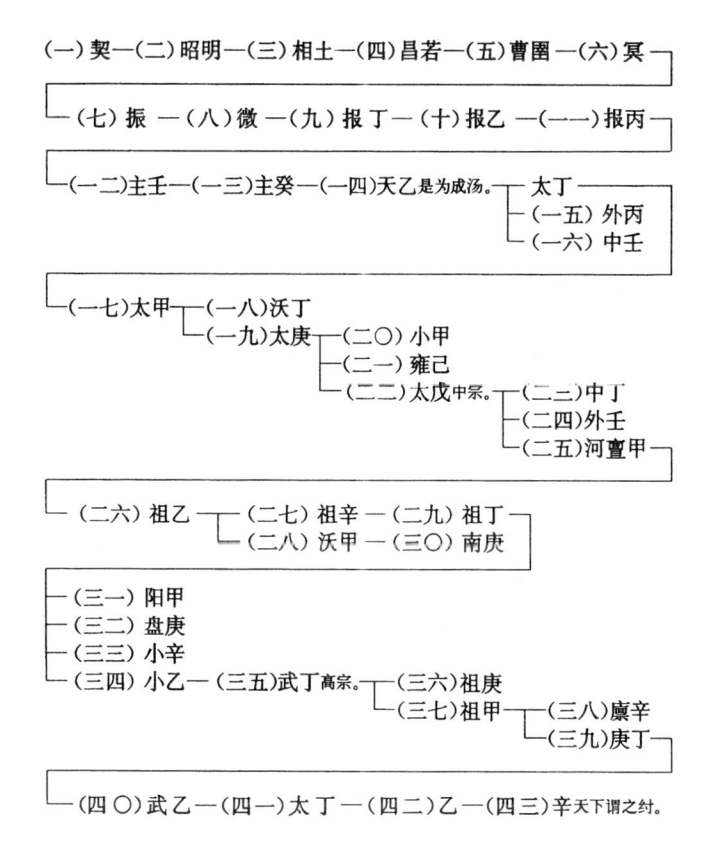

```
┌(一)契—(二)昭明—(三)相土—(四)昌若—(五)曹圉—(六)冥─┐
└(七)振—(八)微—(九)报丁—(十)报乙—(一一)报丙─────┐
┌(一二)主壬—(一三)主癸—(一四)天乙是为成汤。┬太丁
                                          ├(一五)外丙
                                          └(一六)中壬
└(一七)太甲┬(一八)沃丁
          └(一九)太庚┬(二〇)小甲
                    ├(二一)雍己
                    └(二二)太戊中宗。┬(二三)中丁
                                    ├(二四)外壬
                                    └(二五)河亶甲┐
┌(二六)祖乙┬(二七)祖辛—(二九)祖丁
          └(二八)沃甲—(三〇)南庚
┌(三一)阳甲
├(三二)盘庚
├(三三)小辛
└(三四)小乙—(三五)武丁高宗。┬(三六)祖庚
                          └(三七)祖甲┬(三八)廪辛
                                    └(三九)庚丁
└(四〇)武乙—(四一)太丁—(四二)乙—(四三)辛天下谓之纣。
```

以上商朝的帝系图,是据的《史记·国语》"玄王勤商,十四世而兴;帝甲乱之,七世而亡",又姜氏告公子重耳,"商之享国三十一王"。《大戴礼·保傅篇》:"殷为天子,三十余世,而周受之。"《少闲篇》:孔子告哀公"成汤卒崩,二十一世,乃有武丁即位;武丁卒崩,九世,乃有末孙纣即位"。都和《史记》世数相合。又《书经·无逸篇》述殷中宗、高宗、祖甲诸君享国的年数,似乎也还确实。

商朝一代,可考见的事情,分述如下:

其(一)是伊尹放太甲。《史记》上说:

> 汤崩,太子太丁,未立而卒。于是乃立太丁之弟外丙……即位二(三)年崩。立外丙之弟中壬……即位四年崩。伊尹乃立太丁之子太甲;太甲,成汤適长孙也。……帝太甲元年,伊尹作《伊训》,《肆命》,《徂后》。帝太甲既立三年,不明,暴虐,不遵汤法,乱德;于是伊尹放之于桐宫三年。伊尹摄行政当国,以朝诸侯。帝太甲居桐宫三年,悔过自责,反善;于见(是)伊尹乃迎帝太甲而授之政。

这件事,本来没有异说,伪古文《太甲》才说"王徂桐宫居忧",又说"惟三祀十有二月朔,伊尹以冕服奉嗣王归于亳";《伪传》就说"汤以元年十一月崩,至此二十六月,三年服阕";又解《书序》的"太甲元年",做"汤没而太甲立称元年";伪《伊训》"惟元祀,十有二月,乙丑,伊尹祠于先王",做"汤崩逾月,太甲即位,奠殡而告"以就之;就把外丙中壬两君革去,又把《史记》的"太甲既立三年","于是伊尹放之于桐宫三年",两个"三年"缩成一个三年了。这是不值得一辩的。但看上文商朝的世数,各书都与《史记》合,就知道决不能略去外丙、中壬两君。商朝的"君位继承",[①]大概是"兄终弟及",而所谓"弟"者,以"同母"为

---

① 商继承法。

限,所以《春秋繁露》《三代改制质文篇》。说:商质者主天,夏文者主地;主天者法商而王,故立嗣予子,笃母弟;主地法夏而王,故立嗣予孙,笃世子。《公羊》何注隐七年。说:"母弟,同母弟;母兄,同母兄。……分别同母者,《春秋》变周之文,从殷之质;质家亲亲,明当厚异于群公子也。"《史记》:"自中丁以来,废'適'而更立'诸弟子';'弟子'或争,相代立。""废適"的"適"字,包括"弟"与"子"而言;和"诸弟子"的"诸"字一样。以次当立的母弟,唤做"適弟";同母的弟兄,以次都立尽了,似乎应当回转来,立长兄的儿子。譬如,仲壬死了立太甲,沃丁(甲)死后立祖丁;这个也要包括于"適子"二字之中。至于伊尹"摄行政,当国,以朝诸侯",自然是非常之举,与所谓"古之人皆然"的"君薨,百官总己,以听于冢宰三年",无涉。《论语·宪问》、《小戴记·檀弓》。因为他在三年以外。桐宫,《史记》集解:"郑玄曰:地名也,有王离宫焉。"赵岐《孟子》注(《万章上》)也只说"放之于桐邑"。《史记》正义:"《晋太康地记》云:尸乡南有亳阪,东有城,太甲所放处也。"阎若璩又说(《尚书古文疏证》):《续汉书·郡国志》梁国虞县有桐亭。虞是如今河南的虞城县,离邻葛的亳,只有七十里。才便于伊尹,既然摄政,又可往来训诲。这两说怕都是因亳而附会的,未必可据。

其(二)是殷朝的屡次迁都。① 据《史记》所记是:

仲丁迁于敖。《书序》作嚣,正义:"李颙曰:嚣,在陈留浚仪县(如今河南省城西北)。皇甫谧云:仲丁自亳迁嚣,在河北也。"或曰:今河南敖仓(就是《括地志》的说法),二说未知孰是。《史记》正义:"《括地志》云:荥阳故城,在郑州荥泽县西南十七里,殷时敖地也。"

河亶甲居相。《史记》正义:"《括地志》云:故殷城,在相州内黄县东南十三里。即河亶甲筑都之所,故名殷城也。"

祖乙迁于邢。《书序》作"祖乙圮于耿",正义:"郑玄云:祖乙又去

---

① 殷之屡迁。

相居耿，而国为水所毁；于是修德以御之，不复迁也。……"又正义前文说皇甫谧"又以耿在河东，皮氏县耿乡是也"。《史记》索隐"邢，近代本亦作耿，今河东皮氏县有耿乡"。正义"《括地志》云：绛州龙门县东南十二里耿城县，故耿国也"。

帝盘庚之时，殷已都河北。盘庚渡河南，复居成都汤之故居。……乃遂涉河南，治亳。案这个亳，就是偃师，见上节。

武乙立，殷复去亳，徙河北。这个河北，不能确定其在什么地方。《史记·项羽本纪》："乃与期洹水南殷虚上。"集解："骃案：应劭曰：洹水，在汤阴界；殷虚，故殷都也。瓒曰：洹水，在今安阳县北，去朝歌殷都一百五十里；然则此殷虚非朝歌也。"有人疑心这殷墟是武乙所迁，然亦无确据。

其中考得出理由的，只有《书·盘庚序》正义引"郑玄云：祖乙居耿后，奢侈逾礼，土地迫近山川，尝圮焉；至阳甲立，盘庚为之臣，乃谋徙居汤旧都"。又《序》注云："民居耿久，奢淫成俗，故不乐徙。"此外都无可考见。《书·盘庚》"盘庚迁于殷"，正义："郑玄云：商家自徙此而号曰殷，郑以此前未有殷名也。""于今五邦"，《释文》：马云：五邦，谓商丘，亳，嚣，相，耿也。正义：郑、王皆云：汤自商徙亳，数商，亳，嚣，相，耿为五。

其（三）是殷朝的兴衰。据《史记》说是：

（太甲）帝太甲修德，诸侯咸归殷，百姓以宁。

（雍己）殷道衰，诸侯或不至。

（太戊）殷复兴，诸侯归之。

（河亶甲）殷复衰。

（祖乙）殷复兴。

（阳甲）帝阳甲之时，殷复衰；自仲丁以来，废適而更立诸弟子，弟子或争，相代立，比九世乱，于是诸侯莫朝。

（盘庚）殷道复兴，诸侯来朝。

（小辛）殷复衰。

（武丁）武丁修政行德，天下咸欢，殷道复兴。

（帝甲）淫乱，殷复衰。

（帝乙）殷益衰。

大抵所谓兴衰，以诸侯之朝不朝为标准。其中中衰的原因，只有从中丁到阳甲，是由于内乱，可以考见，此外都无从稽考了。

第四节　商周的兴亡

周朝的先世，便是大家所知道的后稷，《史记》上说：

> 周后稷，名弃，其母有邰氏女，曰姜嫄。……帝尧闻之，举弃为农师，天下得其利，有功。帝舜曰：弃，黎民始饥，尔后稷，播时百谷。封弃于邰，如今陕西的武功县。号曰后稷，别姓姬氏。后稷之兴，在陶唐虞夏之际，皆有令德。后稷卒，子不窋立，不窋末年，夏后氏政衰，去稷不务，不窋以失其官，而奔戎狄之间。

这其间要注意的，便是"后稷卒，子不窋立"的后稷，是最后居稷官的，并不是"封弃于邰，号曰后稷"的后稷。不窋以后的世系，《史记》所载如下：

不窋——鞠——公刘——庆节——皇仆——差弗——毁隃——公非——高圉——亚圉——公叔祖类——古公亶父追尊为大王。——季历是为公季，追尊为王季。——昌是为西伯，西伯曰文王。

他所述的事迹是：

> 公刘虽在戎狄之间，复修后稷之业。务耕种，行地宜，自漆沮渡渭取材用；行者有资，居者有畜积，民赖其庆，百姓怀之，多徙

而保归焉。周道之兴自此始。……公刘卒，子庆节立，国于豳。如今陕西的邠县。……古公亶父，复修后稷公刘之业。积德行义，国人皆戴之。薰育戎狄攻之……乃与私属遂去豳，逾梁山，止于岐下。如今陕西的岐山县。豳人举国扶老携弱，尽复归古公于岐下；及他旁国闻古公仁，亦多归之。于是古公乃贬戎狄之俗，而营筑城郭宫室，而邑别居之。作五官有司，民皆歌乐之，颂其德。①

大抵如今的陕西，在古代是戎狄的根据地。参看第六章第一节。所以周之先世，屡为所迫逐。公刘、古公，都是其中能自强的令主。古公之后，更得王季、文王两代相继，周朝的基业，就此光大起来了。文王和纣的交涉，《史记》所记如下：

崇侯虎谮西伯于殷纣……帝纣乃囚西伯于羑里。闳夭之徒患之，乃求有莘氏美女，骊戎之文马，有熊九驷，他奇怪物，因殷嬖臣费仲而献之纣。……乃赦西伯，赐之弓矢斧钺，使西伯得征伐。……西伯阴行善，诸侯皆来决平。于是虞芮之人有狱不能决，乃如周。入界，耕者皆让畔，民俗皆让长。虞芮之人未见西伯，皆惭，相谓曰：吾所争，周人所耻，何往为，只取辱耳。遂还，俱让而去。诸侯闻之曰：西伯盖受命之君。《郡县志》："故虞城，在陕州平陆县东北五十里，虞山之上，古虞国。闲原，在平陆县西六十五里，即虞芮让田之所。"明年，伐犬戎；见第六章第一节。明年，伐密须；《汉书·地理志》：安定郡阴密县。《诗》：密人国。如今甘肃的灵台县。明年，败耆国；今《尚书》作黎，《释文》："《尚书大传》作耆。"《说文》：黎邑，"殷诸侯国，在上党东北"，如今山西的长子县。明年伐邘；集解："徐广曰：在野王县西北。正义："《括地志》云：故邘城，在怀州河内县

---

① 公刘、亶父不为戎狄所化。

西北二十七里。"明年,伐崇侯虎,而作丰邑,自岐下而徙都之;在如今陕西鄠县境内。明年,西伯崩。太子发立,是为武王。西伯盖即位五十年。……诗人道西伯,盖受命之年,称王而断虞芮之讼,后七年而崩。谥为文王。改法度,制正朔矣。追尊古公为大王,公季为王季。

文王受命称王的年代,和纣囚文王的年代期限,各书互有异同。《尚书大传》:"文王受命,一年断虞芮之讼;二年伐邘;三年伐密须;四年伐犬夷;五年伐耆;六年伐崇;七年而崩。"又说:"得散宜生等献宝而释文王,文王出则克黎。""伐崇则称王。"见《诗·文王序》、《礼记·文王世子》、《左》襄三十一年疏。郑康成说:入戊午蔀二十九年受命,明年改元,改元后六年而伐崇,居丰,称王就在这一年。又有一说:以为文王再受命,入戊午蔀二十四年受洛书,二十九年受丹书,俱见《诗·文王序》疏。《左》昭十一年,卫北宫文子说:"纣囚文王七年。"《战国·赵策》,鲁仲连说:"拘之牖里之库百日。"**然而文王在纣的时候,必有"称王改元"的事情是无可疑的。**

武王伐纣的事情,《史记》上所载如下:

九年,武王上祭于毕,东观兵,至于孟津。为文王木主,载以车中军,武王自称太子发,言奉文王以伐,不敢自专。……是时诸侯不期而会孟津者八百诸侯。诸侯皆曰:纣可伐矣。武王曰:女未知天命,未可也。乃还师。归居二年,闻纣昏乱,暴虐滋甚……于是武王遍告诸侯曰:殷有重罪,不可以不毕伐。遂率戎车三百乘,虎贲三千人,甲士四万五千人,以东伐纣。十一年十二月戊午,师毕渡孟津。诸侯咸会……二月甲子昧爽,武王朝至于商郊牧野。……诸侯兵会者,车四千乘。陈师牧野。帝纣闻武王来,亦发兵七十万人距武王。……纣兵皆崩,畔纣,纣走,反入,登于鹿台之上,蒙衣其珠玉,自燔于火而死。

以上所述,是武王伐纣的事实,然而周朝的功业,实在是到成王

时候才大定的。《史记》上又说:

> 武王为殷初定,未集,乃使其弟管叔鲜、蔡叔度相禄父治殷……乃罢兵西归。……营周居于雒邑而后去。……武王已克殷后二年……武王病。天下未集。群公惧,穆卜。周公乃祓斋,自为质欲代武王,武王有瘳,后而崩。太子诵代立,是为成王。成王少,周初定天下,周公恐诸侯畔。周公乃摄行政当国。管叔、蔡叔群弟疑周公,与武庚作乱畔周,周公奉成王命伐诛武庚、管叔,放蔡叔。以微子开代殷后,国于宋。颇收殷余民,以封成王少弟封为卫康叔。……初管蔡畔周,周公讨之,三年而毕定。……周公行政七年,成王长,周公反政成王,北面就群臣之位。成王在丰,使召公复营洛邑,如武王之意。周公复卜申视,卒营筑,居九鼎焉,曰:此天下之中,四方入贡,道里均。……成王既迁殷遗民……东伐淮夷,残奄,迁其君薄姑。……兴正礼乐,度制于是改,而民和睦,颂声兴。

据以上所述,可见得武王克纣之后,周朝的权力,仅及于洛邑。管、蔡和武庚同畔,这件事不入情理。大概"主少国疑"的时候,武庚想趁此"光复旧物",管、蔡也要和周公争夺权位,叛虽同时,却是各有目的的;其曾否互相结合,却无可考了。周公东征,是一场大战。《孟子》:"周公相武王,诛纣,伐奄,三年讨其君,驱飞廉于海隅而戮之,灭国者五十,驱虎、豹、犀、象而远之,天下大悦。"他这战争,大概是和东夷的交涉,《说文》:"郱,周公所诛郱国,在鲁。"又《书·费誓》:"徂兹淮夷,徐戎并兴。"可见得这时候,东夷全畔。薄姑,齐地,见《汉书·地理志》。东方毕定之后,仍旧要营建洛邑;成王亲政之后,还要去征淮夷,残奄;可见得周初用兵的形势,和夏商之际,实在是一样的。周营洛邑,就和汤从商迁到偃师相同;其用兵东夷,和汤迁到邻葛之亳以后,用兵的形势相同。参看第二节。以上的年代,据《史记》,是文王受命后七年而崩;后二年——九年——武王观兵孟津；又二年——十一年——克纣；后二年——十三年——崩，周公摄政七年，而致政于成王。《汉书·律历志》载《三统历》之说：是"文王受命九年而崩，再期在大祥而伐纣。……还归二年，乃遂伐纣克殷。……自文王受命而至此十三年……后七岁而崩。……凡武王即位十一年，周公摄政五年。……后二岁，得周公七年，复子明辟之岁。……"又周公摄政七年的年代，孔、郑不同，见《礼记·明堂位》疏。

又成王和周公的关系，①《史记·鲁周公世家》说：

……武王既崩，成王少，在强葆之中，周公恐天下闻武王崩而畔，周公乃践阼，代成王摄行政，当国。管叔及其群弟流言于国曰：周公将不利于成王。周公乃告太公望、召公奭曰：我之所以弗辟而摄行政者，恐天下畔周，无以告我先王大王、王季、文王。……于是卒相成王，而使其子伯禽代就封于鲁。……管、蔡、武庚等果率淮夷而反。周公乃奉成王命，兴师东伐……二年而毕定。……周公归报成王，乃为诗贻王，命之曰《鸱鸮》，王亦未敢训周公。……成王长，能听政，于是周公乃还政于成王。……初成王少时，病，周公乃自揃其蚤，沈之河，以祝于神，曰：王少，未有识，奸神命者乃旦也。亦藏其策于府。成王病有瘳。及成王用事，人或谮周公，周公奔楚。成王发府，见周公祷书，乃泣，反周公。《蒙恬列传》载恬对使者的话，与此说相同。……周公在丰，病，将殁，曰：必葬我成周，以明吾不敢离成王。周公既卒，成王亦让，葬周公于毕，从文王，以明予小子不敢臣周公也。周公卒后，秋，未获，暴风雷雨，禾尽偃，大木尽拔，周国大恐。成王与大夫朝服以开金滕书。王乃得周公所自以为功代武王之说。二公及王乃问史，百执事；史，百执事曰：

---

① 成王与周公。

信,有,昔周公命我勿敢言。成王执书以泣,曰:自今后其无缪卜乎;昔周公勤劳王家,惟予幼人弗及知;今天动威,以彰周公之德,惟朕小子其迎,我国家礼亦宜之。王出郊,天乃雨,反风,禾尽起。二公命国人,凡大木所偃,尽起而筑之,岁则大熟。

郑康成注《尚书》,却与此大异。他解"我之弗辟"句,"读辟为避,以居东为避居"。《豳谱》和《鸱鸮序》疏,又《尚书·金滕》释文。说"周公出处东国,待罪,以须君之察己"。《诗·七月序》疏。又注"罪人斯得",说:"罪人周公之属党,与知居摄者。周公出,皆奔。今二年,尽为成王所得……周公伤其属党无罪将死,恐其刑滥,又破其家,而不敢正言,故作《鸱鸮》之诗以贻王。"《鸱鸮序》。注"王亦未敢诮公"道:"成王非周公之意未解,今又为罪人言,欲让之,推其恩亲,故未敢。"《鸱鸮序》疏。注"秋大熟未获"道:"秋,谓周公出二年之后明年秋也。"《豳谱》疏。注"惟朕小子其新迎"道:"新迎,改先时之心,更自新以迎周公于东,与之归,尊任之。"《诗·东山序》疏。以为于是"明年迎周公而反,反则居摄之元年"。《礼记·明堂位》疏。这两种说法,自然以《史记》为准,为什么呢?(一)者,《史记》和《尚书大传》相合。《尚书大传》说雷风之变,在周公死后,见《路史后纪》十,《通鉴前编》成王十一年,《汉书·梅福传》注,《儒林传》注,《后汉书·张奂传》注引。又《白虎通·丧服篇》:"原天之意,子爱周公,与文武无异,故以王礼葬,使得郊祭。《尚书》曰:今天动威,以彰周公之德,下言礼亦宜之。亦与《尚书大传》同义。(二)者,"避居东都,待罪以须君之察己",不合情理。我想周公摄政,就在武王崩的明年,"一年救乱,二年克殷,三年残奄",一定如《史记》和《尚书大传》所说。《尚书大传》,见《礼记·明堂位》疏。但郑康成所读古书,是极博的,他所说的话,也决不会没有来历。我想这一段成王和周公冲突的历史,一定在周公归政之后。《左传》昭公七年,公将适楚,"梦襄公祖,梓慎曰:……襄公之适楚也,梦周公祖而行。……子服惠伯曰:……先君未尝适楚,故周公祖以道之；襄公适楚矣，而祖以道君。……"可见得周公奔楚，是实有的事。俞正燮《癸巳类稿·周公奔楚》义，引这一段事情，以证周公之奔楚，甚确。但以居东与奔楚并为一谈，却似非。奔楚之后，不知道怎样又跑了回来，回来之后，不知道怎样死了。古人的迷信最重，活时候对人不起，到他死了之后，又去祭他求福，是不足怪的事。《汉书·匈奴列传》："贰师在匈奴岁余，卫律害其宠，会母阏氏病，律饬胡巫言先单于怒，曰：胡故时祠兵，常言得贰师以社，今何故不用。于是收贰师。贰师骂曰：我死，必灭匈奴。遂屠贰师以祠。会连雨雪数月，畜产死，人民疫病，谷稼不熟，单于恐，为贰师立祠室。"这件事，很可以推见野蛮时代的心理。雷风示变，因而改葬周公，因而赐鲁郊祭，事虽离奇，其情节未尝不可推想而得。那么，周公之"以功名终"，怕又是儒家改制所托了。

第五节　西周的事迹

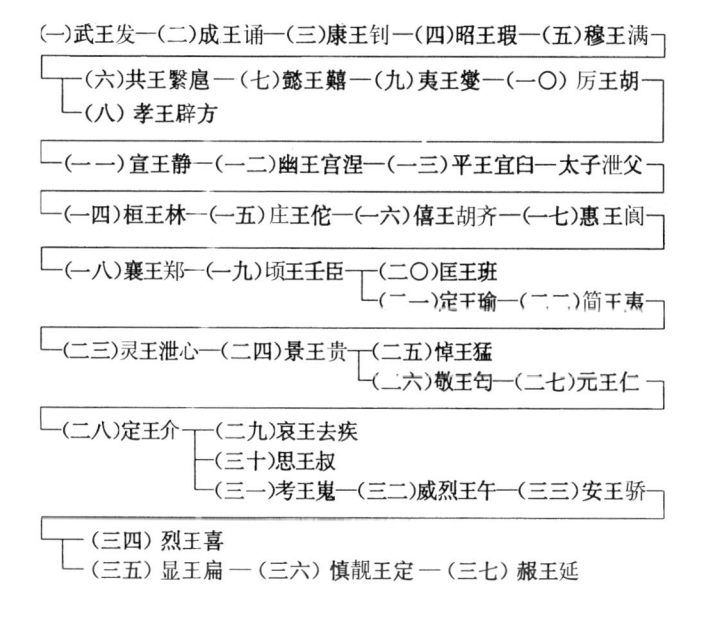

```
┌(一)武王发─(二)成王诵─(三)康王钊─(四)昭王瑕─(五)穆王满┐
└(六)共王繄扈─(七)懿王囏─(九)夷王燮─(一〇)厉王胡┐
 └(八)孝王辟方
┌(一一)宣王静─(一二)幽王宫涅─(一三)平王宜臼─太子泄父┐
┌(一四)桓王林─(一五)庄王佗─(一六)僖王胡齐─(一七)惠王阆┐
└(一八)襄王郑─(一九)顷王壬臣┬(二〇)匡王班
                              └(二一)定王瑜─(二二)简王夷┐
┌(二三)灵王泄心─(二四)景王贵┬(二五)悼王猛
                              └(二六)敬王匄─(二七)元王仁┐
┌(二八)定王介┬(二九)哀王去疾
              ├(三十)思王叔
              └(三一)考王嵬─(三二)威烈王午─(三三)安王骄┐
└(三四)烈王喜
 └(三五)显王扁─(三六)慎靓王定─(三七)赧王延
```

西周的事情，《史记》所载如下。

成康之际，天下安宁，刑措四十余年不用。

昭王之时，王道微缺。昭王南巡狩不返，卒于江上。其卒不赴告，讳之也。

穆王即位，春秋已五十矣。王道衰微。穆王闵文武之道缺，乃命伯臩今《尚书》作伯冏。申诫太仆国之政，作《臩命》，复宁。穆王将征犬戎，祭公谋父谏……王遂征之，得四白狼四白鹿以归，自是荒服者不至。诸侯有不睦者，甫侯言于王，作修刑辟……命曰《甫刑》。

懿王之时，王室遂衰，诗人作刺。

厉王即位三十年，好利，近荣夷公。大夫芮良夫谏……厉王不听，卒以荣公为卿士，用事。王行暴虐侈傲，国人谤王。召公谏曰：民不堪命矣。王怒，得卫巫，使监谤者，以告则杀之，其谤鲜矣；诸侯不朝，三十四年。王益严，国人莫敢言，道路以目。……三年，乃相与畔，袭厉王，厉王出奔于彘。如今山西的霍县。厉王太子静匿召公之家，国人闻之，乃围之。召公曰：吾昔骤谏王，王不从，以及此难也；今杀王太子，王其以我为仇而怼怒乎。……乃以其子代王太子，太子竟得脱。召公、周公二相行政，号曰"共和"。共和十四年，厉王死于彘；太子静长于召公家，二相乃共立之为王，是为宣王。

宣王即位，二相辅之，修政，法文武成康之遗风，诸侯复宗周。……三十九年，战于千亩，索隐："地名，在西河介休县。"如今山西的介休县。王师败绩于姜氏之戎。

幽王嬖爱褒姒，褒姒生子伯服，幽王欲废太子。太子母，申侯女而为后；后幽王得褒姒，爱之，欲废申后，并去太子宜臼，以褒姒为后，以伯服为太子。……幽王以虢射（石）父为卿，用事，国人皆怨。石父为人佞巧，善谀好利，王用之，又废申后，去太子也。申侯怒，与缯、西夷、犬戎攻幽王……遂杀幽王骊山下，虏褒姒，尽取周赂而去。于是诸侯乃即申侯而共立故幽王太子宜臼，是为平王，以奉周祀。平王立，东迁于雒邑，避戎寇。骊山，在如今陕西的临潼县。

这其间可以研究的，有几件事情。

其（一）是昭王南征不返的事：案《左传》僖公四年，"昭王南征而不复"。杜注："昭王……南巡守涉汉，船坏而溺。"正义："《吕氏春秋·季夏纪》云：周昭王亲将征荆蛮，辛馀靡长且多力，为王右。还反，涉汉，梁败，王及祭公陨于汉中；辛馀靡振王北济，反振祭公。高诱注引此传云：昭王之不复，君其问诸水滨。由此言之，昭王为没于汉，辛馀靡焉得振王北济也。振王为虚，诚如高诱之注，又称梁败，复非船坏。旧说皆言汉滨之人，以胶胶船，故得水而坏，昭王溺焉，不知本出何书。"又《史记·齐太公世家》集解："服虔曰：周昭王南巡狩，涉汉，未济，船解而溺昭王。……"索隐："宋忠（衷）云：昭王南伐楚，辛由靡为右。涉汉，中流而陨，由靡逐王，遂卒不复，周乃侯其后于西翟。"这件事的真相，固然无可考见；然而有可注意的两端：其（一），诸说都说是溺于汉，不说卒于江上。其（二），《吕氏春秋》说"昭王亲将征荆蛮"，宋忠（衷）也说"昭王南伐楚"。江汉可以互言，并没有什么稀奇，巡狩和征伐，以古人说话的不正确，也未必有什么区别。然则这件事情，依情理推度起来，实在是战败而死的。然则这一战究竟是败给谁呢？《左传》下文"昭王南征而不复，君其问诸水滨"。杜注："昭王时汉非楚境，故不受罪。"依我看起来，这句话实在弄错了的。案《史记·楚世家》，说熊绎受封居丹阳。《汉书·地理志》，说就是汉朝的丹阳县。汉朝的丹阳县，是如今安徽的当涂县，未免离后来的郢都太远。清朝宋翔凤，有一篇《楚鬻熊居丹阳武王徙郢考》，根据《世本》，《左》桓二年正义引。说受封的是鬻熊，不是熊绎，这一层我还未敢十分相信；然而他考定当时的丹阳，是在丹水、析水入汉之处，实在精确不磨。他的原文道：见《过庭录》卷四。

《史记·秦本纪》：惠文王后十三年，庶长章击楚于丹阳。《楚世家》亦言与秦战丹阳，秦大败我军，遂取汉中之郡。《屈原传》作大破楚师于丹淅。索隐曰：丹淅，二水名也。谓于丹水之北，淅水之南。皆为县名，在弘农，所谓丹阳淅是也。案《汉志》：弘农郡丹水，水出上雒冢领山，东至析入钧。密阳乡，故商密也。淅即析县，并在今河南南阳府内乡县境内。《水经》，丹水出京兆上洛县西北冢领山，东南过其县南，又过商县南，又东南至于丹水县，入于均。郦注：丹水通南阳郡。《左传》哀公四年，楚左司马使谓阴地之命大夫士蔑曰：晋楚有盟，好恶同之。不然，将通于少习以听命者也。京相璠曰：楚通上洛要道也。郦注又云：析水至于丹水，故丹水会均，有析口之称。丹水又经丹水县故城西南，县有密阳乡，古商密之地，昔楚申、息之师所戍也。春秋之三户矣。杜预曰：县北有三户亭，丹水南有丹崖山，山悉赪壁，霞举，若红云秀天，二岫更有殊观。丹水又南径南乡县故城东北，又东径南乡县北，丹水径流两县之间，历于中之北，所谓商於者也；故张仪说楚绝齐，许以商於之地六百里，谓以此矣。《吕氏春秋》曰：尧有丹水之战，以服南蛮，即此水，又南合均水，谓之析口。是战国丹阳，在商州之东，南阳之西，当丹水析水入汉之处，故亦名丹析。鬻子所封，正在于此。

据此看起来，当时的楚国，正在汉水流域。昭王这一役，一定是和楚国打仗而败，渡汉溺死的。

其(二)，周朝的穆王，似乎是一个雄主：他作《臩命》，作《甫刑》，在内政上颇有功绩，又能用兵于犬戎。虽然《国语》上载了祭公谋父一大篇谏辞，《史记》上也有的。下文又说"自是荒服者不至"，似乎他这一次的用兵，无善果而有恶果；然而古人这种迂腐的文字，和事势未必适合。周朝历代，都以犬戎为大患，穆王能用兵征伐，总算难得。又穆王游行的事情，《史记·周本纪》不载，详见于《列子》的《周穆王篇》和《穆天子传》。《周(晋)书·束晳传》：《周王游行》五卷，说周穆王游行天下之事，今谓之《穆天子传》。这两部书，固然未必可信；然而《史记·秦本纪》、《赵世家》，都载穆王西游的事；又《左传》昭十二年，子革对楚灵王也说"昔穆王欲肆其心，周行天下"；这件事，却不是凭空捏造的：他当时能彀西游，就可见得道路平静，犬戎并不猖獗。

其(三)是厉王出奔和共和行政的事。厉王出奔这件事的真相，也无可考见。不知道逐他的究竟是谁。近来有人说，中国历代的革命都是"暴民革命"，只有这一次，却是"市民革命"。《饮冰室文集·中国历史上革命之研究》。依我看起来，这大约是王城里头人做的事情。共和行政有二说：其一便是《史记》所说的"召公、周公二相行政"。还有一说，是出在《汲冢纪年》又不是如今的《竹书纪年》。和《鲁连子》上的。说有个共伯，名和，摄行天子之事。这两部都是伪书，《史记》正义已经把他的说法驳掉了，一翻阅就可明白。

其(四)，西周的盛衰，其原因有可推见的。周朝受封于陕西，本来是犬戎的根据地。参看第六章第一节。历代都和犬戎竞争，到大王、王季、文王，三代相继，才得胜利，周朝立国的根据，到此才算确定。同时他的权力，向两方面发展：其一是出潼关，向如今的河洛一带，后来渡孟津伐纣，营建东都，所走的都是这一条路。其一便是出武关，向汉水流域，所以韩婴叙《周南》，说"其地在南郡、南阳之间"。

《水经注》三十四。现存的《诗序》,也说"文王之道,被乎南国,美化行乎江汉之域"。《汉广序》。就周公奔楚,所走的也是这条路。后来他权力退缩,受敌人的压迫,也是从这两方面而来。昭王南征而不复,便是对于南方一条路权力的不振。宣王号称中兴,尚且败绩于姜戎,可见得戎狄的强盛。到幽王时候,东南一方面的申,申国,在如今河南的南阳县。和西方一方面的犬戎相合,西周就此灭亡了。这种形势,和前乎此的商朝,后乎此的秦朝,实在是一样的,通观前后自明。

第五章　春秋战国

第一节　春　秋

周平王东迁之后四十九年,就是民国纪元前二六三三年(公元前七二二),鲁隐公元年。入春秋,直到前二三九〇年(公元前四七九)止,孔子卒的一年。其间凡二百四十二年。

春秋时代,列国的事情都有可考见,和西周以前所传的只有"一个王朝的历史"大不相同了。咱们现在要讲春秋时代的历史,就得先把当时几个大国提出来讲讲。春秋时代的大国,①是晋、楚、齐、秦,其后起的就是吴、越。咱们现在且略讲他的起源和情势如下:

(一)齐　齐国的祖宗,唤做吕尚。四岳之后。这个人,大约是文王、武王的谋臣。武王定天下之后,封于营丘。山东的昌乐县。后世迁徙到薄姑,在博兴县境。又迁徙到临菑。如今的临淄县。《史记》上说,"太公至国,修政,因其俗,简其礼;通商工之业,便鱼盐之利;而人民多归齐,齐为大国。《货殖传》也说"故太公望封于营丘,地潟卤,人民寡;于是太公劝其女功,极技巧,通鱼盐,则人物归之,繦至而辐凑。故齐冠带衣履天下;海岱之间,敛袂而往朝焉"。及周成王少时,管、蔡作乱,淮夷畔周。

---

① 大国皆近边。江河流域相争。

乃使召康公命太公曰：东至海，西至河，南至穆陵，大约是临朐县南大岘山上的穆陵关。北至于无棣，在孤竹国境，如今直隶的卢龙县。五侯九伯，汝实征之。齐由此得征伐，为大国"。大概齐国的强，由于（一）奖励工商业，（二）周初东方未定，要想借重他，畀以大权之故。

（二）晋　晋国的始祖，是成王的兄弟，唤做唐叔虞。封于唐。他的儿子燮，因地有晋水，改称晋侯。后世迁徙到曲沃，又迁徙到绛。《诗谱》："唐者，帝尧旧都之地，今日太原晋阳。尧始居此，后乃徙河东平阳。成王封母弟叔虞于尧之故墟，曰唐侯。南有晋水，至子燮，改为晋侯。……至曾孙成侯，南徙居曲沃，近平阳焉。……穆侯又徙于绛。"案叔虞所封的唐，在如今山西太原县，以为在平阳，是误谬的，详见朱右曾的《诗地理征》。曲沃，是如今山西的闻喜县。绛，就是翼，如今山西的翼城县。曲沃灭翼之后，仍居于此。春秋时候，晋景公又迁新田，仍名曰绛，就把曲沃唤做故绛。新田，也在闻喜县境。徙绛的穆侯，有两个儿子：大的是太子仇，少的名成师。穆侯卒，仇立，是为文侯。文侯卒，子昭侯伯立。封成师于曲沃，号为桓叔。受封之后六十七年，前二六五六（公元前七四五）至前二五九〇（公元前六七九）。桓叔之后灭翼。灭翼的唤做武公。武公卒，子献公诡诸立。灭霍，如今山西的霍县。灭魏，如今山西的芮城县。灭耿；如今山西的河津县。又灭虞，如今山西的平陆县。虢。如今河南的陕县。《史记》说"当此时，晋疆西有河西，陕西大荔县一带。与秦接境，北边翟，东至河内"。河南的沁阳县。晋国就成了一个强国了。

（三）楚　楚国是帝颛顼之后，受封的唤做熊绎，居丹阳。见上章第五节。熊绎之后，五传而至熊渠。《史记》上说"熊渠甚得江汉间民和，乃兴兵伐庸、扬粤，至于鄂。……乃立其长子康为句亶王，集解："张莹曰：今江陵也。"中子红为鄂王，集解："骃案《九州记》曰：鄂今武昌。"少子执疵为越章王，皆在江上楚蛮之地"。熊渠之后，七传而至熊仪，是为若敖，若敖再传而至霄敖，是为蚡冒。蚡冒卒，蚡冒的兄弟熊通，弑蚡冒的儿子而代立，是为楚武王。"三十五年，楚伐随。_{如今湖北的随县。}……曰：我无弟也，今诸侯皆为叛，相侵，或相杀；我有敝甲，欲以观中国之政；请王室尊吾号。随人为之周，请尊楚，王室不听。……三十七年，楚熊通怒曰：……我自尊耳。乃自立为武王。……于是始辟濮地而有之。子文王熊赀立，始都郢。_{如今湖北的江陵县。}文王二年，伐申。……六年，伐蔡，虏蔡哀侯以归，已而释之。楚强，陵江汉间小国，小国皆畏之。十一年，齐桓公始霸，楚亦始大。"案宋翔凤的《楚鬻熊居丹阳武王徙郢考》，考定丹阳在丹析入汉之处，已见上节。他又考定越章便是春秋时候的豫章，在如今的当涂。原文："越章，亦作豫章，越豫声之转。《左传》定二年，桐叛楚，吴子使舒鸠人诱楚人曰：以师临我，我伐桐。秋，囊瓦伐吴，师于豫章。吴人见舟于豫章，而潜师于巢。按桐国，在今安庆府桐城县治；舒国，在今安徽庐州府舒城县治，巢邑，在今庐州府巢县治；其地并在江北，与汉豫章郡在江南者，相去六七百里。吴人必不设疑兵于六七百里之外，知豫章当与舒巢桐邑相近。疑汉豫章县在今当涂，乃是春秋之豫章。……《左传》昭二十四年，楚子为舟师以略吴疆，越大夫胥犴劳王于豫章之汭。如越劳楚于汉豫章郡今南昌府，既非楚子入吴所经；若指章水入江之处，则为今九江府湖口县，中隔广信饶州，皆为吴地；知豫章之汭，是越境之北界，断在当涂之地。盖越之故地，熊渠伐而有之，乃称豫章。秦以其地置鄣郡，鄣与章通用，盖以豫章名之。汉复改鄣郡为丹杨，或取杨越之名，亦未可知。……"他又说："鬻子后数世至熊绎，始南迁荆山，不通中国，而壹用力于蛮夷；故至熊渠而西连巴巫，东收豫章，江汉小国，靡不服从；楚能雄长荆州之地，当时称之曰荆；故《郑语》，史伯称荆子熊严；《春秋》于桓公之世，楚并称荆。至僖公初，渐以名通上国，乃还其始封号曰楚子。_{原注："用《谷梁》语。"}昭十二年《左传》，右尹子革言昔我先王熊绎，辟在荆山，筚路蓝缕，以处草莽。此言荆山而不言丹阳，知熊绎是居荆山而非居丹阳者。荆山，在今湖北襄阳府南漳县西八十里。……《左传》昭四年，晋司马侯称荆山为九州之险。盖居荆山则汉水环其东北,足以北阻中国,东控汉东诸侯;既与诸夏为限,遂能壹用力于蛮夷;是熊渠之强大,由得荆山之险也。……郢又在荆山南三百余里;楚武王时,中国无伯主,迁郢则不但据汉水之固,并可俯瞰江滨。……《郑语》:楚蚡冒于是乎始启濮。韦注:濮,南蛮之国。《书·牧誓》孔传:濮在江汉之南。盖楚蚡冒时已拓地于江南,武王遂迁郢,俯江滨以逼之。江南蛮夷诸国,尤畏楚之逼已而不敢叛,而后专力从事于汉东诸侯。……"案楚国受封的,究竟是鬻熊,还是熊绎?所谓"熊绎辟在荆山"的"荆山",是否定在如今的南漳县境或者其范围还可稍广? 我还未可断定;然而楚国的受封,必在汉水中游流域。到后来沿汉而下,以达于江,他所征服的地方,西至如今的川楚,东至如今的苏皖交界,然后从事于汉东。是的确不错的。读了这一篇文字,于楚国盛强的原因和春秋时代长江流域开拓的历史,可以"思过半"了。

(四)秦　秦国之先,《史记》说也是帝颛顼之苗裔,"孙曰女修。女修织,玄鸟陨卵,女修吞之,生子大业。……大业生大费……是为柏翳。舜赐姓嬴氏"。大业,《史记》正义据《列女传》,说就是皋陶。柏翳就是益,已见第三章第三节。他的后世,有一个唤做造父的,替周穆王御而西游,周穆王封他于赵城,如今山西的临汾县。便是七国时赵国的始祖。又有一个唤做非子的,替周孝王主马,周孝王邑之于秦如今甘肃的天水县。为附庸,便是秦国的祖宗。非子的曾孙,唤做秦仲,周宣王以为大夫。叫他去伐戎,为戎所杀。有子五人,宣王召之,与兵七千再叫他去伐戎,破之。五人之中,最长的唤做庄公。宣王依旧给他做西垂大夫,居于犬丘。如今陕西的兴平县。庄公的儿子唤做襄公。当犬戎弑幽王之时,发兵救周,战甚力;平王东迁,襄公又发兵送他;于是"平王封襄公为诸侯,赐之岐以西之地。曰:戎无道,侵夺我岐丰之地……秦能攻戎,即有其地。……襄公于是始国。十二年伐戎而至岐,卒"。前二六七七年(公元前七六六)。襄公的儿子,唤做文公。文公十六年前二六六六年(公元前七五五)。"以兵伐戎,戎败,于是文公遂收周余民有之,地至岐,岐以东献之周"。于是周朝初兴时候的形势,就给秦国人占去了。

(五)吴　吴的先世,《史记》上说:"吴太伯、太伯弟仲雍,皆周太王之子,而王季历之先也。……太王欲立季历以及昌,于是太伯、仲雍二人,乃奔荆蛮,文身断发,示不可用。……太伯之奔荆蛮,自号句吴。荆蛮义之,从而归之千余家,立为吴太伯。太伯卒,无子,弟仲雍立。是为吴仲雍。仲雍卒,子季简立。季简卒,子叔达立。叔达卒,子周章立,是时周武王克殷……因而封之。……寿梦立而吴始益大,称王。……大凡从太伯至寿梦十九世。寿梦二年,前二四九五年(公元前五八四)。楚之亡大夫申公巫臣怨楚将子反而奔晋,自晋使吴,教吴用兵乘车,令其子为吴行人,吴于是始通于中国。"案断发文身,是粤族的风气。太伯当时,实在是逃到粤族里去的。当时江南一带,全然是未开化之地。所以当春秋的上半期,吴国还是寂寂无闻。参看第六章第五节自明。巫臣的输入文明,实在是吴国开化的大助力。

(六)越　越之先,《史记》说"越王句践,其先禹之苗裔,而夏后帝少康之庶子也。封于会稽,如今浙江的绍兴县。以奉守禹之祀。文身断发,披草莱而邑焉。后二十余世,至于允常。允常之时,与吴王阖庐战,而相怨伐。允常卒,子句践立"。案越国的开化,比吴国更晚,所以从允常以前,简直连世系都无可稽考了。

综观以上六国,我们可以得到一个公例。就是"当时诸国,接近于异族的都强,其居于腹地的都弱"。齐近莱夷,晋近狄,秦近戎狄——当时的戎狄是一族,都是所谓犬戎,楚近黎族和粤族,吴越皆与粤族杂居,参看第六章自明。其实商周的先世,也是如此。商灭夏,周灭商,都是从陕西用兵于河南、山东,和秦的灭周,正是一样。所以太史公《六国表序》,把"禹兴于西羌,汤起于亳,周之王也,以丰镐伐殷秦之帝,用雍州兴。……"连类并举,可惜禹兴于西羌其详不可得而闻了。近人《中国之武士道》序,说这个道理,颇为透彻,可以参看。我说接近异族,因竞争磨励而强,固然是一个道理;还有"接近异族,则地方荒漠,而拓土易广"。也是其中的一个原因。

此外可称为二等国的,便是:

鲁都曲阜,如今山东的曲阜县。

卫康叔封于朝歌。春秋时为狄所破,迁于楚丘,如今河南的滑县。

曹武王弟叔振铎,封于陶丘,如今山东的定陶县。

宋微子封于商丘,如今河南的商丘县。

郑宣王的弟友封于郑,如今陕西的华县。后来东徙于虢郐之间,如今河南的郑县。

陈陈胡公,舜之后,封于宛丘,如今河南的淮宁县。

蔡蔡叔度之子胡,封于蔡,如今河南的上蔡县。平侯迁新蔡,如今河南的新蔡县。昭侯迁州来,如今安徽的寿县。

许伯夷之后,封于许,如今河南的许昌县。灵公迁于叶,如今河南的叶县。悼公迁于夷,实城父,如今安徽的亳县。又迁于析,实白羽,如今河南内乡县。等。

此外小国还甚多,限于篇幅,不能尽列。要通知春秋时代各国的形势的,把顾栋高的《春秋大事表》做参考书最好。因为他很完备周密。

春秋时代的大势,咱们且略讲如下:

前二五九〇年(公元前六七九),齐桓公会诸侯于鄄,如今山东的城濮县。创霸。前二五七四年(公元前六六三),山戎伐燕,齐桓公伐山戎以救燕。前二五七一年(公元前六六〇),狄人灭邢,又灭卫。齐桓公合诸侯的兵,迁邢于夷仪,如今山东的聊城县。邢的本封,在如今直隶的邢台县。封卫于楚丘。见前。前二五六七年（公元前六五六），齐桓公合诸侯伐楚，盟于召陵。如今河南的郾城县。前二五五四年（公元前六四三），齐桓公卒，诸子争立，国内乱，齐国的霸业就此告终。

齐桓公死后，宋襄公定了齐国的内乱，要想图霸。前二五四九年（公元前六三八），和楚人战于泓，水名，在如今河南的柘城县。大败，宋襄公受伤而卒。宋国的霸业只好算未成。

宋襄公死后，北方的诸侯，都折而入于楚。前二五四三年（公元前六三二），晋文公和楚人战于城濮，如今山东的城濮县。楚师败绩。后此北方的霸权，在晋国手里。

晋文公反国时，秦穆公与有力焉，所以秦晋甚睦。城濮战后二国尝合兵围郑。以其贰于楚。郑国派一个大夫，黉夜缒城去见秦穆公。秦穆公听了他的话，不但撤兵解围，而且还派三个将官，帮同郑国人戍守。晋文公死后，这三将暗中差人招呼秦穆公，叫他潜师袭郑，自己做内应。秦穆公听了他，发兵东来。晋襄公袭而败诸崤。在如今河南的永宁县。获其三帅孟明视等。旋又放了他。秦穆公引咎自责，仍用孟明视。前二五三五年（公元前六二四），伐晋，破之。《史记》上说他"遂霸西戎，辟地千里"。然而终春秋之世，秦国始终不能得志于东方，所以崤的一战，关系是很大的。

晋襄公死后，继立的是晋灵公，颇为无道，而楚庄王日强。前二五〇八年（公元前五九七），晋楚战于邲，如今河南的郑县。晋师败绩，楚庄王称霸。

前二四九〇年（公元前五七九），宋臣华元，因为和晋楚两国的执政都要好的，出来合二国之成，盟于宋西门外。然不久，楚共王就背约，构郑叛晋。前二四八六年（公元前五七五），晋厉公和楚共王战于鄢陵，如今河南的鄢陵县。楚师败绩，共工伤目。然而郑国毕竟不服晋。晋厉公旋亦被弑。晋人立了悼公，又和楚争逐久之，到二四七三年（公元前五六二），才算把郑国征服。

悼公死后，晋楚都衰。前二四五七年（公元前五四六），宋臣向戌，再合晋楚之成，为"弭兵之盟"于宋，从此时局一变。大抵从晋文公创霸以后，到弭兵之盟以前，北方的鲁、卫、曹、宋等，是常服于晋的；南方的陈、蔡、许等，是常服于楚的；只有一个郑国，叛服于晋楚之间。晋楚争霸，大抵所争的就是郑。弭兵之盟，说"二国之从交相见"，把这个藩篱打破了。于是楚国的灵王，出来合诸侯，北方诸国遂纷纷奔走于楚。然而从弭兵之盟以后，直到春秋时代之终，因晋楚争霸而起的战役，可以说是没有，这个究竟也是向戌的功劳。

晋楚皆衰以后，就是吴越的世界。吴国的强盛，起于前二四九五年（公元前五八四）巫臣的适吴，已见前。从此以后，吴国时时同楚国交兵，楚国不利的时候多。前二四一七年（公元前五〇六），楚相囊瓦好贿，辱蔡昭侯，蔡昭侯如晋请伐楚，晋国人为他合了北方的诸侯。这时候的晋国，是六卿执政，腐败得很，大合了诸侯，以求贿而罢。蔡昭侯再请于吴。吴阖闾为之出兵，大破楚师于柏举。_{如今湖北的麻城县。}就攻破了楚国的都城，楚昭王逃到随国。幸而有个忠臣，唤做申包胥，到秦国去请了救兵来，吴师大败，昭王才得复国。

这时候，越国也强起来了。吴人在郢的时候，越人就乘间入吴。前二四〇七年（公元前四九六），允常卒，阖闾乘而击之，败绩于樵李，_{如今浙江的嘉兴县。}阖闾受伤而死。前二四〇五年（公元前四九四），阖闾的儿子夫差，败越于夫椒。_{如今江苏吴县西边的西洞庭山。}越王句践，以余兵栖于会稽的山上，遣大夫种卑辞厚礼以求和。夫差许之，句践归国，卧薪尝胆，以求报仇。而夫差从破越之后，就骄侈起来，沟通江淮，北伐齐鲁，与晋国人争长于黄池。_{如今河南的封丘县。前二三九三年（公元前四八二）。}前二三七九年（公元前四六八），就给越国人围了起来。前二三七七年（公元前四六六），越国人把他的都城攻破了,夫差自杀,吴国就此灭亡。于是句践带兵渡淮,"与齐晋诸侯会于徐州,如今山东的滕县。周元王使人赐句践,胙命为伯"。

大抵春秋时候,可以分做几个时代。

（一）从前二五九〇（公元前六七九）到前二五五四年（公元前六四三）,是齐桓公称霸时代。

（二）从前二五五三（公元前六四二）到前二五四四年（公元前六三三）,是宋襄公图霸不成,楚人强盛时代。

（三）从前二五四三（公元前六三二）到前二四五八年（公元前五四七）,是晋楚争霸时代。

（四）从前二四五七（公元前五四六）到前二四四一年（公元前五三〇）,是楚国独盛时代。明年,楚灵王被弑,平王立,不复事诸侯。

（五）从前二四四〇（公元前五二九）到前二四三八年（公元前五二七）,是晋楚皆衰,吴越尚未强盛的时代。权力未及于中原。

（六）从前二四三九（公元前五二八）到前二三八七年（公元前四七六）,是吴国强盛时代。其间吴国虽已败于越,然对于北方,威力还在。

（七）从前二三八六年（公元前四七五）以后,是越国强盛时代。

大抵长江流域的开辟,是从春秋时代起的。五帝时代,三苗左洞庭,右彭蠡,其与黄河流域争竞的实情,已无可考。文王"三分天下有其二","美化行乎江汉之域",固然也利用南方的形势,去包围纣,然而不是长江流域的国能独立和黄河流域竞争。而其开辟,又先从中游流域起,次到下游流域。因为文化从北方来,由汉域入江域,所以开化从中游起。至其上游流域的四川,则直到战国时秦灭巴蜀,才算入中国的版图。南岭以南的闽粤二江流域，入中国版图，更在秦并天下之后。参看第六章。于此可以见得中国本部开辟的早晚了。

第二节 战　　国

春秋以后，又二百五十七年，天下才归于统一。就是从前二三八九年（公元前四七八）起，到前二一三三年（公元前二二二）止，称为战国时代。战国时代的形势，便是春秋时代号称大国的晋，分为韩、周同姓，后裔事晋的，唤做韩武子，封于韩原，如今陕西的韩城县。赵、见上节。魏。周同姓、毕公高之后，名毕万，事晋献公，献公灭魏，便把魏地封他。周威烈王令魏斯、韩虔、赵籍为诸侯，事在前二三一四年（公元前四〇三）。这时候，晋君还在，到前二二八七年（公元前三七六），三国才废晋君而共分其地。战国时候的齐国，也为田氏所篡。田氏是陈国公子完之后——田陈同音，就是一个字。周安王令田和为诸侯，事在前二五九七年（公元前六八六）。越灭于楚；前二二四五年（公元前三三四）。而直隶北边的燕，召公奭之后，封于蓟，如今的京兆。渐渐的强起来；于是齐、燕、韩、赵、魏、秦、楚，并列为七个大国。

七国之中，除燕最小，所处的地方又偏僻，无足轻重外。《燕世家赞》："燕北迫蛮貉，内措齐晋，崎岖强国之间，最为弱小。"在七国之中，燕国其实只算得二等国。楚国自然最强，因为春秋时代，晋楚本强于齐秦，而这时候，楚国又没有分。齐国的形势，和春秋时无甚出入。韩、赵、魏似乎力分而弱，然而"晋国，天下莫强焉"，他强国的资格，究竟还在。只有秦国，从春秋的末期，久已寂寂无闻，入战国的初期，又国多内难，河西的地方，为魏国所夺。又因为僻处西垂，开化最晚，大家都有些瞧不起他。到孝公的元年，前二二七三年（公元前三六二）。《史记》上还说"河山以东强国六。……楚魏与秦接界；魏筑长城，自郑如今陕西的华县。滨洛如今陕西的北洛水。伊洛的洛,正字应当作雒。以北,有上郡;如今陕西榆林肤施一带。楚自汉中,如今的汉中道。南有巴、如今四川的保宁县。黔中。如今湖南、湖北、四川三省交界之处。周室微,诸侯力政,争相并;秦僻在雍州,不与中国诸侯之会盟,夷狄遇之"。国势可谓凌夷极了。秦孝公的元年,已是入战国的一百十七年,所以战国的前半期,列国的势力,是平均的。秦国的独强、六国的破灭,全在从前二二七三(公元前三六二)到前二三八九(公元前四七八)这一百四十一年之内。

孝公即位之后,用了商鞅,定了变法之令,把全国的人,都驱到"农战"一途,于是秦国的国势,就骤然强盛起来了。① 秦国的攻六国,可以分做两截看:其第一截,是"自完主义",就是要全有如今陕西的地方。前二二五一年(公元前三四〇),商鞅出兵伐魏,大败魏兵,魏入河西以和。于是魏惠王弃安邑,如今山西的夏县。徙都大梁。如今河南的开封县。秦国既除了肘腋之患,又开了一条渡河而东的路。前二二三九年(公元前三二八),秦国人又伐魏,取了上郡,于是如今陕西地方,全入秦国的版图。前二二二七年(公元前三一六),秦国又灭了蜀。蜀的地方,本是最为富饶,而且因山川之险,从战国以前,从没和别国交过兵。秦国得了这一块"处女的富源地",更其"富厚轻诸侯"。汉高祖和项羽相持,就是用的关中的兵,巴蜀的饷。战国时代的秦,想必也有这种情形。所以《战国策》上,说他得蜀之后,"益富厚,倾(轻)诸侯"。

他进取的兵,可以把他分做三路看:前二二二四年(公元前三一三),败楚,取汉中。到前二一九一年(公元前二八〇),司马错伐楚,取黔中,楚献汉北之地。明年,白起伐楚,取鄢、就是春秋时的鄢陵。邓、如今河南的南阳县。西陵。如今湖南的东湖县。又明年,白起再

---

① 秦之盛:地势、竞争、质朴、变法。秦用兵路线。

伐楚，拔郢，烧夷陵。在东湖县，楚先王坟墓所在。楚东北徙都陈，如今河南的淮宁县，后来又迁到寿春，如今安徽的寿县。这一支可以算是"出长江流域的兵"，攻楚的。其中又分为两支，从江汉上游，顺流而下。其"出河南的一支兵"所走的，便是如今从陕西出潼关的一条路。前二二二年（公元前三一一），伐韩，拔宜阳。如今河南的宜阳县。从此以后，韩和东西周，都入秦人掌握之内。他却又"出一支兵于河北"：前二一七三年（公元前二六二），伐韩，拔野王。如今河南的河内县。于是上党如今山西的晋城县。路绝，上党的人不愿意归顺秦国，就降了赵。秦国的白起，大破赵军于长平，如今山西的高平县。坑降卒四十万，就攻破了上党，北定太原。于是过娘子关到直隶，出天井关到河南的路，都在秦国人手里。前二一六八年（公元前二五七），秦国就围了赵国的都城邯郸。如今直隶的邯郸县。这时候，列国救赵的兵，都不敢进，幸而有一个魏国的公子无忌，夺了晋鄙的兵，击败秦军于邯郸下，三晋才算苟延残喘了几年。前二一六〇年（公元前二四九），秦灭东周，又伐韩，取荥阳、如今河南的荥泽县。成皋，如今河南的汜水县。地界直接大梁。前二一五七年（公元前二四六），秦始皇立。立后十九年，就是前二一三九年（公元前二二八），灭赵，赵国的公子嘉，自立为代王，和燕国人合兵，驻扎在上谷。如今直隶的怀来县。秦始皇派王翦驻扎在中山如今直隶的定县。以图燕。燕国的太子丹，派勇士荆轲到秦国去，要想刺杀秦始皇，事情没有成功。秦始皇大怒，发大兵围蓟，燕王奔辽东。前二一三六年（公元前二二五），秦灭魏。明年，攻楚，又明年，把楚国灭掉了。前二一三三年（公元前二二二），大发兵攻辽东，虏燕王喜。还灭代，虏代王嘉。明年，就把灭燕的兵南攻齐，虏齐王建。于是六国尽亡，秦国就统一天下了。周赧王的灭亡，在前二一六七年（公元前二五六）。先是敬王从王城（洛邑西城）徙居成周（洛邑东城），考王时，封弟揭于王城，是为东周桓公；桓公的孙惠公，又自封其少子于巩(如今河南的巩县),是为东周惠公。赧王时,又徙都西周。赧王入秦,西周君也同时灭亡。东周君又奉周祀七年,到前二一六〇年(公元前二四九),才给秦国灭掉。其余诸小国,许亡于郑,郑亡于韩,曹亡于宋,宋亡于齐,鲁及陈、蔡皆亡于楚,只有卫国,到前二一二〇年(公元前二〇九)——秦二世元年,才给秦国灭掉。

秦国所以能灭掉六国,下列三条,大约是最大的原因:(一)秦国和戎狄竞争最烈,以磨砺而强。晋在太原时近狄,迁绛之后,距敌较远。和楚竞争的"黎"、"越"二族,和齐竞争的莱黄,都不是强敌,比不上犬戎。参看第六章。(二)秦国所据的地势,和商周先世是一样。参看第四章。从这地方出函谷关攻山东,出武关攻南阳、襄汉,都是上流之势。秦国攻楚的路,和楚国先世拓土的路,也是一样。参看上节自明。(三)秦国开化较晚,所以风气朴实,国力较六国为充足。试看李斯《谏逐客书》。列举当时淫侈的事情,秦国竟没有一件。大抵文明进化已久的国,往往不免于暮气;文明程度太浅的国,因为物质和精神两方面,强盛的元素都太缺乏,又兴旺不起来,就暂时强盛,也不能持久,吴越就属于这一种。战国时代的六国属于前一种。只有新进于文明的野蛮国家,最为可怕,秦国就属于这一种了。

秦国吞灭六国,我国的封建时代实在应当说是分立时代,但是封建这名词,通行已久,现在姑且沿用他。就此告终了。但是还有一个问题,便是"我国的分裂时代从最早可考的时代起,到底共有若干国,后来怎样渐次吞并,归于统一的"呢?这一个问题,我请在第七章里头解答。

第六章　汉族以外的诸族

第一节　獯　粥

中国人决不是单纯的民族。① 以前所讲的,都是汉族的历史,这是因为叙述上的方便,不能把各族的历史,都搅在一起,以致麻烦。现在汉族的历史,已经讲到统一时代了,就得把汉族以外的各族,都讲述一过。

中国人向来称异族为"夷"、"蛮"、"戎"、"狄",这四个字,是"因其所居的方位而称之",参看下章。不是种族的名词;若用这四个字来分别种族,一定要陷于误谬的。到后世,这四个字的称呼,也有不按着方位的(譬如狄侵入东方,仍旧称他为狄是)。然而这是后起的事,到这时候,能毅认明他的种族,居地虽然变换,还用旧名称称他——种族的关系,已经纷乱得不可究诘了。

同汉族杂居最久,而关系又最密切的,便是獯粥。獯粥,又唤做狎狁,后世唤做匈奴,《史记》索隐(集解)(《匈奴列传》):"晋灼曰:匈奴,尧时曰獯粥,周曰狁允(狁)。"都是一音之转;这两个字的合音,便是混,又写作昆,写作串,写作畎,写作犬,到后世又写作胡。《诗·皇矣》:"串

---

① 非单纯民族。

夷载路。"郑笺："串夷,即混夷,西戎国名也。"正义："《书传》作畎夷,盖畎混声相近,后世而作字异耳。或作犬夷,犬即畎字之省也。"古代所谓西戎北狄,都是这一种人。何以知道呢？因为除这一族之外,可称为戎狄的,只有汉时之所谓羌,而据汉朝的事情看起来,羌人在古代,和汉族实在没甚交涉,看本章和第三篇所述羌人的事情自明。太史公《匈奴列传》把古代的戎和狄都混杂在一起,或讥其不能分别,殊不知道戎和狄本没有种族上的区别的。①

这一族古代的根据地,也在黄河流域；到后世,才渐次退却到阴山山脉一带,再退却而至漠北,再退却而到如今俄领中央亚细亚一带,而入欧洲。参看第二篇。误以为汉时的匈奴,在三代以前,就据有漠南北的,却是大误。漠南的南部,虽有"分散谿谷"的小种落,然而不是他重要的根据地。至于漠北,则三代以前,大抵是丁令的地方。所以《尚书大传》说"北方之极,自丁令北至于积雪之野"。

这一族的根据地,大约在汉族的西北。所以《史记》说"黄帝北伐獯粥……而邑于涿鹿之阿"；见第三章第二节。《墨子》说尧"北教八狄"；尧都太原。可见得这一族,从古以来,就占据如今直隶、山西的北半省。至于陕西,更是他的大本营。所以《史记》上说"夏道衰,而公刘失其稷官,变于西戎,邑于豳。其后三百有余岁,而戎狄攻太王亶父,亶父亡走岐下。……其后百有余岁,周西伯伐畎夷氏。后十有余年,武王伐纣,而营雒邑,复居于酆鄗,放逐戎夷泾洛之北"。洛,如今陕西北洛水。可见得周从受封以后,历代和此族竞争。幽王被弑以后,此族"遂取周之焦获,而居于泾渭之间"。《诗》："猃狁匪茹,整居焦获,侵镐及方,至于泾阳。"毛传以为宣王时候的诗,恐不如《史记》之确。《尔雅·释地》"周有焦获"郭璞注："今扶风池阳县瓠中是也。"池阳,如今陕西的泾阳县。镐,方,无可考。于是平王东迁,直到秦文公手里,才把岐丰的

———————

① 夷、蛮、戎、狄,非辨种族之词。

地方收回。见上章第一节。秦穆公时,"开国十二,辟地千里",这是《秦本纪》上的话,《匈奴列传》说"西戎八国服于秦"。这一族在泾渭上游,便无从肆其凶焰了。其在陕西东部的,也给晋国人所攘,居于圁、洛之间,圁,就是《汉书·地理志》上郡白土的圁水,《清一统志》说是在陕西葭县入河的秃尾河。谓之白狄。《史记》说"号曰赤狄白翟",误。其侵入东方的,谓之赤翟。赤翟的境域,从晋国的蒲、如今山西的隰县。屈如今山西的吉县。起,绵延向东,和齐、鲁、卫接界。邢、卫、宋、鲁、齐、晋、郑,都颇受其害。其种落,有东山皋落氏、如今山西的昔阳县。廧咎如、如今山西的乐平县。潞氏、如今山西的潞城县。甲氏、如今直隶的鸡泽县。留吁、如今山西的屯留县。铎辰,如今山西的长治县。都给晋国人灭掉。白狄也有侵入东方的,就是肥、如今直隶的藁城县。鼓、如今直隶的晋县。鲜虞。如今直隶的定县。肥、鼓亦灭于晋,鲜虞到战国时谓之中山,灭于赵。又有扬拒、如今河南偃师附近。泉皋、如今河南洛阳县西南。伊洛之戎,《左传》杜注"居伊水洛水之间"。地都入于周。又有蛮氏、如今河南的临汝县;亦称茅戎,因为他本居茅津。茅津,在如今山西的平陆县。骊戎,如今陕西的临潼县。地亦入于晋。于是这一族在山、陕、直隶的南部和河南的,几于全给汉族征服,以上说赤狄白狄,据《春秋大事表》。其未尝服属的,都在甘肃和直隶、山、陕三省的北边。《史记》上叙述他的形势道:"自陇以西,有绵诸、如今甘肃的天水县。绲戎、亦在天水境。翟豲之戎;如今陕西南郑县境。岐、梁山、泾、漆之北,有义渠、如今甘肃宁县、庆阳县境。大荔、如今陕西的大荔县。乌氏、如今甘肃的泾川县。朐衍之戎;如今甘肃的灵武县。晋北有林胡、如今山西的朔县。楼烦之戎;如今山西的崞县。燕北有东胡、山戎;见下节。各分散谿谷……往往而聚者,百有余戎,然莫能相一。"列国的开拓,便是"赵有代、句注之北,句注,如今的雁门山。魏有河西、上郡,以与戎界边。河西、上郡入秦之后。秦、赵、燕三国,边于匈奴。……秦昭王时……伐残义渠。于是秦有陇西、北地、上郡，筑长城以拒胡；赵武灵王……北破林胡、楼烦，筑长城，自代并阴山下，至高阙为塞，集解："徐广曰：在朔方。"而置云中、雁门、代郡……燕亦筑长城，自造阳集解："韦昭曰：地名，在上谷。"至襄平，置上谷、渔阳、右北平、辽西、辽东郡以拒胡"。大抵这时候，这一族在甘肃和山、陕、直隶北边的，都是"分散谿谷"的小部落；所以汉族开拓，毫无抵抗之力。汉族所以要筑长城，也是防这些小部落侵盗的原故。像后世的匈奴、突厥……原不是长城所能防。后人议论秦始皇的筑长城，有人说他"立万世夷夏之防"，固然迂谬可笑。又有人说，筑了长城，还是无用，引后世史事为证，也是陷于"时代错误"的。其中只有一族，根据在如今河套之内的，较为强大。大约因为地形平衍，易于合群的原故。这个便是秦汉时代的匈奴了。

第二节　东　　胡

太史公把古代的戎狄算做一族，并不能算他错；然而把东胡和匈奴混在一起，实在是弄错了的，为什么呢？因为东胡之后为"乌桓"、"鲜卑"，乌桓、鲜卑和匈奴，确非同族。

《后汉书》、《三国志》都说：乌桓、鲜卑是东胡之后，东胡为匈奴所破，遗族分保此二山，因名焉。后人因把东胡两个字，当作这一族的本名，乌桓鲜卑，当作后起之名；因而有说东胡就是通古斯Tongus的译音的，依我看起来，却实在不然。为什么呢？据希腊罗马古史，"里海以西，黑海以北，古代即有'辛卑尔族'居之；……故今黑海北境，有辛卑尔古城；黑海峡口，初名辛卑峡；而今俄人名乌拉岭一带曰西悉毕尔"。《元史译文证补》。《北史·魏世纪》述鲜卑二字的由来，也说"国有大鲜卑山，因以为号"，东西相去数千里，不谋而合。可见所谓鲜卑，不是"部族以山名"，实在是"山以部族名"的。

所以鲜卑部落，分布极广，而乌桓一部，从魏武帝柳城一捷后，就不复见于史，《新唐书》所载，乃一极小部落。可见得鲜卑二字，实在是此族的本名。《史记》索隐引服虔"东胡，在匈奴之东，故曰东胡"。《后汉书·乌桓传》"氏姓无常，以大人健者名字为姓"。索隐引《续汉书》："桓以之名，乌号为姓。"这么说，东胡二字，是中国人因他居近匈奴，"貤匈奴之名以名之"。好比后世称菲律宾为小吕宋。乌桓二字，是大人健者之名，是一个分部的名称。

这一族在古代，谓之山戎。据《史记·匈奴列传》，纪元前二六一七年，"山戎越燕而伐齐，齐僖公与战于齐郊。其后四十四年，山戎伐燕，燕告急于齐，齐桓公北伐山戎，山戎走"，"其后燕有贤将秦开，为质于胡，胡甚信之。归而袭破东胡，东胡却千余里"。这一族的根据地，似乎就是燕所开的上谷、渔阳、右北平、辽西、辽东五郡。为什么呢？因为后来汉武招致乌桓，助防匈奴，所居的也是这五郡塞外；可见得所谓"却千余里"者，就是弃这五郡之地。有人说鲜卑就是《禹贡》析支的转音（《大戴礼》鲜支渠搜，《史记·五帝本纪》作斯支渠廋）。这话似乎附会，我却以为颇为有理。为什么呢？如此说，则鲜卑氐羌，古代居地相近，而据《后汉书》所载，乌桓、鲜卑和羌人风俗极其相类。羌俗"氏族无常，或以父名母姓为种号"，可见母有姓而父无姓，乌桓亦"氏姓无常，以大人健者名字为姓"，又"怒则杀其父兄，而终不害其母，以母有族类，父兄无相仇报故也"。乌桓"妻后母，报寡嫂"，羌亦"父没则妻后母，兄亡则纳釐嫂"，乌桓"俗贵兵死"，羌亦"以战死为吉利，病终为不祥"。可为古代曾经同居之证。这一族，连亚洲的西北方和北方都有，在古代，似乎也是从中亚高原，分散出去的。《汉书·地理志》：朔方郡有渠搜县。蒋廷锡说就是《禹贡》上的渠搜后世望东北迁徙的（《尚书地理今释》）。这一说，假定为确，则析支也可从如今的青海，迁徙到山陕北边。再看下一节貉族迁徙的事实，则析支从山陕北边再迁徙到燕北而为鲜卑，也不足怪的了。

第三节 貊

东北方之族，鲜卑而外，还有一个貊。貊这一族，也有说他是东夷的，《说文》羊部：东方貊。《郑志》答赵商问："九貊，即九夷。"（《正义》引）也有说他是北狄的，《说文》豸部："貉，北方豸种。"《孟子·告子篇》赵注："貉在北方。"到底哪一说可靠呢？我说都不差的；貊是始居北方，后来迁徙到东北方的。《诗·韩奕》："王锡韩侯，其追其貊，奄受北国。"郑笺说：韩王韩城，所抚柔的，是"王畿北面之国"，又说"其后追也，貊也，为猃狁所逼，稍稍东迁"。这十五个字，便是貊族迁徙的历史。

何以知道郑说之确呢？《后汉书·夫馀传》："本濊地。"《三国志》："耆老自说古之亡人……其印文言濊王之印。国有故城名濊城。盖本濊貊之地，而夫馀王其中，自谓亡人，抑有似也。"这几句话，便是《韩奕》郑笺的注脚。"耆老自说古之亡人"，就是貊族人自记其"为猃狁所逼稍稍东迁"的历史。不过《后汉书》说"本濊地"，《三国志》说"本濊貊之地而夫馀王其中"，却是错误的。夫馀就是濊貊，所以汉朝赏他的印文，还说是濊王之印，倘使夫馀另是一个种族，而占据濊貊之地，那印文如何能说濊王之印呢？后汉一朝，和夫馀往来极密，决不会弄错的。况且果使如此，是夫馀征服濊貊，是战胜攻取了，如何说是亡人呢？貊是种族的本名，濊是水名，貊族的一支，处濊水流域的，谓之濊貊，后来亦单称他为濊。又假用薉字。《水经注》："清漳径章武故城西，故濊邑也，枝渎出焉，谓之濊水。"汉章武县，包括如今直隶大城、沧两县之境。这濊水，似乎就是濊貊所居的。但是他一个分部不是他的全族。何以知道呢？因为《孟子》说："夫貊，五谷不生，惟黍生之。"章武决不是不生五谷的地方。可见得这族的大部分，一定还在如今的长城之北。《后汉书》、《三国志》的四裔传，是同本《魏略》,所以错便同错。《韩奕》的郑笺,一看很不近情理,所以疑心他的人很多。然而"追也,貊也,为猃狁所逼,稍稍东迁",实在是一段种族迁徙重要的历史。惟郑君读书极博,然后能知之。王肃不知此义,于是解溥彼韩城的韩城为涿郡方城县的寒号城(《水经·圣水注》),燕师所完的燕为北燕国(《释文》),以便将韩侯牵率到东北方去以就貊。巧则巧矣,而不知正不必如此之心劳而日拙也。王符《潜夫论》说:"周宣王时有韩侯,其国近燕。"也就是王肃一派的话。《山海经》根据这一派话,再加之以造作,便说:"貊国在汉水东北,地近于燕,灭之。"更可发一大噱。所谓汉水,想必是朝鲜的汉江了。他只晓得朝鲜和燕国接界,朝鲜的南边,又有一条汉江;臆想貊国既近于燕,必定也近朝鲜;既近朝鲜,一定也近汉江;就臆造出这十三个字来。殊不知道汉江是汉武帝灭朝鲜后把其地分置四郡的南界,因为这条江是汉朝的南界,所以有汉江之名(据朝鲜金泽荣《韩国小史》,这部书,南通县有刻本)。当北燕未亡之时,这条水,尚未名为汉江也。这一派伪书的不可信如此。

貊族在古代和汉族没甚交涉;然而这一族人,东北走而为夫余,其后为句丽、百济,和中国的关系,却很深的,所以著其缘起如此。

第四节　氐　　羌

氐羌二族,在古代,大约是根据于中亚高原的;后来分为许多支,在湟水流域,青海,和黄河上流两岸的,是汉朝时候所谓羌人。在天山南路的,是汉时西域诸国中的氐羌行国。在祁连山一带的,是月氏。在今四川云南和川边的,汉时谓之西南夷。均见后。其在古代和汉族有交涉的,在氐族为巴,在羌族为鬼方。

《说文》注:"巴蜀,桑中虫也。"《魏略》:《三国志》注引。"氐……其种非一;或号青氐,或号白氐,或号蚺氐,此盖虫之种类,中国人即其服饰而名之也。"可见此族当图腾时代,曾经用虫为标帜。参看严复译甄克思《社会通诠》。据《后汉书》,板楯蛮,世居渝水左右,如今的嘉陵江。其人善于歌舞，汉高祖用他的兵，还定三秦，因而就采他的乐舞，唤做巴渝舞。武王伐纣，有"庸、蜀、羌、髳、微、卢、彭、濮人"，而《尚书大传》说："惟丙午，王逮师前，师乃鼓鼗噪，师乃慆，前歌后舞。"可见武王所用的兵，实在有巴氏在里头。《华阳国志》："周武王伐纣，实得巴蜀之师，巴师勇锐，歌舞以凌之。殷人倒戈，故世称武王伐纣前歌后舞也。"到战国时，才为秦国所征服。《后汉书》说："秦惠王并巴中，以巴氏为蛮夷君长，世尚秦女。其民爵比不更；有罪，得以爵除。其君岁出赋二千一十六钱；三岁一出义赋，千八百钱。其民户出幏布八丈二尺，鸡羽三十镞。"又说："秦昭王时，有一白虎，常从群虎，数游秦汉巴蜀之境，伤害千余人，昭王乃重募国中有能杀虎者，赏邑万家，金百镒。时有巴郡阆中夷人，能作白竹之弩。乃登楼射杀白虎。昭王嘉之，而以其夷人，不欲加封；乃刻石盟要，复夷人顷田不租；十妻不算；伤人者论，杀人者得以倓钱赎死。盟曰：秦犯夷，输黄龙一双，夷犯秦，输清酒一钟。夷人安之。"话虽有些荒唐，却也是汉族抚柔这一族的一段历史。

羌人和汉族的交涉，只有《易经》上"高宗伐鬼方"，《文选》李善注引《世本》："鬼方于汉，则先零戎也。"《赵充国颂》。可证汉族当商朝时候，对于这一族，曾用兵一次。此外无甚关系。《商颂》："昔有成汤，自彼氐羌，莫敢不来享，莫敢不来王，曰商是常。"又《周书·王会解》也有氐羌。盖商周之先，都处西方，所以和这两族关系较密。又《商颂》"昔在成汤"云云，自系郑笺所谓"责楚之义，女乃远夷之不如"。后人因而牵合，说高宗的伐鬼方，就是"奋伐荆楚"。近人因而说鬼就是夔，这是大错了的。请看《诗古微·商颂鲁韩发微》一篇。

第五节　粤

以上所讲的，都是北方的种族，以下就要讲到南方了。南方的种族和汉族最早有交涉的,自然要推黎族,已见第三章第二节,兹不复赘。黎族之外,还有一个极大的种族,就是所谓"粤族"。粤也写作越。近来讲历史的人,对于"黎"、"粤"二族,都不甚加以分别,未免失之笼统。①

"黎族"是后世所谓"苗族","粤族"是现在所谓"马来人"。这一种人,在古代也是根据在中亚高原的。后来沿横断山脉南下,分布在亚洲沿海之地。凡现在"亚洲的沿海",和地理学上所谓"亚洲大陆的真沿边",都是这一族人所据的。这个证据甚多,一时不暇细讲。我现在且从中国历史上,举出两条坚证如下:

其(一),这一种人,是有"文身"的风俗的。从历史上看起来,如上所述的地方,都可发现同一的风习。

> 《礼记·王制》:东方曰夷,被发文身,有不火食者矣。南方曰蛮,雕题交趾,有不火食者矣。注:"雕文,谓刻其肌,以丹青涅之。"正义:"文身者,谓以丹青文饰其身。……雕题交趾者,雕,谓刻也;题,谓额也,谓以丹青雕刻其额,非惟雕额,亦文身也。"案据正义,可知文身与雕题,就是一事。又不火食的风俗,东夷南蛮,也相同。正义说"以其地气多暖,虽不火食,不为害也"。南蛮的地方,诚然地气多暖,东夷何尝如此,可见夷蛮确系同族,所以有这同一的风俗。

> 《汉书·地理志》:粤地……今之苍梧、郁林、合浦、交阯、九真、南海、日南,皆粤分也。其君禹后,帝少康之庶子云。封于会稽,文身断发,以避蛟龙之害。《史记·吴越世家》,已见第五章第一节。

> 《后汉书·哀牢传》:种人皆刻画其身,象龙文。

> 又《东夷传》:倭地大校在会稽东冶之东,与珠崖、儋耳相

---

① 黎粤之别。粤之特征及其居地。

近。故其法俗多同。

《三国志》：男子无大小，皆黥面文身。……夏后少康之子，封于会稽，断发文身，以避蛟龙之害。今倭人好沉没捕鱼蛤，亦文身以厌大鱼水禽，后稍以为饰。诸国文身各异，或左或右，或大或小，尊卑有差……以朱丹涂其身体，如中国用粉也。

《后汉书》：马韩……其南界近倭，亦有文身者。弁辰……其国近倭，故颇有文身者。

《北史·流求传》：如今的台湾。妇人以墨黥手，为虫蛇之文。

《南史·扶南传》：文身被发。

阎若璩《四书释地三续》：《留青日札》曰：某幼时及见今会城住房客名孙禄。父子兄弟，各于两臂背足，刺为花卉、葫芦、鸟兽之形。因国法甚禁，皆在隐处，不令人见。某令解衣，历历按之。亦有五采填者，分明可玩。及询其故，乃曰：业下海为鲜者，必须黥体，方能避蛟龙鲸鲵之害也。方知断发文身，古亦自有。《汉书·地理志》于粤已云。录此者，以见今犹信耳。

其（二），食人的风俗，前文所述的地方也是都有的。

《墨子·鲁问》：楚之南，有啖人之国者。其国之长子生，则解而食之，谓之宜弟。美则以遗其君。君喜则赏其父。《后汉书·南蛮传》引这一段，以为当时的乌浒人。注："万震《南州异物志》曰：乌浒，地名。在广州之南，交州之北。恒出道间，伺候行旅，辄出击之。利得，人食之，不贪其财货；并以其肉为肴菹；又取其髑髅破之以饮酒。以人掌趾为珍异，以食老也。"《节葬下》：越东有輆沐之国，其长子生，则解而食之，谓之宜弟。

《左传》僖十九年：宋公使邾文公用鄫子于次睢之社，欲以属东夷。

《南史·毗骞传》：国法刑人，并于王前啖其肉。国内不受估客，往者亦杀而食之，是以商旅不敢至。

《北史·流求传》：国人好相攻击，收斗死者，聚食之。……其南境，人有死者，邑里共食之。……战斗杀人。便以所杀人祭其神。

《隋书·真腊传》：城东有神，名"婆多利"。祭用人肉，其王年别杀人，以夜祀祷。

以上两种证据，都系略举。若要全抄起来，还可得许多条。此外，（一），如铜鼓，是这一种人所独有的器具，含有宗教上的意味；而铜鼓发见的地方，和我刚才所说这种人分布的地方相合。详见近人《饮冰室文集·中国民族历史上之观察》。（二），《后汉书·南蛮传》"珠崖、儋耳二郡，在海洲上，其渠帅，贵长耳，皆穿而缒之，垂肩三寸"。《淮南子·地形训》说耽耳在北方。也可见得这种人的分布，是沿海而成一半规形。总而言之，现在"亚洲的沿海"，和地理学上所谓"亚洲大陆的真沿边"，都是这一种人所分布的，如今称为马来人，古人则谓之粤。越——古代所谓东夷者，都是此族，所谓南蛮者，却不是此族。黎族——为什么古代不称此族为南蛮呢？因为夷蛮戎狄，是和汉族接境的异族，间接的就不在内。参看下章自明。

古代这一族和汉族有交涉的，便是：

嵎夷。《书·尧典》："宅嵎夷，曰旸谷。"《释文》："马曰：嵎，海嵎也。夷，莱夷也。《尚书考灵曜》及《史记》作禺铁。"《禹贡》青州"嵎夷既略"。索隐按《今文尚书》及《帝命验》并作禺铁，在辽西，铁，古夷字也。《说文》土部："嵎夷，在冀州阳谷，立春日，日直之而出。"山部："崵山，在辽西。一曰：嵎铁崵谷也。"按《说文》既加"一曰"二字，则"嵎夷崵谷也"与"崵山在辽西"，明非一义。索隐"在辽西"三字，须另为一句，不得认做《今文尚书》和《帝命验》里的话。嵎夷自系莱夷。当以马说为准。

鸟夷。《书·禹贡》：冀州"岛夷皮服"，《史记》作鸟。集解："郑玄曰：鸟夷，东北之民，抟食鸟兽者。"书疏亦谓"孔读鸟为岛"，则今本岛系误字。扬州"岛夷卉服"，《汉书·地理志》亦作鸟。案《后汉书·度尚传》"深林远薮椎髻鸟语之人"注"鸟语，谓语声似鸟也。"《哀牢传》："其母鸟语。"此亦鸟夷的一义。《孟子》所谓"南蛮鴃舌之人"。

淮夷。《禹贡》："淮夷蠙珠暨鱼。"《史记》集解："郑玄曰：淮水之上民也。"

徐戎。《说文》：邾，"邾下邑也，鲁东有徐城"。《史记·鲁世家》："顷公……十九年，楚伐我，取徐州。"集解："徐广曰：徐州，在鲁东，今薛县。"索隐"……又《郡国志》曰：鲁国薛县，六国时曰徐州"。

其中以（一）莱夷和（二）淮夷徐戎为两大宗。莱夷灭于齐，春秋襄六年。淮泗夷到秦有天下，才悉散为人户。《通典》。其南岭以南，则直到秦始皇手里才征服。见第二篇第一章。

第六节　濮

濮族，就是如今的倮㑩，《周书·王会解》作卜，"卜人以丹砂"，孔注："卜人西南之蛮。"王应麟补注："卜人即濮人。"《说文》作僰，云"犍为蛮夷也"。都是一音之转。长言之则曰"倮㑩"。短言之则曰"濮"、曰"卜"、曰"僰"。唐时称这种人为"乌白蛮"，是中国人以其服饰称之，不是他种族之名。试观《唐书》所载，初裹五姓，都是乌蛮，他的妇人衣黑缯；东钦二姓，是白蛮，他的妇人，就都衣白缯可见。元以后仍就其种族之名译音。这种人，就是汉朝时候的夜郎、滇、邛都诸国。他的居地，在黔江、金沙江、大渡河流域，详见第二篇第四章第四节。在古代，和汉族有交涉的，却还在其北。所以韦昭《国语》注，说濮是"南阳之国"。《郑语》。杜预《释例》说："建宁郡南有百濮夷，濮夷无君长总统，各以邑落自聚，故称百濮也。"见《左传》文十六年。建宁，如今湖北的石首县。这种人，当周初已与于王会，又《伊尹四方令》：正南亦有百濮。后楚蚡冒得濮之后，就服属于楚。楚国的黔中郡，大概就是这一族的地方。"楚威王时，前二二五〇（公元前三三九）至前二二四〇年（公元前三二九）。使将军庄蹻将兵循江上，牂柯江。略巴、黔中以西。……蹻至滇池，……以兵威定属楚。"于是中国的兵力，直达今云南省东北部。"会秦击夺楚巴、黔中郡，道塞不通，因乃以其众王滇，变服，从其俗以长之。"于是从黔中以西南，仍旧未入中国版图。直到汉武帝时，方才开辟。以上据《汉书·西南夷传》。

第七章　中国古代的疆域

考究中国古代的疆域,有好几种方法:其(一)是把古人所说"服"的里数和封建的国数来计算。① 这是有数目字为凭的,似乎最为精确。

《禹贡》五百里甸服:百里赋纳总,二百里纳铚,三百里纳秸服,四百里粟,五百里米;五百里侯服:百里采,二百里男邦,三百里诸侯;五百里绥服:三百里揆文教,二百里奋武卫;五百里要服:三百里夷,二百里蔡;五百里荒服:三百里蛮,二百里流。

这其间便有许多异说:

(一)《今文尚书》欧阳夏侯说:谓中国方五千里,《王制》正义引《五经异义》。史迁同。《诗·商颂》正义:按《史记·夏本纪》,令天子之国以外五百里甸服……甸服外五百里侯服……侯服外五百里绥服……绥服外五百里要服……要服外五百里荒服。

(二)《古文尚书》说:五服旁五千里,相距万里。《王制》正

---

① 服之里数,封建国数,九州疆域,疆域四至,帝都所在,实力所全 $\begin{cases}帝都\\真封建\end{cases}$,声教所及赢缩。

义引《五经异义》。

(三)贾逵、马融：……甸服之外，每百里为差，所纳总秸粟米者，是甸服之外，特为此数；其侯服之外，每言三百二百里者，还就其服之内别为名耳，非是服外更有其地。《诗·商颂》正义。是为三千里，相距方六千里。《禹贡》正义。

许慎、郑玄都是从《古文尚书》说的，而其间又有异同。许慎只说："以今汉地考之，自黑水至东海，衡山之阳至于朔方，经略万里"，所以从《古文尚书》说。《王制》正义引《异义》。郑玄的意思，却分别出黄帝、尧、舜和三代之末疆域不同来。他又说周初的疆域也比殷朝大，所以他注《易·系辞》"阳一君而二民，君子之道也，阴二君而一民，小人之道也"道：

一君二民，谓黄帝尧舜；谓地方万里，为方千里者百；中国之民居七千里，七七四十九，方千里者四十九；夷狄之民居千里者五十一；是中国夷狄，二民共事一君。二君一民，谓三代之末。以地方五千里。一君有五千里之土；五五二十五，更足以一君二十五，始满千里之方五十，乃当尧舜一民之地，故云二君一民。实无此二君一民，假之以地为优劣也。《王制》正义。《职方》贾疏："……先生(王)之作土有三焉：若太平之时，土广万里，中国七千；中平之世，土广七千，中国五千；衰末之世，土广五千，中国三千。"

所以他注《皋陶谟》"弼成五服，至于五千"，也说：

……尧制五服，服各五百里；要服之内四千里曰九州，其外荒服曰四海。禹所弼五服之残数，亦每服者合五百里，故有万里之界焉。他说："《禹贡》……每言五百里一服者，是尧旧服；每服之外，更言三百里、二百里者，是禹所弼之残数。"《商颂》正义。

他所以如此说，实在因为要牵合《周官·职方氏》服数之故。案

《职方氏》：

> 乃辨九服之邦国：方千里曰王畿，其外方五百里曰侯服，又其外方五百里曰甸服，又其外方五百里曰男服，又其外方五百里曰采服，又其外方五百里曰卫服，又其外方五百里曰蛮服，又其外方五百里曰夷服，又其外方五百里曰镇服，又其外方五百里曰藩服。

他注"弼成五服"便说：

> 去王城五百里曰甸服；其弼当侯服，去王城千里；其外五百里为侯服，当甸服，去王城一千五百里；其弼当男服，去王城二千里；又其外五百里为绥服，当采服，去王城二千五百里；其弼当卫服，去王城三千里；其外五百里为要服，与周要这个字是错的，应当作蛮。服相当，去王城三千五百里；四面相距为七千里，是九州之内也。……要服之弼，当其夷服，去王城四千里；又其外五百里曰荒服，当镇服；其弼当蕃服，去王城五千里；四面相距，为方万里也。

再把封建的国数合起来，也是如此。案《异义》："《公羊》说：殷三千诸侯，周千八百诸侯。古《春秋左氏》说：禹会诸侯于涂山，执玉帛者万国。唐虞之地万里，容百里地万国。其侯伯七十里，子男五十里，余为天子闲田。许慎谨按《易》曰，万国咸宁。《尚书》曰：协和万邦。从左氏说。"郑玄便驳他道：诸侯多少，异世不同。万国者谓唐虞之制也。武王伐纣，三分有二，八百诸侯，则殷末诸侯千二百也，至周公制礼之后，准王制，千七百七十三国，而言周千八百者，举其全数。《王制》正义。

他这一驳，也因为要牵合《周礼》之故：

《王制》：凡四海之内九州，州方千里。州建百里之国三十，七十里之国六十，五十里之国百有二十，凡二百一十也；名山大泽不以封，其余以为附庸闲田。八州，州二百一十国。天子之县内，方百里之国九，七十里之国二十有一，五十里之国六十有三，凡九十三国；名山大泽不以朌；其余以禄士，以为闲田。凡九州，千七百七十三国；天子之元士，诸侯之附庸不与。

《周官·职方氏》：凡邦国千里，封公以方五百里则四公，方四百里则六侯，方三百里则七伯，方二百里则二十五子，方百里则百男，以周知天下。郑注方千里者，为方百里者百，以方三百里之积，以九约之，得十一有奇，云七伯者，字之误也。

郑玄注《王制》，说："禹承尧舜……诸侯之地，有方百里，有方七十里，有方五十里。……"既然说是万国，则"要服之内，地方七千里，乃能容之。正义引郑注《皋陶谟》"州十有二师"道："……犹用要服之内为九州，州立十二人为诸侯师；盖百国一师，则州十有二师，则每州千二百国也。八州九千六百国，其余四百国在畿内。"夏末既衰，夷狄内侵，诸侯相并，土地减，国数少；殷汤承之，更制中国方三千里之界，亦分为九州，而建此千七百七十三国焉。周公复唐虞之旧域，分其五服为九；其要服之内，亦方七千里；而因殷诸侯之数，广其土，增其爵耳"。

这许多数目字，一味望空打官司，决无解决之理。要解决他，只有两法：其（一），咱们本想靠里数来考见疆域的，现在反要有一个大略的疆域，来考核他的数目字，谁对谁不对。其（二），就是根据当时所有的国数，来评判他们的说法。然而古代的疆域，就靠得住的大略，也不容易说出来。他们辩论的方法，有一种，说《汉书·地理志》，"所言山川，不出《禹贡》之域"。要想把《汉志》上的里数，来校勘"服"的里数，总算差强人意。然而辩护起来，又有一种巧法，说一种是据"虚空鸟路，方直而计之"；一种是据"著地人迹，屈曲而量之"。《禹贡》正义。这么一来,就有确定的疆域,也无从和他们核算里数了。第一个法子,就不能用。第二个法子,他们本来说是"设法"的,《王制》、《职方》郑注。并没说真有这许多国,更无从和他们核算。那么,咱们第一种方法,想把服的里数和封建的国数来考古代疆域的,就算失败了,请换第二种方法。

第(二)种方法,是把古人所说的"州",来考古代的疆域。古人所说的州有三种:

(一)《禹贡》:冀州……《公羊》庄十年疏引郑注:两河间曰冀州。济河惟兖州……海岱惟青州……海岱及淮惟徐州……淮海惟扬州,荆及衡阳惟荆州……荆河惟豫州……华阳黑水惟梁州……黑水西河惟雍州。

(二)《尔雅·释地》:两河间曰冀州,河南曰豫州,河西曰雍州,汉南曰荆州,江南曰扬州,济、河间曰兖州,济东曰徐州,燕曰幽州,齐曰营州。《吕氏春秋》:"河汉之间为豫州,周也。两河间曰冀州,晋也。河、济间曰兖州,卫也。东方为青州,齐也。泗上为徐州,鲁也。东南为扬州,越也。南方为荆州,楚也。西方为雍州,秦也。北方为幽州,燕也。"和《尔雅》的说法相合。

(三)《周官·夏官·职方氏》:东南曰扬州,正南曰荆州,河南曰豫州,正东曰青州,河东曰兖州,正西曰雍州,东北曰幽州,河内曰冀州,正北曰并州。

《尔雅》郭璞注"此盖殷制",《释文》引李巡,《诗·周南·召南谱》疏引孙炎说同;又《周礼》到底靠得住与否,咱们且都不必管他。把这三种说法校对起来,《尔雅》较《禹贡》,少一个梁州,而多一个幽州。《职方》又少一个徐州,而多一个并州。贾疏说:"以徐梁二州,合之雍青,分冀州以为幽并也。"咱们也且承认他是正确的。从实际上论起来,殷周除盛时不敢说外,雍州的境界,必较《禹贡》为小;梁州有无不可知。《书·尧典》(伪古文分为《舜典》):"肇十有二州。"《史记》集解:"马融曰:禹平水土,置九州;舜以冀州之北广大,分置并州;燕齐辽远,分燕置幽州,齐为营州。……"《尔雅·释文》引郑玄说:"舜以青州越海,而分齐为营州;冀州南北太远,分卫为并州,燕以北为幽州。"《汉书·地理志》说:"尧遭洪水……天下分绝,为十二州;使禹治之,水土既平,更制九州。"伏生《尚书大传》则"肇"作"兆",郑注云:"兆,域也。为营域以祭十二州之分星也。"(《仪礼通解续》)则并不作分州解。这十二州的分,在什么时候,也暂不必管他。照马、郑的说法,疆域和《禹贡》的九州,也没甚大出入。把《禹贡》的九州,核起如今的地方来,则冀州当今直隶、山西二省;兖州跨今直隶、山东二省;青州当今山东省的东北部;徐州当今山东省的南部,和江苏、安徽二省的北部;荆州大略当今湖北、湖南两省,豫州大略当今河南,都无疑义;这是大略说的,并不精确。只有雍梁二州的黑水、扬州的海,是一个疑问。依我看起来,第三章第二节所说的黑水,似乎是靠得住的。扬州的海,还是郑注"自淮而至海以东也"之说可靠;《公羊》庄十年疏引。《伪孔传》"南至海"之说,实在不可从。那么:扬州的境域,当今江苏、安徽两省的大部分,除去淮北。和江西、鄱阳湖一带。浙江太湖流域。的一部分;雍州当今陕、甘两省,包括青海的大部;梁州包括四川和川边。云南省的北部——金沙江流域——或者也在其内。《禹贡》的九州,较今内地十八省:少两广、云、贵、福建,而多川边、青海;或者包括如今奉天省的一部分。这是承认青州越海之说。

这一种方法,因为他有山川以做封域的证据,比第一种说法,靠得住许多。但是咱们还要用一种方法来核对他。

第(三)种方法,便是考校古人所说"疆域的四至"。

(一)《史记·五帝本纪》:东至于海,登丸山集解:"徐广曰:丸,一作凡。骃案《地理志》曰:丸山,在琅邪朱虚县。"案如今《汉书·地理志》作凡山。及岱宗;西至于空桐,集解:"韦昭曰:在龙(陇)右。"登鸡头;索隐:"山名也。后汉王孟塞鸡头道,在陇西。……"南至于江,登熊、湘;集解:"骃案《封禅书》曰:南伐至于召陵,登熊山,《地理志》曰:湘山,在长沙益阳县。"北逐荤粥,合符釜山,而邑于涿鹿之阿。案,这是指黄帝的。

(二)又南抚交阯北发,索隐:"当云北户。"西戎、析支、渠搜、氐、羌,索隐:"西戎上少一西字。"北山戎、发、息慎,索隐:"……《汉书》:北发是北方国名……山戎下少一北字。"东长、鸟夷。索隐:"长字下少一夷字……今按《大戴礼》亦云长夷,则长是夷号。"案,这是说舜的。

(三)《书·禹贡》:东渐于海,西被于流沙,朔南暨,声教讫于四海。

(四)《礼记·王制》:自恒山至于南河,千里而近;自南河至于江,千里而近;自江至于衡山,千里而遥;自东河至于东海,千里而遥;自东河至于西河,千里而近;自西河至于流沙,千里而遥。西不尽流沙,南不尽衡山,东不尽东海,北不尽恒山。凡四海之内,断长补短,方三千里。

(五)《尔雅·释地》:东至于泰远,西至于邠国,南至于濮铅,北至于祝栗,谓之四极;觚竹、北户、西王母、日下,谓之四荒;九夷、八狄、七戎、六蛮,谓之四海。夷蛮戎狄的数目,《尔雅》和《明堂位》不同。《明堂位》是九夷,八蛮,六戎,五狄。但郑笺《诗·蓼萧序》,同现在的《尔雅》相同,注《周官·职方》、《市宪》,又和《明堂位》相同。《蓼萧序》疏说:"数既不同,而俱云《尔雅》,则《尔雅》本有两文。"又说:"李巡所注的《尔雅》,是属于后一种。"《周官·职方氏》,是作四夷,八蛮,七闽、九貉,五戎、六狄。《职方》贾疏说:《尔雅》所说是夏制;《大戴礼》卢辨注,又说这是殷制。"夏之夷国,东方十,南方六,西方九,北方十有三。"我说夷蛮戎狄,是古代居于四方的异族之名。是以方位论,不是以种族论(见上章),现在要靠他考见当时的种族,既不可能。至国数,则《郑志》

答赵商问,说"无别国之名,故不定"(《蓼萧序》疏)。其实这种部落,也未必能称为国家。要靠他考见古代的疆域,也做不到。所以数目字的异同,可以置诸不论不议之列。既然是按四方的方位说,不是以种族论,自然用不着添出闽貉两种来,所以《周官》是靠不住的。《王制》正义引李巡《尔雅》注,九夷、八蛮等,都有国别之名,这个更不可信了。

以上几种说法,第(一)种是说黄帝足迹所至,上文说披山通道,未尝宁居;下文说迁徙往来无常处,以师兵为营卫。**姑且不论他。第(二)(三)(四)(五)种,都是说当时"疆域四至"的,(三)说明"四海",(四)说明"四海之内",较为精确;(五)把"四海"、"四荒"、"四极",分做三层,更为清楚。咱们现在且从此研究起。**《尔雅》郭注说:四极,"皆四方极远之国";四荒,"次四极者";四海,"次四荒者";但是我有点疑心。《大戴礼·千乘篇》:"东辟之民曰夷……至于大远;……南辟之民曰蛮……至于大远;……西辟之民曰戎……至于大远;……北辟之民曰狄……至于大远;……"这"大远",分明是次于四海的,不应反在四荒之外。再看邠国,《说文》引作汃,说"西极之水也"。邠是西极,汃是西极之水,这个同没有解释一样;但汃、邠是同音字,邠就是豳,《释文》:"邠,本或作豳。"文颖《上林赋》注和《白帖》引《尔雅》,都作豳。是公刘所邑。濮铅,已见上章第六节;祝栗,邵晋涵《尔雅正义》说就是涿鹿的声转,涿鹿,见第三章第二节。把邠国和濮铅的位置校勘起来,也在情理之中,地方都不很远。孤竹则《汉书·地理志》说辽西郡令支县如今直隶的卢龙县。有孤竹城,比涿鹿远;西王母则《淮南子·地形训》说"在流沙之滨",比邠国远;北户,后世的史传,还可考见是后印度半岛粤族的风俗,他们的户,都是向北。比濮铅远;只有日下,指不出确实的地方,然而就上三种比较起来,断不得远于太远,这么说,"四极"断不在"四荒"之外。参看朱绪曾《闲(开)有益斋经论·西至于濮》一篇。**郭注怕是弄错了的。我们可以疏**

通证明，说：

（一）《王制》的东海、流沙、衡山、恒山，是当时中国的边界；自此以外，谓之四夷。《禹贡》所说的也属于这一种。

（二）《尔雅》的泰远、邠国、濮铅、祝栗，是比这远一层的；黄帝所到的地方，和这一说相近。假定祝栗是涿鹿的声转。

（三）日下、西王母、北户、孤竹，是更远一层，舜时声教所到的地方，和这个相近。北发当作北户，不必说了。山戎在孤竹附近，春秋时还是如此。《大戴礼·少闲篇》："昔虞舜以天德嗣尧……西王母来献其白琯。"都可以做证据。

但是还有个疑问，《尔雅》所说"距齐州以南戴日为丹穴，北戴斗极为空峒，东至日所出为太平，西至日所入为大蒙"又是什么地方呢？我说这个怕是"根据天象推算出来的，未必实有其地"。古人说天有九野《淮南子·天文训》。就说地有九州；《淮南子·天文训》和《地形训》。又斗九星主九州，见《续汉志·天文志》注。说地有十二州，天上也就有十二次舍；见《史记·天官书》正义。又说一生二，二生三，三生万物；……以三参物，三三为九；……因而九之，九九八十一；……《淮南子·天文训》。就有大九州，比中国加八十一倍之说；《史记·孟子荀卿列传》载邹衍的说法。《史记》说他，"先列中国名山大川，通谷禽兽，水土所殖，物类所珍，因而推之，及海外人之所不能睹"，明系凭虚推测。大九州之名，见于《淮南子·地形训》。又《周官·职方》贾疏："……但自神农以上，有大九州：柱州、迎州、神州之等。至黄帝以来，德不及远，惟于神州之内，分为九州，故《括地象》云，昆仑东南万五千里，名曰神州是也。"但都无从考校。可见得全是凭虚推测。无论哪一个社会里，天文学总发达得很早。两极之下，"夏有不释之冰"，"物有朝生暮获"，见《周髀》。虽不必亲历其境，据着天象，都可以算得出来的。丹穴、空峒、太平、大蒙，不过就"戴日"、"戴斗极"、"日所出"、"日所入"之处，替他立个名目罢了，如何能指实其地呢？

　　以上所说，把古人所说中国疆域的大略，总算弄清楚了。但是还有一个问题，便是如上所说，就是古代实力所至呢？还是"实力所至"，和"声教所及"，还是有区别的呢？若说是有区别，那实力是"如何渐次扩充"的呢？实力所到的地方，还是"时有赢缩"的呢？还是"一进而不复退"的呢？那么，实力自然是"渐次扩充"的，而且决不能没有赢缩。要考见其中的真相，最好是把"真正的封建"所及的地方，来做标准。古人所用封建两个字，意义实太广漠。真是征服异族，把他的地方，来封自己的同姓懿亲，可以称为封建。若本来是各居其国，各子其民，不过因国势的强弱，暂时表示服从，就不能用这两字。然而古人于此，都没有加以区别。但是夏殷以前，并此而办不到。那么，只得另想一法，把古代帝都所在的地方，来窥测他实力所至。帝喾以前，连帝都所在，也是茫昧的。只有《帝王世纪》，于古代帝王一一载其年代都邑。然而这部书很靠不住，江艮庭(声)说：皇甫谧所说的话，没有一句靠得住的。据第一章第四节所考，可见得尧舜禹三代，都建都在太原，而禹又兼都阳城，到桀还是在阳城的。商周之先，都是从如今的陕西，用兵于河南，得手之后，就直打到如今山东的东部，江苏、安徽的北部。至于河南的西南部、湖北的西北部，也是竞争时候紧要的地方。可见古代汉族的实力：在陕西省里，限于渭水流域；在山西省里，限于太原以南；在直隶省里，限于恒山以南；河南一省，除西南一部外，大概全在汉族势力范围之内；山东的东部，半岛部。却就是异族；江苏、安徽的淮域，虽是异族，总算是关系较深的；对于湖北，仅及于汉水流域，江域还是没有设开辟的地方。参看第四、五、六三章。周初封建的国，也还是如此。齐、晋、楚初封的时候，都是和异族接境的。秦、吴、越等国，是封在蛮夷之地。关于周代封建的国，可以参看《春秋大事表》中的《列国爵姓及存灭表》。长江流域和直隶山陕的北部、甘肃的东部、山东的东北部的开辟，都是东周以后的事；南岭以南，当这时代还不过仅有端倪，到秦汉时代才完全征服的。看前文所说的事情，已经很明白了。咱们现在，更把秦朝所设的三十六郡哪几郡是战国时代哪一国的地方，来考校一下，便更觉得清楚。

太原、钜鹿、云中、雁门、代、邯郸，这几郡，都是赵国的地方。

上党、三川、颍川、南阳是周朝的地方，其余都是韩国的地方。

河东、东郡、上郡，这是魏国的地方。

南郡、九江、泗水、会稽、汉中、砀、薛、长沙，这是楚国的地方。

齐、琅邪，这是齐国的地方。

上谷、渔阳、右北平、辽西、辽东，这是燕国的地方。

此外巴蜀两郡，是灭蜀之后置的。陇西、北地两郡，是义渠的地方。内史所属，是秦国的旧地。南海、桂林、象三郡，是秦始皇并天下之后，略取南越的地方置的。见第二篇第一章。还有九原郡，也是并天下之后所置。三十六郡，据《汉书·地理志》。

第八章　古代社会的政治组织

第一节　古代社会的阶级制度

三代以前的社会和后世大不相同是人人知道的,但是三代以前的社会,究竟是怎样一种组织呢?①

大凡天下之事,没有不由分而合的。古代交通未便,一水一山之隔,人民就不相往来,自然要分做无数小部落;既然分做无数小部落,自然免不掉争斗;既然要互相争斗,自然总有个胜败;"胜的人是征服者","败的人是被征服者",社会上就生出"平民"、"贵族"两阶级;权利义务,种种不同;这是把古书随手一翻,就可以见得的,譬如《尧典》说"以亲九族,九族既睦;平章百姓,百姓昭明;协和万邦,黎民于变时雍"。九族,百姓,黎民,等级层次,分得很为清楚。但是天下无论什么暴力,总是百年或数十年就过去的;古代这一种阶级社会,却持续到数千年,这是什么道理呢? 要明白这个道理,就不得不考察当时"贵族社会自身的组织"。②

人类最初的团结,总是血统上的关系。这个便唤做"族"。所以《白虎通》说:"族者,凑也,聚也,谓恩爱相依凑也;生相亲爱,死相哀

---

① 族,宗。
② 修齐治平一贯,贵族间道德,封建如何破坏。

痛,有会聚之道,故谓之族。"所谓九族是:

> 父属四:各属之内为一族,父女昆弟适人者与其子为一族,己女昆弟适人者与其子为一族,己之子适人者与其子为一族;母族三:母之父姓为一族,母之母姓为一族,母女昆弟适人者为一族;妻族二,妻之父姓为一族,妻之母姓为一族。这是今《戴礼》、《尚书》欧阳说。见《诗·葛藟》正义引《五经异义》。古文家把"上自高祖,下至玄孙",算做九族(《书·尧典释文》),则是九世,不是九族了。

再从竖里头算起来,就有所谓"九世"。这便是"上自高祖,下至玄孙";再由此而旁推之,就成了一篇《尔雅》上的释亲。《礼记大传》上所谓"上治祖祢……下治子孙……旁治昆弟……"是说得最该括的。有这横竖两义,就把血族里头的人团结起来了。

但是这种团结,范围究竟还不十分大;出于九族九世以外的人,又想个甚么法子呢?《白虎通》说:

> 宗者,尊也;为先祖主者,宗人之所尊也。

有了"宗法",便把血族团体里头的人无论亲疏远近都团结了起来;横里头的范围也广,竖里头的时间也持久了。所以宗法,实在是"古代贵族社会组织的根柢"。

宗法社会里,最重的就是"宗子"。这个宗子,便是代表始祖的。譬如有个人,征服了一处地方,他在这地方,就做了王,这便是"太祖甲";他的嫡长子,接续他做王的,便是"大宗乙";他还有庶子"次乙",分封出去,做个诸侯,这个便是"小宗"。但是因为他做了诸侯,他的子孙,也奉祀他做太祖;他的嫡系,接续他做诸侯的,也唤做大宗;那么,次乙的子孙,对于乙这一支,固然是个小宗;对于次乙的诸子,分封出去做大夫的,却是个大宗;做大夫的,倘然再把自己的地方分给子弟,也是如此。这个分封出去的次乙,便是《大传》所谓"别子为祖"；次乙的嫡系接续下去做诸侯的，便是所谓"继别为宗"。普通的所谓"宗"，本来是"五世则迁"的；这个"继别"的"大宗"，却是"百世不迁"。凡是大祖的子孙，他都有收恤他的义务；这许多人，也都有尊敬他的义务；那么，有了一个宗子，就把从始祖相传下来的人都团结不散，而且历久不敝了。《大传》所谓"同姓从宗合族属"。

单是把这许多人团结在一块，原没有什么道理，但是当时所谓"为祖"的"别子"，都是有土地的——不是诸侯，就是大夫。所以继"别子"而为"宗子"的，都有收恤族人的力量；他的族人为自卫起见，要保守自己族里的财产，也不得不尽辅翼宗子的责任。这件事情的内容：便是有一个人，占据了一片土地，把这土地上的出产和附属于这土地的人民的劳力，来养活自己一族的人。自己族里的人，便帮同他管理这一片土地上的事务。倘然土地大了，一个人管辖不来，便把自己的族人分派一个出去。这分派出去的族人，管理他所受分的土地，也用这个法子，这便是古代的"封建政体"。所以封建政体，是从"族制"发达而成的。

倘然一族的人，始终住在一处，并没有分散出去，这一处地方上，也并没有别一族的人和他杂居，原用不着这种法子。所以宗法之起，是为对抗异族而设的。

所以在古代，"修身"，"齐家"，"治国"，"平天下"，可以说做一串。所以说"亲亲故尊祖，尊祖故敬宗，敬宗故收族，收族故宗庙严，宗庙严故重社稷，重社稷故爱百姓……"《大传》。把一国的事情和一家的事情，看做一概。所以看得"孝"那么重——因为一个孝字，就把全社会——贵族社会——所以自卫的道理，都包括在里头。

所以在古代，天子要"抚诸侯"，诸侯要"尊天子"，也只是宗子收恤族人，族人尊敬宗子的道理。列国之间，要"讲信修睦"，也只是同宗的人或者同族的人互相亲爱，和全体社会是无关的。

再进一步,要扶持同族的人,叫他都不失掉固有的位置,就有所谓"兴灭国继绝世"之法。《尚书大传》说:

> 古者诸侯始受封,则有采地:百里诸侯以三十里,七十里诸侯以二十里,五十里诸侯以十五里;其后子孙虽有罪黜,其采地不黜;使其子孙贤者守之,世世以祠其始受封之人;此之谓兴灭国,继绝世。《路史·国名纪》四。

他们同族不但都有分地,而且一有分地,就是互相扶持,叫他永久弗失。当时的贵族社会,有如此"精密"、"广大"、"持久"的组织,平民社会,如何同他对抗呢?无怪"阶级制度"要持续至数千年之久了。

然则这种制度,到后来是怎样破坏掉的呢?这个仍出于"贵族团体自身的破裂"。古人论封建制度的说得好,做了皇帝,分封自己的弟兄子侄,出去做诸侯王;初封出去的时候,是亲的;隔了几代,就是路人了;怎不要互相猜忌。况且有国有家,原是利之所在,怎叫人不要互相争夺。况且初行分封制的时代,总是地广人稀;得了百里、七十里、五十里的地方,四面八方,凭着你去开辟,总不会和人家触接。到后世就不然了;你要开拓,就得要侵占人家的地方,怎不要互相冲突?互相冲突就总有灭亡的人。诸侯相互之间是如此,卿大夫相互之间也是如此,譬如晋国的六卿,互相吞并。所以古代的封建,是夺了异族的地方来分给自己的人。到了后世,便变做自己的"伯叔兄弟",或者是"母党"、"妻党"的人,互相争夺。争夺之后,丧失产业的,便做了平民。少数的人所兼并的土地愈多,就丧失土地变做平民的人亦愈多,那么,古代的阶级社会就渐渐的崩坏而变为平民社会了。所以古代做官的人,都是所谓"世卿",到后世却变做了"游士";古代当兵的人,都是所谓"士"之一族,到后世却渐渐普及于全国的人,都是这一个道理。见后。

第二节 封 建

古代社会的阶级制度,既然明白,就可以进而观古代的"封建制度"了。①

把后世人的眼光看起来,封建的诸侯,和不世袭的命官,是大相径庭的。在古代的人看起来,却没有什么根本上的区别。为什么呢?外诸侯有分地的,内里的公卿大夫也是有分地的;其或治民,或不治民;或世袭,或不世袭;不过因所处的地位不同渐渐的生出区别来,根本上的观念总是一样——就是把一定的土地,分给同宗族的人。所以古人说起"官制"或"封建制度"来,总是把外诸侯和内里的公卿大夫连类并举。②

> 《王制》:王者之制禄爵:公、侯、伯、子、男,凡五等。诸侯之上大夫:卿、下大夫、上士、中士、下士,凡五等。天子之田方千里;公侯田方百里;伯七十里;子男五十里。不能五十里者,不合于天子,附于诸侯,曰附庸。天子之三公之田视公侯,天子之卿视伯,天子之大夫视子男,天子之元士视附庸。制农田百亩。百亩之粪:上农夫食九人,其次食八人,其次食七人,其次食六人,下农夫食五人。庶人在官者,其禄以是为差也。诸侯之下士,视上农夫,禄足以代其耕也;中士倍下士,上士倍中士,

---

① $\begin{cases}爵\\禄\end{cases}$ 内外同 　 世 内外异

② 今古文封建之异。地方制合 $\begin{cases}兵\\田\end{cases}$ 制。

下大夫倍上士,卿四大夫禄,君十卿禄;次国之卿,三大夫禄,君十卿禄;小国之卿,倍大夫禄,君十卿禄。

《孟子·万章下篇》,载孟子答北宫锜的问,说:"天子一位,公一位,侯一位,伯一位,子男同一位,凡五等。"和《王制》"公侯伯子男凡五等"异。又说"君一位,卿一位,大夫一位,上士一位,中士一位,下士一位,凡六等",则和《王制》似异实同。又《孟子》说:"下士与庶人在官者同禄。"《王制》说:"诸侯之下士视上农夫。"也小异。其余都同。又《春秋繁露》说:"附庸,字者方三十里,名者方二十里,人氏者方十五里。"较《孟子》、《王制》为详。《孟子》记北宫锜的问,明说所问的是"周室之班爵禄"。《春秋繁露》也明说所说的是周制。至于《王制》,则《白虎通·爵篇》说:"爵有五等,以法五行也;或三等者,法三光也。……质家者据天,故法三光;文家者据地,故法五行。《含文嘉》曰:殷爵三等,周爵五等,各有宜也。《王制》曰:王者之制禄爵,凡五等,谓公侯伯子男也。此据周制也。"更明说他是周制。《白虎通》又说:"殷爵三等,谓公侯伯也。……合,子男从伯。……或曰合从子。……地有三等不变。……令公居百里,侯居七十里。……"又《王制》正义:"《礼纬·含文嘉》曰:殷正尚白,白者兼止中,故二等。夏尚黑,亦从三等。"那么,五等之爵,是周所独有的。

至于古文家的说法,却和今文家不同。他们虽也说周爵五等,而说封土则大异。案《周官·大司徒》说:

> 诸公之地,封疆方五百里,其食者半。诸侯之地,封疆方四百里,其食者叁之一。诸伯之地,封疆方三百里,其食者叁之一。诸子之地,封疆方二百里,其食者四之一。诸男之地,封疆方百里,其食者四之一。

郑玄注《王制》说:

> 此地殷所因夏爵三等之制也。……《春秋》变周之文,从殷之质,合伯子男以为一,则殷爵三等者,公侯伯也;异畿内谓之子。周武王初定天下,更立五等之爵,增以子男;而犹因殷之地,以九州之界尚狭也。周公摄政,致太平,斥大九州之界;制礼,成武王之意;封王者之后为公,及有功之诸侯:大者地方五百里;其次侯,四百里;其次伯,三百里;其次子,二百里;其次男,百里。所因殷之诸侯,亦以功黜陟之。其不合者,皆益之地为百里焉。是以周世有爵尊而国小,爵卑而国大者。惟天子畿内不增,以禄群臣,不主为治民。

郑氏此说,羌无证据,征诸古书,又实在没有这么一回事,《东塾读书记》卷七,有一条论此事甚核。所以就相信《周礼》的人,也不敢说他曾经实行。实在未敢赞同。

但是实际上,封地的大小,也并没有什么争辩头。为什么呢?无论"百里,七十里,五十里","五百里,四百里,三百里,二百里,百里",总不过是一种制度。无论什么制度,行的时候,总不能没有差池;何况封建?初封的时候,就算是照定制的,到后来或扩充,或侵削,也总是事实上的问题。况且封建总不过是施之于一部分之地。一朝之兴,不过于实力所及之地灭掉旧国,封建自己的宗族;其余的地方,总是因循其旧的。那么,焉得有整齐画一的制度呢?

天子和诸侯的关系,经传上所说,咱们也且把他写在下面,但是这种制度,也未必完全实行。就行之也未必能久,这也是无待于言的。

第(一)是管辖上的关系。《王制》说:

> 千里之外设方伯:五国以为属,属有长;十国以为连,连有帅;三十国以为卒,卒有正;二百一十国以为州,州有伯。八州:

> 八伯，五十六正，百六十八帅，三百三十六长。八伯各以其属，属于天子之老二人；分天下以为左右，曰二伯。
>
> 天子使其大夫为三监，监于方伯之国，国三人。

郑注二伯，说"《春秋传》曰：自陕以东，周公主之，自陕以西，召公主之"。《公羊》隐五年传文。则郑氏虽以此为殷制，也以为周朝亦是如此。又武王灭商，使管叔、蔡叔、霍叔为三监，《王制》这所说的，也明是周制。郑氏以《王制》多为殷制，又或以为夏制，都以其和《周礼》不合，勉强立说的，不足为据。

第（二）是往来交际的关系。《王制》说：

> 诸侯之于天子也，比年一小聘，三年一大聘，五年一朝；天子五年一巡守。岁二月东巡守，至于岱宗，柴，而望祀山川；觐诸侯；问百年者就见之；命太师陈诗，以观民风；命市纳贾，以观民之所好恶，志淫好辟。命典礼，考时月正日，同律，礼乐制度衣服正之；山川神祇，有不举者为不敬，不敬者君削以地；宗庙有不顺者为不孝，不孝者君绌以爵；变礼易乐者为不从，不从者君流；革制度衣服者为畔，畔者君讨；有功德于民者，加地进律。五月南巡守，至于南岳，如东巡守之礼。八月西巡守，至于西岳，如南巡守之礼。十有一月北巡守，至于北岳，如西巡守之礼。归假于祖祢，用特。

《王制》这一段，全根据于《尚书·尧典》伪古文分为《舜典》。和《白虎通·巡守篇》所引的《书大传》，想必是今文书说。

又《白虎通》："因天道时有所生；岁有所成；三岁一闰，天道小备；五岁再闰，天道大备；故五年一巡守；三年，二伯出述职黜陟；一年物有所终始，岁有所成，方伯行国；时有所生，诸侯行邑。"《公羊》隐八年何注，也说"三年一使三公黜陟，五年亲自巡狩"。桓元年注，"故即位比年，使大夫小聘,二年使上卿大聘,四年又使大夫小聘,五年一朝"。则又与《王制》不同。这都是今文家说。

至古文家说,却又不同。案《周官·大行人》:

> 邦畿方千里,其外方五百里,谓之侯服,岁壹见,其贡祀物;又其外方五百里,谓之甸服,二岁壹见,其贡嫔服;又其外方五百里,谓之男服,三岁壹见,其贡器物;又其外方五百里。谓之采服,四岁壹见,其贡服物;又其外方五百里,谓之卫服,五岁壹见,其贡材物;又其外方五百里,谓之要服,六岁壹见,其贡货物;九州之外,谓之蕃国,世壹见,各以其所宝贵为挚。王之所以抚邦国诸侯者:岁遍存;三岁遍覜;五岁遍省;七岁属象胥,谕言语,协辞命;九岁属瞽史,谕书名,听声音;十有一岁,达瑞节,同度量,成牢礼,同数器,修法则;十有二岁,王巡守殷国。

又《左传》昭十三年:

> 岁聘以志业;间朝以讲礼;再朝而会以示威;再会而盟,以显昭明。

许慎《五经异义》以今文说为虞夏制,《左传》所说为周礼。贾逵、服虔以《左传》所说为天子之法。崔氏以为朝霸主之法。郑玄则以为五年一小聘,比年一大聘,三年一朝,是晋文霸时所制。虞夏之制,诸侯岁朝;而虞五年一巡守,夏六年一巡守。《周礼》所说,是周制;《左传》所说,不知何代之礼。均见《王制》正义。又《王制》疏引《五经异义》:"《公羊》说:诸侯四时见天子及相聘,皆曰朝。……辛而相逢于路曰遇。古《周礼》说春曰朝,夏曰宗,秋曰觐,冬曰遇(案见《周官·大宗伯》),许慎……从《周官》说,郑驳之云……朝通名,如郑此言,《公羊》言其总号,《周官》指其别名。《异义》,天子聘诸侯,《公羊》说:天子无下聘义,《周官》说:间问以谕诸侯之志,许慎……从《周官》说,郑无驳,与许慎同也。"

又《孟子·告子篇》:"天子适诸侯曰巡守,诸侯朝于天子曰述职。春省耕而补不足,秋省敛而助不给。《梁惠王篇》"天子适诸侯曰巡狩;巡狩者,巡所守也。诸侯朝于天子曰述职;述职者,述所职也;无非事者。春省耕而补不足,秋省敛而助不给。夏谚曰:吾王不游,吾何以休。吾王不豫,吾何以助。一游一豫,为诸侯度"。以为晏子之言。入其疆:土地辟;田野治;养老尊贤,俊杰在位,则有庆,庆以地。入其疆:土地荒芜,遗老失贤,掊克在位,则有让。一不朝则贬其爵;再不朝则削以地;三不朝,则六师移之。"《白虎通·考黜篇》说:"诸侯所以考黜何?王者所以勉贤抑恶,重民之至也。《尚书》曰:三载考绩,三考黜陟。"下文胪列黜陟的办法,更为详细。怕和《王制》所载,同是一种空话,未必真能实行的。

第三节 官　　制

至于内爵,则是以公、卿、大夫,分为三等的。所以《白虎通》说:"公卿大夫何谓也?内爵称也。"又说:"内爵所以三等何?亦法三光也。所以不变质文何?内者为本,故不改内也。"这是说商朝内外爵皆三等;周朝改商朝的公一等,侯一等,伯子男一等,为公,侯,伯,子,男凡五等。至于内爵则不改。这是天子之制至于诸侯,却是《王制》所说"上大夫卿,《白虎通》引少一个卿字,然而《白虎通》只说"诸侯所以无公爵者,下天子也"。没有说诸侯无卿爵,则其以上大夫为卿可知。下大夫,上士,中士,下士;凡五等",所以《白虎通》引这句话,又说明道:"此谓诸侯臣也。"

设官的数目,则是以三递乘的。《王制》说:"天子三公,九卿,二十七大夫,八十一元士。"《昏义》同。《北堂书钞》卷五十引《五经异义》、《今尚书》夏侯、欧阳说亦同。又说明其故道:"凡百二十,在天为星辰,在地为山川。"《白虎通》说:"凡百二十官,下应十二子。"《御览》引

《尚书大传》说："古者三公,每一公,三卿佐之。每一卿,三大夫佐之。每一大夫,三元士佐之。"《白虎通》同。郑玄注《王制》说这是夏制,他是据着《明堂位》"有虞氏官五十,夏后氏官百,殷二百,周三百",把三公、九卿、二十七大夫、八十一元士加起来,得百二十之数;抹掉二十,单说一百,合于古人"举成数"的例;所以如此说法。然而《明堂位》这篇书,本来不甚可信,前人疑之者甚多。郑注《明堂位》说:"周之六卿,其属各六十,则周三百六十官也;此云三百者,记时冬官亡矣。"已经穿凿得不成话。又说:"以夏殷推前后之差,有虞氏官宜六十,夏后氏官宜百二十,殷宜二百四十,不得如此记也。"可见他也有点疑心。案《春秋繁露》说:天子三公,九卿,二十七大夫,八十一元士之外,又有二百四十三下士,合为三百六十三,法天一岁之数。周官三百六十,恐不是像《周官》所说的。周六官,其属各六十,见《天官·小宰》。

畿内的公卿大夫和封于外的诸侯,爵禄都是一样的;所争者,内官但"世禄"而不"世位",外诸侯则可以父子相继,实际上的权力就大不相同了。《王制》:"天子之县内诸侯,禄也(正义:此谓畿内公卿大夫之子,父死之后,得食父之故国采邑之地,不得继父为公卿大夫也);外诸侯,嗣也。"诸侯之国,也是如此,所以春秋讥世卿(见《公羊》隐三年、宣十年传)。这是法律上的话,实际上如何,自然另是一问题。

侯国的官,《王制》说:"大国三卿,皆命于天子;下大夫五人;上士二十七人。次国三卿,二卿命于天子,一卿命于其君;下大夫五人;上士二十七人。小国二卿,皆命于其君;下大夫五人;上士二十七人。"《春秋繁露》说:公侯伯子男之国,都是三卿,九大夫,二十七上士,八十一下士。《繁露》的大夫,就是《王制》的下大夫,其数不合。案郑注:"小国亦三卿,一卿命于天子,二卿命于其君;此文似误脱耳。"则《王制》此节,文有脱误,似以《繁露》为可据。

至其职掌,则《北堂书钞》引《异义》、《今尚书》夏侯、欧阳说:"天子三公:一曰司徒,二曰司马,三曰司空。"《周官》司徒为官疏引《尚书传》"天子三公:一曰司徒公,二曰司马公,三曰司空公。"《韩诗外传》卷八"三公者何?司空,司马,司徒也。"说俱同。《论衡·顺鼓篇》引《尚书大传》"郊社不修,山川不祝,风雨不时,霜雪不降,责于天公;臣多弑主,孽多杀宗,五品不训,责于人公;城郭不缮,沟池不修,水泉不隆,水为民害,责于地公。"《太平御览·职官部》引《尚书大传》:"百姓不亲,五品不训,则责之司徒;蛮夷猾夏,寇贼奸宄,则责之司马;沟渎壅遏,水为民害,田广不垦,则责之司空。"则天公是司马,人公是司徒,地公是司空。和《韩诗外传》"司马主天,司空主土,司徒主人"之说相合。《白虎通》:"《别名记》曰:司徒典名,司空主地,司马顺天。"至于九卿,各书皆不明言其名称及职事,案《荀子·序官》:

> 宰爵知宾客祭祀飨食牺牲之牢数,司徒知百宗城郭立器之数,注,百宗,百族也。立器,所立之器用也。司马知师旅甲兵乘白之数。注,白,谓甸徒,犹今之白丁也。或曰:白,当为百,百人也。修宪令,审诗商,注,诗商,当为诛赏,字体及声之误。禁淫声,以时顺修,使夷俗邪音,不敢乱雅,太师之事也。修堤梁,通沟浍,行水潦,安水藏,以时决塞,岁虽凶败水旱,使民有所耘艾,司空之事也。相高下,视肥墝,序五种,省农功,谨蓄藏,以时顺修,使农夫朴力而寡能,注,禁其它能也。治田之事也。修火宪,注,不使非时焚山泽。养山林薮泽,草木鱼鳖百索,注,上所索百物也。以时禁发,使国家足用,而财物不屈,虞帅之事也。顺州里,定廛宅,养六畜,间树艺,劝教化,趋孝弟,以时顺修,使百姓顺命,安乐处乡,乡师之事也。论百工,审时事,辨功苦,尚完利,便备用,使雕琢文采,不敢专造于家,工师之事也。相阴阳,占祲兆,钻龟陈卦,主攘择五卜,知其吉凶妖祥,伛巫跛击之事也。注,击读为觋,男

巫也。古者以废疾之人主卜筮巫祝之事，故曰伛巫跂觋。修采清，注，采，谓采去其秽；清，谓使之清洁。皆谓除道路秽恶也。易道路，谨盗贼，平室律，以时顺修，使宾旅安而货财通，治市之事也。抃急禁悍，防淫除邪，戮之以五刑，使暴悍以变，奸邪不作，司寇之事也。本政教，正法则，兼听而时稽之，度其功劳，论其庆赏，以时慎修，使百吏免案与勉同。尽，而众庶不偷，冢宰之事也。

以上所举，除司徒、司马、司空及冢宰外，又得宰、太师、治田、虞师、乡师、工师、伛巫跂击、治市、司寇九官，似即系九卿。冢宰一官，有人说就是司徒兼的，然据《王制》，"冢宰斋戒受质"和"大司徒、大司马、大司空，斋戒受质"分举，分明不是一官；更据荀子此文，似乎确在三公之外。汉承秦制，有九卿而无三公，然而有相国丞相，秦制必沿袭自古，也可证冢宰在三公之外。《周官·地官·序官》疏引郑《尚书大传》注："周礼，天子六卿，与太宰、司徒同职者，则谓之司徒公；与宗伯、司马同职者，则谓之司马公；与司寇、司空同职者，则谓之司空公。一公兼二卿，举下以为称。"则似系以意弥缝，并无所本。冢宰似乎没有官属的，百官都属于三公。所以下文说："大司徒、大司马、大司空，斋戒受质；百官各以其成，质于三官；大司徒、大司马、大司空，以百官之成，质于天子。"郑注"百官，此三官之属"，正和"每一公三卿佐之，每一卿三大夫佐之，每一大夫三元士佐之"的话相合。

古文家之说，则《五经异义》说："《古周礼》说：天子立三公：曰太师，太傅，太保，无官属，与王同职；故曰：坐而论道，谓之三公。又立三少以为之副，曰少师，少傅，少保，是为三孤。冢宰，司徒，宗伯，司马，司寇，司空，是为六卿之属。大夫士庶人在官者，凡万二千。"案《伪古文尚书·周官》：

> 立太师，太傅，太保，兹惟三公，论道经邦，燮理阴阳，官不必备，惟其人。少师，少傅，少保，曰三孤，贰公弘化，寅亮天地，

弼予一人。冢宰掌邦治，统百官，均四海；司徒掌邦教，敷五典，扰兆民；宗伯掌邦礼，治神人，和上下；司马掌邦政，统六师，平邦国；司寇掌邦禁，诘奸慝，刑暴乱；司空掌邦土，居四时，民地利；六卿分职，各率其属，以倡九牧，阜成兆民。

攻《伪古文》的，都说他误据《大戴礼·保傅篇》、《汉书·贾谊传》，把太子的官属，认做天子的三公三孤。又说郑玄注《周官》"乡老二乡则公一人"，说：王置六卿，则公有三人也。三公者，内与王论道，中参六官之事，外与卿之教。又他注《尚书·君奭序》"召公为保，周公为师"，说：此师保为《周礼》师氏保氏，大夫之职。《书》疏。可见得郑玄不主张六卿之上，别有三公三孤。然而《五经异义》所举的古《周礼》说，确和《伪周官》相同。《周官》朝士，"建外朝之法，左九棘，孤卿大夫位焉。……面三槐，三公位焉"，也明说公孤在卿之外。又《保氏·序官》疏引《郑志》"赵商问：案成王《周官》，立太师，太傅，太保，兹惟三公。即三公之号，自有师保之名。成王《周官》，是周公摄政三年事；此《周礼》是周公摄政六年时，则三公自名师保；起之在前，何也？郑答曰：周公左，召公右，兼师保，初时然矣"。赵商所说的《周官》，固然不是现在《伪古文尚书》里的《周官》，然而可见得不伪的《周官》，也确有此文。又看郑玄的答语，虽不承认"召公为保，周公为师"就是三公里的太师太保；却也并没有否认"立太师、太傅、太保、兹惟三公"之说。又《周礼》虽没叙列公孤之官，然而涉及公孤的地方很多，宰夫，司服，典令，巾车，司常，射人，司士，太仆，弁师，小司寇等。可见得六卿之外，别有公孤，《周礼》确有此说，并不是造《伪古文尚书》的人杜撰的。

六官之说，《大戴礼·盛德篇》："古之御政以治天下者；冢宰之官以成道，司徒之官以成德，宗伯之官以成仁，司马之官以成圣，司寇之官以成义，司空之官以成礼。"《管子·五行篇》："昔者黄帝得蚩尤而明于天道,得大常而察于地利,得奢龙而辨于东方,得祝融而辨于南方,得大封而辨于西方,得后土而辨于北方。黄帝得六相而天地治,神明至。蚩尤为当时大常为廪者,奢龙为土师,祝融为司徒,大封为司马,后土为李。春者,土师也;夏者,司徒也;秋者,司马也;冬者,李也。"都和《周礼》相合。此外《曲礼》:"天子之五官:曰司徒、司马、司空、司士、司寇,典司五众。"《春秋繁露·五行相胜篇》:"木者,司农也;……火者,司马也;……土者,君之官也,其相司营;……金者,司徒也;……水者,司寇也。"《左传》昭十七年郯子说:"祝鸠氏,司徒也;鴡鸠氏,司马也;鳲鸠氏,司空也;爽鸠氏,司寇也;鹘鸠氏,司事也。"昭二十九年,蔡墨说:"五行之官,是为五官:木正曰句芒,火正曰祝融,金正曰蓐收,水正曰玄冥,土正曰后土。"都只说五官。案古人五行之说,土是君象;见第十章第一节。董子说"土者,君之官也",其义最古。天、地、人、四时,谓之七始。五官之说,除掉中"土者君之官",其实只有四官;合着象天地人的三公,似乎是配七始的。《文王世子》:"设四辅,及三公,不必备,惟其人。"疏引《尚书大传》"古者天子必有四邻:前曰疑,后曰丞,左曰辅,右曰弼"。怕也是就五官里头,除掉四个的。因为总只有这几个官,却要"三光","四时","五行",很麻烦的"取象"。所以三公,四邻,五官,也是互相重复。这种错杂不整齐的制度,很合乎历史上自然发达的事实;《周礼》一部书,说得太整齐了,所以就有点可疑。①

其地方制度,《周礼》也说得很完备的。按照《周礼》,"王城"之外为"乡";乡之外为"外城",外城谓之"郭";郭外为"近郊";近郊之外为"遂";遂之外为"远郊",远郊谓之"野";野之外为"甸";甸之外为"稍";稍之外为"县",县为"小都";小都之外为"鄙",鄙为"大都";

---

① 此处原有夹注:"《大戴礼》、《管子》,也不是全可信的。"作者批注时自删。

甸、稍、县、都之地都是采邑,是行贡法的。乡以五家为比,五比为闾,四闾为族,五族为党,五党为州,五州为乡;比长是下士,闾胥中士,族师上士,党正下大夫,州长中大夫,乡大夫就是卿。遂则五家为邻,五邻为里,四里为酂,五酂为鄙,五鄙为县,五县为遂;遂大夫、县正、鄙师、酂长、里宰、邻长,比乡官递降一级。遂大夫是中大夫,里宰是下士,邻长无爵。六乡之吏:乡大夫六人,州长三十人,党正百五十人,族师七百五十人,闾胥三千人,比长一万五千人;六遂的数目同六乡相等;共有三万七千八百七十二人。案《管子·立政篇》:"分国以为五乡,乡为之师;分乡以为五州,州为之长;分州以为十里,里为之尉;分里以为十游,游为之宗;十家为什,五家为伍,什伍皆有长焉。"《小匡篇》:"五家为轨,轨有长;十轨为里,里有司;四里为连,连有长;十连为乡,乡有良人;五乡一帅。"其制鄙:则"五家为轨,轨有长;六轨为邑,邑有司;十邑为率,率有长;十率为乡,乡有良人;三乡为属,属有帅;五属为一大夫"。两篇所载,小有异同,然都和《周礼》相近,大概这一种组织,是和军制相应的。参看第五节。

其《尚书大传》:"古八家而为邻,三邻而为朋,三朋而为里,五里而为邑,十邑而为都,十都而为师,州十有二师焉。"《御览》百五十七。《公羊》宣十五年何注:"在田曰庐,在邑曰里;一里八十户;八家共一巷。……选其耆老有高德者,名曰父老;其有辨护伉健者,为里正。"……见第四节。则纯系以井田制度为根本。《韩诗外传》说中田有庐,疆埸有瓜这一条,也说"八家而为邻",和《尚书大传》、《公羊》何注,都是相合的。春秋以后的官制,散见于各书者甚多,尤其多的是《左传》。《春秋大事表》里,列有一表,很为详备,可以参考。①

至于当时服官的人:大概从士以下,或者用平民;从大夫以上,

---

① 此处夹注后半部分:"——因为没有条理系统,太觉枯燥无味,所以没抄在这里。"作者批注时自删。

都是用贵族的;看下节便可明白。

第四节 教育和选举

古代的教育,有"国学"和"乡学"的区别,又有"大学"和"小学"的区别。"大学"和"小学",是以程度浅深分的;"国学"和"乡学",一个是贵族进的,一个是平民进的。两者截然,各为系统,不可牵混。①

《王制》:"天子曰辟雍,诸侯曰泮宫。"又说诸侯之国:"天子命之教,然后为学;小学在公宫南之左,太学在郊。"又说:"有虞氏养国老于上庠,养庶老于下庠;夏后氏养国老于东序,养庶老于西序;殷人养国老于右学,养庶老于左学;周人养国老于东胶,养庶老于虞庠。"所谓"辟雍"、"泮宫",是天子诸侯之国大学的通称。"上庠"、"东序"、"右学"、"东胶",是虞夏殷周四代大学的专称。"下庠"、"西序"、"左学"、"虞庠",是四代小学的特称。这都是天子和公卿大夫元士之子,所谓贵族入的。其入学的程序,《尚书大传》说:"古之帝王者必立大学、小学,使王太子、王子、群后之子,以至公卿大夫元士之适子:十有三年,始入小学,见小节焉,践小义焉;年二十入大学,见大节焉,践大义焉。"《御览》百四十八,《礼记·王制》疏节引,作"十五入小学"。②

至于乡学,则(一)《孟子》说:"夏曰校,殷曰序,周曰庠。"(二)《礼记·学记》说:"古之教者家有塾,党有庠,术有序。"似乎比

---

① { 贵族 { 大——宗权 / 小 } / 平民 }

② 世官与学术。教以人伦。
移学
乡兴贤能 > 止于士 贡士——游士
聘

《孟子》多出两层等级来。然而试看《尚书大传》：

> 大夫士七十而致仕，老于乡里；大夫为父师，士为少师。注，所谓里庶尹，古者仕焉而已者，归教于闾里。穰锄已藏，祈乐已入，注，祈乐，当为新谷。岁事已毕，余子皆入学。十五始入小学，见小节，践小义；十八入大学，见大节，践大义焉。距冬至四十五日，始出学，傅农事。《仪礼通解》卷九。

再看《公羊》宣十五年何注：

> 一里八十户，八家共一巷，中里为校室。选其耆老有高德者，名曰父老。……十月事讫，父老教于校室。八岁者学小学，十五者学大学。其有秀者，移于乡学；乡学之秀者移于庠；庠之秀者移于国学，学于小学。诸侯岁贡小学之秀者于天子，学于大学。其有秀者，命曰进士。行同能偶，别之以射，然后爵之。

这里头"乡学之秀者移于庠"八个字，是错误的。为什么呢？乡学就是庠，《仪礼·乡饮酒礼》"主人拜迎于庠门之外"可证。所以《汉书·食货志》这地方只说"其有秀异者，移乡学于庠序；庠序之异者，移于国学"。并不说乡学移于庠，庠移于国学。再看《学记》郑注，"术当为遂，声之误也。古者仕焉而已者，归教于闾里，朝夕于门侧之堂，谓之塾。《周礼》五百家为党，二千五百家为遂；党属于乡，遂在远郊之外"。那么，《学记》所谓"塾"，就是何休所谓"校室"，也就是《尚书大传》所谓"余子皆入学"的"学"，"党有庠，术有序"的"庠"、"序"，是因所在之地而异名，不是另有等级。这一级，和孟子所说"夏曰校，殷曰序，周曰庠"的"校"、"序"、"庠"相当。至于《学记》"家有塾"的"塾"，就是何休所谓"校室"，伏生所谓"余子皆入学"的"学"，孟子没有提起。那么，古代平民所入的学校，是两级制：一级在里，所谓"塾"、"校室"、"余子皆入学"的"学"。一级在乡。所谓"夏曰校,殷曰序,周曰庠",《学记》所谓"党有庠,术有序"。伏生所谓"十五始入小学","十八入大学",措语有些含混。不如何休说"八岁者学小学,十五者学大学"清楚。这是一个"校室"里,因其年龄之大小,而所学各有不同,好比一个小学校里,分为初等、高等两级,并不是一个"里"的区域里,还有"大学"、"小学"两种学校。

这两级学校,都是平民进的。进到乡学里头,就有入国学的机会了;入了国学,就仕进之途也在这里了。《王制》上说:

> 命乡简不帅教者以告;耆老皆朝于庠,元日习射上功,习乡尚齿,大司徒帅国之俊士,与执事焉。不变,命国之右乡,简不帅教者移之左;命国之左乡,简不帅教者移之右,如初礼;不变,移之郊,如初礼;不变,移之遂,如初礼;不变,屏之远方,终身不齿。
>
> 命乡论秀士,升之司徒,曰选士;司徒论选士之秀者而升之学,曰俊士;升于司徒者不征于乡,升于学者不征于司徒,曰造士。乐正崇四术,立四教,顺先王诗书礼乐以造士;春秋教以礼乐,冬夏教以诗书,王大子、王子、群后之大子、卿大夫元士之適子、国之俊、选,皆造焉。……将出学,小胥、大胥、小学正,简不帅教者,以告于大乐正;大乐正以告于王。王命三公九卿大夫元士皆入学;不变,王亲视学;不变,王三日不举,屏之远方,西方曰棘,东方曰寄,终身不齿。大学正论造士之秀者,以告于王,而升诸司马,曰进士。司马辨论官才,论进士之贤者以告于王,而定其论。论定,然后官之;任官,然后爵之;位定,然后禄之。

这里头,从乡学里升上来的俊士、选士等,和王大子、王子、群后之大子、卿大夫元士之適子,都是同学的,而且是"入学以齿",注,皆以长幼受学,不以尊卑。很为平等的。所争者,乡人须"节级升之……为选士、俊士、至于造士。若王子与公卿之子,本位既尊,不须积渐,学业既成,即为造士"。《正义》。有些不平等而已。

选举的法子,虽然如此,然而实际上:(一)乡人能毂升入大学得为进士的,恐怕很少;(二)就是得为进士,也未必能和贵族出身的人同一任用。俞正燮说:

> 周时,乡大夫三年比于乡,考其德行道艺:而兴贤者,出使长之,用为伍长也;兴能者,入使治之,用为乡史也。案《周官·大司徒》:"以乡三物教万民而宾兴之:一曰六德:知、仁、圣、义、忠、和;二曰六行:孝、友、睦、姻、任、恤;三曰六艺:礼、乐、射、御、书、数。"《乡大夫》:"三年则大比,考其德行道艺,而兴贤者能者。乡老及乡大夫,帅其吏,与其众寡,以礼礼宾之。厥明,乡老及乡大夫、群吏,献贤能之书于王;王再拜受之;登于天府,内史贰之。退而以乡射之礼五物询众庶。"注:"郑司农云:……问于众庶,宁复有贤能者。……此谓使民兴贤,出使长之;使民兴能,入使治之。"这是另一种选举法,和《王制》无从牵合,俞说推而广之,误。其用之止此。《王制》推而广之,升诸司马曰进士焉,止矣;诸侯贡士于王,以为士焉,止矣。入古至春秋,君所任者,与共开国之人,及其子孙也。……上士,中士,下士,府,史,胥,徒,取诸乡兴贤能;大夫以上皆世族,不在选举也。……故孔子仕委吏乘田,其弟子俱作大夫家臣。……荀子《王制》云:王公大人之子孙,不能礼义,则归之于庶人;庶人之子孙,积文学,正身行,则归之卿相士大夫。徒设此义,不能行也。周单公用鞫。《左传》昭公七年。巩公用远人,定公二年。皆被杀。……夫古人身经百战而得世官,而以游谈之士加之,不服也。立贤无方,则古者继世之君,又不敢得罪于巨室也。……《癸巳类稿》卷三《乡兴贤能论》。

俞氏此论，于古代阶级社会的情形，可谓洞若观火。我说六经原是儒家改制所托，固然不是凭空捏造，凭空捏造，也是不可能的事。所以持极端怀疑之论，也是错的。然而以意改削的地方，必然很多；竟当他是历史，原是不能的。不过比起后世人所造的古书来，毕竟又可信了许多。因为人的思想，总是为时代所囿。所以古人的胡说，也毕竟比后代人近情。譬如《王制》，就毕竟比《周礼》为近古。

讲古代学制的，还有一层，必须明白，便是古代有所谓"明堂的四学和太学"，这个固然是学校的起源，然而到后世，明堂和学校已经分开了，必不可混而为一。案蔡邕《明堂月令论》："《易传·太初篇》曰：天子旦入东学，昼入南学，莫入西学；案此处文有脱误，《玉海》卷一百十一，引作"夕入西学，暮入北学"，是。大学在中央，天子之所自学也。《礼记·保傅篇》曰：帝入东学，上亲而贵仁；入西学，上贤而贵德；入南学，上齿而贵信；入北学，上贵而尊爵；入大学，承师而问道。与《易传》同。案《保傅篇》如今《大戴礼》里头有的，但这篇书，不十分可信。①魏文侯《孝经传》曰：大学者，中学明堂之位也。《礼记·古大明堂之礼》曰：膳夫是相礼，日中出南闱……日侧出西闱……日入出北闱。"这所谓东、西、南、北四学，和中央的大学，固然都在明堂内；然而后世的学校，却不是如此。这是为什么呢？这个阮元说得最漂亮。他说：初有明堂的时候，是宫室制度还没有完备，天子就只有这一所屋子，所以什么事情都在里头办，住也住在这里头。到后来，社会进化了，屋子一天多一天，什么"路寝"哩，"宗庙"哩，"学校"哩，都从明堂里分了出来。然而明堂却仍旧有的，而且明堂里头还保存了许多旧制；所以已经从明堂里分出来的事情，在明堂里还是有的；不过变做有名无实罢了。这句话真是通论，把从来许多葛藤，可以

---

① 亦见《贾子》。

扫而空。《揅经室集·明堂论》。明白这个道理，"明堂之中，既有大学和四学；明堂之外，又有大学和小学"的问题，就可以无庸争辨了。《周礼》的师氏保氏，又另是一种机关，和明堂里头的大学四学，明堂以外的大学小学，都不能牵合。参看第二篇上第八章第二节。

此外又有"贡士"和"聘士"的制度。《礼记·射义》说："……古者天子之制，诸侯岁献贡士于天子，天子试之于射宫。……"《白虎通·贡士篇》："诸侯三年一贡士者，治道三年有成也。诸侯所以贡士于天子者，进贤劝善者也。天子聘求之者，贵义也。……故月令，季春之月，开府库，出币帛，周天下，勉诸侯，聘名士，礼贤者。……及其幽隐，诸侯所遗失，天子所昭，故聘之也。"这种制度，在古代的选举法上，固然不占重要的位置，然而实在是后来进用游士的根本。

古代贵族、平民都有学校，似乎很为文明。然而平民学校所教的，孟子说："皆所以明人伦也；人伦明于上，小民亲于下。"《滕文公上》。正和子游所谓"小人学道则易使也"《论语·阳货篇》。一鼻孔出气。严格论起来，实在是一种"奴隶教育"。贵族的教育，也含有"宗教臭味"。俞正燮说：

> 虞命教胄子，止属典乐。周成均之教，大司成、小司成、乐胥，皆主乐。《周官》大司乐、乐师、大胥、小胥，皆主学。……子路曰：何必读书，然后为学。古者背文为诵，冬读书，为春诵夏弦地，亦读乐书。《周语》召穆公云：瞍赋矇诵，瞽史教诲。《檀弓》云：大功废业，大功诵。……通检三代以上，书乐之外，无所谓学；《内则》学义，亦止如此；汉人所造《王制》、《学记》，亦止如此。……《癸巳存稿》卷四《君子小人学道是弦歌义》。

原来学校是从明堂里搬出来的。明堂本来是个"神秘之地"。

所以后来学校里的教科,还以"诗书礼乐"四项为限。礼乐是举行"祭典"时用的,诗就是乐的"歌词",书是宗教里的古典。他的起源,大概如此;后来抑或有点变化,然而总是"不离其宗"的。所以贵族虽有学校,也教育不出什么人才来。所谓专门智识,是《汉书·艺文志》所谓某某之学,出于某某之官。见第十章第三节。专门的技能,则《王制》所谓"凡执技以事上者,不贰事,不移官"。都是世代相传的。世官的不能废,亦由于此。

东周以后,情形就大变了。这时候贵族政体渐次崩坏;做专官有学识的人,渐变而为平民;向来所谓某官之守,一变而为某家之学;民间才有"聚徒讲学"之事,有"负笈从师"的人;孔子弟子三千,杨朱、墨翟之言盈天下,都是这个道理。民间有智识的人,一天天增多;贵族里头,可用的人,一天天减少。就不得不进用游士,孟尝、平原、信陵、春申的养客,也是这个道理。当时讲求学问的人,渐渐以利禄为动机。所以苏秦说:"且使我有雒阳负郭田二顷,吾岂能佩六国相印乎?"《史记》本传。可见得当时的讲求学问,大都是受生计上的压迫;所以秦散三千金而天下之士斗;可见得社会的文化,和物质方面大有关系。游士的智识,固然比世卿高,然而爱国心却较薄弱。孟子对齐宣王说:"所谓故国者非谓有乔木之谓也,有世臣之谓也;王无亲臣矣。昔者所进,今日不知其亡也。"正是同这班人写照。《梁惠王下》。"后胜相齐,多受秦间金,多使宾客入秦;秦又多予金,客皆为反间,劝王去从朝秦;不修攻战之备,不助五国攻秦。秦以故得灭五国。五国已亡,秦兵卒入临淄,民莫敢格者。王建遂降,迁于共。故齐人怨王建不蚤与诸侯合从攻秦,听奸臣宾客,以亡其国。歌之曰:松耶柏邪,住建共者客邪。疾建用客之不详也。"《史记·田敬仲完世家》。可见得当时的游士,把人家的国家,来做自己"富贵的牺牲",是不恤的。

总而言之，社会阶级制度，是要靠世卿之制维持的（因为如此，才是把一阶级的人，把持了社会上的大权，不许别一阶级的人插足）。然而如此，（一）贵族所处的地位，就不能不优，所处的地位既优，就不能不骄奢淫逸，就不能不腐败；（二）而且贪欲之念，是无厌的，自己有了土地，遂想侵吞别人，贵族变为平民的人就日多。贵族阶级专有的智识，就渐渐的散入平民社会。所以贵族阶级的崩坏，其原因仍在贵族社会的自身。这个很可以同马克思的历史观，互相发明。

第五节 兵　　制

官制和教育选举，都已明白，就得考究古代的兵制。后人讲古代兵制的，有一种误解，就是以为古代是"兵农合一"、"全国皆兵"的。这个误解，全由不知古代社会是个"阶级制度"，以致于此。①考究古代兵制的，都根据《周礼》。案《周礼》：

（大司徒）令五家为比，使之相保；五比为闾，使之相受；四闾为族，使之相葬；五族为党，使之相救；五党为州，使之相赒；五州为乡，使之相宾。

（小司徒）乃会万民之卒伍而用之：五人为伍，五伍为两，四两为卒，五卒为旅，五旅为师，五师为军；以起军旅，以作田役，以比追胥，以令贡赋。乃均土地以稽其人民而周知其数：上地家七人，可任也者家三人；中地家六人，可任也者二家五人；下地家五人，可任也者家二人。凡起徒役：毋过家一人，以其余为羡；唯田与追胥，竭作。

---

① 今古文兵制之异，兵农非合一。

(夏官序)凡制军：万有二千五百人为军；王六军，大国三军，次国二军，小国一军；军将皆命卿。二千有五百人为师，师帅皆中大夫；五百人为旅，旅帅皆下大夫；百人为卒，卒长皆上士；二十五人为两，两司马皆中士；五人为伍，伍皆有长。①

这是古文家的说法，今文家怎样呢？案《白虎通·三军篇》：

三军者何？法天地人也。以为五人为伍，五伍为两，四两为卒，五卒为旅，五旅为师，师二千五百人，师为一军，六军一万五千人也。

《公羊传》隐五年何注："二千五百人称师。天子六师，方伯二师，诸侯一师。"《榖梁传》：襄十一年。"古者天子六师，诸侯一军。"《诗》："周王于迈，六师及之。"《孟子·告子篇》："三不朝，则六师移之。"凡今文家言都同。

今古文家说兵制的不同，是无可强合的。然则哪一家的话是呢？我以为今文家言是孔子托古改制的话，务要减轻兵役。古文家的话，是参考各种古书编成。论理，自然是今文家言文明；论古代的事实，怕还是古文家言相近些。② 请再看当时出兵的方法，《春秋繁露·爵国篇》说：

方里而一井，一井而九百亩。……方里八家，一家百亩。……上农夫耕百亩，食九口，次八人，次七人，次六人，次五人；多寡相补，率百亩而三口；方里而二十四口；方十里者十，得二百四十口；方十里，为方百里者百，得二千四百口；方百里，为方万里者万，得二十四万口；法三分而除其一，城池、郭邑、屋

---

① 战国兵数之增，车——骑。
② 改世之前后。

室,闾巷,街路,市,官府,园囿,委圈,得良田方十里者六十六,十与方里这四个字,当作"与方十里者"五个字。六十六;定率得十六万口;三分之,则各五万三千三百三十三口;为大□军三,此公侯也。天子地方千里,为方百里者百;亦三分除其一,定得田方百里者六十六,与方十里者六十六;定率得千六百万口;九分之,各得百七十七万七千七百七十七口,为京□军九,三京□军,以奉王家。

这个计算的方法,和《周礼》大异。

《公羊》宣十五年何注:"十井共出兵车一乘。"又昭元年注:"十井为一乘,公侯封方百里,凡千乘;伯四百九十乘,子男二百五十乘。"又哀十二年注:"礼,税民不过什一,军赋不过一乘。"《论语·学而篇》"道千乘之国",《集解》引包咸说:"千乘之国者,百里之国也。古者井田,方里为井,井十为乘,百里之国者,适千乘也。"

案《孟子》说"天子之地方千里,公侯皆方百里",又说"万乘之国弑其君者,必千乘之家;千乘之国弑其君者,必百乘之家。"赵注:"万乘……谓天子也。千乘……谓诸侯也。"则孟子之意,亦以为十井共出一乘。而《汉书·刑法志》却说:

因井田而制军赋。地方一里为井;井十为通;通十为成,成方十里;成十为终;终十为同,同方百里;同十为封;封十为畿,畿方千里;有税有赋:税以足食,赋以足兵。故四井为邑;四邑为丘;丘十六井也,有戎马一匹,牛三头;四丘为甸;甸六十四井也,有戎马四匹,兵车一乘,牛十二头,甲士三人,卒七十二人;干戈备具;是谓乘马之法。一同百里,提封万井,除山、川、沈斥、城池、邑居、园囿、术路,三千六百井,定出赋六千四百井;戎马四百匹,兵车百乘;此卿大夫采地之大者也,是谓百乘之家。一封三百一十六里,提封十万井,定出赋六万四千井,戎马四千匹,兵车千乘,此诸侯之大者也,是谓千乘之国。天子畿方千里,提封百万井,定出赋六十四万井,戎马四万匹,兵车万乘,故称万乘之主。

他这种说法,是根据于《司马法》的郑玄注《论语》"道千乘之国"引他,见《周礼·小司徒》疏。然《司马法》又有一说,是:

六尺为步,步百为亩,亩百为夫,夫三为屋,屋三为井,井十为通。通为匹马,三十家,士一人,徒二人。通十为成,成百井,三百家,革车一乘,士十人,徒二十人。十成为终,终千井,三千家,革车十乘,士百人,徒二百人。十终为同,同方百里,万井,三万家,革车百乘,士千人,徒二千人。

郑玄引他注《周礼》的小司徒。贾疏说:前说是畿外邦国法,甲士少,步卒多;后说是畿内采地法,甲士多,步卒少。

案照何休、包咸的说法,十井而出一乘,人多疑其太苛。然据《左传》"昭十三年平邱之会,晋甲车四千乘。十二年传,楚灵王曰:今吾大城陈、蔡、不羹,赋皆千乘,三原注,依刘炫说。国各千乘,是合楚国之车,奚啻万乘。昭五年传云,韩赋七邑,皆成县也,因其十家九县,长毂九百,其余四十县,遗守四千;是一县百乘也。县二百五十六井,是二井半出一乘;合晋国之军又奚啻万乘。……昭元年传,秦后子适晋,以车千乘,是大夫不必百乘也"。这一段,引用朱大韶《实事求是斋经义·司马法非周制说》。所以十井而出一乘并不是没有的事,不必疑心;所可疑者,照《春秋繁露》的说法,诸侯大国十六万口之军七千五百人,《繁露》说"三分之,则各五万三千三百三十三口,为大□军三"。是说五三三三三口里出七五〇〇人为兵,不是说每一军有五三三三三人。

加以奉公家的一军,共计万人,是人民有十六分之一服兵役,而天子之国,共有一千六百万口,而"为京□军九",再加"三京□军,以奉王家",服兵役的,不过三万人,未免太不近情。照《汉书·刑法志》所主的《司马法》说,天子之国,有甲士三万,卒七十二万,而六军不过七万五千人。照郑玄所引的一说,一封之地,提封十万井,有人民三十万家,而不过出车千乘,出兵三万人;畿方千里,提封百万井,应当有三百万家,而亦未闻有天子出兵三十万之说;若仍照六军计算,则三百万家,服兵役的不过七万五千人;恐怕古代断没有这般轻的兵役。种种计算,总之不合情理。我说:论古代兵制的,都误于"兵农合一"之说,以致把全国的人民都算在里头,我如今且引江永的《群经补义》一则,以破这个疑惑。

> 说者谓古者寓兵于农,井田既废,兵农始分,考其实不然。……管仲参国伍鄙之法,制国以为二十一乡;工商之乡六,士乡十五;公帅五乡,国子、高子,各帅五乡;是齐之三军,悉出近国都之十五乡,而野鄙之农不与也。五家为轨,故五人为伍,积而至于一乡。二千家,旅二千人,十五乡三万人为三军。是此十五乡者,家必有一人为兵。其中有贤能者,五乡大夫有升选之法,故谓之士乡,所以别于农也。其为农者,处之野鄙,别为五鄙之法。三十家为邑,十邑为卒,十卒为乡,三乡为县,十县为属,五属各有大夫治之,专令治田供税,更不使之为兵。……他国兵制,亦大略可考而知;如晋之始惟一军;既而作二军,作三军;又作三行,作五军;既舍二军,旋作六军;后以新军无帅,复从三军;意其为兵者,必有素定之兵籍,素隶之军帅;军之渐而增也,固以地广人多;其既增而复损也,当是除其军籍,使之归农。……随武子云:楚国荆尸而举,商农工贾,不败其业,是农不从军也。鲁之作三军也,季氏取其乘之父兄子弟

尽征之；孟氏以父兄及子弟之半归公，而取其子弟之半；叔孙氏尽取子弟，而以其父兄归公。所谓子弟者，兵之壮者也；父兄者，兵之老者也；皆其素在兵籍，隶之卒乘者；非通国之父兄子弟也。其后舍中军，季氏择二，二子各一，皆尽征之而贡于公，谓民之为兵者尽属三家，听其贡献于公也；若民之为农者出田税，自是归之于君；故哀公云：二，吾犹不足。……三家之采邑，固各有兵；而二军之士卒车乘，皆近国都；故阳虎欲作乱，壬辰戒都车，令癸巳至；可知兵常近国都，其野处之农，固不为兵也。……案，所述管子的兵制，见《小匡篇》。

案《周礼》只有大司徒"五家为比"……小司徒"五人为伍"……和《夏官·序官》之文相应，可以见得六乡各出一军，并没遂以外亦服兵役之说。小司徒"乃经土地而井牧其田野。九夫为井，四井为邑，四邑为丘，四丘为甸，四甸为县，四县为都"，只说"以任地事而令贡赋，凡税敛之事"。并无所谓乘马之法；从杜预注《左传》，才把他牵合为一，成元年作丘甲注。这是不足据的。所以我说：兵农合一，不但春秋以后不然；就西周以前，也并没这一回事。这是为什么呢？因为古代的人民，总有征服者和被服者两阶级：征服之族，是居于中央，制驭异族的，这是所谓"乡"之民。被征服之族，是处于四围，从事耕作的，这是"遂"以外之民。前者是服兵役的，后者是不服兵役的。乡民固然也种田，然而不过如后世兵的"屯田"，并不是全国的农夫，都可当兵；"当兵的"同"种田的"，也分明是两个阶级；和向来所谓"兵农合一"的观念，全不相同。天子畿内，虽有方千里的地方；服兵役的，却只有六乡，所以只出得六军；诸侯的三军二军一军，也是这个道理。春秋以前，列国的兵制，大概如此；所以出兵总不过几万人。战国时代，却就不然了。试看苏秦对六国之君的话。见《战国策》和《史记》本传。

燕	带甲数十万	车六百乘	骑六千匹	粟支数年
赵	同上	千乘	万匹	同上
韩	同上			
魏	武士二十万,苍头二十万,奋击二十万,厮徒十万	六百乘	五千匹	
齐	带甲数十万			粟如丘山
楚	百万	千乘	万匹	粟支十年

所以这时候,坑降斩杀,动辄数十万。这时候,大概全国都服兵役的。所以《孙子》说"兴师十万,日费千金,内外骚动,怠于道路,不得操事者七十万家"。这分明是按《司马法》方千里之地,提封百万井,可得甲士三万,卒七十二万计算的。所以我说:《管子》这部书,可以代表春秋以前的兵制。造《周礼》的人,所根据的,就是《管子》一类的书;所以只说六乡的人服兵役,并不说遂以外的人服兵役。《司马法》这部书,定是战国人所造。他习见当时的人,全国都服兵役,并不知道古人不然;却把古代一部分人所服的兵役,分配到全国人头上去,所以兵役便那么轻了。《春秋繁露》也犯这个毛病。明白这一层道理,便春秋以后兵制的变迁,也了如指掌了。

服兵役的年限,是从三十岁到六十岁。《白虎通·三军篇》:"……年三十受兵何?重绝人世也。师行不必反,战斗不必胜,故须其有世嗣也。年六十归兵何?不忍并斗人父子也。"《王制》正义引《五经异义》、《礼》戴说、《易》孟氏、《韩诗》说并同。古《周礼》说:国中自七尺以及六十,野自六尺以及六十有五,皆征之。似较今文说加重。《盐铁论·未通篇》:"三十而娶,可以服戎事。"《后汉书·班超传》班昭上书:妾闻古者十五受兵,六十还之。似乎把种田的年限,误作服兵役的年限。参看下章第一节。①

---

① 较今说加重。

春秋时代兵制的变迁，《春秋大事表》的《田赋军旅表》，可以参考。又《荀子·议兵篇》的话，很可以见得战国时代列国兵力的比较，也可以一看。春秋战国时代兵制的变迁，还有一端，可注意的。便是春秋以前，还注重于车战；到战国时代，便渐渐趋重于骑兵。所以苏秦说六国的兵，都有骑若干匹的话。这个原因，大约由于前世地广人稀，打仗都在平地，到后来地渐开辟，打仗也渐趋于山险地方的原故。《春秋大事表·春秋列国不守关塞论》参看。晋魏舒的"毁车崇卒"，《左传》昭元年。是其起源。到赵武灵王胡服骑射，这个主义就大昌了。

第六节　法　　律

中国的法律，在世界上居四大法系之一。他的起源、成立、发达、变迁，自然很有研究的价值。但是要研究中国法律的，先得明白一种道理。古人总说什么"尚德不任刑"，又说什么"道之以政，齐之以刑，民免而无耻"。《论语·为政篇》。又说什么"有虞氏之时，画衣冠异章服以为僇，而民不犯"。《史记·孝文本纪》除肉刑诏。又说"夏有乱政而作《禹刑》，商有乱政而作《汤刑》，周有乱政而作《九刑》"。《左传》昭六年晋叔向诒郑子产书。后人给这许多话迷住了，都以为刑是衰世之物，到了衰世才有的，这种观念，于法律的起源，实在大相违背。

无论什么社会，最初时代，总是"礼治主义"。因为古人知识简单，没有"抽象的观念"，一切事情，应当如何，不应当如何，只得逐条做"具体的规定"。古人有句口头话，"出于礼者入于刑"。所以"礼"就是"法"。① 既然要逐事为具体的规定，自然弄得非常麻烦。所以

---

① 礼治，法律与道德合，今古文等级主义不同，法家非酷刑，成文法问题，法律公布问题。

古代的礼是非常麻烦的；就是古代的法，也是非常麻烦的。以为治世可以没有刑罚，就可以没有法律，是大错了的。

然则古代的法律，是什么东西呢？

《礼记·王制》：司徒修六礼以节民性，明七教以兴民德，齐八政以防淫，一道德以同俗。下文说"六礼：冠、昏、丧、祭、乡、相见。七教：君臣、父子、兄弟、夫妇、长幼、朋友、宾客。八政：饮食、衣服、事为（注：谓百工技艺也）、异别（注：五方用器不同也）、度、量、数（注：百十也）、制（注：布帛幅广狭也）"。

《周礼》：大司徒以乡八刑纠万民：一曰不孝之刑，二曰不睦之刑，三曰不姻之刑，四曰不弟之刑，五曰不任之刑，六曰不恤之刑，七曰造言之刑，八曰乱民之刑。又大司寇"以五刑纠万民：一曰野刑，上功纠力；二曰军刑，上命纠守；三曰乡刑，上德纠孝；四曰官刑，上能纠职；五曰国刑，上愿纠暴"。这种刑，也和礼无甚分别的。

我说这就是古代的法律，因为违犯了，就要有制裁的。至于用刑的权柄，也一大部分在乡官手里。所以大司徒之职又说："凡万民之不服教而有狱讼者，与有地治者，听而断之，其附于刑者归于士。"《周礼》固然是伪书，然而《管子·立政篇》也说：

分国以为五乡，乡为之师；分乡以为五州，州为之长；分州以为十里，里为之尉；分里以为十游，游为之宗；十家为什，五家为伍，什伍皆有长焉。……间有司观出入者，以复于里尉。凡出入不时，衣服不中，圈属群徒，不顺于常者，间有司见之，复无时。若在长家子弟臣妾属役宾客，则里尉以谯于游宗；游宗以谯于什伍；什伍以谯于长家。谯敬而弗复，一再则宥，三则不赦。凡孝悌忠信贤良俊材，若在长家子弟臣妾属役宾客，则什伍以复于游宗，游宗以复于里尉，里尉以复于州长，州长以计于乡师，乡师以著于士师。凡过党：其在家属，及于长家；其在长家，及于什伍之长；其在什伍之长，及于游宗；其在游宗，及于里尉；其在里尉，及于州长；其在州长，及于乡师；其在乡师，及于士师。三月一复，六月一计，十二月一著。

可见当时士师所办的事情，都是乡官移过去的。《周礼》的话，并不是凭空乱说。至于公布法律，也是在乡官手里的。所以《周礼》说：

大司寇正月之吉，始和，布刑于邦国都鄙；乃县刑象之法于象魏，使万民观刑象，挟日而敛之。

《立政篇》也说：

正月之朔，百吏在朝；君乃出令，布宪于国。五乡之师，五属大夫，皆受宪于君前。太史既布宪，入籍于太府，宪籍分于君前。五乡之师出朝，遂于乡官，致于乡属，及于游宗，皆受宪；宪既布，乃反致令焉；然后敢就舍。宪未布，令未致，不敢就舍；就舍谓之留令，罪死，不赦，五属大夫，皆以行车朝；出朝，不敢就舍；遂行，至都之日，遂于朝致属吏。皆受宪；宪既布，乃发使者致令，以布宪之日，蚤晏之时；宪既布，使者以发，然后敢就舍；宪未布，使者未发，不敢就舍；就舍谓之留令，罪死，不赦，宪既布；有不行宪者，谓之不从令，罪死，不赦。考宪而有不合于太府之籍者：侈曰专制，不足曰亏吏，罪死不赦。

可见当时一切法律都在乡官手里，和后世地方行政官兼管司法正是一样。

至于所用的刑罚，最早的就是"五刑"。《白虎通》说：

刑所以五何？法五行也：大辟法水之灭火，宫者法土之壅水,膑者法金之刻木,劓者法木之穿土,墨者法火之胜金。从陈立《疏证》本。

中国古代,什么事情,都是取象于五行。五刑取法于五行,其义是很古的。有人据《吕刑》"苗民弗用灵,制以刑,惟作五虐之刑曰法,杀戮无辜,爰始淫为劓、刵、椓、黥",说五刑是汉族效法苗族的。案古代所谓苗民,并不是现在所谓苗族,第三章第二节已经证明,现在可无庸再说。《尚书大传》:"唐虞象刑,而民不敢犯,苗民用刑而民兴相渐。"只是说唐虞有刑而不用,苗民却要用刑;并不是说唐虞以前,没有五刑,要取法于苗民。所以又说"唐虞之象刑,上刑赭衣不纯,中刑杂屦,下刑墨幪"。《御览》六百四十五。《御览》又引《慎子》"有虞氏之诛,以幪巾当墨,以草缨当劓,以菲履当刖,以艾韡当宫,布衣无领当大辟。"倘使前此没有墨、劓、刖、宫、大辟,所象的又是什么? 象刑之说,本不足信。《荀子》便驳他,见《正论》篇;《汉书·刑法志》引其说。然而就照他讲,也不能说五刑是苗民制的。

五刑的科条,《吕刑》说"墨罚之属千,劓罪之属千,剕罚之属五百,宫罚之属三百,大辟之罚,其属二百;五刑之属三千"。《周礼·司刑》则说:"墨罪五百,劓罪五百,宫罪五百,刖罪五百,杀罪五百。"郑玄注:"夏刑大辟二百,膑辟二百,宫辟五百,劓墨各千;周则变焉;所谓刑罚世轻世重者也。"《汉书·刑法志》又根据《周礼·大司寇》"刑新国用轻典,刑平国用中典,刑乱国用重典"之文,说《周礼》所载是中典,五刑之属三千是用重典。案《唐律疏义》卷一,《玉海·律令门》引长孙无忌《唐律疏》,都引《尚书大传》"夏刑三千条",则郑玄说夏刑三千,不为无据;但不知《周礼·司刑》所载,果有所本否。

《尧典》"象以典刑,流宥五刑,鞭作官刑",《白虎通·五刑篇》:"刑不上大夫者,据礼无大大刑,或曰:挞笞之刑也。"或说似本于此。扑作教刑,《史记·五帝本纪》集解:"郑玄曰:扑,槚楚也。扑为教官为刑者。"案就是《学记》

所谓"夏楚二物,收其威也"。金作赎刑"。郑注:"正刑五,加之流宥,鞭扑,赎刑。此之谓九刑。"《周礼·司刑》疏引。案《左传》载叔向说"周有乱政而作《九刑》",见上。又载季文子说"先君周公制《周礼》……作誓令曰:毁则为贼,掩贼为藏;窃贿为盗,盗器为奸;主藏之名,赖奸之用,为大凶德,有常无赦;在《九刑》不忘"。文十八年。则九刑古代确有此种刑法,其起源当亦甚古,郑说应有所本。

人民应守的规则,虽由乡官公布;至于犯罪之后,怎样惩罚,却是守"秘密主义"的。所以郑人铸刑书,"叔向使诒子产曰:……昔先王议事以制,不为刑辟。注:临事制刑,不豫设法也。……民知有辟,则不忌于上;并有争心,以征于书,而徼幸以成之,弗可为矣。……民知争端矣,将弃礼而征于书;锥刀之末,将尽争之。……"《左传》昭六年。"赵鞅、荀寅……赋晋国一鼓铁,以铸刑鼎,著范宣子所为《刑书》焉。仲尼曰:晋其亡乎,失其度矣。夫晋国,将守唐叔所受之法度,以经纬其民;卿大夫以序守之;民是以能尊其贵,贵是以能守其业;贵贱不愆,所谓度也。……今弃是度也,而为刑鼎;民在鼎矣,何以尊贵;贵何业之守;贵贱无序,何以为国。……"昭二十九年。大概把用刑罚看做在上者一种特权,要他变化不测,才好叫手下的人惧怕;和"法治主义",实在大相背驰。然而除刑书刑鼎之外,又有"郑驷歂杀邓析而用其《竹刑》"。定九年。"成文之法",渐次公布;"秘密主义",渐次破坏;这也可以觇世变了。

照儒家的说法,古代用刑,但以五刑为主,此外更无甚酷刑,而且"父子兄弟,罪不相及"。《左传》昭二十年。《孟子·梁惠王下篇》:"昔者文王之治岐也……罪人不孥。"《书·甘誓》:"予则孥戮汝。"孥,当作奴。言或奴或戮,并不及是连及妻子,见陈乔枞《今文尚书经说考》。可谓文明极了。然而据《周礼》,就有"斩"、"搏"、"焚"、"辜"之刑。"掌戮,掌斩杀贼谍而搏之;凡杀其亲者焚之;杀王之亲者辜之。"注:"斩以斧钺,若今腰斩也。杀以刀刃,若今弃市也。……搏,当为……膊,谓去衣磔之。……焚,烧也。……辜之言枯也,谓磔之。"其他出于五刑以外的刑罚,见于书传上的,也随时而有。怕儒家的话仍不免"改制托古"的故技,未必实际如此。赎刑之法,见于《吕刑》。"墨辟疑赦,其罚百锾;……劓辟疑赦,其罚惟倍;……剕辟疑赦,其罚倍差;……宫辟疑赦,其罚六百锾;……大辟疑赦,其罚千锾。……"一锾六两,夏侯、欧阳说,见《周礼·职金》疏。也很重的。

刑狱之制,今文不详。《北堂书钞》引《白虎通》:"夏曰夏台,殷曰羑里,周曰图圄。"《意林》引《风俗通》同。《周礼》:"掌囚,掌守盗贼。凡囚者:上罪梏拲而桎,中罪桎梏,下罪梏,王之同族拲,有爵者桎,以待弊罪。"注:郑司农云:拲者,两手共一木也。桎梏者,两手各一木也。玄谓在手曰梏,在足曰桎;中罪不拲手足,各一木耳;下罪又去桎;王同族及命士以上,虽有上罪,或拲或桎而已。又"司圜,掌收教罢民。……能改者:上罪三年而舍,中罪二年而舍,下罪一年而舍。其不能改而出圜土者杀。……"也和监狱相类。又方(大)司寇"以嘉石平罢民。凡万民之有罪,而未丽于法,而害于州里者。桎梏而坐诸嘉石,役诸司空。重罪,旬有三日坐,期役;其次九日坐,九月役;其次七日坐,七月役;其次五日坐,五月役;其下罪,三日坐,三月役";则类乎后世之徒刑。

审理的制度,也很文明的。《王制》说:

司寇正刑明辟,以听狱讼,必之(三)刺。有旨无简,不听。注:简,诚也;有其意无其诚者,不论以为罪。附从轻,赦从重。凡制五刑,必即天论。注,必合于天意,《释文》论音伦,理也。注同。邮罚丽于事。注:邮,过也。丽,附也。过人罚人,当各附于其事,不可假他以喜怒。凡听五刑之讼,必原父子之亲,立君臣之义,以权之;意论轻重之序,慎测浅深之量以别之,注.意,思念也。浅深,谓俱有罪,本心有善恶。悉其聪明,致其忠爱以尽之。疑狱,泛与众共之；众疑，赦之。必察小大之比以成之。成狱辞，史以狱之成告于正，正听之；正以狱之成告于大司寇，大司寇听之棘木之下；大司寇以狱之成告于王，王命三公参听之；三公以狱之成告于王，王三又。注：当作宥。然后制刑。

下文又说："析言破律，乱名改作，执左道以乱政，杀；作淫声，异服，奇技，奇器以疑众，杀；行伪而坚，言伪而辨，学非而博，顺非而泽以疑众，杀；假于鬼神，时日，卜筮以疑众，杀；此四诛者，不以听。"把现在的眼光看起来，似乎野蛮；然而宗法社会，大抵"守旧"而"蔑视个人的自由"，不能全把今人的眼光，评论古人。至于"凡作刑罚，轻无赦"，则注谓"为人易犯"，"凡执禁以齐众，不赦过"，则势出于不得不然。也算不得什么缺点。《周礼·小司寇》"以五声听狱讼，求民情。一曰辞听，二曰色听，三曰气听，四曰耳听，五曰目听。以之（三）刺断庶民狱讼之中；一曰讯群臣，二曰讯群吏，三曰讯万民。听民之所刺宥，以施上服下服之刑。又有三宥、壹宥曰不识，再宥曰过失，三宥曰遗忘。三赦壹赦曰幼弱，再赦曰老耄，三赦曰蠢愚。之法"。就更为完备了。

贵族的特权，今古文家的说法也微有不同。古文家偏于"优待王族"和"保持贵族的身分"。所以《周礼》："凡命夫命妇，不躬坐狱讼；凡王之同族，有罪不即市。"《礼记·文王世子》："公族；其有死罪，则磬（磬）于甸人；其刑罪则纤剸，亦告于甸人。公族无宫刑。狱成，有司谳于公；其死罪则曰某之罪在大辟；其刑罪则曰某之罪在小辟。公曰：宥之。有司又曰：在辟。公又曰：宥之。有司又曰：在辟。及三宥。不对。走出，致刑于甸人。公又使人追之曰：虽然，必赦之。有司对曰：无及也。反命于公。公素服。不举，为之变，如其伦之丧。无服。亲哭之。"其优待王族，可谓达于极点了。案《戴记》是今古文杂的，《文王世子》也是古文家言。又《曲礼》"礼不下庶人，刑不上大夫。"许慎《五经异义》："古周礼说：士尸肆诸市，大夫尸肆诸朝，是大夫有刑。"则古文说优待士大夫，不如优待王族。八议之法：第一是议亲，第二是议故；次之才是议贤，议能，议功，议贵，议勤，议宾。今文家则纯乎是"尚贤主义"，《公羊》宣元年传："古者大夫已去，三年待放。"注："古者刑不上大夫，盖以为摘巢毁卵，则凤凰不翔；刳胎焚夭，则麒麟不至；刑之则恐误刑贤者；死者不可复生，刑者不可复属，故有罪放之而已；所以尊贤者之类也。三年者，古者疑狱三年而后断……自嫌有罪当诛，故三年不敢去。"大抵古文家的话，还近乎事实。今文家就纯乎是理想之谈了。

刑余之人，《王制》说："是故公家不畜刑人，大夫弗养；士遇之涂弗与言也。屏之四方，唯其所之，不及以政，示弗故生也。"是今文家言。《周礼》说："墨者使守门，劓者使守关，宫者使守内，刖者使守囿，髡者使守积。"是古文家言。似乎亦是古文家言近于事实。《周礼·司厉》"其奴：男子入于罪隶，女子入于舂稿"。郑注说就是后世的奴婢。

以上的话，虽然有许多儒家的议论夹杂在里头，然而天下断没有突然发生的事实；儒家的议论，也必有所本；据此，可以推想我国古代的法律是颇为文明的。

秦国的法律，似乎是别一法系。《汉书·刑法志》说："陵夷至于战国，韩任申子，秦用商鞅，连'相坐'之法，造'参夷'之诛，增加肉刑大辟，有'凿颠'、'抽胁'、'镬亨'之刑。"商鞅、申不害……都是法家；法家的用刑，固然主乎严峻，然而所讲的，只是信赏必罚（把现存的《管子》《韩非子》《商君书》等看起来，都是如此）。并没有造作酷刑的理论。秦国用刑之严，固然同法家有点关系。至于"凿颠"、"抽胁"、"镬亨"、"车裂"、"腰斩"、"夷其族"、"夷三族"等刑罚，似乎不是商君等造的。然则这许多刑罚是从哪里来的呢？按秦国开化最晚，当时的人，都说他是戎翟之俗。这许多酷刑，难保是从未开化的蛮族里采取来的。所以我说他是别一法系。关于秦朝的刑法，参看第二篇第八章第五节。

第九章　古代社会的经济组织

第一节　农　业

中国的社会进化是很早的。当神农时,已经离开游牧社会进入耕稼社会了。渔猎时代和游牧时代的情形,古书所传不多,据第三章第一节所说,已可想见其大概,现在不必多讲。所要讲的,便是农业时代社会的状况。①

中国古代,人民的职业,分为四种。《汉书·食货志》上,替他下一个定义说:"学以居位曰士,辟土殖谷曰农,作巧成器曰工,通财鬻货曰商。"《管子》也把人民分做士、农、工、商四种。《史记·货殖列传》引《周书》曰:"农不出则乏其食,工不出则乏其事,商不出则三宝绝,虞不出则材匮少。"是专就生产一方面说,所以略去士而加上一个虞。《周礼·太宰》"以九职任万民:一曰三农,生九谷;二曰园圃,毓草木;三曰虞衡,作山泽之材;四曰薮牧,养蕃鸟兽;五曰百工,饬化八材;六曰商贾,阜通货贿;七曰嫔妇,化治丝枲;八曰臣妾,聚敛疏财;九曰闲民,无常职,转移执事"。把人民的职业,分做九种,总不如士农工商四种分法的得当。

这种情形,从今日以前二千多年,差不多没有改变,而为社会的根柢的,尤其要推农人。要讲古代农业社会的情形,就要研究到"井

---

① 四民,井田之怀疑,国野之别,贡彻之别,山泽公有,财政以农业为基,太平之义。

田制度"。井田制度,见于《孟子》《韩诗外传》《春秋》的《公羊传》《穀梁传》、《公羊》的何注,和《汉书·食货志》等书。咱们现在,且把他汇齐了,再行加以研究。

按《孟子·滕文公上篇》,载孟子对滕文公的话:

> 夏后氏五十而贡,殷人七十而助,周人百亩而彻,其实皆什一也。彻者,彻也,助者,借也。龙子曰:治地,莫善于助,莫不善于贡。贡者,校数岁之中以为常:乐岁,粒米狼戾,多取之而不为虐,则寡取之;凶年,粪其田而不足,则必取盈焉。为民父母,使民盻盻然,将终岁勤动,不得以养其父母;又称贷而益之,使老稚转乎沟壑;恶在其为民父母也?夫世禄,滕固行之矣。诗云:雨我公田,遂及我私。惟助为有公田,由此观之,虽周亦助也。

他说:(一)治地有贡、助、彻三法,(二)莫善于助,莫不善于贡。意思是很明白的,但是其中有几个疑点:

(一)夏殷周三代紧相承接,农夫所耕的田忽而五十亩,忽而七十亩,忽而百亩,那"疆界"、"沟洫",如何改变?

(二)"彻"和"助"到底是怎样分别?孟子既说"周人百亩而彻",如何又说"虽周亦助"?

(三)"夫世禄,滕固行之矣"一句,和上下文都不相贯,夹在里头,是什么意思?

第一个问题,由于从前的人,都承认井田的制度(凡古书上一切制度),都曾经推行于天下;而且既说井田,就联想到《周礼·遂人》、《匠人》等所说的"沟洫",以为都是实有的,而且到处都是这样完备;所以有这疑问。依我看来,这种事情,是完全没有的。这种制度,至多曾推行于王畿及其附近诸国,而且是时兴时废,决不是从周以前,推行遍天下,绵历数千年之久的。《周礼》这部书,就信他是真的人,也并不敢说他曾经实行。《论语》:"禹……卑宫室而尽力乎沟洫。"阎若璩和毛奇龄都说是治天下的小水,并不是《周礼》上所说的沟洫。那么,这一个疑问就无从发生,可以不必管他。第二个问题:(一)关于贡、助、彻的解释,既然说其实皆什一,则耕五十亩者以五亩之入为贡,耕七十亩者以七亩所入为助,耕百亩者亦系取其十亩之入,是不错的。(二)但是孟子何以既说周朝是彻,又说他是助呢?下文滕文公使毕战问井地,孟子对他说的是:

> 夫滕壤地褊小,将为君子焉,将为野人焉;无君子莫治野人,无野人莫养君子。请野,九一而助;国中,什一使自赋。卿以下,必有圭田,圭田五十亩,余夫二十五亩。死徙无出乡;乡田同井;出入相友,守望相助,疾病相扶持,则百姓亲睦。方里而井,井九百亩;其中为公田;八家皆私百亩,同养公田;公事毕,然后敢治私事;所以别野人也。

这所谓"圭田",便是上文所谓"世禄"。大抵古代的人民,有征服者和被征服者两阶级。征服的人,住在中央山险之地,制驭被征服者;被征服的人,住在四围平易之地,从事于生产事业。所以所谓国中,必是山险之地;所谓野,反是平夷的地方。所以《易经》说"王公设险以守其国。"《孟子》也说"域民不以封疆之界,固国不以山谿之险"。章太炎《神权时代天子居山说》可以参看。

"国"既是山险的地方,土地不能平正画分,收税的只能总算耕地的面积取其几分之几,这个便是"贡法"和"彻法"。其中校数岁之中以为常的是贡法。按年岁好坏,征收之额可以上下的是彻法。贡法既有像龙子所说的弊病,所以周人改用彻法,这也是政治进化之一端。"野"既是平夷的地方,土地都可以平正画分,自然可以分出公田和私田;但借百姓的力,助耕公田,而不复税其私田,马端临说:国中必是平正之地,可以画做井田,反行贡法。野是山险之地,难于画做井田,反行助法,是因为地方远,耳目难周,怕官吏作弊的原故,有深意存焉。适得其反。所以郑玄注《周礼》,也说遂人十夫有沟,是乡遂用贡法。匠人九夫为井,是都鄙用助法。《周礼》固然不是可靠的书,然而郑玄这个说法,却可以和《孟子》互相证明。他又说"周制:畿内用夏之贡法,税夫无公田。邦国用殷之助法,制公田不税夫"。则恐系揣度之词,没有什么坚证。所以下文又据孟子的话,说邦国亦异内外(《匠人》注)。依我看,乡遂用贡法,都鄙用助法,恐是通于天子诸侯的旧制。孟子只想改贡法为彻法耳。中央既是征服之族住的,所谓君子(卿以下),自然都在这地方,他们自然有特别的权利,所以有所谓圭田,圭田是无税的。《王制》:"夫圭田无征。"郑注:"夫,犹治也。征,税也。《孟子》曰:卿以下,必有圭田,圭田者不税,所以厚贤也。"除此之外,便要什一使自赋。滕国当时,大概只有这圭田(世禄)的制度,还是存在的;所以孟子说"夫世禄,滕固行之矣";既行什一使自赋之法,这圭田的制度,仍当保存;所以又复说一句"卿以下必有圭田"。至于"方里为井……同养公田"的法子,完全是所以待野人的。上文既把君子小人对举,此处又明著之曰"别野人",可见得圭田的法子,是所以待君子的了。《梁惠王下篇》:"文王之治岐也:耕者九一,仕者世禄。"(赵注:"贤者子孙,必有土地。")和这篇所说的话,是一样的。周朝对于国中所行的彻法,孟子时候,还明白可考,所以直截了当说周人百亩而彻;对于野所行的助法,业已破坏无余,所以只能据着诗句想像;这两句话,也并不互相矛盾。这么说,第二、第三个问题,通统解决了。《孟子》这一章书,本来并不十分难解,但是近来忽然有人极端怀疑,所以解释得略为详细一点。

但是《孟子》这一段,还只是说个大略;其中说得最详细的,要算《公羊》的何注,和《汉书·食货志》。咱们且再把他摘抄在下面。

《公羊》宣十五年何注:"大─如,受田百亩,以养父母妻子,五口为一家。《孟子·梁惠王上篇》对梁惠王说:"百亩之时(田),勿夺其时，数口之家，可以无饥矣。"对齐宣王说作"八口之家"。公田十亩，即所谓十一而税也；庐舍二亩半；凡为田一顷十二亩半。《孟子·梁惠王篇》"五亩之宅"，赵注："庐井邑居，各二亩半，以为宅。冬入保城二亩半，故为五亩也。"八家而九顷，共为一井，故曰井田，庐舍在内，贵人也；据《韩诗外传》，《诗经》"中田有庐"，就是这么讲法。公田次之，重公也；私田在外，贱私也。《汉书·食货志》又说："士工商家受田，五口乃当农夫一人。"

这是一种分田的方法，还有一种换田的方法。

上田一岁一垦，中田二岁一垦，下田三岁一垦。肥饶不得独乐，墝埆不得独苦，故三年一换主或作土。易居。《食货志》："民受田：上田夫百亩，中田夫二百亩，下田夫三百亩。岁耕种者为不易上田，休一岁者为一易中田，休二岁者为再易下田，三岁更耕之，自爰其处。"这是根据《周礼》的《遂人》。何注和《孟子》"死徙毋出乡"相合。

他又叙述他们耕种的方法和生活的状况道：

种谷不得种一谷，《食货志》：种谷必杂五种。以备灾害。田中不得有树，以妨五谷。《食货志》多"力耕数耘，收获如寇盗之至"一句。还庐舍种桑、荻、杂菜。阮元《校勘记》说：此荻当作荻，荻者，楸之假借字。按《穀梁》范注（宣十五年），正作外树楸桑。畜五母鸡，两母豕，瓜果种疆畔，据《韩诗外传》，《诗经》的"疆埸有瓜"，便是如此讲法。女尚蚕织。老者得衣帛焉，得食肉焉。《孟子》：五亩之宅，树之以桑，五十者可以衣帛矣。鸡豚狗彘之畜，毋失其时，七十者可以食肉矣。《食货志》还庐树桑，菜茹有畦，瓜瓠果蓏，殖于疆埸；鸡豚狗彘，毋失其时，女修蚕织，则五十可以衣帛，七十可以食肉。《穀梁》宣十五年：古者公田为居，井灶葱韭尽取焉。死者得葬焉。所谓"死徙毋出乡"。

在田曰庐，在邑曰里。一里八十户，八家共一巷。……选其耆老有高德者,名曰父老;其有辨护伉健者为里正;皆受倍田,得乘马,父老比三老孝弟官属,里正比庶人在官。《食货志》:"五家为邻,五邻为里,四里为族,五族为党,五党为州,五州为乡,乡万二千五百户也。邻长位下士;自此以上,稍登一级,至乡而为卿也。"也是用《周礼》的。吏民春夏出田,秋冬入保城郭。《食货志》:春令民毕出在野,冬则毕入于邑,所以顺阴阳,备寇贼,习礼文也。田作之时,春,父老及里正,旦开门坐塾上,晏出后时者不得出,莫不持樵者不得入。《食货志》:春将出民,里胥平旦坐于右塾,邻长坐于左塾,毕出然后归;夕亦如之。入者必持薪樵,轻重相分,班白不提挈。五谷毕入,民皆居宅。里正趋缉绩;男女同巷相从夜绩,至于夜中,故女工一月得四十五日。《食货志》:冬民既入,妇人同巷相从夜绩,女工一月得四十五日;必相从者,所以省费燎火,同巧拙而合习俗也。

作从十月尽正月止,男女有所怨恨,相从而歌;饥者歌其食,劳者歌其事。男年六十,女年五十无子者,官衣食之,使之民间求诗;乡移于邑,邑移于国,国以闻于天子;故王者不出户牖,尽知天下所苦,不下堂而知四方。《食货志》:春秋之月,群居者将散,行人振木铎徇于路以采诗,献之太师;比其音律,以闻于天子。

至于种田的年限,只有《汉书·食货志》上说及,他说:

民年二十受田,六十归田;七十以上,上所养也;十岁以下,上所长也;十一以上,上所强也。

这种制度,原不敢说是推行到十二分;然而地广人稀的时代,土地的私有的制度还没有发生。把一块很大的地方,来均分给众人耕种,也是有的,不过加以儒家学说的润饰,便愈觉得他制度的完备罢了。

古代社会的生计,以农业为主。所以国家的财政,也以农业上的收入为基础。《王制》上说：

> 冢宰制国用，必于岁之杪；五谷皆入，然后制国用。用地小大，视年之丰耗，以三十年之通制国用。量入以为出。祭用数之仂。注：算今年一岁经用之数用其什一。丧三年不祭，惟祭天地社稷，为越绋而行事。丧用三年之仂。注：丧大事，用三岁之什一。……国无九年之蓄曰不足，无六年之蓄曰急，无三年之蓄曰国非其国也。三年耕，必有一年之食；九年耕，必有三年之食；以三十年之通，虽有凶旱水溢，民无菜色，然后天子食，日举以乐。正义：假令一年有四万斛，以一万斛拟三十年通融积聚，为九年之蓄。以见在三万斛，制国之来岁一年之用。案《公羊》宣十五年何注：三年耕，余一年之畜；九年耕，余三年之积；三十年耕，有十年之储。《汉书·食货志》：民三年耕，则余一年之畜。衣食足而知荣辱，廉让生而争讼息，故三载考绩。孔子曰：苟有用我者，期月而已可也。三年有成，成此功也。三考黜陟，余三年食，进业曰登，再登曰平，余六年食。三登曰泰平，二十七岁，遗九年食。然后王德流洽，德化成焉。故曰如有王者，必世而后仁。繇此道也。

据此，则当时之所谓太平，就不过是农人的生计宽裕，因而国家的贮畜充足，社会的生活，就觉得安稳；农业在社会上的关系，可以算得大极了。

耕种而外，属于农业性质的，便要推林业、畜牧、渔猎。当时的畜牧，已经做了农民的副业。如"畜五母鸡两母豕"等。专门采伐林木或是捕渔打猎的人，大概也是很少的。所以当时的农业，是把公有的土地来分给平民耕种；至于采伐林木，或者捕渔打猎的地方，却是作为全部落公有的，并没专司其事的人。所以《王制》说：

> 名山大泽不以封。注：其民同财，不得障管。

《孟子》也说：

> 林麓川泽，以时入而不禁。

然而采取的制限，也是有的。所以《孟子》又说：

> 数罟不入洿池，鱼鳖不可胜食也；斧斤以时入山林，材木不可胜用也。

《王制》也说：

> 天子诸侯无事，则岁三田：一为干豆，二为宾客，三为充君之庖。无事而不田，曰不敬；田不以礼，曰暴天物。天子不合围，诸侯不掩群。天子杀则下大绥；诸侯杀则下小绥；大夫杀则止佐车；佐车止，则百姓田猎。獭祭鱼，然后虞人入泽梁；豺祭兽，然后田猎；鸠化为鹰，然后设罻罗；草木零落，然后入山林；昆虫未蛰，不以火田。不麛，不卵，不杀胎，不殀夭，不覆巢。

《周礼》有山虞、林衡、川衡、泽虞、迹人、卝人等官。都属地官。

第二节　工商业和货币[①]

农业而外，生利的人便要数着工商。古代社会的经济组织，虽然幼稚，然而农工商分业，却久已实行。所以《管子·小匡篇》说："士农工商四者，国之石民也；不可使杂处，杂处则其言哤，其事乱，是故圣王之处士必于闲燕，处农必就田壄，处工必就官府，处商必就市井。"又说"士之子常为士"，"农之子常为农"，"工之子常为工"，

---

① 食货界说，商 {国/野} 治商之法之严，从招徕到征税，工官至私家，制造，各种币材，金铜不相权。

"商之子常为商"。把工商两种人比较起来,商人的程度,似乎高些。大约因为他周流四方,无所不至;而工人则但立于官吏监督之下,笃守旧法,从事制造之故。

中国的商业萌芽是很早的。《洪范》八政:一曰食,二曰货;《汉书·食货志》替他下个界说道:

> "食"谓农殖嘉谷,可食之物,"货"谓布帛可衣,及金刀龟贝,所以分财布利通有无者也。

前者是消费了他的本身以为利的,后者是不供给消费,拿来做"交易的手段"以为利的。《洪范》上头,就把这两种并列。可见当时的商业已很占重要的位置,他又追溯他的起源道:

> 二者生民之本,兴自神农之世。以下引《易·系辞》的话,见第三章第一节。

据此看来,就可见得中国商业萌芽的早了。

后世的商业要分做两种:一种是《王制》所谓"市廛而不税",《孟子》所谓"市廛而不征,法而不廛"的。《公孙丑篇》。按郑注《王制》说:"廛,市物邸舍。税其舍,不税其物。"赵注《孟子》说:"廛,市宅也。古者无征,衰世征之……法而不廛者,当以什一之法征其地耳,不当征其廛宅也。"两说不同。这种商人都有一定的廛舍;他的廛舍是在国中;所经营的商业较大。《周礼》匠人营国,面朝后市,内宰佐后立市,也属于这一种。国家管理他的法子也很严。《王制》上说:

> 有圭璧金璋,不粥于市;命服命车,不粥于市;宗庙之器,不粥于市;牺牲不粥于市;布帛精粗不中数,幅广狭不中量,不粥于市;奸色乱正色,不粥于市;锦文珠玉成器,不粥于市;衣服饮食,不粥于市,五谷不时,果实未熟,不粥于市;木不中伐,不粥于市;禽兽鱼鳖不中杀,不粥于市。

这种严厉的规则,有几种意义:(一)种是为保持社会的阶级制度,如"命服命车不粥于市"等;(一)种是为维持社会上的风俗秩序,如"布帛精粗不中度"、当时的布帛,是交易的媒介物,有货币的性质。"饮食衣服不粥于市"等;为禁止人民的懒惰奢侈。(一)种是为社会经济、人民健康起见,如"五谷不时"、"木不中伐不粥于市"等。

《周礼》上管理商人的有司市以下各官,也很严厉的。大概当时的商人,是立于政府严重监督之下。不如后世的自由,然而商业的利益古人也很晓得的,所以《王制》和《孟子》都说"关讥而不征",很有招徕的意思。《周礼》却有关门之征,要凶——饥荒——札——疾疫死亡——才免。见《司关》。

还有一种,是在乡野地方做卖买的,并没有一定的廛舍。所以《白虎通》说"行曰商,止于(曰)贾。"

《公羊》宣十五年何注:因井田以为市,故俗语曰市井。

《孟子》:古之为市也,以其所有,易其所无者,有司者治之耳。有贱丈夫焉,必求龙断而登之,以左右望而罔市利,人皆以为贱,故从而征之。征商,自此贱丈夫始矣。注:龙断,谓堁断而高者也。左右占望,见市中有利,罔罗而取之。《释文》陆云:龙断,谓冈垄断而高者。

这种市大概是设在野田墟落之间的。未必终年都有,不过像如今的集市一般。神农氏日中为市,大概就是这一种制度。《酒诰》上说"肇牵车牛远服贾",大概也是农民于收获之后,去赶这一种贸易的。

工业也是这样。有一种人,是专门做工的。就是《曲礼》所谓"天子之六工:曰土工,金工,石工,木工,兽工,草工,典制六材"。《考工记》所谓"凡攻木之工七,攻金之工六,攻皮之工五,设色之工五,刮摩之工五,抟埴之工二"。这一种工人,是立于国家监督之下,而从事于制造的。所以《荀子》说工师之职是"论百工,审时事,辨功苦,尚完利,便备用;使雕琢文采,不敢专造于家"。至于民间日用之物,大概都是自己造的。《考工记》:"粤无镈,燕无函,秦无庐,胡无弓车。粤之无镈也,非无镈也,夫人而能为镈也;燕之无函也,非无函也,夫人而能为函也;秦之无庐也,非无庐也,夫人而能为庐也;胡之无弓车也,非无弓车也,夫人而能为弓车也。"可以推见一斑。大概切用的物,都是自己造的。俄国人某(忘其名)《新疆游记》,说新疆省沙漠地带,往往隔数里或百里,有一块泉地。这种泉地里,都有汉人在那里耕种。除掉金属器具之外,一切都能觳自制,可以无待于交易的。

古代的社会,经济程度幼稚,每一个部落,大概都有经济自足的意思。所以种种需用的器具,必须自造。工业就不得不特设专官。实在不能自给的,也得要仰给于人;然而这时候社会的经济情形,未必一切货物都能循供求相剂的原则,得自然的调剂。有时候缺乏起来,就得靠托商人,出去想法子。所以国家和商人,也有相依为命的时候。看子产对韩宣子说:"昔我先君桓公,与商人皆出自周;庸次比耦,以艾杀此地,斩之蓬蒿藜藿而共处之。世有盟誓,以相信也,曰:尔无我叛,我无强贾;毋或匄夺;尔有利市宝贿,我勿与知。"可见。《左传》昭十六年。

商人和工人的情形,虽已大略讲过;然而古代货币的情形,也得考究他一考究,才能见得当时社会交换的状况。按我国古代用为货币的,最多的就是"贝",次之就是"布"。所以货贿一类的字,都是从贝,而后世的货币,还名为布。参看近人《饮冰室丛著·中国古代币材考》。至于金属的使用,也是很早的。所以《史记·平准书》说:

> 虞夏之币,金为三品:或黄,或白,或赤;或钱,或布,或龟贝。

但是当时的制度,业已不可详考,所以《汉书·食货志》又说:

"凡货,金钱布帛之用,夏殷以前,其详靡记云。"其有一定的制度,实在起于周朝。《食货志》又说:

> 太公为周立"九府圜法"。黄金方寸而重一斤;钱圜函方,轻重以铢;布帛广二寸为幅,长四丈为匹。

钱圜函方,已经进于铸造货制。黄金虽然还在秤量时代,也已经明定一个用法;粗看起来,似乎金铜两品"相权而行"了。然而实在不是。古代的黄金,并不和铜钱相权,而且黄金之外,用为货币的,还是珠玉,这都是用之于远处,偶一行之,并不是常用的货币。《管子》说:据《文献通考·钱币考》,较今本《管子》为简明。

> 汤七年旱,禹五年水,人之无耀,有卖子者。汤以庄山之金铸币,而赎人之无耀卖子者。禹以历山之金铸币,以救人之困。夫玉起于禺氏,金起于汝汉,珠起于赤壄。东西南北去周七八千里。水绝壤断,舟车不能通。为其涂之远,至之难。故托用于其重。以珠玉为上币,以黄金为中币,以刀布为下币。

可见"珠玉黄金",不过当饥荒之际,需用极远地方的货物,偶一用之。至于平时民间使用,却系用两种铜钱相权。所以周景王要铸大钱,单穆公说:

> 古者天降灾戾,于是乎量资币,权轻重以救民。民患轻,则为之作重币以行之,于是有母权子而行民皆得焉。若不堪重,则多作轻而行之,亦不废重,于是有子权母而行,小大利之。今王废轻而作重,民失其资,能无匮乎。

然而据战国时代李悝所计算,则当时民间需用铜钱之数,也很少的。大概社会上的经济,一人部分还在自足时代。请看下节。

第三节　春秋战国时代社会经济的变迁①

古代社会的经济组织，他的特质，到底在什么地方呢？就是"私有的制度"还没有起源，一个人的生产，不是为着自己而生产，都是为着全社会而生产。一个人的消费，也不必自己设法，社会上总得分配给他一份。所以当时的农工商，并不是为自己要谋生活，才去找这件事干的；是社会全体，要经营这种事业，分配到他头上；所以他们都是"世业"，并没有"择业的自由"。所以当时就是不能工作的人，分配起来，也得给他一份。《王制》上说：

> 少而无父者谓之"孤"，老而无子者谓之"独"，老而无妻者谓之"矜"，老而无夫者谓之"寡"，此四者，天民之穷而无告者也；皆有常饩。"瘖"、"聋"、"跛"、"躃"、"断者"、"侏儒"，百工各以其器食之。正义：此等既非老无告，不可特与常饩；既有疾病，不可不养；以其病尚轻，不可虚费官物。故各以其器食之。器，能也。因其各有所能，供官役使，以廪饩食之。

都是根据这一种"分配制度"来的。就是孔子所说"故人不独亲其亲，不独子其子，使老有所终，壮有所用，幼有所长，鳏寡孤独废疾者，皆有所养；男有分，女有归。货恶其弃于地也，不必藏于己；力恶其不出于身也，不必为己"；所梦想的也是这一种经济组织。

但是这种组织，到后来破坏了。为什么破坏呢？我说有两种原因：

（一）当时社会上，有贵族平民两种阶级。贵族阶级侵夺平民

---

① 共产，兵力，商业，消费之等级。井田之坏，山泽私有，工人私人，商业之盛，风气之变。

阶级。

（二）因生产的方法进步了，各部落都有余财，交易之风渐盛。一个部落里，虽没有私有财产的人，然而部落的财产，却是私有的。所以部落和部落之间，仍可互相交易。因交易之风渐盛，而生产方法格外改变。从前各个部落，都得汲汲乎谋自给自足的，到这时候却可以不必。缺乏了什么，可以仰给于他部落。于是个人渐可自由择业，而财产私有之风以起。参看《建设杂志·马克思资本论解说》。

所以当时旧组织的崩坏，第一件，便是井田制度的破坏。井田制度的破坏，《孟子》说：

> 夫仁政，必自经界始。经界不正，井地不均，谷禄不平。是故暴君污吏，必慢其经界。

寥寥数语，把井田制度破坏的原因，说得十分透彻。这分明都是贵族侵夺平民的。再看朱子的《开阡陌辨》。《文献通考》卷一。

> 《汉志》言秦废井田开阡陌，说者之意，皆以开为开置之开，言秦废井田而始阡陌也。……按阡陌者，旧说以为田间之道；盖因田之疆畔，制其广狭，辨其纵横，以通人物之往来。……当衰世法坏之时，则其归授之际，必不免有烦扰欺隐之奸；而阡陌之地，切近民田，又必有阴据以自私，而税不入于公上者。是以一旦奋然不顾……悉除禁限……听民兼并卖买；……使民有田即为永业，而不复归授，以绝烦扰欺隐之奸；使地皆为田，田皆出税，以核阴据自私之幸；……故《秦纪》、《鞅传》皆云：为田开阡陌封疆而赋税平。蔡泽亦曰：决裂阡陌，以静生民之业而壹其俗。……

这一篇说话，尤可见得井田制度的破坏，全由于贵族的侵占自私。井田制度，是古代共产社会的根本，井田制度一破，就共产社会的组织，根本上打消了。

按李悝替魏文侯作尽地力之教说：《汉书·食货志》。

> 今一夫挟五口，治田百亩，岁收亩一石半，为粟百五十石。除十一之税十五石，余百三十五石。食：人月一石半，五人终岁，为粟九十石。余有四十五石。石三十，为钱千三百五十。除社，闾，尝新，春秋之祠，用钱三百；余千五十。衣：人率用钱三百，五人终岁，用千五百。不足四百五十。不幸疾病死丧之费，及上赋敛，又未与此。

则当时的农民，就使实有百亩之田，养活一家五口，已经不足；何况照上文的研究，决没有百亩之田；再看韩非子的说法：《五蠹篇》。

> 今人有五子不为多，子又有五子，大父未死而有二十五孙，是以人民众而货财寡，事力劳而供养薄。

一家又决不止五口呢。然则当时的农民过什么日子呢？

其第二件，便是商业的发达。阶级制度全盛的时代，一切享用都要"身份相称"，下级社会的人，有了钱也没处使用。《白虎通·五刑篇》：礼不下庶人，欲勉民使至于士……庶人虽有千金之币，不得服。所以商业不能大盛，加以古代生产的方法幼稚，平民社会里，也实在没有几个宽裕的人。到后来，生产的方法渐次进步，阶级的制度又渐次破坏。只要有钱，凭你怎样使用。这种旧制度，就一天天的崩坏了，《汉书·货殖传》说：

> 昔先王之制，自天子、公、侯、卿、大夫，至于皂隶、抱关、击柝者，其爵禄、奉养、宫室、车服、棺椁、祭祀、死生之制，各有差品，小不得僭大，贱不得逾贵。夫然，故上下序而民志定……及

周室衰,礼法堕,诸侯刻桷丹楹,大夫山节藻棁;八佾舞于庭,雍彻于堂;其流至于士庶人,莫不离制而弃本,稼穑之民少,商旅之民多,谷不足而货有余。

这几句话,把商业发达的情形,叙得了如指掌。《史记·货殖列传》说:"用贫求富,农不如工,工不如商。"又说:"无财作力,少有斗智,既饶争时。"俨然是一种大规模的竞争了。

还有一件,便是古代所谓名山大泽,与民同财_{见第一节}。的地方,到后来,都给私人占去,于是农民非常之苦,而畜牧、树艺等事业,却非常之发达。所以《史记·货殖列传》说:

陆地牧马二百蹄,牛蹄角千,千足羊,千足彘,水居千石鱼陂,山居千章之材。安邑千树枣,燕秦千树栗,蜀汉江陵千树橘,淮北常山已南河济之间千树萩,陈夏千亩漆,齐鲁千亩桑麻,渭川千亩竹,及名国万家之城,带郭千亩,亩钟之田,若千亩卮茜,千畦姜韭,此其人皆与千户侯等。

这三种人,一种是"大地主",一种是"商人",一种是"擅山泽之利"的。终前汉一朝,始终是社会上的富者阶级。这个且待第二篇再讲。

社会上经济的变迁剧烈如此,于是拜金主义大为流行。"子贡结驷连骑,束帛之币,以聘享诸侯;所至国君,无不与之分庭抗礼。"乌氏倮以畜牧起家。"秦始皇帝令倮比封君,以时与列臣朝请。"巴寡妇清,擅丹穴之利,"秦皇帝以为贞妇而客之,为筑女怀清台"。《史记·货殖列传》。而穷人则:

庶人之富者累钜万,而贫者厌糟糠。《汉书·食货志》。

凡编户之民,富相什则卑下之,相伯则畏惮之,千则役,万则仆。《史记·货殖列传》。

其受生计压迫，奔走求食的情形，则《史记·货殖传》说：

> 故壮士在军，攻城先登，陷阵却敌，斩将搴旗，前蒙矢石，不避汤火之难者，为重赏使也；其在闾巷少年，攻剽椎埋，劫人作奸，掘冢铸币，任侠并兼，借交报仇，篡逐幽隐，不避法禁，走死地如骛者，其实皆为财用耳。今夫赵女郑姬，设形容，揳鸣琴，揄长袂，蹑利屣，目挑心招，出不远千里，不择老少者，奔富厚也。游闲公子，饰冠剑，连车骑，亦为富贵容也。弋射渔猎，犯晨夜，冒霜雪，驰坑谷，不避猛兽之害，为得味也。博戏驰逐，斗鸡走狗，作色相矜，必争胜者，重失负也。医方诸食技术之人，焦神极能，为重糈也。吏士舞文弄法，刻章伪书，不避刀锯之诛者，没于赂遗也。农工商贾畜长，固求富益货也；此有智尽能索耳，终不余力而让财矣。

把社会上的形形色色，一切都归到经济上的一个原因，马克思的唯物史观，也不过如此。

总而言之，（一）贵贱的阶级破，贫富的阶级起。（二）共有财产的组织全坏，自由竞争的风气大开。是春秋战国时代社会的一种大变迁，是三代以前和秦汉以后社会的一个大界限。

第十章　古代的宗教和文化

第一节　古代的哲学和宗教

　　古代人的思想，似乎是很幼稚的。然而天下无论什么事情，都是从人的心理上发展出来；物质方面的势力，自然也不可蔑视，这句话不要泥看。后代人的思想，又总是接着古代人的思想逐渐改变的。所以研究古代人的思想，在史学上头，实在有很大的价值。在中国这种崇古的社会里头，更为要紧。

　　要研究古代人的思想，先得明白一种道理。便是古代人所想解决的，都是"有"、"无"、"空间"、"时间"等幽深玄远的问题，他们的研究，大概是凭着"想像"和"推测"。① 要像后世以科学为根据，或是起了"认识论"上的疑念，对于"形而上学问题的解决"而怀疑的，实在很少。

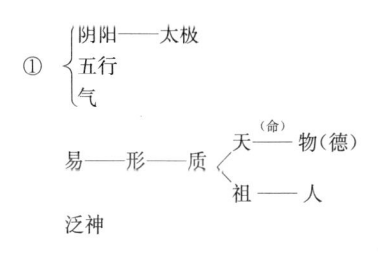

---

① $\begin{cases}阴阳——太极\\五行\\气\end{cases}$

　　　　　　　　　　　天—（命）—物（德）
　　易——形——质〈
　　　　　　　　　　　祖——人

　　泛神

中国古人解释"宇宙的起源",以"气"为万物的原质,颇近于希腊的"惟物论"。又推想一切万有,都起于"阴阳二力"的结合,也和"二元论"有些相像。但是他又推想"阴阳二力",其初同出于一原;而且"有"的根本,是出于"无",却又不能说他是"惟物论"、"二元论"了。① 他们推想最初的世界道:

> 天下万物生于"有","有"生于"无"。《老子》。
>
> 泰初有"无",无"有"无"名";"一"之所起,有"一"而未形。《庄子》。
>
> "有形"出于"无形";"未有天地",能生"天地"者也。《淮南子·说山》。

从无而到有,是阴阳二力还没有分的。所以说:

> "太极元气",含"三"为"一"。《汉书·律历志》。

从一而分为二,就是"太极"分为"两仪"。阴阳二力,再相和合,所生的物,便无穷了。② 所以说:

> "一"生"二","二"生"三","三"生"万物"。《老子》。《春秋元命苞》:阴阳之性以一起,人副天地,故生一子。

但是从无而至有,究竟是怎么样子呢?还是"有",便像如今的样子呢?还是逐渐变迁成功的呢?他们说:

> ……有"太易",有"太初",有"太始",有"太素";"太易"者,未见"气"也;"太初"者,"气"之始也;"太始"者,"形"之始也;"太素"者,"质"之始也;"气"、"形"、"质"具而未相离,谓之"浑沌";"浑沌"者,言万物相混沌而未相离也。《周易正义》八论之一

---

① 因果——慎始——变通。循环——倚伏,法自然。
② 四时、五方、六合、八卦、九宫。感生,受命,革命。

引《乾凿度》。

质出于"形",形出于"气",而气出于"易","易"是"变易",就是"动而不息"的意思;那么,古人认一切万有,是原于一种"动力"的。

自无出有谓之"生",《文选》六引刘瓛《周易义》:自无出有曰生。生于宇宙间之物,既然都是有质的,那么,他于"宇宙间的物质",必定得到其一部分;这便唤做"德"。这是德字的本义。所以说:

天地之大"德"曰"生"。《易·系辞》。
物得以生谓之"德"。《庄子·天下篇》。

得到"宇宙间的物质"的一大部分而生,谓之"命"。所以说:

大凡物生于天地之间皆曰"命"。《礼记·祭义》。

宇宙间的物,同出于一原。所以虽然散而为万物,其根源仍是"同一"的。这个根源,便是天。万物皆生于阴阳二力,而阴阳二力之动,阳又在先,所以可说物本乎天地,又可单说物本乎天。所以天神称为"上帝";"帝"就是"蒂",古作"柢",和"根"字是双声互训的。详见吴大澂《字说》。所以说:

物本乎天,人本乎祖。《礼记·郊特牲》。

宇宙间的物质,本来是唯一的。有一种力,叫他"凝集"起来,就成功有形有质的"物";凝聚的力散了,便又分离做无数"小分子",也可以说是"原子"。浮游空间。这其间又起变化,而再成为别种的"物"。所以说:

精气为"物",游魂为"变",《易·系辞》。精气是"精的气",精是"凝集得极坚密"的意思。所以说"窈兮冥兮,其中有精,其精甚真"(《老子》)。真和"填"、"阗"等同音,是充实的意思。

那么一切万有,无非一种原质所流动而变化的了。所以说:

> 凡物之"精",此则为"生",下生五谷,上为列星,流于天地之间则为鬼神。《管子》。

有形有质的物,都有个局限。"最小而可称为无"的"原子",却是没有的,是无所不遍的,所以宇宙之间是充实的。所以说:

> "神"无方而易无体。《易·系辞》。
> 惟"神"也,故不疾而速,不行而至。同上。
> "鬼神"之为德,其盛矣乎。视之而不见,听之而不闻,体物而不可遗。《礼记·中庸》。

这么说,中国古代的哲学,又近乎"泛神论"了。

以上所述,用科学的眼光看起来自然不能满足,然而古代一切思想,没有不以此为根据的。因为有生于无,所以"贵无"。"无"不但是老子所贵,就孔子也说"以致五至而行三无"(《礼记·孔子闲居》)。"无为而治者,其舜也与?夫何为哉,恭己正南面而已矣。"(《论语·卫灵公》)无就是虚,所以又"贵虚"。《韩非子·主道》:虚则知实之情,静则知动者正。有的起初,是"一而未分"的,所以"贵一"。《老子》:昔之得一者,天得一以清,地得一以宁,神得一以灵,谷得一以盈,万物得一以生,王侯得一以为天下贞。《吕氏春秋·大乐》:故一也制令,两也从听,是以圣人抱一以为天下式。因为贵一,所以要"反本"。《老子》:既得其母,以知其子;既知其子,复守其母;没身不殆。《礼记·大学》:其本乱,而未治者否矣。从政治上讲起来,就要"正本";君主的责任权力,就从此发生。从道德上说起来,也就发生"报本"之义。董仲舒说:是故圣人深探其本而反自贵者始,故为人君者,正心以正朝廷,正朝廷以正百官,正百官以正万民,正万民以正四方。《公羊》元年春王正月,何注:春秋以元之气,正天之端,以天之端,正王之政,以王之政,正诸侯之即位,以诸侯之即位,正境内之治。本就是中,所以贵"守中"。"皇极"的"极"训中,老子多言数穷,不如守中。**凡物之生,都是积微成著的,所以要"慎微"**。古人说从无而至有,有形无形,算做一个阶段,先要有形,才能有体。微是无形的意思,著是有形的意思。所以《乾凿度》说:"天气三微而成著,三著而成体。"《荀子·赋篇》说:"物精微而无形。"《老子》:"抟之不得名曰微。"《孙子》:"微乎微,微至于无形。"**是从小到大的,所以要"慎始"**,《大戴礼·保傅》:正其本,万物理。失之豪厘,差以千里。故君子慎其始也。**要"谨小"**,谢承《后汉书》载李咸奏:春秋之义,贬纤介之恶,采豪末之始。**要"慎独"**。独的本义训小,不训单独。《礼记·礼器》:"观天下之物,无足以称其德者。则得不以少为贵乎(古少小二字互通)。是故君子慎其独也。"《大学》、《中庸》的慎独,也是如此讲,并不是说独居之时(所以说诚于中,形于外,也是积微成著的意思)。《六韬》:"太公曰:凡兵之道,莫过于一。一者,能独往独来。"这个独字,也是训小的。《易》初六童观,马融注童,犹独也。**生又唤做"善",所以贵"积善"**。既生之后,逐渐长成,谓之善。这是善字的本义。因为生机畅遂,是人人所乐,才引伸为善恶之善。《易·系辞》:一阴一阳之谓道,继之者善也,成之者性也。这个善字,是用的本义。因为善是逐渐生长的意思,所以贵乎积(《易·文言》:"积善之家,必有余庆。积不善之家,必有余殃。臣弑其君,子弑其父,非一朝一夕之故。其所由来者渐矣。"把"由来者渐"训"积不善",可见善是继续生长的意思)。逐渐生长的东西,要等他发达到极点才好,所以说"止于至善"(《礼记·大学》)。**这种问题,都是在极幽深玄远的地方的**。万物的起源,古人在空间上,设想他在极高极远的地方。所以说"天玄而地黄"。玄是黑色,深远之处,一定是黑暗而不可见的。所以《后汉书·张衡传》注说:"玄,深也。"(《庄子》"天下以深为根")在时间上,设想他在极悠久的年代。所以说"天为古,地为久"(《周书·周祝篇》)。天字训古,确是古义,所以郑康成注《尚书》粤若稽古,训稽古为同天。俞正燮说:"《三国志》、《书》正义,均诋郑氏信纬,以人系天,于义无取。且云:古之为天,经无此训。不悟《诗》云古帝命武汤,正是经训古为天。"(《癸巳类稿》卷一)**所以贵"知几"**,《易·系辞》:"知几其神乎。几者,动之微,吉之先见者也。"《尚书大传》:"旋机者何也。机者,几也,微也。其变几微,而所动者大,谓之旋机。"正是"几者动之微"的的"诂"。贵"极深研几"。《易·系辞》:夫易,圣人之所以极深而研几也。万有的起源,是一种动力。这种动力,是动而不已的。所以贵"变通",忌"执一"。《易·系辞》:"易穷则变,变则通,通则久。"《孟子》:"子莫执中,执中为近之,执中无权,犹执一也。"虽然动而不已,然而仍有其"不变"者存,譬如四时昼夜,终而复始。所以说这一种动,是"循环"的;《史记·高帝本纪》赞:三王之道若循环,终而复始。所以说"天道好还";四字见《老子》。所以易有"变易"、"不易"二义。因为"天道好还",所以说"福兮祸所倚,祸兮福所伏";也见《老子》。所以说"将欲歙之,必固张之;将欲弱之,必固强之;将欲废之,必固兴之;将欲夺之,必固与之"。也是《老子》的话。因为宇宙间的事物,都有天然的规则秩序,人在其间,也莫能自外;所以贵乎"法自然"。《老子》:道法自然。

以上所说,不过是略举数端。若要备细推论起来,便是千言万语也不能尽。然而可见古代的宗教、哲学、政治、伦理……都有一贯的原理,存乎其间。从这种原理上,推衍发展,而成为社会上的一切现象。可见得这种思想,看似幽深玄远,却是社会上一切显著的现象的根本,因为人的作事,总有一部分的原因在心理上,不能全用物质说明的。研究社会现象的科学的人,实在不容蔑视的。

以上所说,都偏于思想一方面,可以算是古代的哲学史。无论哪一种哲学,决没有能完全否认宗教的;无论哪一种宗教,也总含有几分哲学上的解释。何况古代,岂有只有哲学上的思想,没有宗教上的感情的道理呢?咱们既明白了古代的哲学思想,便可以进而考究古代宗教上的崇拜。

中国是进化极早的国,他的宗教,决不是"拜物教"等劣等的宗教。他宗教上的崇拜,和哲学的思想是可以一贯的说明的。他所崇拜的对象,是什么呢?可以说是天象。

古人认阴阳二力为万物的起源,所以他所崇拜最大的对象便是"天地"。但是物之生,是由于四序的推行,这是显而易见的。所以次于天地的崇拜,便是"四时"。把四时分配在"四方",再加以上天下地,就是"六合"。从六合之中,除掉了一个天,便成"五方"。把古人所说"物质生成的五种形态"配上去,就成了"五行"。再加之以"四隅"。那么,单就四正四隅说起来,就成了"八卦"。连着中央算,就成了"九宫"。适和古人"一生二,二生三,三三而九"的思想相合。九宫的周围,却有十二,所以又有所谓"十二支",适可以配十二月。把三和五相乘,就是十五,于是又找到一个 Magicsquare 填在九宫里头,就成了后世所谓"洛书之数"了。《大戴礼·盛德篇》:明堂者,二九四,七五三,六一八。这分明是一种 Magicsquare。后世的人,却把他看做一种神秘的东西,欲知其详,可看胡渭《易图明辨》。

古人所认为生物的本源的,是天地和四时,所以有所谓五帝,又有所谓六天。《郊特牲》正义说:

> 指其尊极清虚之体,其实是一;论其五时生育之功,其别有五;以五配一,故为"六天"。……又《春秋纬》紫微宫为"大帝"。又云:北极耀魄宝。义云:大微宫有五帝座星:青帝曰灵威仰,赤帝曰赤熛怒,白帝曰白招拒,黑帝曰汁光纪,黄帝曰含枢纽。

六天之中,昊天上帝耀魄宝,是不管事的。古代的君主,要无为而治,最初就是取象于此。所以论生育之功,只有五帝,五帝之中,青帝主春生,赤帝主夏长,白帝主秋杀,黑帝主冬藏,黄帝就是地,为什么天不管事,地却要管事呢?《白虎通·五行篇》说:

> 地之承天,犹妻之事夫,臣之事君也;其位卑;卑者亲视事,故自同于一行,尊于天也。

那么，地的管事，又在什么时候呢？他说：

> 土王四季各十八日……土所以王四季何？木非土不生，火非土不荣，金非土不成，水非土不高；土扶微助衰，历成其道，故五行更王，亦须土也。王四季，居中央，不名时。同上。又，行有五，时有四何？……土尊不任职，君不居部，故时有四也。案木，火，金，水，各王七十二日，合土王四季各十八日，等于三百六十日。

然则水火木金土，又是什么东西呢？案《白虎通》解释五行的"行"字道："言行者，欲言为天行气之义也。"古人把气认做万物的原质，说"行气"，就是把气变做有形有质之物，就是"万物的生成"。所以《书·洪范》正义解释五行的"次序"道：

> 万物成形，以微著为渐；五行先后，亦以微著为次。水最微为一，火渐著为二，木形实为三，金体固为四，土质大为五。

他们又说他的"生克"和"配合"道：

> 木生火者，木性温暖，伏其中，钻灼而出，故生火。火生土者，火热，故能焚木，木焚而成灰，灰即土也。……金居石，依山津润而生，联土成山，山必生石，故土生金。金生水者，少阴之气，温润流泽，销金亦为水……故金生水。水生木者，因水润而能生，故水生木。萧吉《五行大义》。

> 五行所以相害者：天地之性，众胜寡，故水胜火也；精胜坚，故火胜金；刚胜柔，故金胜木；专胜散，故木胜土；实胜虚，故土胜水也。《白虎通·五行篇》。

这全是把当时一种幼稚的"物质思想"，附会上去的。至于上帝，虽不管事，也有"下行九宫"之说。

> 《后汉书·张衡传》注引《乾凿度》：太乙取其数以行九宫。

郑玄注：太一者，北辰神名也。下行八卦之宫，每四乃还于中央。中央者，地神之所居，故谓之九宫。天数大分，以阳出，以阴入，阳起于子，阴起于午，是以太一下。行九宫，从坎宫始。自此而坤，而震，而巽，所行者半矣，还息于中央之宫。既又自此而乾，而兑，而艮，而离，行则周矣。上游息于太一之星，而反紫宫也。昊天上帝，又名太一。见《周礼》郑注。《南齐书·高帝纪》九宫者：一曰天蓬，以制冀州之野；二为天芮，以制荆州之野；三为天冲，其应在青；四为天辅，其应在徐；五为天常，其应在豫；六为天心，七为天柱，八为天任，九为天英，其应在雍，在梁，在扬，在兖。

这种说法，和《易·系辞》"帝出乎震，齐乎巽，相见乎离，致役乎坤，说言乎兑，战乎乾，劳乎坎，成言乎艮"相合的。

以上的话，用如今人的眼光看起来，荒唐极了。然而古代的社会现象，也无一不出乎此，即以政治论，万物的生成，都出于天；天上主化育的，就是五帝；王者代天宣化，所以有"感生"之说。《诗·生民》正义引《五经异义》："《诗》齐，鲁，韩，《春秋公羊》说，圣人皆无父，感天而生。"案《诗》"履帝武敏歆"，郑笺："帝，上帝也；敏，拇也。……祀郊禖之时，时则有大神之迹，姜嫄履之，足不能满，履其拇指之处，心体歆歆然；……于是遂有身……后则生子……是为后稷。"又《商颂》"天命玄鸟，降而生商"，郑笺："玄鸟，鳦也。……汤之先祖，有娀氏女简狄……鳦遗卵……简狄吞之而生契。"郑康成先学《韩诗》，笺《诗》多同《韩》义。感天而生，所以谓之天子。四序之运，成功者退，所以有"五德终始"之说。俞樾《达斋丛说》：五德更王，古有二说。《汉书·律历志》载《三统历》曰：唐火德，虞土德，夏金德，商水德，周木德，此一说也。《文选·齐安陆昭王碑》注引《邹子》曰：五德从所不胜，虞土，夏木，殷金，周火，又一说也。……秦自谓以水德王，此相胜之说。周火故秦水也。汉自谓以火德王，此相生之说，周木故汉火也。……既有五德终始之说，一姓就不能终有天下，所以有"易姓革命"之说，革命的命，是指天命而言，所以王者之兴，有受命之说。受命是指符瑞而言。有一种符瑞出现，便是天命他做天子的证据。譬如"河图洛书",就是符瑞的一种。详见《诗·文王篇》正义。《孟子·万章篇》:……然则舜有天下也,孰与之,曰:天与之。天与之者,谆谆然命之乎?曰:否,天不言,以行与事示之而已。……使之主祭,而百神享之,是天受之。使之主事而事治,百姓安之,是民受之也。天与之,人与之,故曰:天子不能以天下与人。尧崩,三年之丧毕,舜避尧之子于南河之南,天下诸侯朝觐者,不之尧之子而之舜;讼狱者,不之尧之子而之舜;讴歌者,不讴歌尧之子而讴歌舜,故曰天也。……《泰誓》曰:天视自我民视,天听自我民听,此之谓也。把天心和民意,打成一概,荒怪之说,一扫而空,高则高矣,然而是儒家的学说,不是古代的事实。王者的治天下,全是奉行天意,所以治定之后,要封禅以告成功。《白虎通·封禅篇》:王者易姓而起,必升封泰山何?报告之义也。始受命之日,改制应天;天下太平功成,封禅以告天也。所以王者的治天下,是对于天而负责任;既然是对于天而负责任,对于人自然是不负责任的了。这是从大处说的,若要逐一仔细说起来,就千言万语也不能尽。读者诸君,请把惠氏栋的《明堂大道录》看一遍,就可以知道古代一切政治和宗教的关系了。因为明堂是中国最早一个神秘的东西,一切宗教上的崇拜,都在这里头;一切政治,都在这里头施行;一切学术,也都发源于此的。此外一切现象,古人也没有不把宗教去解释他的。看《白虎通》的《五行篇》,就可以明白。

第二节　文字的起源和变迁[①]

中国文字的起源,已见第三章第一节。据正义,则"上古结绳而治,后世圣人易之以书契"的"后世圣人",是黄帝、尧、舜。再看许慎《说文解字序》说:

[①] 缘起,变迁,统一,古文,大小篆,隶。韵语——字典——六书。

> 黄帝之史仓颉，见鸟兽蹄迒之迹，知分理之可相别异也，初造书契。

则文字起于黄帝，殆无疑义。① 然而《尚书·伪孔传叙》说：

> 古者伏羲氏之王天下也，始画八卦，造书契，以代结绳之政，由是文籍生焉。

《伪孔传》原是不足论的书，他要说"伏牺、神农、黄帝之书，谓之三坟；……少昊、颛顼、高辛、唐、虞之书，谓之五典……"所以不得不说伏牺时有文字。然而这所谓三坟、五典，也是杜撰的。《左传》昭十二年"是能读三坟五典八索九丘"，杜注"皆古书名"。《伪孔传》根据于王肃，杜预和王肃，是互相依附的（见丁晏《尚书余论》），尚且只说"皆古书名"；此外正义所引诸说，无一和《伪孔传叙》相同的；故知此说定是杜撰。所以此说原不足论，然而正义申他的话，却颇可注意。正义说：

> 《尚书纬》及《考（孝）经谶》，皆云三皇无文字，又班固、马融、郑玄、王肃诸儒，皆以为文籍初自五帝，亦云三皇未有文字。案《伪孔传》虽根据王肃，然辗转相传，至东晋时才出现。又未必尽肃之旧，所以又有异同的地方。……又苍颉造书，出于《世本》，苍颉岂伏牺时乎？且《系辞》云：黄帝、尧、舜，为九事之目；末乃云上古结绳而治，后世圣人易之以书契。是后世圣人即黄帝、尧、舜，何得为伏牺哉？……不同者……其苍颉则说者不同。故《世本》云：苍颉作书，司马迁、班固、韦诞、宋衷、傅玄，皆云苍颉黄帝之史官也。崔瑗、曹植、蔡邕、索靖，皆直云古之王也。徐整云：在神农、黄帝之间。谯周云，在炎帝之世。卫氏云：当在庖牺、苍帝之世。慎到云：在庖牺之前。张揖云：苍颉为帝

---

① 象形衍声问题。

王,生于禅通之纪。《广雅》曰:自开辟至获麟,二百七十六万岁,分为十纪;则大率一纪二十七万六千年;十纪者……禅通,九也。……如揖此言,则苍颉在获麟前二十七万六千余年。……又依《易纬通卦验》,燧人在伏牺前。表计置其刻曰,苍牙通灵昌之成。孔演命,明道经。郑玄注云:刻,谓刻石而记识之。……又《韩诗外传》称古封泰山禅梁甫者万余人,仲尼观焉,不能尽识。又《管子书》称管仲对齐桓公曰:古之封泰山者七十二家,夷吾所识,十二而已。……是文字在伏牺之前,已自久远,何怪伏牺而有书契乎。

义疏强中传说,本不足论。所引崔瑗……之说,要破司马迁……之说,也未必有力。就使崔瑗……之说是真的,古人同名号的很多(譬如尧的时候有共工,伏羲、神农之间,还有霸九州的共工),安知古时候有个"王者"的仓颉,黄帝时候不再有个做史官的仓颉呢?然而说伏牺以前,久有文字,这话却未可一笔抹杀。把科学的眼光看起来,天下断无突然发生的事情,说前此都是结绳,仓颉一个人,"见鸟兽蹄远之迹",突然创造文字,也不合理。所以我说:文字断不是一人造的;从黄帝以前,必已发生很久,不过书传传说,都说是起于黄帝时代,苍颉是黄帝的史官,史官是管记事的,是用文字的,就都说文字是他所造罢了。

然则书传传说,为什么要说文字起于黄帝时代呢?按《易·系辞》说:

> 后世圣人易之以书契,百官以治,万民以察。

则书契之用,是到黄帝时才广的,以前不过仍用之于"升封刻石"等事。所以大家都说书契是起于黄帝时了。

《说文解字叙》又说:

苍颉之初作书,盖依类象形,故谓之文;其后形声相益,即谓之字。文者,物象之本;各本无此六字,段玉裁注本,依《左传》宣十五年正义补。字者,言孳乳而寖多也。著于竹帛谓之书;书者,如也。以迄五帝三王之世,改易殊体,封于泰山者七十有二代,靡有同焉。案封于泰山者七十二代——这句话原不必真,然而照古人的意思说起来,自多在黄帝以前;许慎的意思,也未必有异;照此处文义看起来,却像这七十二代,就在三王五帝之世似的;这是古人文法疏略,不可以辞害意。周礼,八岁入小学。保氏教国子,先以"六书":一曰"指事"……二曰"象形"……三曰"形声"……四曰"会意"……五曰"转注"……六曰"假借"。……及宣王太史籀著大篆十五篇,与古文或异。至孔子书《六经》,左丘明述《春秋传》,皆以古文。……其后诸侯力政,不统于王,恶礼乐之害己,而皆去其典籍。分为七国,田畴异亩,车涂异轨,律令异法,衣冠异制,言语异声,文字异形。秦始皇帝初兼天下,丞相李斯乃奏闻之,罢其不与秦文合者。斯依《苍颉篇》,中车府令赵高作《爰历篇》,太史令胡毋敬作《博学篇》,皆取史籀大篆,或颇省改,所谓小篆者也。是时秦烧灭经书,涤除旧典;大发吏卒,兴戍役,官狱职务繁,初有隶书,以趣约易,而古文由此绝矣。

许慎的《说文解字叙》,向来讲"文字的历史"的,都根据他。我却有点疑心,为什么呢?(一)既然说"五帝三王之世,改易殊体",为什么"保氏六书",却有这样的整齐?(二)从李斯作《苍颉篇》,赵高作《爰历篇》,胡毋敬作《博学篇》之后,还有司马相如的《凡将篇》,史游的《急就篇》,李长的《元尚篇》,杨雄的《训纂篇》,班固的《十三章》,贾鲂的《滂喜篇》,都是整句韵语,《凡将》七言,《急就》前多三言,后多七言;其余都是四言。这一条根据段氏《说文解字注序》,可参看原书。一休相承,体例没有改变。既然保氏时代,就有很整齐的六书,为什么许慎以前，没一个人想到，照《说文》的体例，依字形分部编一部字书？整句韵语，是文字为用未广，学问靠口耳相传时代的东西。《仓颉》、《爰历》……正合这种体裁，所以汉朝尉律试学僮"讽籀书九千字，乃得为史"（见许《叙》），籀就是背诵（从段氏说），可见当时教学僮，都是如此的。若照《周礼》保氏教国子以六书的说法，是教小孩子的，不用《三字经》、《千字文》，反用《康熙字典》一类的字书了。哪有此理。（三）许慎说"及孔子书《六经》，左丘明作《春秋传》，皆以古文"。这句话的根据就在他下文。所谓"壁中书者，鲁恭王坏孔子宅，而得《礼记》、《尚书》、《春秋》、《论语》、《孝经》，又北平侯张苍献《春秋左氏传》"。他又说"郡国亦往往于山川得鼎彝，其铭即前代之古文，皆自相似"。案他上文说秦朝时候，明说"而古文由此绝矣"，终西汉一朝，并没提起古文。到王莽时的六书，才有所谓"一曰古文，孔子壁中书也。二曰奇字，即古文而异者也"。则古文是根据壁中书，奇字想就是根据山川鼎彝的。然而现在《说文》一书中，所存"古文""奇字"，实属寥寥无几，果使所谓古文者不过如此，和小篆算得什么异同？后世"于山川得鼎彝"一类的事情很多（研究他的人就是小学中的金石一派），所载的文字，分明和许书不尽相合。（四）而且六书的说法，仅见于《汉书·艺文志》，许慎《说文解字叙》，和《周礼》保氏注引先郑的说法，此外都没有。为什么没有一个人提及，难道周代相传的掌故，西汉时代没有一个人晓得么？所以我疑心：

六书的说法，是本来没有的。这种说法，是汉代的人，把古人的文字，就字形上来研究所得的结果。并不是周代保氏，就有这种说法。所谓言语异声，文字异形，并不是从战国时代起的。中国的文字，战国以前本来是大体相同，而各国都有小异的。直到秦并天下，"丞相李斯乃奏同之，罢其不与秦文合者"，才统一，说"罢其不与秦文合者"，则大体相合可知。"言语异声，文字异形"，是从七国时代起，他无证据，只有《周礼》上大行人"七岁属象胥,谕言语,协辞令,九岁属瞽史,谕书名,听声音",可以做周室盛时,言语不异声,文字不异形的证据。然而这句话,除《周礼》以外,也是他无证据的。既然六书的说法,是汉末的人研究所得的结果;那么,从此以前,中国的文字是绝无条理的。不过有《苍颉》、《爰历》一类的书,像后世的《三字经》、《千字文》一般,给人家念熟了记牢了罢了,像后世《康熙字典》一类的书都是没有的。这么说,就可以见得中国的文字,是迫于需用渐次增加,并不是有一个人(像苍颉、史籀等)按了一定的条理系统,把他创造或改良的。难我的人要说:既然是逐渐发达,何以所有的字,分明能把六书来驾驭他;何以能这般有条有理呢?那么,我要请问,后世造俗字的人很多,所造的字,也分明能把六书来统驭他,难道他们是通"六书义例"的么。

以上的说法,似乎奇创,然而其中似乎也有点道理,请"好学深思之士"想一想。

程邈是中国一个改良字体的大家,他所改定的隶书,到如今还沿用他。真书和隶书,算不得什么变迁。然而这个人事迹不详。只据《说文》的《叙》,知道他是下杜人。《说文叙》说王莽时的六书:"三曰篆书。即秦小篆,秦始皇使下杜人程邈所作也。"这句话当在"四曰左书,即秦隶书"之下。看段注就可以明白。卫垣(恒)《四体书势》:"……小篆,或曰:下士人程邈,为衙狱吏,得罪始皇,幽系云阳十年,从狱中作……奏之始皇,始皇善之,出以为御史,使定书。或曰:邈所定乃隶字也。"前一说,想又是因《说文》的错简而致误的。

至于作书的器具,古人所用的,有竹木两种:木的唤做"牍",《说文》:牍,书板也。唤做"版",《管子·霸形篇》注:方,版牍也。又唤做"方"。《仪礼·聘礼》注:方,版也。板长一尺,《玉海》。所以又唤做"尺牍"。小的唤做"札",《汉书·郊祀志》注:札,木简之薄小者也。也唤做"牒",《说文》:牒,札也。札,牒也。大的唤做"椠",椠长三尺。《释名》。

方而有八角,有六面或八面可写的,唤做"觚",又唤做"棱"。颜师古《急就篇》注:觚者,学书之牍,或以记事。……或六面或八面皆可书。《史记·酷吏列传》注:觚,八棱有隅者。刻木以记事谓之"契"。《汉书·古今人表》注:契,刻木以记事也。把他分做两半,则或唤做"契",或唤做"券"。《曲礼》:"献粟者执右契。"《史记·田敬仲完世家》"公常执左券",则左半唤做券,右半唤做契。然亦是"对文则别,散文则通的"。竹的唤做"简",又唤做"策"。《仪礼·既夕》注疏:编连为策,不连为简。案这也是对文则别,散文则通的。也有用帛的,则谓之"缣素"。见《后汉书·和熹邓皇后纪》注。编连起来是用"韦"《一切经音义》十四引《字林》:韦,柔皮也。所以说孔子读《易》,"韦编三绝"。写字是用笔蘸漆,书于简牍。《物原》:虞舜造笔,以漆书于竹简。写错了,就用刀削去,所以"刀笔"连称,又说"笔则笔,削则削",《汉书·礼乐志》:"削则削,笔则笔。"注:"削者,谓有所删去,以刀削简牍也;笔者,谓有所增益,以笔就而书也。"《曲礼》疏:"削,书刀也。"则削简牍的刀,亦可以唤做削。这种写字的法子,是很繁难的。所以古代的文化,发达得很缓。

第三节　东周以后的学派

研究古代的学术,先得明白两种道理:[①]

其(一) 古代的学术,是和宗教合而为一的;到后世才从宗教中分了出来。

其(二) 古代的学术,是贵族所专有的;到后世才普及到平民。

因此,所以讲我国的学派,只得从东周以后起,因为西周以前,学术是和宗教合而为一的,是贵族所专有的。看本章第一节,已经

---

① 学派—谈欹 出王官专门。

可以明白他的思想；看了古代的一切制度，就可以明白他的外形了。

东周以后的学派，可考见的，无过于《史记·太史公自序》里头，述他的父亲谈所论六家要旨和《汉书·艺文志》所根据的刘歆《七略》。且把他节录在下面。

司马谈所论，是"阴阳"、"儒"、"墨"、"法"、"名"、"道德"六家。他说：

>……尝窃观阴阳之术，大祥正义：顾野王云：祥……吉凶之先见也。而众忌讳，使人拘而多所畏；然其序四时之大顺，不可失也。儒者博而寡要，劳而少功，是以其事难尽从；然其序君臣父子之礼，列夫妇长幼之别，不可易也。墨者俭而难遵，是以其事不可遍循；然其强本节用，不可废也。法家严而少恩；然其正君臣上下之分，不可改矣。名家使人俭而善失真；然其正名实，不可不察也。道家使人精神专一，动合无形，赡足万物，其为术也，因阴阳之大顺，采儒墨之善，撮名法之要，与时迁移，应物变化，立俗施事，无所不宜，指约而易操，事少而功多。……

这几句话，是总论六家得失的。以下又申说他的所以然道：

>夫阴阳，四时、八位、十二度、二十四节，各有教令；顺之者昌，逆之者不死则亡。未必然也，故曰使人拘而多所畏。春生，夏长，秋收，冬藏，此天道之大经也，弗顺，则无以为天下纲纪，故曰：四时之大顺，不可失也。儒者以六艺为法；六艺经传以千万数，累世不能通其学，当年不能解其礼，故曰：博而寡要，劳而少功。若夫列君臣父子之礼，序夫妇长幼之别，虽百家弗能易也。墨者亦尚尧舜道，言其德行曰：堂高三尺，土阶三等，茅茨不翦，采椽不刮。食土簋，啜土刑，粝粱之食，藜藿之羹。夏日葛衣，冬日鹿裘。其送死，桐棺三寸，举音不尽其哀。教丧

礼，必以此为万民之率，使天下法。……夫世异时移，事业不必同，故曰：俭而难遵。要曰强本节用，则人给家足之道也。此墨子之所长，虽百家弗能废也。法家不别亲疏，不殊贵贱，一断于法，则亲亲尊尊之恩绝矣。可以行一时之计，而不可长用也，故曰：严而少恩。若尊主卑臣，明分职，不得相逾越，虽百家弗能改也。名家苛察缴绕，使人不得反其意，专决于名而失人情，案好比论理学，过偏于形式，而不顾事实。故曰：使人俭而善失真。若夫控名责实，参伍不失，此不可不察也。道家无为，又曰无不为，其实易行，其辞难知。其术以虚无为本，以因循为用。无成势，无常形，故能究万物之情。不为物先，不为物后，故能为万物主。有法无法，因时为业；有度无度，因物与合。故曰：圣人不朽，时变是守。虚者，道之常也；因者，君之纲也。群臣并至，使各自明也。……

他所主张的，虽是道家，然而他篇首说："《易大传》：天下一致而百虑，同归而殊涂。夫阴阳、儒、墨、名、法、道德，此务为治者也，直所从言之异路，有省不省耳。"则他也承认此六家是同可以为治的。他议论当时的学问，专取这六家，大概也就是取其可以为治的意思。如农家、兵家等，不是用于政治上的，所以都没论及。

刘歆的《七略》，除《辑略》是"诸书之总要"外，其《六艺》一略，和《诸子略》里的儒家，是重复的。《诸子略》中，分为"儒"、"道"、"阴阳"、"法"、"名"、"墨"、"从横"、"杂"、"农"、"小说"十家；其中去小说家，谓之"九流"。《诗赋》一略，和学术无甚关系。在后世的文学中，也只占一小部分。① 《兵书》一略，又分"权谋"、"形势"、"阴阳"、"技巧"四家。《术数》一略又分"天文"、"历谱"、"五行"、"蓍龟"、"杂占"、

---

① 当云集部所自始。

"形法"六家。《方技》一略,分"医经"、"经方"、"房中"、"神仙"四家。其中尤以《诸子》一略,为学术的中坚,咱们且节录他所论各家的源流宗旨如下:

儒家者流,盖出于司徒之官。助人君……明教化者也。……

道家者流,盖出于史官。历记成败、存亡、祸福、古今之道;然后知秉要执本,清虚以自守,卑弱以自持;此君人南面之术也。……

阴阳家者流,盖出于羲和之官。敬顺昊天,历象日月星辰,敬授民时,此其所长也。及拘者为之,则牵于禁忌,泥于小数,舍人事而任鬼神。

法家者流,盖出于理官。信赏必罚,以辅礼制。……

名家者流,盖出于礼官。古者名位不同,礼亦异数。孔子曰:必也正名乎。名不正,则言不顺;言不顺,则事不成。……

墨家者流,盖出于清庙之守。茅屋采椽,是以贵俭;养三老五更,是以兼爱;选士大射,是以上贤;宗祀严父,是以右鬼;顺四时而行,是以非命;以孝视天下,是以尚同。……

从横家者流,盖出于行人之官。孔子曰:诵诗三百,使于四方,不能颛对,虽多,亦奚以为。又曰:使乎使乎。言其当权事制宜,受命而不受辞,此其所长也。及邪人为之,则尚诈谖而弃其信。

杂家者流,盖出于议官。兼儒墨,合名法,知国体之有此,见王治之无不贯。……

农家者流,盖出于农稷之官。播百谷,劝耕桑,以足衣食。……及鄙者为之,以为无所事圣王,欲使君臣并耕。……

小说家者流,盖出于稗官。街谈巷语道听涂说者之所造也……如或一言可采,此亦刍荛狂夫之议也。

他又论兵家道:

> 权谋者,以正守国,以奇用兵,先计而后战,兼形势,包阴阳,用技巧者也。形势者,雷动风举,后发而先至,离合背乡,变化无常,以轻疾制敌者也。阴阳者,顺时而发,推刑德,随斗击,因五胜,假鬼神,而为助者也。技巧者,习手足,便器械,积机关,以立攻守之胜者也。兵家者,盖出古司马之职,王官之武备也。……

又论术数道:

> 天文者,序二十八宿,步五星、日、月,以纪吉凶之象,圣王所以参政也。……历谱者,序四时之位,正分至之节,会日、月、五星之辰,以考寒、暑、杀、生之实。……五行者,五常之刑(形)气也。……皆出于律历之数。……而小数家因此以为吉凶,而行于世,寖以相乱。……蓍龟者,圣人之所用也。……杂占者,纪百事之象,候善恶之征……众占非一,而梦为大。……盖参卜筮。……形法者,大举九州之执(势),以立城郭室舍形,人及六畜骨法之度数,器物之形容以求其声气贵贱吉凶;犹律有长短,而各征其声,非有鬼神,数自然也。……数术者,皆明堂羲和史卜之职也。……

又论方技道:

> 医经者,原人血脉、经络、骨髓、阴阳、表里,以起百病之本,死生之分,而用度箴、石、汤、火所施,调百药齐和之所宜。……经方者,本草、石之寒、温,量疾病之浅、深,假药味之滋,因气感之宜,辨五苦六辛,致水火之齐,以通闭,解结,反之于平。……

房中者,情性之极,至道之际,是以圣王制外乐以禁内情,而为之节文。……乐而有节,则和平寿考。……神仙者,所以保性命之真,而游求于其外者也。……方技者,皆生生之具,王官之一守也;大古有岐伯、俞拊,中世有扁鹊、秦和。……汉兴,有仓公。……

以上所论,除儒、道、阴阳、法、名、墨六家,和司马谈所论重复外。杂家不能称家,小说家只是收辑材料,不能称学。术数一略,包括天文学、历学和古代的宗教学,亦不能出于阴阳家以外。方技四家,实在只算得一个医家。医经是医学;经方是药物学;房中是专研究生殖一科的;神仙虽然荒唐,却也以医学为本;所以现在的《内经》,屡引方士之说。后世的方士,也总脱不了服食等事。与从横家、农家、兵家都在司马谈所论六家之外。所以我国古代的学术,有:

儒家、偏于伦理政治方面。道家、偏于哲学。阴阳家、古代的宗教家言,包括天文、律、历、算数等学。法家、偏于政治法律方面。名家、近乎论理学。墨家、也在伦理政治方面。而敬天明鬼,比起儒道两家来,宗教臭味略重。从横家、专讲外交。农家、兵家、医家。

而诗赋一略,也可以称做文学。

他推论各家学术,以为都出于王官。虽所推未必尽合,而"其理不诬"。可以见得古代学术为贵族所专有的情状。

以上所论,战国以前学术界的大略情形,可以窥见了。至于详论他的分歧变迁、是非得失,这是专门研究学术史的事,不是普通历史里讲得尽的,所以只好略而不具。

第二篇　中古史(上)

第一章　秦始皇帝的政策

秦代以前的世界，是个封建之世；秦汉以后的世界，是个郡县之世；其情形是迥然不同的：中国成一个统一的大国，实在是从秦朝起的。所以秦朝和中国，关系很大。

郡县之治，咱们现在看惯了，以为当然的。然而在当时，实在是个创局。咱们现在，且看秦始皇的措置如何。他的措置：

第一件，便是自称皇帝，除去谥法。这件事，便在他初并天下这一年。他下了一个令，叫丞相御史等议帝号。他们议上去的，是"臣等谨与博士议曰：古有天皇、有地皇、有泰皇，泰皇最贵。臣等昧死上尊号，王为'泰皇'，命为'制'，令为'诏'，天子自称曰'朕'"，他又叫他们去掉一个泰字，留了一个皇字，再加上一个帝字，就成了"皇帝"二字；其余便都照博士所议。不多时，又下了一道制道："朕闻太古有号无谥；中古有号，死而以行为谥。如此，则是子议父，臣议君也，甚亡谓，朕弗取焉。自今已来，除谥法。朕为'始皇帝'，后世以计数，二世三世，至千万世，传之无穷。"

第二件，便是废封建，置郡县。这时候，天下初统一，人情习惯于封建，六国虽灭，自然有主张新封的。所以初并天下这一年，就有丞相绾姓王。等奏请："六国初破，燕、齐、荆地远，不为置王，无以填之。请立诸子，唯上幸许。"始皇下其议，群臣皆以为便。独有廷尉李斯说:"周文武所封子弟同姓甚众;然后属疏远,相攻击如仇雠;诸侯更相诛伐,周天子弗能禁。今海内赖陛下神灵,一统皆为郡县。诸子功臣,以公赋税重赏赐之,甚足,易制。天下无异意,则安宁之术也。置诸侯不便。"始皇也说:"天下共苦战斗不休,以有侯王。赖宗庙,天下初定,又复立国,是树兵也,而求其宁息,岂不难哉。廷尉议是。"于是把天下分做三十六郡,置"守"、"尉"、"监",守是一郡的长官;尉是帮守管理一郡的军事的;监是中央政府派出去的御史。中国郡县的制度,到此才算确立。

第三件,便是收天下的兵器,把他都聚到咸阳销毁了,铸做"钟"、"镰"和十二个铜人,当时还是以铜为兵。每个有一千石重。

第四件,是统一天下的"度"、"量"、"衡"和行车的轨与文字。参看第一篇第十章第二节。

第五件,是把天下的富豪迁徙到咸阳来,一共有十二万户。

这都是初并天下这一年的事,后来又有"焚书"、"坑儒"两件事。

"焚书"这件事,在前二一二四年(公元前二一三)。他的原因,是因为始皇置酒咸阳宫,博士七十人前为寿;有一个仆射周青臣,恭维始皇行郡县制度的好处,又有个博士淳于越,说他面谀,而且说郡县制度,不及封建制度。始皇下其议。丞相李斯,便把淳于越驳斥一番,因而说:"诸生不师今而学古,以非当世,惑乱黔首。"又说他们尊"私学而相与非法教;人闻令下,则各以其学议之。入则心非,出则巷议。夸主以为名,异取以为高,率群下以造谤。如此弗禁,则主势降乎上;党与成乎下。禁之便"。因而就拟了一个"禁之"的办法是:"臣请史官,非秦记,皆烧之;非博士官所职,天下有敢藏诗书百家语者,悉诣守尉杂烧之;有敢偶语诗书弃市;以古非今者族;吏见知不举者与同罪;令下三十日不烧,黥为城旦。所不去者,'医'、'药'、'卜'、'筮'、'种树'之书;若有欲学法令,以吏为师。"秦始皇许了他,烧书的事情,就实行起来了。

"坑儒"的事情,在焚书的明年,是方士引出来的。当时讲神仙的方士颇有势力,秦始皇也被他惑了,便派什么齐人徐市,发童男女入海求三神山;蓬莱,方丈,瀛洲。又派什么燕人卢生,去求羡门、高誓,仙人的名字。炼"不死之药"。这些事情的无效,自然是无待于言的。偏是这一年,卢生又和什么侯生私下谈论始皇:说他"乐以刑杀为威","贪于权势","未可为求仙药"。因而逃去。始皇听得,大怒,说:我烧书之后,召"文学"、"方术"之士甚多。召文学之士,要想他们"兴太平";召方术之士,要想靠他们"求奇药";很尊重赏赐他们。如今不但毫无效验,而且做了许多"奸利"的事情,还要"诽谤"我。因而想到,说诸生在咸阳的,有"惑乱黔首"的事情。就派个御史去按问。诸生就互相告发,互相牵引,给他坑杀了四百六十多人。

这几件事情,其中第二、第四两件,自然是时代所要求。第三件,后人都笑他的愚,然而这事也不过和现在"禁止军火入口"、"不准私藏军械"一样,无甚可笑。第五件似乎暴虐些,然而这时候,各地方旧有的贵族、新生的富者阶级,势力狠大,要是怕乱,所怕的就是这 班人(后来纷纷而起的,毕竟是六国的王族和将家占其多数;否则就是地方上的豪杰。并非真是"瓮牖绳枢之子,甿隶之人,迁徙之徒",可见地方上的特殊势力,原是应当铲除的)。汉高祖生平,是并不学秦朝的政策的。然而一定天下,也就"徙齐、楚大族于关中",可见这也是时势所要求,还没甚可议之处。最专制的,便是第一件和"焚书""坑儒"两件事。为什么呢?"皇帝"是个空名,凭他去称"皇",称"帝",称"王",称"皇帝",似乎没甚相干。然而古人说:"天子者,爵也。"又说:"天子一位,公一位,侯一位,伯一位,子男同一位;凡五等。"可见天了虽尊,还不过是各阶级中之 ,并不和其余的人截然相离。到秦始皇,便无论"命"、"令"、"自称",都要定出一个特别名词来，天子之尊，真是"殊绝于人"了。"太古有号无谥"，自是当时风气质朴，并不是天子有种权利，不许人家议论。到始皇，除去谥法，不许"子议父，臣议君"，才真是绝对的专制。焚书这件事，不但剥夺人家议论的权利，并且要剥夺人家议论的智识——始皇和李斯，所做的事，大概是"变古"的，独有这件事，是"复古"的。他们脑筋里，还全是西周以前"学术官守，合而为一"的旧思想，务求做到那"政学一致"的地步。人人都要议论，而且都有学问去发议论，实在是看不惯的。"坑儒"的事情，虽然是方士引起来，然而他坐诸生的罪名，是"惑乱黔首"，正和"焚书"是一样的思想。这两件事，都是"无道"到极点的。

以上所述的是秦始皇对内的政策；他的对外，还有两件事情。

其（一）是叫蒙恬去斥逐匈奴，收取河南的地方，如今的河套。于前二一二四年（公元前二一三），修筑长城，"起临洮，迄辽东，延袤万余里"。秦始皇这一道长城，是因着战国时的旧址连接起来的，并不是一时造成。他所经的地方，是在如今河套和阴山山脉之北，东端在朝鲜境内，也并不是如今的长城。

其（二）是发兵略取南越的地方，把他置了南海、如今广东的南海县。桂林、如今广西的桂林县。象在如今越南。三郡。又夺了勾践的子孙的地方把他置了闽中郡。如今的福建。秦始皇的武功，有一部分人也颇恭维他。然而这也不过是时势所造成（中国国力发达到这一步，自然有这结果），无甚稀奇。不过"北限长城，南逾五岭"，中国疆域（本部十八省）的规模，却是从此定下来的——后来无甚出入。

秦朝所以灭亡，由于奢侈和暴虐。他灭六国的时候，每破一国，便把他的宫室，画了图样，在咸阳仿造一所；后来又在渭南造一所阿房宫。《史记》说他的壮丽是"东西五百步，南北五十丈。上可以坐万人，下可建五丈之旗"。又在骊山在如今陕西临潼县。自营万年吉地。单骊山和阿房宫两处工程,就要役徒七十万人。还要连年出去"巡游","刻石颂德"——封泰山,禅梁父。又要治什么"驰道"。他又自推"终始五德之传",说周得火德,秦得水德。水德之始,应当严刑峻法,"然后合五德之数"。秦国的刑法,本来是很野蛮的,再经秦始皇有意加严,自然是民无所措手足了。

第二章　封建政体的反动

第一节　豪杰亡秦

秦朝吞灭六国，人心本来不服；加以始皇的暴虐和奢侈，自然是思乱者众。不过给始皇的威名镇压住了，一时不敢动。始皇一死，自然一哄而起了。

前二一二一年（公元前二一〇），秦始皇出游，回去的时候，走到平原津，在如今山东的德县。病了，到沙丘的平台宫，在如今直隶的邢台县。就一命呜呼。秦始皇有好几个儿子：大的唤做扶苏，是相信儒术的，看见秦始皇坑儒，就不免谏了几句，始皇不悦，便叫他到上郡去监蒙恬的军。小儿子胡亥，这一次却跟随始皇出来。始皇病重的时候，写了一封信给扶苏，叫他到咸阳去迎丧即位，这封信写好了还没有发，给一个宦者赵高知道了。原来这赵高，是教胡亥读书，又是教他决狱的；胡亥很喜欢他。这时候，他尚了"符玺"，这封信自然在他手里过。他就去劝丞相李斯，要造封假信，废掉扶苏，改立胡亥。李斯起初不肯；经不起赵高再三劝诱，他又说："秦国的宰相，没有一个能善终的。你如今立了扶苏，他一定相信蒙恬，你一定不得好好儿的回去了。"李斯听了这话，不觉心动。就彼此商量，假造一封诏书，赐蒙恬、扶苏死。一路秘不发丧；回到咸阳，才把秦始皇的死信，宣布出来；拥立胡亥做了皇帝，这便是秦朝的二世皇帝。

二世做了皇帝，赵高自然得意了。他便教二世先用严刑峻法对付大臣；又把自己的兄弟姊妹都残杀了。他又骗二世道："做皇帝的，总得叫人害怕。你如今年纪轻，在外面和大臣一块儿办事，总不免有弄错的地方，就要给人家瞧不起了。人家瞧你不起，就要想法子来欺你了。不如别出去，咱俩在宫里办罢。"二世果然听了他，躲在宫里不出来，连李斯也不得见面了，赵高就此想个主意，谋害了李斯。这时候，用刑比始皇更严；葬始皇于骊山，已经是穷极奢侈，而且还要造阿房宫；真是"民不堪命"，天下的人，自然要"群起而攻之"了。

前二一二〇年（公元前二〇九），就是二世的元年，七月里，有两个戍卒，一个唤做陈胜，一个唤做吴广，都是楚国人，前去戍守渔阳。如今直隶的卢龙县。走到蕲县，如今安徽的宿县。天下起雨来，走不通了，料想赶到了，也是误了限期，一定要处斩的，就激怒众人，造起反来了，不多时，陈胜便自立为楚王。分遣诸将，四出号召。就有：

魏人张耳、陈馀，立赵国的子孙，唤做歇的，做了赵王；

魏人周市，立魏国的公子咎，做了魏王；

燕人韩广，自立做燕王；

齐国的王族田儋，自立做齐王。

南方呢，也有：

沛人刘邦，据了沛，如今江苏的沛县。自立做沛公。楚国的县令称公。

楚将项燕的儿子，名字唤做梁，和他哥哥的儿子，名字唤做籍，表字唤做羽的，起兵于吴，如今江苏的吴县，秦朝的会稽郡治。项梁便自称会稽守。

二世起初受了赵高的蒙蔽，以为这许多人是"无能为"的；谁知到明年正月里，陈胜的先锋周文，已经打到戏了。如今陕西的临潼县。二世才大惊，这许多骊山的工人，本是犯了罪的，忙赦了他，叫一个人，唤做章邯的，带着去抵御周文。这时候，秦朝政事虽乱，兵力还强。这些新起乌合之众，如何敌得政府的兵。居然把周文打死了。他就乘胜去攻陈胜，陈胜也死在下城父；如今安徽的蒙城县。吴广先已因攻荥阳如今河南的荥泽县。不下，给手下的人杀了。章邯便去攻魏。

这时候，项梁的兵已经渡过江来了。有一个居鄛人，如今安徽的巢县。唤做范增，前去劝他立楚国之后。项梁听了他，便去找寻楚怀王的子孙；果然找到了一个名字唤做心的。项梁便把他立在盱眙，如今安徽的盱眙县。仍旧唤做楚怀王。战国时候，楚国有一个怀王，和齐国很要好的。秦国要想骗他，就叫张仪去对他说：你只要和齐国绝了交，我便送你商於的地方六百里。见第一篇第三章第五节。怀王信了他，果然和齐国绝了交；谁知秦国把前言赖掉了。怀王大怒，发兵攻秦，大败，只得割地讲和。后来秦又骗他去会面，当面逼勒他割地，怀王不肯，秦人便把他捉了去，后来怀王就死在秦国，楚国人很可怜他的。所以这时候，要立他的后人，而且还要称他做楚怀王。

又有韩人张良，他的祖父，都做韩国的相。韩国灭亡了，他就尽散家财，寻觅死士，要想替韩国报仇。有一次，秦始皇出游，走到博浪沙中，在如今河南的阳武县。张良叫一个力士，伏在沙里，用大铁椎狙击他，惜乎误中"副车"。秦始皇吃这一吓，叫天下大捉凶手十日，毕竟没有捉得到。到这时候，张良去见项梁，劝他立韩国之后，项梁听了他，就立韩公子成为韩王。

于是六国之后，都立起来了。然而这时候，秦兵攻魏，正在危急。齐王田儋发兵来救，谁知道打了一仗，又败死了。项梁引兵而北,连胜两仗,未免心骄意满,又被章邯乘其不备夤夜劫营,杀得大败亏输,项梁也死了。章邯便到北面去,把赵王围在钜鹿。如今直隶的平乡县。诸侯的形势,真是危急万状了。

正当危险的时候,却有一枝救兵来了;你道是谁?原来就是中国绝世的英雄项羽。这时候,项梁已经死了,楚国一方面,总得想个应敌之策。就有人主张分兵两枝:一枝去攻秦,一枝去救赵。然而秦国兵势正强,许多将官,没有一个肯向前的,只有沛公和项羽不怕。大家商量定了,楚怀王便派;

沛公西入关;宋义为上将,项羽为次将,范增为末将,北救赵。

谁知宋义见了秦兵也是惧怕的,到了安阳,如今山东的菏泽县。一共驻扎了四十六天,不肯进兵;反叫他的儿子到齐国去做宰相,田儋死后,他的兄弟田荣,立了他的儿子田巿。自己去送他,于路置酒高会。项羽见不是事,便把他杀了。这才发兵渡河,和秦军大战。这一战,真是秦军和诸侯军的生死关头,《史记》叙述他的战事道:

> ……项羽乃悉引兵渡河,皆沉船,破釜甑,烧庐舍,持三日粮,以示士卒必死,无一还心。……与秦军遇,九战,绝其甬道,大破之。……当是时,楚兵冠诸侯,诸侯军救钜鹿下者十余壁,莫敢纵兵。及楚击秦,诸将皆从壁上观。楚战士无不一以当十,楚兵呼声动天,诸侯军无不人人惴恐。于是已破秦军,项羽召见诸侯将,诸侯将入辕门,无不膝行而前,莫敢仰视。项羽由是始为诸侯上将军,诸侯兵皆属焉。

章邯虽败,还能收拾残兵,和项羽相持。不想派了一个长史司马欣到关中去求救,赵高竟不见他。司马欣急了,跑回来劝章邯投降项羽。章邯寻思没法,只得听了他。秦人在关东的兵力,就此消灭了。

沛公这一支兵，本来想从洛阳入关的，谁知和秦战不利，便改变方针，南攻南阳；南阳破了，就从武关进去。武关，在如今陕西商县的东边。赵高一向蒙蔽着二世，说山东盗是"无能为的"。这时候，二世不免怪他，赵高一想不好，不如先下手为强，便把二世弑了，立了他哥哥的儿子公子婴，去掉帝号，仍称秦王，要想保有关中。子婴又想个法子，把赵高骗去刺杀了，夷其三族。子婴做了四十六天的秦王，沛公的兵已经到了灞上了。在如今陕西省城的东边。子婴无法抵御，只得投降，秦朝就此灭亡。这是前二一一七年（公元前二〇六）的事。

秦朝亡得这样快，全是由于内乱，所以沛公兵来，无暇抵御。在山东的一枝兵，也心变，投降人家了。秦朝是"统一专制君主"政体初成立的时代，就把什么"宰相谋逆"、"奄宦弄权"、"杀长立幼"、"诛锄骨肉"、"蒙蔽"、"弑逆"种种事情，都弄全了，这也可见得"君主政体"的流弊。欲知其详，请把《史记》的《秦始皇本纪》、《李斯列传》再仔细读一遍。

第二节　项羽的分封和楚汉的兴亡

秦朝既经灭亡，封建政体的反动力就要大张其焰了。原来当时的人习惯于封建，普通人的心里，差不多以为列国分立是当然的。秦国的统一，不过是个变局，秦始皇、李斯等，对于这个问题，却要算先知先觉之士。暴力一过，总得回复到原状的。至于前此业已互相吞并，而渐趋于统一，此等历史观念，并非普通人所有。所以陈胜、吴广谋举事，说："等死，死国可乎。"这国字是指原来的楚国，就是要想恢复楚国的意思。范增说项梁，也说："今君起江东，楚蜂起之将，皆争附君者，以君世世楚将，为能复立楚之后也。"可以见得当时一般人的心理。既有这种心理，灭秦之后，自然没有一个人独占了的道理，自然还是要分封。谁应当受封呢？自然是六国之后，和当时灭秦有功的人。谁来主这分封的事呢？自然是当时实力最强的人。这都是自然之理，无待于言的。沛公入关之后，项羽也定了河北，引兵入关，谁知道沛公早派兵把关门守住了。项羽大怒，便把函谷关打破。这时候，项羽的兵有四十万，驻扎在鸿门；在临潼县境。沛公的兵只有十万，驻扎在坝上；论兵力，是万敌不过项羽的，幸而项羽有个族人，唤做项伯，和张良有交情的，听得项羽下个军令，明天要打沛公，便黉夜来见张良，劝他一同逃走。沛公乘势，便托他去向项羽疏通。明儿一早上，又带着张良、樊哙等几个人，去见项羽，把守关的事当面解释了一番，才算吱唔过去。当初楚怀王曾经和诸将立一个约，说"先入定关中者王之"。这时候，项羽差人去报告楚怀王，怀王便回他"如约"两个字。项羽哪里肯听，便自己分封起诸侯来。他所分封的是：

所封的人	王号	所王的地方	都城
刘邦	汉王	巴蜀汉中	南郑 如今陕西的南郑县。
章邯	雍王	咸阳以西	废丘 如今陕西的兴平县。
司马欣秦的降将。	塞王	咸阳以东至河	栎阳 如今陕西的临潼县。
董翳秦的降将。	翟王	上郡	高奴 如今陕西的肤施县。
魏王豹 魏王咎的兄弟。咎自尽之后，豹逃到楚国，楚人立他做魏王。	西魏王	河东	平阳 如今山西的临汾县。
韩王成不多时，项羽把他杀了，改立了旧时候吴县的县令郑昌。	韩王		阳翟 如今河南的禹县。

续　表

所封的人	王号	所王的地方	都　城
申阳张耳的嬖人。	河南王		洛阳如今河南的洛阳县。
司马卬赵国的将。	殷王	殷故墟	朝歌如今河南的淇县。
赵王歇	代王		代如今直隶的蔚县。
张耳	常山王	赵	襄国如今直隶的邢台县。
英布楚国的将。	九江王		六如今安徽的六安县。
吴芮秦国的番阳令，起兵跟了诸侯入关的。番阳，如今江西的鄱阳县。	衡山王		邾如今湖北的黄冈县。
共敖义帝的柱国，传到他的儿子尉，给汉朝灭掉。	临江王		江陵如今湖北的江陵县。
燕王广给臧荼杀掉的。	辽东王		无终如今直隶京兆的蓟县。
臧荼燕国的将。	燕王		蓟如今的北京。
齐王市	胶东王		即墨如今山东的即墨县。
田都齐国的将。	齐王		临淄如今山东的临淄县。
田安战国时齐国最后的王唤做建的后人。	济北王		博阳如今山东的泰安县。

他却自立做西楚霸王，王梁、楚地九郡，都彭城。九郡的地，《史记》《汉书》上，都没有明文；据恽氏敬所考，是泗水、薛、郯、琅邪、陈、砀、东郡、会稽；会稽郡里，又分出一个吴郡来。见他所著的《西楚都彭城论》。表面上

把楚怀王尊做义帝,实际上却把他迁徙到江南的郴;如今湖南的郴县。不多时,又把他弑了。

他这分封的意思,不过是猜忌汉王,不要他占据关中形势之地;所以生出一个解释来,说巴、蜀、汉中,也是关中之地,战国时曾属于秦,所以生出这一说。就把来封了他。却把秦国三个降将封在关中,去堵住他的路。这三个人,都是项羽亲身收服的,而且这三个人,带着秦人在外打仗,死掉许多,秦人很恨他,不怕他据着关中反抗。他自己所据地方,既大,又是本来的势力根据地,形势也是很好的。

然而他把赵、魏、燕、齐的旧王,都搬到别处,去改封了自己心爱的人,人家心上就有些不服。加以当时还有"有功而未得封"或"拥兵而无所归"的人,也要想捣乱,天下就多起事来了:这一年四月里,诸侯罢兵,各就国,八月里,田荣就并了三齐;田荣见项王把田市迁徙到胶东,大怒,留住他,不许他到胶东去。田市怕项王,就逃了去,田荣大怒,追上,把他杀了。又发兵打死田都。这时候,有一个昌邑人,唤做彭越,本来起兵跟汉王的,带着一万多人,在钜野(如今山东的钜野县)没有归宿,田荣就给他一颗将军印,叫他打死田安,田荣就并王三齐。**陈馀也起兵攻破张耳,迎接代王歇还去做赵王。赵王感激陈馀,就把他封做代王。**陈馀和张耳,本来是好朋友,后来张耳给章邯围在钜鹿,陈馀不敢去救。张耳派两个人去求救,陈馀没法,只得派几个兵,同着他两个去试试。这时候,秦国的兵势盛,都死了。张耳疑心这两个人是陈馀杀掉的;钜鹿解围以后,屡次盘问他。陈馀大怒,把印解下来,给张耳道:我这兵请你带了罢,我不干了。张耳手下有个人劝张耳就此接受了。陈馀没法,只得带了几十个人到大泽中去渔猎。项羽因他没有从入关,只封了他南皮(如今直隶的南皮县等三县的地方),陈馀心上不服。田荣起兵之后,便去请兵,打破了张耳。**项羽既然是霸王**,好比春秋时候的霸王。诸侯闹了这种乱子,当然是他的责任,只得亲身去攻打田荣。汉王乘机,用韩信做大将,八月,还定三秦,又派兵击虏了韩王郑昌。明年,正月,汉王出关,降河南王申阳;渡河,降西魏王豹,虏殷王卬;

就带了塞、翟、韩、殷、魏的兵五十六万人东伐楚。项王这时候已经打死了田荣。田荣的兄弟田横又立了田荣的儿子田广,项王"连战未能下"。汉王却乘虚攻入彭城。项王听得,带了精兵三万,从胡陵_{如今山东的鱼台县。}回攻汉王。这一仗,把汉王杀得大败亏输,士卒死了二十多万人。

然而汉王据了荥阳、_{如今河南的荥泽县,是个黄河津渡之处。据了荥阳,就可以出兵河北。}成皋,_{如今河南的汜水县,西边就是著名的虎牢关,是从山东到洛阳去的紧要关隘。据住成皋,东来的兵,就不得到洛阳,关中自然安如泰山了。}和楚人相持。有萧何留守关中,发关中的人补充军队;运巴蜀的粮供给军饷。项羽的后路(梁地)却时时为彭越所扰。汉王一方面,有韩信平定了西魏、_{汉王败后,反汉为楚。}赵、代,又攻破了齐;_{田广死了,田横逃到海岛上;到汉高祖平定天下之后,召他,他走到离洛阳三十里的地方自杀。}项羽一方面,却连一个最得力的英布也叛降了汉了。渐渐的兵少食尽。项羽无法,只得和汉朝讲和,中分天下,以鸿沟为界,_{当时河淮二水间的运河。《史记·河渠书》:"荥阳下引河东南为鸿沟,以通宋、郑、陈、蔡、曹、卫,与济、汝、淮、泗会。"}从鸿沟以东为楚,西为汉。约既定,项羽就引兵东归,汉王却背约追他,合着韩信、彭越的兵,把他围在垓下,_{如今安徽的灵璧县。}项王带了八百骑突围南走,到乌江,_{大江津名,在如今安徽的和县。}自刎死了。天下就统一于汉。这是前二一一年(公元前二〇〇)的事。

自从陈涉发难,六国之后,纷纷自立;秦亡之后,项羽又大封诸侯;到这时候,又都烟消火灭了。这要算"封建的反动力"第一次失败。

豪杰亡秦,要算中国平民革命第一次成功。以前汤放桀,武王伐纣,秦灭周,都是以诸侯革天子的命。三家分晋,田和篡齐,是以大夫革诸侯的命。这时候,革命的是一班什么人,成功的又是一班什么

人,请看:

> 《史记·高祖本纪》:高祖为人……仁而爱人,喜施,这六个字,是用钱撒泼的别名。意豁如也。常有大度,这八个字,是无赖行径,什么事都不放在心上。不事家人生产作业。及壮,试为吏,为泗水亭长,廷中吏无所不狎侮。好酒及色。尝从王媪、武负贳酒,醉卧,武负、王媪见其上常有龙,怪之。高祖每酤留饮,酒雠数倍。及见怪,岁竟,此两家尝折券弃责。高祖尝繇咸阳,纵观,观秦皇帝,喟然太息曰:嗟乎!大丈夫当如此也。

只这几句话,活画出一个无赖的行径。要是细心搜寻,一部《史记》里不知可以搜出多少条来,现在且别细讲他。再看辅佐他的人:萧何、曹参,都是个刀笔吏;只有张良是个世家子弟,然而他的性质,也是和江湖上人接近的;陈平便是个不事生产的人;韩信、彭越更不必说了。汉高祖用了这一班人,却居然成功,项王"其所任爱,非诸项,即妻之昆弟;虽有奇士不能用"。这是陈平说项王的话,见《史记·陈丞相世家》。分明带有贵族性质,就到底败亡。而且当时不但贵族里头没有人,就是草野之间出一点"贤人"的名声的,这个人也就没甚用处(如周文、张耳、陈馀等),反不如这一班无赖,这不是气运使然么?实在就是社会组织的变迁。赵翼的《廿二史札记》里,有一段论这事的,题目是《汉初布衣卿相之局》,考据得很精详,可以参看一参看。

第三节　汉初功臣外戚宗室三系的斗争

项羽灭掉了,天下就算太平了么?还没有呢,当时还有几种特殊势力。

其(一)是"功臣"。侯国革命时代,革了命,谁应当做皇帝是一定的;譬如夏亡之后,做皇帝的当然是汤,商亡之后,做皇帝的当然是武王。断没有伊尹、太公出来和他竞争的道理。平民革命时代就不然了,你好做,我也好做。项羽虽灭,韩信、彭越……个个和汉高祖资格平等的,怎教他不生心?做皇帝的如何不要疑心他?疑心他,他如何不要自卫?这班人又都是身经百战的,如何不可怕?在各种特殊势力之中,这一种要算是最危险的了。

其(二)是"宗室"。这一种特殊势力,是有意造出来的。当时的人对于封建有两种心理:一种是被灭的人,要想恢复固有的基业。秦朝末年,六国之后,纷纷自立,就是这一种心理。一种是灭掉人家的人,要想封建自己的子弟亲戚,以为屏藩。淳于越劝秦始皇:"臣闻殷周之王千余岁,封子弟功臣,自为枝辅。今陛下有海内,而子弟为匹夫。卒有田常、六卿之臣,无辅拂何以相救哉?事不师古,而能长久者,非所闻也。"就是这一种心理。这种议论,秦始皇没有实行,汉高祖却实行起来了。

其(三)就是"外戚"。外戚成为一种特殊势力,其根本也是从历史上来的。当分裂的时代,部落和部落,国家和国家,总是互相仇敌。能彀互相联络的,本家之外,自然只有亲戚。终汉之世,外戚的为害最烈,难道汉朝的皇帝,性质和别一朝不同,总喜欢任用外家么?也因为汉时的社会,"去古还近",人心为"风气所囿",不能自拔的缘故。至于汉高祖的丈母家,更是助他取天下的,事成之后,自然也成为一种特殊势力了。这里头的关系,读史的人都不大留意。我现在把他揭出来,却是很有趣的。

《史记·高祖本纪》:单父人吕公善沛令,避仇从之客,因家沛焉。沛中豪杰吏闻令有重客,皆往贺。萧何为主吏,主进;令诸大夫曰:进不满千钱,坐之堂下。高祖为亭长,素易诸吏;

乃绐为谒曰：贺钱万。实不持一钱；谒入，吕公大惊，起迎之门。吕公者，好相人；见高祖状貌，因重敬之，引入坐。……酒阑，吕公因目固留高祖。高祖竟酒，后。吕公曰：臣少好相人，相人多矣，无如季相，愿季自爱。臣有息女，愿为季箕箒妾。酒罢，吕媪怒吕公曰：公始尝欲奇此女，与贵人。沛令善公，求之不与，何自妄许与刘季？吕公曰：此非儿女子所知也。卒与刘季。吕公女，乃吕后也。生孝惠、鲁元公主。

看"避仇从之客"一句，便知道吕公也不是安分之徒，正和"好酒及色"、"不事家人生产"的人是一路。再看：

高祖为亭长时，尝告归之田。吕后与两子居田中耨，有一老父过，请饮，吕后因餔之。老父相吕后曰：夫人天下贵人。令相两子，见孝惠，曰：夫人所以贵者，乃此男也。相鲁元，亦皆贵。老父已去，高祖适从旁舍来，吕后具言：客有过，相我子母皆大贵。高祖问，曰：未远。乃追及，问老父。老父曰：乡者夫人婴儿皆似君，君相贵不可言。高祖乃谢曰：诚如父言，不敢忘德。及高祖贵，遂不知老父处。这十个字，妙不可言。一句话点穿他都是造谣，毫无对证。

秦始皇帝尝曰：东南有天子气。于是因东游以厌之。高祖即自疑，亡匿，隐于芒、砀山泽岩石之间。吕后与人俱求，尝得之。高祖怪问之。吕后曰：季所居，上尝有云气，故从往常得季。高祖心喜，沛中子弟或闻之，多欲附者矣。

可见当时"造谣惑众"，两口子都是串同了的。还有吕后的妹夫樊哙，是和高祖同隐于芒、砀山泽之间的，沛县人起兵时，就是托他去寻找高祖。吕后的哥哥，一个唤做泽，一个唤做释之，都是跟随着高祖起兵的。高祖彭城之败，得了吕泽的兵，方才站住。吕氏一系，有这许多人，如何不要成为特殊势力呢！所以当时的人说："吕氏雅故，推毂高帝就天下。"见《史记·荆燕世家》。这句话，实在不是瞎说的。

当时的功臣，有封地的，都给高祖和吕后两个人灭掉。这个可算刘、吕两系，合力以摧残功臣系。

齐王韩信。韩信破齐之后，就自立做了齐王，这时候，高祖没法，只得因而封之。到破了项羽以后，便"驰入齐王信壁，夺其军"。把他改封做楚王。后来又用陈平的计策，伪游云梦，趁他来谒见，把他捉起来，说有人告他造反，带到京里，赦了他，封为淮阴侯。前二〇八年（公元前一九七），代相陈豨反了，高祖自将去打他，吕后在京城里，又叫人诬告韩信谋反，把他杀掉。

梁王彭越。高祖背约追项羽的时候，约会韩信、彭越，他俩都不来。高祖没法，用张良的计策，加给韩信封地，又封彭越做梁王，他俩才都来。韩信死这一年，也有人告他谋反，高祖便把他废了，徙之于蜀。走到路上，遇见吕后；彭越哭着对她说实在没有谋反，求吕后替他做主，放他回家乡。吕后便带他到洛阳去见高祖，说："彭王壮士，今徙之蜀，此自遗患；不如遂诛之，妾谨与俱来。"于是再叫人告彭越谋反，又把他杀掉。

韩王信。韩国的子孙，以勇敢著闻的。高祖定三秦时，叫他击灭郑昌，就立他做韩王。天下既定，把他迁徙到晋阳，要想靠他抵御匈奴，他便自告奋勇，请徙治马邑（如今山西的马邑县），汉朝许之。谁知这时候，匈奴兵力很强，把他围了起来，他抵敌不过，只得差人求和。这件事给汉朝知道了，便去责问他。他急了，就索性投降匈奴，带他入寇。韩信死的这一年，给汉朝将军唤做柴武的打死。

淮南王英布。英布本来是项羽的降将，自然不能自安，也是韩信死的这一年造反，明年，给汉高祖打败了，逃到江南，吴芮的儿子吴臣把他骗去杀掉。

赵王张敖。张耳给陈馀打败之后投奔汉王，后来跟着韩信去打陈馀，陈馀死后，便立他做赵王。张耳死后，儿子张敖，接续下去。又尚了鲁元公主。高祖走过赵国，张敖出来迎接，甚为恭敬。高祖却"箕踞嫚骂"，赵相贯高不忿，就想谋弑高祖,事情没有成功,倒给人家告发起来。同谋的人,都图个自尽。幸而贾高挺身到京,力白张敖并不知情,张敖的性命,才算保全,然而赵王的位子,却保不住了。这是前二一一〇年(公元前一九九)的事。

燕王卢绾。卢绾和高祖是同乡,他的父亲,就和高祖的父亲,是好朋友。卢绾和高祖同日而生,长大来,又是好朋友。高祖击灭臧荼,就封卢绾做燕王。后来高祖去攻陈豨,卢绾也派兵夹攻,陈豨差人到匈奴求救,卢绾也差个张胜到匈奴去,叫匈奴别救他。这时候臧荼的儿子在匈奴国里,对张胜说道:"你们何必急急攻陈豨,陈豨灭亡,连你们燕国,也保不住了。"张胜以为然。就叫匈奴发兵攻燕,好等燕国借此撤兵自救,不去攻陈豨。卢绾见张胜去后,匈奴的兵反来攻打,说张胜反了,就上书汉朝,请族诛张胜。不多时张胜回来,说明原因,卢绾才知道他都是为着自己,懊悔不迭,就随意杀了一个人,对汉朝说是张胜。后来这件事情发觉了,汉高祖便叫樊哙去打他。卢绾逃出长城外。这时候,高祖已经病了,他和高祖毕竟是有交情的,时时在长城外打听,想等高祖好了,亲自进京来解释。后来知道高祖死了,便逃到匈奴,死在匈奴国里。

只有长沙王吴芮,因所封的地方很小,而且偏僻,无关大局,所以没有灭亡。当时所封建的同姓,却有:

荆王贾。高祖的从父兄。韩信废后,分其地,立贾和楚元王。英布造反的时候,刘贾给他打死。

楚元王交。高祖的同父弟。

吴王濞。高祖兄仲的儿子,英布灭后立的。

齐悼惠王肥。以下七王,都是高祖的儿子。

代王恒。就是文帝。代本来是封高祖兄仲的(仲名喜),仲为匈奴所攻,弃国逃回,才把来封文帝。

赵隐王如意。张敖废后立的。

淮南厉王长。英布灭后立的。

梁王恢。彭越灭后,立恢和淮阳王友。

淮阳王友。

燕灵王建。卢绾废后立的。

"高祖刑白马与诸侯盟,曰:非刘氏而王者,天下共击之。"这个真可算得把天下当一家的产业了。

高祖死后,形势就一变,变做"外戚一系,内斗功臣,外斗宗室"的样子。原来吕后的干政,不是从高祖死后起的。《史记》上说:"戚姬幸,常从上之关东……吕后年长,常留守,希见上,益疏。"高祖固然是个好色之徒,然而吕后的留守,却不尽因"色衰爱弛"的缘故。高祖从灭掉项羽以后,重要的战役,大概是自将,还要出去巡行,一年倒有半年不在京城里。这时候,京城里的事情,不是交给吕后,是交给谁?若说全权付托宰相,却并没这一回事,请看《萧相国世家》自知。所以高祖死后,吕后出来管理朝政,他这资格,是早就养成了的。吕氏一系,又有许多人夹辅她,自然没人敢反抗。

高祖晚年,爱了一个戚夫人,生了个赵王如意,要想废掉太子立他,赖大臣力争得免。其实也为吕氏在当时,是一种特殊势力。要有吕后,才能和功臣系相持,换个戚夫人,就糟了。高祖死后,孝惠帝即位,吕后就"断戚夫人手足,去眼,煇耳,饮瘖药,使居厕中,命曰人彘"。叫孝惠帝去看,惠帝看了大哭,病了好几月。从此以后,惠帝不以他母亲所为为然,却又没奈何她,就无心政事,一味取乐,渐渐成病,前二〇九九年(公元前一八八),死了。惠帝的皇后,是鲁元公主的女儿。惠帝的外甥女。无子,太后叫他杀掉后宫有子的美人,取其子以为子。这时候,立了他,是为少帝,太后临朝称制。前二〇九五年(公元前一八四),少帝年长了,知道他的母亲是给吕后杀掉的,口出怨言,吕后把他废掉了,立了个常山王义,改名为弘。太后所封孝惠帝的儿子,有好几个:就是淮阳王彊,常山王不疑,襄城侯山,轵侯朝,壶关侯武。彊死后,徙武为淮阳王。不疑死后,徙山为常山王,改名义。这几个人,历史上说他不是孝惠帝的儿子,这句话究竟是实情,还是汉大臣造的,现在无从断定,请看下文。从此到前二〇九一年(公元前一八〇)吕后死以前,朝廷的政权,始终在她手里。

吕后对于宗室,杀掉一个赵隐王如意,又杀掉一个赵幽王友,就是淮阳王,如意死后徙封。一个赵共王恢。就是梁王。燕灵王建死后,她又叫人杀掉他的庶子,又割了齐国的琅邪、济南二郡,都把来封自己一系的人。还割了齐国的城阳郡,来做鲁元公主的汤沐邑。太后要封诸吕时,右丞相王陵便引"高祖白马之盟"来抵抗她。左丞相陈平、绛侯周勃说:"高帝定天下,王子弟,今太后称制,王昆弟诸吕,无所不可。"(这句话倒也爽快)于是王陵免职,封诸吕的事,就实行起来。琅邪王是高祖的堂房弟兄,在高祖手里不甚得法,吕后秉政,才去拍马屁,所以也是吕后一系的人。

燕	灵王建	吕通吕后的侄孙。
赵	隐王如意　幽王友　共王恢	吕禄吕释之的儿子。
梁	恢	吕产吕台的兄弟。
齐	悼惠王肥	齐悼惠王肥　哀王襄 吕王吕台吕泽的儿子。 琅邪王刘泽 城阳鲁元公主汤沐邑

他对于功臣系,就是叫吕禄、吕产起初是吕台带的,吕台死后,吕产接他的手。带了南北军,汉朝京城里的兵,参看第八章第四节。夺掉太尉周勃的兵权。这件事在惠帝死后。张良的儿子,唤做张辟疆,这时候只有十五岁,做侍中的官。去见陈平道:太后只有这一个儿子,现在死了,他哭得并不伤心,你知道是什么原故?陈平道:我不知道呀!张辟疆道:皇帝(指惠帝)没有大的儿子,太后心上,就是怕你们这班人。你何不请于太后,叫吕台、吕产、吕禄,都带了南北军。那么,太后心安,就不来害你们了。陈平听了他。《史记》上说"吕氏权由此起"。十五岁的小孩子知道什么?自然是太后指使他去的。大概张良是外戚·系的人;所以高祖要废太子,吕后叫吕泽去逼他画策(《留侯世家》);吕后要想叫吕氏带南北军,又是张辟疆出头。

吕后临死的时候，吩咐吕禄、吕产等道："大臣恐为变。必据兵卫宫，慎无送丧，为人所制。"谁知吕后一死，风波就起来了，原来齐悼惠王有九个儿子，这时候，朱虚侯章、东牟侯兴居，都在京城里，便叫人去招呼哀王襄，叫他起兵来诛诸吕，自己做内应；齐哀王果然听了他，发兵而西。吕禄、吕产便叫灌婴去打他。这灌婴也是功臣系里的人，如何肯替外戚系出力？走到荥阳，便和齐王连和。陈平、周勃等乘机叫郦商_{高帝的谋臣}的儿子郦寄去说吕禄，"以兵属太尉"，归国就封。吕禄还犹豫不决。他们又找到一个尚符节纪通，就叫他诈传诏旨，把周勃送到北军里，又分了一千兵给朱虚侯，朱虚侯就把吕产杀掉。于是悉捕诸吕男女，无少长皆斩之。外戚系的势力，到此就算消灭了。

齐悼惠王肥 { 哀王襄 / 城阳景王章 / 济北王兴居 / 齐王将闾 / 济北王志 / 济南王辟光 / 菑川王贤 / 胶西王卬 / 胶东王雄渠 }

然而宗室系和功臣系的暗斗又起来了。当这时候，最紧要的便是"皇位继承"问题，《史记》上记他们的事情道：

> 诸大臣相与阴谋曰：少帝及梁、淮阳、常山王，皆非真孝惠子也。吕后以计诈名他人子，杀其母，养后宫，令孝惠子之，立以为后及诸王，以强吕氏。今皆已夷灭诸吕，而置所立，即长用

事，吾属无类矣。不如视诸王最贤者立之。或言齐悼惠王，高帝长子，今其適子为齐王，推本言之，高帝適长孙，可立也。大臣皆曰：吕氏以外家恶，而几危宗庙，乱功臣，今齐王母家驷钧，驷钧，恶人也，即立齐王，则复为吕氏。欲立淮南王，以为少，母家又恶。乃曰：代王，方今高帝见子最长，仁孝宽厚。太后家薄氏谨良。且立长故顺，以仁孝闻于天下，便。乃相与阴使人召代王。

这件事，《史记》上说明他们是"阴谋"；可见得"少帝及梁、淮阳、常山王，皆非真孝惠子"，这句话，并非实录。不过他们恐怕"即长用事，吾属无类"，所以造为此说罢了。这时候，宗室里头要算齐最强，他们毕竟把他排掉了，立了一个无势无力的代王，这个也要算宗室和功臣系的一场暗斗。

文帝即位，把城阳、琅邪、济南三郡，都还了齐；徙刘泽王燕。刘泽虽然宗室，却是吕后封他的，齐王起兵的时候，把他骗来，软禁起来。却叫人去发其国兵，并将而西。刘泽无法，说齐王道：你软禁了我，也很无谓。现在京城里人，正在那里议立谁做皇帝呢。我在姓刘的里头年辈最尊，你不如放我进京去替你游说游说。齐王就放了他。谁知他一进京，也主张齐王立不得，要迎立代王。当诛诸吕的时候，诸大臣许把赵地王朱虚侯，梁地王东牟侯。文帝听得他两个本意要立齐王的，只把朱虚侯封做城阳王，东牟侯封做济北王。城阳王立两年就死了，济北王不久到底以谋反伏诛。齐哀王死后，儿子文王则又死了，没有后人，文帝便把他的地方分做六国，立了将闾、志、辟光、贤、卬、雄渠六人，这个已是"众建诸侯而少其力"的意思了。汉高祖的儿子，还有一个淮南厉王长，前二〇八五年（公元前一七四），以骄恣伏诛。

然而这时候，诸侯里头还有一个吴国。他的国里是有章郡_{秦鄣郡，治今浙江长兴县}。铜山，可以即山铸钱。又东煮海水为盐，以是国无赋税，又招致了许多亡命，本来是危险分子。文帝时，吴太子来朝，和皇太子景帝，饮博，争道，不恭，皇太子以博局提杀之，自然是加一层怨恨。文帝是用软功的，吴王不朝，便赐以几杖，以示承认他有病的意思。吴王得汉朝宽容，反谋也就缓下来了，然而造反的资格毕竟还在。到景帝即位，又用了晁错，削起诸侯的地来。原来汉初封建同姓，土地都很大，这时候，承丧乱之后，户口还少，承平数世，也就加多起来，诸侯的势力更强了。到文帝时候，各种特殊势力，只剩了这一种，自然要从此想法子。所以贾谊说：

> 欲天下之治安，莫若众建诸侯而少其力；力少则易使以义，国小则亡邪心……割地定制，令齐、赵、楚各为若干国，使悼惠王、幽王、元王之子孙，毕以次各受祖之分地，地尽而止，及燕、梁他国皆然。其分地众而子孙少者，建以为国，空而置之，须其子孙生者，举使君之。……

这种法子是一个和平的法子。文帝手里没有实行。到景帝即位，任用晁错做御史大夫，晁错的主意，却比贾谊激烈了。他不用"把诸侯的地方分给他自己子孙"的法子，却硬用天子的权力来削诸侯的地。他说："削之亦反，不削亦反。削之其反亟，祸小；不削其反迟，祸大。"前二〇六五年（公元前一五四）——景帝三年，一举就削了楚、赵、胶西三国的地方。于是吴王恐"削地无已"，就和济南、菑川、胶东、胶西四国，及楚王戊，元王的孙。赵王遂，如意的儿子，文帝所封。同举兵反起来了。

吴国的反谋，蓄了三十多年，一发起来自然声势浩大了。他下令国中，说："寡人年六十二，身自将；少子年十四，亦为士卒先。诸年上与寡人同，下与少子等皆发。"一共得了二十多万人。又发了闽、东越两国的兵。他移书诸侯道："吴国虽贫，寡人节衣食用，积金钱，修兵革，聚粮食，夜以继日，三十余年矣。凡皆为此……能斩捕大将者，赐金五千斤，封万户；列将，三千斤，封五千户；裨将，二千斤，封二千户；二千石，千斤，封千户；皆为列侯。其以军若城邑降者，卒万人，邑万户，如得大将；人户五千，如得列将；人户三千，如得裨将；人户千，如得二千石；其小吏，皆以差次受爵金。他封赐，皆倍常法。其有故爵邑者，更益，勿因。……寡人金钱在天下者，往往而有，非必取于吴，诸王日夜用之不能尽。有当赐者，告寡人，寡人且往遗之。"幸而有善于用兵的周亚夫，总算应时戡定。当时七国的兵，系吴楚两国西攻梁；济南、菑川、胶东、胶西四国，共攻围齐；赵国也发兵入齐西界。汉景帝派将军郦寄击赵；栾布击齐；太尉周亚夫击吴、楚。吴、楚的兵最轻剽，难与争锋。梁国的都城睢阳（如今河南的商丘县）被围甚急，亚夫个去救，却东北壁昌邑（如今山东的金乡县），遣轻骑出淮泗口，绝吴、楚粮道，吴、楚兵攻睢阳不克，攻亚夫军又不胜，粮尽，只得退回。亚夫遣兵追击，大破之。吴王逃到东越，给东越人杀掉。楚王戊自杀。济南、菑川、胶东、胶西四国的王都伏诛。齐王将闾本和四国有谋，后来才反悔了，城守拒敌，到这时候，也惧而自杀。梁孝王武是景帝的同母弟。**从此以后，汉朝就"摧抑诸侯，不得自治民补吏"，实权都在"相"的手里。武帝时，又用主父偃的计策，叫诸侯把自己的地方分封自己的子弟。从此以后，列国疆域更加狭小，汉初的封建就名存实亡了。**周亚夫是周勃的儿子，也带一点功臣系的臭味，所以后来毕竟不得其死。参看《史记·绛侯世家》。

第三章　汉初的休养生息

功臣、外戚、宗室,三系的捣乱,都已讲过,就可以讲到汉初社会的建设方面了。要考察社会的情形,物质方面和精神方面都得注重的。精神方面固然要受物质方面的支配,物质方面也要受精神方面的支配。汉初社会的精神方面却是怎样呢?《史记》上说:

> 黎民得离战国之苦,君臣俱欲休息乎无为。《吕后本纪赞》。

为什么有这种心理？请想一想。西周以前不必论,从春秋到战国,中国实在经过五百年的长期战争;再加以秦朝的暴虐;再加以楚汉的分争;这时候,社会的状况如何？如何不要发生这一种心理呢？

社会心理的力量是最大不过的。生于其间的人没一个能不受它的鼓动,而且受其鼓动而不自知。

> 《汉书·孝文帝本纪赞》：孝文皇帝即位二十三年,宫室、苑囿、车骑、服御,无所增益。有不便,辄弛以利民。尝欲作露台,召匠计之,直百金。上曰：百金,中人十家之产也,吾奉先帝宫室,常恐羞之,何以台为？身衣弋绨,所幸慎夫人,衣不曳地。帷帐无文绣,以示敦朴,为天下先,治霸陵,皆瓦器,不得以金银铜锡为饰。因其山,不起坟。

又《食货志》：孝惠高后时,百姓新免毒蠚,人欲长幼养老。

萧曹为相,填以无为,从民之欲,而不扰乱。是以衣食滋殖,刑罚用稀。及孝文即位,躬修玄默,劝趣农桑,减省租赋。而将相皆旧功臣,少文多质,惩恶亡秦之政,论议务在宽厚,耻言人之过失,化行天下,告讦之俗易。……风流笃厚,禁网疏阔,选张释之为廷尉,罪疑者予民。是以刑罚大省,至于断狱四百,有刑错之风。

孝文帝这种恭俭的君主,在历史上却也难得。功臣是最喜欢捣乱的,也能彀"论议务在宽厚",更为奇怪。我说:这都是受了社会心理的鼓荡而不自知的。《吴王濞传》:"孝惠高后时,天下初定,郡国诸侯,各务自抚循其民。"当时的郡国诸侯,武人也不少,居然能如此,这个也是受社会心理的暗示。其效验,居然"天下初定……大城名都散亡,户口可得而数者十二三,是以大侯不过万家,小者五六百户。后数世,民咸归乡里,户益息。萧、曹、绛、灌之属,或至四万,小侯自倍,富厚如之"(《史记·高祖功臣侯年表》)。

当时的政治受这种心理的支配。可考见的共有三端:其(一)是减轻人民的负担:汉高祖初定天下,"轻田租十五而税一"。文帝十三年,前二〇七八年(公元前一六七)。"除民之田租"。到景帝三年,前二〇六七年(公元前 -五四[六])。才令民半出租,其间共有一十三年,没有收过一文的田税。这是中国历史上仅有过一次的事。从此以后,田租是三十而税一。其(二)是简省刑罚:高祖入关,就和人民约法三章。其后萧何定《九章律》,虽然沿用秦法,然而断狱四百在实际上却是简省的。文景时代,又屡有减轻刑罚的举动。详见第八章第五节。其(三)是在政治上一切都守无为主义。所以贾生劝文帝"改正朔,易服色,法制度,定官名,兴礼乐"。文帝就"谦让未遑"。《史记》本传。匈奴屡次入寇,从景帝以前,始终取防御主义。这种政策,高祖、高后、文帝、景帝四代相继,共有六十六年。前二一一七(公元前二〇六)至前二〇五二年(公元前一四一)。它的效果便是:

《汉书·食货志》：汉兴，接秦之弊。诸侯并起，民失作业而大饥馑，凡米石五千，人相食，死者过半。高祖乃令民得卖子，就食蜀汉。天下既定，民亡盖藏，自天子不能具醇驷，而将相或乘牛车。……至武帝之初，七十年间，国家亡事。非遇水旱，则民人给家足。都鄙廪庾尽满，而府库余财。京师之钱，累百钜万，贯朽而不可较。太仓之粟，陈陈相因，充溢露积于外，腐败而不可食。众庶街巷有马，阡陌之间成群，乘牸（牸）牝者，摈而不得会聚。守闾阎者食粱肉，为吏者长子孙，居官者以为姓号，人人自爱而重犯法，先行谊而黜愧辱焉。

这个富力的增加，也总算得快的了。然而这种政治也有个弊病，便是（一）豪强之徒侵凌穷人，毫无制裁；（二）文化方面太觉黯然无色，所以激成武帝和王莽时的政治。且待下面再讲。

第四章　汉朝的武功

第一节　匈　　奴

秦汉时代,是中国国力扩张的时代。这是为什么?(一)战国以前是分裂的,秦汉时代变做统一的大国。(二)去战国时代未远,人民尚武之风还在。(三)从汉初到武帝,经过七十年的休养生息,富力也极充足。

从秦到清盛时,二千多年,中国"固定的领土"和"对外扩张的方向",无甚变更。这个规模,是秦始皇开其端,汉武帝收其功,所以说雄材大略的,一定要数秦皇汉武。咱们现在要讲汉朝的武功,因为匈奴是汉朝一个大敌,就从他讲起。我在第一篇第六章第一节里,不是说过当时的匈奴,都是些"分散谿谷"的小部落,只有河套里的一个部落,稍为绝大么?这个部落便是秦汉时候的匈奴。当秦始皇时候,匈奴的单于唤做头曼。秦始皇叫蒙恬去斥逐他,头曼不能抵抗,只得弃河套北徙。到秦朝火亡,戍边的人都跑掉了,匈奴复渡河而南,仍旧占据了河套。这时候,匈奴国里又出了个冒顿单于,东击破东胡,西走月氏,南并白羊、楼烦二王,又北服丁令等小国,这个丁令,在贝加尔湖附近。贝加尔湖,当时唤做北海。就并有如今的内外蒙古和西伯利亚的南部了。老上单于时,又征服西域。

他这时候,便把从前"分散谿谷"的小部落都并而为一。匈奴的统一事业到此时才算完成。所以《史记》上说:

> 自淳维以至头曼,《史记》:"匈奴,其先祖夏后氏之苗裔也,曰淳维。"索隐引乐彦《括地谱》:"夏桀无道,汤放之鸣条,三年而死。其子獯粥,妻桀之众妾,避居北野,随畜移徙,中国谓之匈奴。"这种话,靠得住与否,可以暂时不必管他。千有余岁,时大时小,别散分离,尚矣。……然至冒顿而匈奴最强大,尽服从北夷,而南与中国为敌国。

然而他的人数毕竟不多。《史记》上先说"控弦之士三十余万",又说"自左右贤王以下,至当户,大者万骑,小者数千,凡二十四长,立号曰万骑"。则匈奴控弦之士,实在还不足二十四万。既然"士力能弯弓,尽为甲骑"。那么,控弦之士之数,一定等于全国壮丁之数。老弱的数目,算他加两倍,妇女的数目,算他和男子相等,也还不过百五十万。(控弦之士)2=老弱男子之数;控弦之士+老弱=男子之数;(男子之数)2=匈奴全人数。所以贾生说"匈奴之众,不过汉一大县"。他所以强盛全由于:(一)游牧部落性质勇悍;(二)处塞北瘠薄之地,当然要向南方丰富之地发展。这是中国历史上北狄之患公共的原因。

这时候,他所占据的地方,是"诸左方王将居东方,直上谷,如今直隶的蔚县。以东接濊貊、朝鲜。右方王将居西方,直上郡,如今陕西的肤施县。以西接月氏、氐、羌。而单于之庭,直代,如今山西的代县。云中"。如今山西的大同县。

匈奴和汉朝的兵衅,起于前二一一一年(公元前二〇〇)。以前只算得盗边,这一次才是正式的交战。韩王信既降匈奴,就引导他入寇,参看第二章第三节。高祖自将击之,被围于平城,在如今大同县。

七日乃解。于是用刘敬的计策：（一）奉宗室女翁主为单于阏氏，（二）岁奉匈奴絮、缯、酒、食物各有数，（三）约为兄弟，以和亲。刘敬是个战国的策士，战国以前，本国人本和戎狄杂居的，用这种"婚姻"、"赂遗"的政策，以求一时之安或为欲取姑与之计的，是很多。刘敬还是这种旧眼光。然而这时候的匈奴，已经变做大国，不是前此杂居内地的小部落，暂时敷衍，将来就可以不战而屈的。所以他这种政策毕竟无效。从此以后，经过老上冒顿的儿子，前二〇八五年（公元前一七四）立。和军臣老上的儿子，前二〇七二年（公元前一六一）立。二世，都和汉时战时和，到伊稚斜军臣的兄弟，前二〇三七年（公元前一二六）立。手里，形势就一变了。

武帝和匈奴启衅，事在前二〇四四年（公元前一三三），用大行王恢的计策，叫马邑人聂壹，阳为卖马邑城诱匈奴单于入塞，伏兵三十余万于其旁，要想捉住他。单于还没入塞，计策倒泄漏了。从此以后两国就开了兵衅。其中最有关系的有三次。（一）是前二〇三八年（公元前一二七），卫青取河南地，开朔方郡，恢复秦始皇时的旧界。（二）是前二〇三〇年（公元前一一九），因为伊稚斜单于用汉降人赵信的计策，益北绝漠，要想诱汉兵到那里，趁他疲极而取之。汉朝便发了十万骑——这是官发的，又有私员从马，凡十四万匹，运粮重的还在外——叫大将军卫青，骠骑将军霍去病，各分一半去打他。卫青出定襄，如今的和林格尔县。打败了单于的兵，追到寘颜山赵信城。赵信所造的。霍去病出代如今山西的代县。二千余里，封狼居胥山，禅于姑衍，临瀚海而还。寘颜山，赵信城，狼居胥山，姑衍，瀚海，都应该在漠北，不能确指其处。从此匈奴远遁，漠南无王庭。（三）是前二〇三二年（公元前一二一），匈奴西边的浑邪王杀休屠王降汉，汉朝就开了河西四郡。酒泉，如今甘肃的高台县。武威，如今甘肃的武威县。敦煌，如今甘肃的燉煌县。张掖，如今甘肃的张掖县。从此以后，汉朝同西域交通的路开，匈奴却断了右臂了。参看下节。这都是武帝时候的事情。

　　伊稚斜之后，又六传而至壶衍鞮单于。伊稚斜子乌维单于，前二〇二五年（公元前一一四）立。前二〇一八年（公元前一〇七）卒，子詹师卢立，年少，号为儿单于，前二〇一三年（公元前一〇二）卒，季父句黎湖单于立。前二〇一二年（公元前一〇一）卒，弟且鞮侯单于立。前二〇一二年（公元前一〇一）卒，子狐鹿姑单于立。前一九九六年（公元前八五）卒，子壶衍鞮单于立。出兵攻乌孙。这时候乌孙已尚了中国的公主。前一九八四年（公元前七三），宣帝本始元年。中国发五将军，又叫校尉常惠，护乌孙兵，去攻匈奴，匈奴闻汉兵出，驱其畜产远遁。所以五将军无所得。常惠的兵从西方入，却斩首三万九千余级，获马、牛、羊、驴、骡、橐驼七十余万头。这个自然是个虚数，然而为数必也不少。匈奴怨恨乌孙，这一年冬天，单于自将去攻他，归途又遇见大雪，士卒冻死了十分之九。于是丁令乘弱攻其北，乌桓入其东，乌孙击其西，杀伤不少。加以饿死，人民去掉十分之三，畜产去掉十分之五，匈奴竟变做一个弱国了。然而还没肯服中国。直到前一九七一年（公元前六〇），虚闾权渠单于死，壶衍鞮单于的兄弟，前一九七九（公元前六八）年立。握衍朐鞮单于立，国中又起了内乱。五单于争立，后来都并于呼韩邪单于。而呼韩邪的兄呼屠吾斯，又自立做郅支骨都侯单于，杀败了呼韩邪。于是前一九六三年（公元前五二），汉宣帝甘露二年。呼韩邪款五原塞。如今绥远道的五原县。明年，就入朝于汉。郅支单于见汉朝帮助呼韩邪，料想敌他不过，恰好这时候，康居见下章。给乌孙所攻，来迎接他去并力抵敌乌孙。郅支大喜，便住到康居国里去。前一九四七年（公元前三六）——元帝的建昭三年，西域都护甘延寿，副都护陈汤，矫诏发诸国兵，把他攻杀了，传首京师。前汉时代的匈奴，到这时候便算给中国征服。

第二节 西　　域

汉时所谓"西域",其意义有广狭两种。初时所谓"西域",是专指如今的天山南路,所谓"南北有大山,中央有河"。南山,是如今新疆和青海、西藏的界山;北山,是如今的天山山脉;河,就是塔里木河。这是狭义。但是后来交通的范围广了,也没有更加分别,把从此以西北的地方,也一概称为"西域"。这"西域"二字,便变成广义了。

狭义的西域,有小国三十六,后稍分至五十余。其种有"塞",有"氐"、"羌"。氐、羌是"行国",塞种是"居国"。诸国大概户数不过数百,口数不过千余或数千。最大的龟兹,户数六九七〇,口数八一三一七,胜兵数二一七六。最小的乌贪訾离,户数四一,口数二三一,胜兵数五七。不过是一个小部落,实在不足称为国家。其中较大而传国较久的,只有焉耆、如今新疆的焉耆县。龟兹、如今新疆的库车县。疏勒、如今新疆的疏勒县。莎车、如今新疆的莎车县。于阗如今新疆的于阗县。五国。汉时当交通孔道的,有车师、北道,如今新疆的吐鲁番县。楼兰南道,如今已沦为白龙堆沙漠。二国。余均无足齿数。从此以西北,却有几个大国。

原来葱岭以西,是白种人的根据地。现在欧亚两洲的界线,在地理上并不足为东西洋民族的界线;东西洋民族分布的界线,还要推葱岭、帕米尔一带大山。试观葱岭帕米尔以西诸国,和欧洲的历史关系深,和中国的历史关系浅可知。白种有名的古国,要推波斯。后来为马其顿所灭。亚历山大死后,部将塞留哥(Seleucus)据叙利亚(Syria)之地自立,是为条支。后来其东方又分裂而为帕提亚(Parthia)、巴克特利亚(Bactlia)两国,便是安息和大夏。大夏之东,也是希腊人所分布。西域人呼为 Ionian,就是 Yavanas 的转音,这是大宛。大宛之北为康居,再西北就是奄蔡了。奄蔡，就是元史上的阿速，到将来再讲。安息是如今的波斯。大夏在阿母、西尔两河之间。大宛在其东，大约在如今的吹河流域。其北就是康居，康居的地理，《元史译文证补》把他考得很清楚的。原文甚长，不能备录，可以翻出一参考。奄蔡，也见《元史译文证补》。据近世史家所考究，蒲萄、苜蓿，亦系希腊语 Botrus、Medike 的译音（参看近人《饮冰室丛著·张博望班定远合传》）。这一节又须参考西史。这都是阿利安族。《汉书》上总叙他道："自宛以西，至安息，虽颇异言，然大同，自相晓知也。其人皆深目高鼻，多须髯。善市贾，争分铢之利。贵女子，女子所言，丈夫乃决正。"又颜师古说：乌孙"青眼赤须，状类猕猴"。据近代人所研究，这种形状很像德意志人。《元史译文证补》卷二十七。这些国的种族属于阿利安大约可无疑义了。

此外又有所谓"塞种"，大约是白种中的"塞米的族 Semites"。其居地，本来在如今的伊犁河流域。后来为大月氏所破，才分散。《汉书》上说："昔匈奴破大月氏，大月氏西居(君)大夏，而塞王南居(君)罽宾。如今印度的克什米尔。塞种分散，往往为数国。自疏勒以西，休循、捐毒之属，皆故塞种也。"此外又有乌弋山离，"其草木、畜产、五谷、果菜、食饮、宫室、市列、钱货、兵器、金珠之属，皆与罽宾同"。难兜国，亦"种五谷，葡萄诸果，与诸国同属罽宾"，大约亦系塞种。《汉书》上明指为氐羌的，是"蒲犁与依耐、无雷皆西夜类也。西夜与胡异，其种类氐羌。行国，随畜，逐水草"，此外更无明指为氐羌的。只有婼羌、鄯善，亦系行国；温宿则"土地物类所有，与鄯善诸国同"。可以推定其为氐羌。据《后汉书》，则西夜子合，各自有王。又有德若，"俗与子合同"，又载车师、蒲类、移支、且弥，亦均系行国。移支"俗勇敢善战，以寇抄为事。皆被发。尤酷与羌类"。此外都不明著其种族。西域诸国前后《汉书》载其道里方位很详，如今的新疆省，设县不多，若把县名来注，反觉粗略，若把小地名来注，太觉麻烦，反不如检阅原书的清楚而正确了。所以除几个大国之外，不再详注今地。若要精密研究，看徐松的《汉书·西域传补注》最好。

汉初，中国西北的境界限于黄河。渡河而西，祁连山脉之北是大月氏。_{后来河西四郡之地。}从大月氏再向西，便是西域三十六国了。大月氏本来是个强国，冒顿和老上单于时，两次为匈奴所破，逃到伊犁河流域，夺了塞种的地方。_{塞种于此时南君罽宾。}乌孙本来和大月氏杂居的，尝为大月氏所破，到这时候，便借兵于匈奴，再攻破大月氏。于是大月氏西南走，夺了大夏的地方。乌孙便住在伊犁河流域。汉武帝听得大月氏是个大国，想和他夹攻匈奴，募人往使，张骞以郎应募前往，路经匈奴，给匈奴人留住一年多。张骞逃到大宛。大宛派个翻译，送他到康居，康居再送他到大月氏。这时候，大月氏得了"沃土"，殊无"报胡之心"。张骞留了一年多，不得要领而归。恰好这时候匈奴的浑邪王，杀掉休屠王降汉，汉朝得了河西的地方。张骞建言，招乌孙来住。汉武帝就派他到乌孙，乌孙不肯来；而张骞的副使，到旁国去的，颇带了他的人回来。汉武帝由是锐意要通西域，一年之中，要差十几回使者出去。

使者走过各国，各国是要搬粮挑水供给他的。加之当时出使的人，未必个个都是君子，颇有些无赖之徒想借此发些财的。_{因为所带金帛甚多。这种金帛，回来时候，未必有正确的报销。要是无赖一点，沿路还可以索诈。或者还可以带着做点买卖。}其行径，颇不敢保他正当。因此当道诸国，颇以为苦。于是楼兰、车师先叛。前二〇一九年（公元前一〇八），汉武帝发兵打破了这两国。后来又有人说大宛国里有一种"天马"，汉武帝差人，带了"金马"去换他的。大宛王不肯，和汉使冲突，把汉使杀掉。武帝大怒，派李广利去打大宛。第一次因为路远，粮运不继，不利。武帝再添了兵去，前二〇一二年（公元前一〇一）到底把大宛打破。大宛离汉甚远，给汉朝打破之后，西域诸国见了汉朝就有些惧怕。加之以乌孙也是一个大国，他起初和中国颇为落落寡合，后来因为时常同中国往来，匈奴人要想攻他，乌孙人急了，就尚了中国的公主。从此以后，乌孙和中国往来极为亲密。这都是汉朝的声威所以远播的原因。至于三十六国，当老上单于攻破月氏之后，就臣服匈奴。"匈奴西边日逐王，置僮仆都尉，使领西域，常居焉耆、危须之间，赋税诸国，取给足焉。"从浑邪王降汉之后，而汉通西域之路始开。攻破大宛之后，则"敦煌西至盐泽，如今的罗布淖尔。往往起亭。而轮台，如今新疆的轮台县。渠犁，轮台东。皆有田卒数百人，置使者校尉领护，以给外国使者"。然而当这时候，匈奴还时时要和中国争西域。前一九七九年（公元前六八），郑吉攻破车师，屯田其地，保护了南道。前一九七〇年（公元前五九），匈奴内乱，日逐王降汉。于是匈奴所置的僮仆都尉销灭，而中国叫郑吉并护南北两道，谓之都护。治乌垒城，在如今库车县东南。元帝时又设立戊己校尉，屯田车师。西域诸国，就全入中国的势力范围了。南道，是如今从羌婼、且末经于阗到莎车的路。北道，是从吐鲁番经焉耆、库车到疏勒的路。当时的争夺西域，只是争两条通路，而汉朝以屯田为保护路线的政策。

第三节 朝　　鲜

貊族的情形，第一篇第六章第三节已经讲过了。当汉武帝时，貊族在如今奉天、吉林两省之间，大约从东辽河的上游起，北据松花江流域。当时辽东郡的塞外。汉人称之为濊，亦作薉。役属"卫氏朝鲜"。

朝鲜是亚洲一个文明的古国。他的始祖，就是中国的箕子，这是人人知道的。但是箕子的立国，究竟在什么地方呢？这个却是疑问。朝鲜的古史，当箕氏为卫满所灭时全然亡失。朝鲜人要讲古史，反得借资于中国。朝鲜人所自著的，只有新罗的僧人无极所作的《东事古记》。然而这部书不大可靠。据《东事古记》说：唐尧时代，有一个神人，唤做檀君，立国于如今的平壤，国号朝鲜。到商朝的中叶，传统才绝。这一段话,近来史家都不甚信他。箕子的立国,向来都说在平壤,近来也有人疑心,说箕子所走的朝鲜,实在如今的辽西。到后来,才逐渐迁徙而入半岛部的,但也没有十分充足的证据。

朝鲜当战国时代,曾经和燕国交兵,给燕国打败了。这时候,辽东地方全为燕国所据。朝鲜和燕国以浿水为界。如今的大同江。秦灭燕之后,又扩充到浿水以东。秦灭汉兴,仍以浿水为界。卢绾之乱,燕国有个人,唤做卫满,逃到朝鲜,请于朝鲜王准,愿居国的西境,替朝鲜守卫边塞,朝鲜王许了他,所住的,大约就是秦朝所占浿水以东的地方。后来卫满势力大了,就发兵去袭朝鲜,朝鲜王战败,逃到马韩部落里,卫满就做了朝鲜的王。

三韩在朝鲜半岛的南部。马韩在西,占如今忠清、全罗两道,马韩之东是弁韩,弁韩之东是辰韩,占如今的庆尚道。汉武帝时,要想到中国来朝贡。这时候,卫满已经传子及孙,名为右渠,阻碍三韩,不许他到中国来。又袭杀中国的辽东都尉。前二〇二〇年(公元前一〇九),汉武帝发兵两道,把朝鲜灭掉,将其地分置乐浪、如今的黄海、平安两道。临屯、汉江以北。玄菟、咸镜南道。真番地跨鸭绿江。四郡,从此以后,朝鲜做中国的郡县好几百年。直到东晋时代,前燕慕容氏灭亡,中国在辽东的势力才全失坠。

濊貊的酋长南闾,前二〇三九年(公元前一二八),曾经率男女二十八万口内属,汉武帝替他置了个沧海郡,隔几年,又废掉了。朝鲜灭后,濊人有一支,迁到半岛的东部去的,唤做东濊,又唤做不耐濊。留居故地的,就是后来的夫余。

第四节　闽粤南越和西南夷

以上三节所说,都是对外的事情。"中国本部的统一",却是也到汉武帝手里规模才大定的。秦始皇略取南越地,置桂林、南海、象三郡,已见第一章。秦朝灭亡的时候,龙川令赵佗并了这三郡之地,自称南越武王。越国灭亡之后,"诸族子争立,或为王,或为君,滨于江南海上,服朝于楚"。《史记·越勾践世家》。秦有天下,取其地置闽中郡,粤王无诸,和他的同族名摇的,都佐诸侯灭秦有功。汉高帝立**无诸做闽越王**,都治,如今福建的闽侯县。惠帝又立摇做东瓯王。如今浙江的永嘉县。前二○四九年(公元前一三八),闽越攻东瓯,武帝发兵救之,兵还没有到,闽越兵先已退去,东瓯请"举国内徙"。于是徙其人江淮间,东瓯的地方就空了起来。前二○二三年(公元前一一二)中国灭掉南越,又灭掉东越,福建、广东两省,就永入中国版图。

当时又有所谓西南夷,《汉书》叙述他的形势是:

> 南夷君长以十数,夜郎最大。如今贵州的桐梓县。其西,靡莫之属以十数,滇最大。如今云南的昆明县。自滇以北,君长以十数,邛都最大。如今四川的西昌县。此皆椎结,耕田,有邑聚。

> 其外,西自桐师以东,北至叶榆,名为嶲、昆明。如今云南的大理县。编发,随畜移徙,无常处,亡君长,地方可数千里。自嶲以东北,君长以十数,徙、莋都最大。徙,如今四川的天全县。莋都,如今四川的清谿县。自莋以东北,君长以十数,冉駹最大。如今四川的茂县。其俗或土著,或移徙,在蜀之西。自駹以东北,君长以十数,白马最大。皆氐类也。

以上所述,第一类是濮族(猓㑩),从黔江流域到金沙江流域。文明程度最高。第二种大约也是氐羌一类,因为若是粤族,便要断发,氐羌则或编发(就是辫发)或被发。又粤族本居沿海,没有畜牧的。这一族人"随畜移徙",明是从北方高原之地迁来。所以知道他是氐或羌族。**在澜沧江流域。文明程度极低。第三种是氐族**,在岷江、大渡河流域和嘉陵江上源。

汉武帝时,有一个人唤做唐蒙,出使南越。南越人请他吃蜀的"枸酱",唐蒙问他你这枸酱从什么地方来的,南越人说:从夜郎国里,走牂牁江来的。_{如今的北盘江。}唐蒙才晓得走牂牁江可以通南越。回来时候,就上书武帝,请通夜郎,以为是"制粤一奇"。武帝就拜唐蒙做中郎将,去晓谕夜郎。于是把夜郎的地方置了个犍为郡。隔了几年,公孙弘做了宰相。说"事西南夷繁费",于是"罢事西南夷"。后来张骞从西域回来,说在大夏时看见蜀的布和邛的竹杖,问他从什么地方来。他说从身毒国来的。_{如今的印度。}如此看来,从蜀走西南夷,一定可通身毒;到得身毒,就可以通大夏。这一条路,比走"匈奴中"安稳得多了。于是再事西南夷,要想找通身毒的路。找了几年,到底找不到。伐南越这一年,发了夜郎的兵沿牂牁江而下。夜郎等国起初以为汉朝离他远,断不能占他的地方的。且乐得弄些缯帛,所以都听了唐蒙的话,愿意等中国去置郡。到这时候,见中国要发他的兵出去打仗,就有些不愿意,于是夜郎附近的且兰_{如今贵州的平越县。}先反,给汉朝打破了,把他的地方置了个牂牁郡。于是"西南夷振恐",纷纷都请"置吏",就邛都、_{越嶲郡。}莋都、_{沈黎郡。}冉駹、_{汶山郡。}白马_{武都郡。}的地方都置了郡,后二年,又灭掉了滇,把他地方置了个益州郡。

从汉武帝通西南夷之后,云南、贵州也算入了中国的版图,本部十八省的规模就此定下来了。然而因"枸酱"而通西南夷,因"蜀布"、"邛竹杖"而再事西南夷,都是以商人的贩运为其动机的,这种事情,研究起来觉得殊有趣味。

第五章　前汉的衰亡

第一节　汉武帝的内政

汉武帝这个人，武功文治亦有可观。他的文治见第八章第六节。然而他这个人太"不经济"。他所做的事情，譬如"事四夷"、"开漕渠"、"徙贫民"，原也是做得的事。然而应当花一个钱的事，他做起来总得花到十个八个。而且绝不考察事情的先后缓急，按照财政情形次第举办。无论什么事情，总是想着就办，到钱不彀了，却再想法子，所以弄得左支右绌。至于"封禅"、"巡守"、"营宫室"、"求神仙"，就本是昏愦的事情。我如今且把武帝手里罗掘的事情，举其大者如下。

（一）募民入奴婢，得以"终身复"，其本来是"郎"的，就再增加爵秩。后来又命民"买爵"，"赎禁锢"，"免赃罪"，特置"武功爵"十七级卖给百姓，共直三十余万金。

（二）用齐的大盐商东郭咸阳、南阳大冶孔仅管盐铁。铁器皆归官铸，制盐的，都得用官发的器具。又榷酒酤。

（三）算缗钱舟车。做卖买，放利息的人，有资本二千个钱，出一算。一百二十个钱。做手艺的人，有资本四千个钱，出一算。有轺车的人出一算。商贾有轺车的出两算。船长五丈以上出一算。

（四）置均输，用洛阳贾人子桑弘羊做大农丞，又代孔仅等尽管天下盐铁。桑弘羊想了一个法子，叫各处地方把本地的"出口货"做"贡品"，官却把他贩卖到别处。

（五）改钱法。秦有天下，仍定以黄金铜钱为货币。黄金用"镒"计重。铜钱仍照周朝的旧样子，每一个重"半两"，上面就铸着"半两"两个字。汉兴，黄金仍用斤计重，钱文的轻重屡次改变，最后才定为"五铢"。初用"荚钱"。高后二年，行"八铢钱"（就是半两），六年行五分钱（就是荚钱）。文帝时，铸四铢钱，武帝初年，改做三铢，后来又行半两，最后才改做五铢。五铢通行以后，铜钱的轻重，就没有改变。汉朝的五铢钱，在唐铸"开元通宝"以前始终算做良好的货币。文帝时，"除盗铸令，使民放铸"，铜钱本已很多。武帝时，用度不足，就即多铜的山铸钱，"钱益多而轻"。"乃以白鹿皮方尺，缘以缋，为皮币，直四十万。王侯、宗室，朝觐、聘享，必以皮币荐璧（壁），然后得行。又造银锡白金。"白金三品，其一曰重八两，圜形，其文龙，名白撰，直三千。其二较轻，方形，其文马，直五百。其三更轻，其文龟，直三百。销半两，铸三铢，禁私铸。后来为三铢钱轻，又铸一种"赤仄钱"，一当五。然而白金、赤仄，毕竟俱废不行。到后来，到底"悉禁郡国毋铸钱，专令上林三官铸。钱既多，而令天下非三官钱不得行。诸郡国前所铸钱皆废销之，输入其铜三官。"钱法才算大定。这一次的办法，却颇合于"货币政策"的原理。所以钱法就此定下来。可见天下事不合学理是不行的。

以上几条，第一条波及吏治，固不必言。而且"买复"去民太多，则"征发之士益鲜"，就不得不再兴别种苛法。官管盐铁，则物劣而价贵。算舟车，则商贾裹足，物品缺乏。设均输的时候，桑弘羊说："如此，富商大贾，亡所牟大利，则反本，而万物不得腾跃。"则明是和商贾争利。而其害人最甚的，尤要算"算缗"和"变乱钱法"。《汉书·食货志》说："……告缗遍天下，中家以上大氐皆遇告。……乃分遣御史廷尉正监分曹往,师古曰:曹,辈也;分辈而出为使也。往即治郡国缗钱,得民财物以亿计,奴婢以千万数,田:大县数百顷,小县百余顷,宅亦如之。于是商贾中家以上大氐破。民偷甘食好衣,不事畜藏之业。"这种行为,简直和抢劫无异。论钱法,则文帝时听民铸钱,本已害人不浅。贾生说:"法使天下公得……铸铜锡为钱,敢杂以铅铁为它巧者,其罪黥。然铸钱之情,非殽杂为巧,则不可得赢。而殽之甚微,为利甚厚。夫事有召祸,而法有起奸,今令细民人操造币之埶,各隐屏而铸作,因欲禁其厚利微奸,虽黥罪日报,其势不止。乃者民人抵罪,多者一县百数,及吏之所疑,榜笞奔走者甚众。夫县法以诱民,使入陷阱,孰积于此。"又说:"今农事弃捐而采铜者日蕃,释其耒耨,冶镕炊炭。"可谓"怵目刿心"了。到武帝时,"法钱不立",而突然禁民私铸,这时候的钱并不是不能私铸的,而且私铸了是很有利的。大抵禁止私铸,只有两个法子:其(一)是国家所铸的钱技术极精,人民不能效为;其(二)是"铸造费"极多,私铸无利。此外都不足恃的。武帝专令上林三官铸钱之后,所铸的钱大约颇为精工。《汉书·食货志》,说私铸的人"计其费不能相当",就自然没有人铸了。政府想借铸钱取利,专靠严刑峻法去禁止人民私铸。于是"自造白金五铢钱后五岁,而赦吏民之坐盗铸金钱死者数十万人。其不发觉相杀者,不可胜计。赦自出者百余万人。然不能半自出,天下大氐无虑皆铸金钱矣"。就演成极大的惨剧了。

　　文景以前,七十年的畜积,到此就扫地以尽,而且把社会上的经济,弄得扰乱异常。这都是汉武帝一个人的罪业。然而还有崇拜他的人。不过是迷信他的武功。我说:国家的武功,是国力扩张自然的结果,并非一二人所能为。以武帝时候中国的国力,傥使真得一个英明的君主,还不知道扩充到什么地步呢?"汉武式"的用兵,是实在无足崇拜的。参看第八章第四节。

第二节　霍光废立和前汉的外戚

　　武帝因相信神仙之故，许多"方士"、"神巫"都聚集京师，就有"女巫"往来宫中，教"美人"把"木人"埋在地下，说可以度厄。到后来，就互相告讦，以为"咒咀"。于是"巫蛊"之狱起。水衡都尉江充和太子有隙。武帝派他去治此狱，他就说在皇后、太子宫里，得到木人更多。太子急了，要见武帝面诉，江充又不许，太子无法，只得矫诏发兵，把江充杀掉，因而造反，兵败自杀。于是武帝就没有太子，到晚年，婕妤赵氏，生子弗陵，武帝想立他做太子，恐怕身后儿子幼小，母后专权。先把赵婕妤杀掉，然后立他。武帝崩，弗陵立，这个便是昭帝。霍光、金日䃅、上官桀，同受遗诏辅政。武帝的儿子燕王旦，因为年纪比昭帝大，反不得立，有怨望之心。和上官桀、桑弘羊同昭帝的姊姊盖长公主等结连谋反，事觉伏诛。自此大权尽归于霍光。昭帝死，无子，此时武帝的儿子只有广陵王胥在。霍光说广陵王曾经犯罪给先帝废掉的，不可立。迎立了武帝的孙子昌邑王贺，一百天，把他废掉了。再迎立戾太子的孙子病已，改名为询，这个便是宣帝。宣帝立，大权还在霍光之手。宣帝少时，因戾太子之故，系掖庭诏狱，几乎丧命。幸而掖庭令丙吉保全他，后来替他娶了个许广汉的女儿。宣帝在民间，就依靠他的外家史氏和丈母家许氏。即位之后，把许氏立为皇后。霍光的夫人名显，想把自己的女儿立做皇后，听得大怒。趁许皇后生了太子，<small>就是元帝。</small>教一个女医生，进毒药把他药死，霍光的女儿就立做皇后。霍光死后，宣帝渐夺霍氏之权。霍光的儿子禹，侄孙云、山，相对而泣，霍光的夫人也急了。就把当初谋弑许皇后的事情告诉他们，他们人惊道：这是灭族的事，如何使得。于是就有反谋。事情发觉，都给宣帝杀掉。<small>霍皇后也</small>

废掉。按霍光的废立,向来读史的人都说他大公无私。把他和伊尹并称,谓之"伊霍"。然而看《汉书·霍光传》,废掉昌邑王之后,杀掉他群臣二百余人。"出死,号呼市中曰:当断不断,反受其乱。"再看《夏侯胜传》:"昌邑王嗣立,数出。胜当乘舆前谏曰:天久阴而不雨,臣下有谋上者,陛下出欲何之。……是时光与车骑将军张安世欲废昌邑王,光让安世,以为泄语,安世实不言。乃召问胜,胜对言:在《洪范传》曰:皇之不极,厥罚常阴,时则下人有伐上者。恶察察言,故曰臣下有谋。光、安世大惊,以此益重经术士。"则霍光和昌邑王,明是互相龃龉之局。再看后来霍氏的权势,和他的结局,则所谓"伊霍",和历代所谓"权臣",原相去无几。原来把科学家的眼光看起来,人是差不多的——在科学上,是不承认有什么非常之人,也不承认有什么太善极恶之人的。研究历史的目的,在于把古今的事情互相比较,而观其会通。就是要把许多事情,归纳起来,得一个公例。若把儒家改制所托的话,通统认作实在,在后世,都是"欺人孤儿寡妇"的操、莽,而古代忽然有个"天下为公"的尧舜;在后世,都是"彼可取而代也"的项羽,"大丈夫当如此也"的汉高,而在古代,忽然有个"非富天下"的汤,"以至仁伐至不仁"的武王。那就人的相异"如金石与卉木之不同类",就无从互相比较,无从把许多事情,归纳了而得其公例,科学的研究,根本取消了。所以这些"偶像",不能不打破他,并不是要跟死人为难。

霍光秉政的时候,鉴于武帝时天下的疲弊,颇能安静不扰,与民休息。天下总算安稳。霍氏败后,宣帝亲揽大权,宣帝是个"旧劳于外"的人,颇知道民生疾苦,极其留意吏治,武帝和霍光时,用法都极严。宣帝却留意于平恕,参看第八章第五节。也算西汉一个贤君。宣帝死,元帝立,从此以后便步步入于"外戚政治"了。

外戚不是偶然发生的东西,是古代社会组织上,当然有的一种阶级,我在第二章第三节里已经说过了。却是中国,从秦汉而后,又有所谓"内重"、"外重"之局。外重是外有强臣,政府无如之何;到后来便变成"分裂"之局。像后汉变做三国是。内重是中央政府权力甚强,政府说句话,通国都无如之何;到后来便成了权臣篡国之局。像王莽的代汉是。前汉时代,地方政府的权力,本来只有诸侯王是强的。从七国之乱以后,汉初的封建名存而实亡,就成了内重之局;而外戚又是当时社会上一个特别的阶级,那么,汉朝的天下,断送在外戚手里,是势所必至,无可挽回的。因为任用贤才,是有英明的君主才能毂,是特别的事情。普通的君主,就只能照常例用人,而当时的社会,还没有脱除阶级思想。照常例用人,不是宗室,就是外戚。宗室是经过七国之乱以后,早已视为"禁忌品",断不能用他秉政的。那么,照常例用人,就只有外戚。英明的君主,不能常得,所以外戚的被任用,是势所必至,并不是偶然发生的事情。

汉朝外戚的专权,起于元帝时候。元帝即位,任用外戚史高,又用了旧时的师傅萧望之、周堪。元帝是个"柔仁好儒"的人,颇崇信师傅的说话。史高心上,不大高兴,就和宦官弘恭、石显连结,把萧望之、周堪排挤掉,这是汉朝外戚和宦官发生关系之始。成帝即位,任用外家王氏,王凤、王音相继为相,权力大盛,"郡国守相,皆出门下",内官更不必说。王氏之势,由此而成。成帝无子,立侄儿子欣做太子,是为哀帝。哀帝颇喜欢大权独揽,要"上法武宣",然而他这个人,其实是糊涂的。罢斥王氏之后,仍代以外家丁氏和祖母的同族傅氏,又宠爱了嬖人董贤,给他做了大司马。所以政治毫无改善之处。哀帝亦无子,死后,成帝的母亲太皇太后王氏即日驾幸未央宫,收取玺绶,召了他的侄儿子王莽来"定策"。迎立了元帝的孙儿子衎,这个就是平帝,夺掉董贤的官,董贤自杀。又逐去傅氏、丁氏,灭掉平帝的母家卫氏,于是大权尽归于王莽。平帝即位的时候,年尚幼小,到后来长大了,为卫氏之故,心常不悦。为王莽所弑。迎立宣帝的元孙婴，号为孺子，莽"居摄"，称"假皇帝"，前一九〇四年(八)，把他废掉自立。改国号曰新。

汉世系图

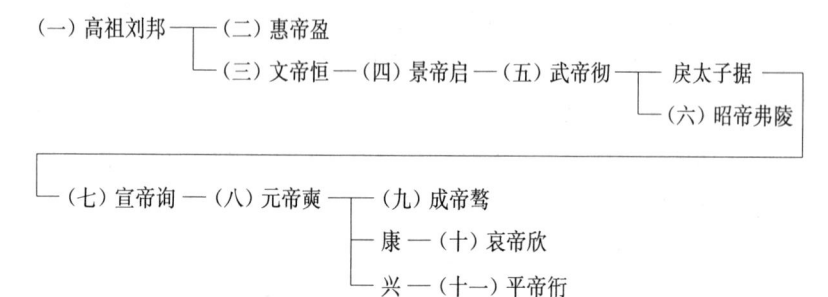

```
(一)高祖刘邦 ┬─ (二)惠帝盈
            └─ (三)文帝恒 ─ (四)景帝启 ─ (五)武帝彻 ┬─ 戾太子据 ─
                                                    └─ (六)昭帝弗陵
─ (七)宣帝询 ─ (八)元帝奭 ┬─ (九)成帝骜
                         ├─ 康 ─ (十)哀帝欣
                         └─ 兴 ─ (十一)平帝衎
```

第六章　社会革命

王莽这个人,后世都把他骂得是个"十恶不赦"的,然而他实在是个"社会革命家"。

要晓得王莽是个怎样人,先要晓得西汉的社会是个怎样的社会。我不说(一)大地主(二)豪商(三)擅山泽之利的,是当时社会上的富豪阶级么?要晓得当时的情形如何,我且引两个人的话来做证。

> 今农夫五口之家,其服役者,不下二人;其能耕者,不过百亩;百亩之收,不过百石,春耕,夏耘,秋获,冬藏;伐薪樵,治官府,给繇役;春不得避风尘,夏不得避暑热,秋不得避阴雨,冬不得避寒冻;四时之间,亡日休息;又私自送往迎来,吊死问疾,养孤长幼在其中;勤苦如此,尚复被水旱之灾,急政暴虐,赋敛不时,朝令而暮改;当其有者,半贾而卖;亡者取倍称之息;于是有卖田宅,鬻子孙,以偿责者矣;而商贾大者积贮倍息,小者坐列贩卖;操其奇赢,日游都市;乘上之急,所卖必倍。故其男不耕耘,女不蚕织;衣必文采,食必粱肉;亡农夫之苦,有阡陌之得;因其富厚,交通王侯,力过吏势;以利相倾,千里游敖,冠盖相望;乘坚策肥,履丝曳缟;此商人所以兼并农人,农人所以流亡者也。《汉书·食货志》晁错说文帝令民入粟拜爵。

富者田连阡陌，贫者亡立锥之地。又颛川泽之利，管山林之饶。荒淫越制，逾侈以相高；邑有人君之尊，里有公侯之富；小民安得不困。……或耕豪民之田，见税十五。师古曰：……十分之中，以各输本田主也。故贫民常衣牛马之衣，而食犬彘之食。……古井田法难卒行，宜少近古，限民名田，以澹不足。……去奴婢，除专杀之威。服虔曰：不得专杀奴婢也。《汉书·食货志》董仲舒说武帝。

此外类乎此的话还多，一时也征引不尽。《史记·平准书》说：文景极盛之后，"网疏而民富，役财骄溢，或至兼并"。似乎兼并之祸，是起于武帝以后的。然而其实不然。试看晁错的话，当文帝时，农民的困苦业已如此，再看荀悦说：

古者什一而税。以为天下之中正也；今汉氏或百一而税，可谓鲜矣；然豪强人占田逾侈，输其赋大半。官家之惠，优于三代。豪强之暴，酷于亡秦。是上惠不通，威福分于豪强也。文帝不正其本，而务除租税，适足以资豪强也。据《文献通考》引。

可见第三章所引《汉书·食货志》所述的盛况，只是社会的总富颇有增加，并没有普及于众人。不过这时候，承大乱之后，人心容易厌足，再加以当时政令的宽简，也就暂时相安罢了。这种贫富的阶级，从东周以后逐渐发生成长，根深蒂固，区区秦汉之际几年的战乱，如何就得破除？那么，如何会从武帝之后才发生呢？所以汉朝的儒者，没一个不讴歌颂祷井田的。退一步，便是"限民名田"。哀帝初，师丹、孔光等辅政，曾拟有实行的办法，给豪贵反对而罢。也见《汉书·食货志》。后世的人，都笑他们迂阔，安知道在当时实在是时势所要求？在这种情势之下，要想什么"限民名田"等平和缓进的方法，和富豪商量，请他让步，毕竟是无望的。所以王莽即位之后，就取断然的处置。下令道：

> ……今更名天下田曰王田，奴婢曰私属，皆不得卖买。其男口不盈八，而田过一井者，分余田与九族乡党。

这种办法，还承认奴婢是私属，总还算和平的。然而到底不能实行，三年之后，就下诏"诸食王田及私属，皆得卖买"。

"田曰王田"，是所以剥夺大地主的权利，他当时又立了五均、司市、泉府。司市以四时仲月，定出一个物价的标准来。商人的东西，有卖不掉的，五均按平价买进。有要借钱的，泉府可以出借，按月取息百分之三。这个，大约是所以救济小资本家和劳力的人，摧抑重利盘剥的。又设六管之令，官卖酒、盐、铁器，铸钱，税"采取名山大泽各物"的人。

他所行的事，最不可解的，是废掉汉朝的五铢钱，更作金、银、龟、贝、钱、布，五物，六名，二十八品。钱货六品，银货二品，龟宝四品，贝货五品，布货十品，黄金另为一品，在外。大概当时的人，有一种思想，以为货币是富豪所用以兼并贫民的。所以务求减杀他的效力。晁错说："夫珠玉金银，饥不可食，寒不可衣。……其为物，轻微易臧，在于把握；可以周海内而亡饥寒之患；此令臣轻背其主，而民易去其乡；盗贼有所劝，而亡逃者得轻资也。"就是这一种思想的代表。王莽大约也是抱这种思想的人。

王莽的立心，虽然是为民请命，然而他所行的政策，实在是背于经济原理的。所以弄得"农商失业，食货俱废"。《汉书·王莽传》上的话。他更有一误点，就是过于"迷信法治"，不管目前的事情。《汉书·王莽传》说：

> 莽意以为制定则天下自平，故锐思于地理，制礼作乐，讲合六经之说，公卿旦入暮出，议论连年不解决。不暇省狱讼冤结、

民之急务。县宰缺者数年,守兼一切,贪残弥甚。

再加以种种迂阔的行为,如大改州郡名及官名等。自然要土崩瓦解了。

然而王莽所以失败,还有一个大原因,原来古代的治法,是从极小的地方做起的。所谓国家,起初都是个小部落。君主和人民,本不十分悬隔;而政治上的机关,却极完备;所以一切事务易于推行;而且也易于监察,难于有弊。到后世,就大不然了。一县的地方,甚或大于古代的一国,何况天子。而所设的机关,却极其疏阔。就有良法美意,也无从推行。而且专制国的官吏,都是对于君主一个人而负责任的;君主监察所不及,就无论什么事情,都做得出来的。固然也有好的官吏,然而政治上不能希望人家自己。那么,更有什么事情能办得好;不但办不好,而且总是有弊,倒不如一事不做,还好希望苟且偷安,"汉文式"政治的所以成功,其原因就在乎此;"反汉文式"政治的所以失败,其理由也在乎此。王莽也是其中的一个人。所以中国一切事情的停滞不进,和君主专制政体,是有很深的关系的。

然而王莽这个人,他的道德,他的人格,毕竟是很可景仰的。《汉书·本传》说他初起的时候道:

> 莽群兄弟,皆将军五侯子,乘时侈靡,以舆马声色佚游相高。莽独孤贫,因折节为恭俭,受礼经,师事沛郡陈参,勤身博学,被服如儒生。

> ……爵位益尊,节操愈谦。散舆马衣裘,振施宾客,家无所余。收赡名士,交结将卿大夫甚众。

> 莽既拔出同列,继四父而辅政。……遂克己不倦。聘诸贤良,以为掾史。赏赐邑钱,悉以享士。愈为俭约,母病,公卿列侯遣夫人问疾;莽妻迎之,衣不曳地,布蔽膝;见之者以为僮使,

问知其夫人,皆惊。

这许多事情,后人都把个"伪"字一笔抹杀了。我要请问,何以见得他一定是伪的呢?人家一定说:他后来做了皇帝,所以见得他起初都是伪的。我要请问,在从前那种政体之下,一个人有了非常的抱负,要行非常的改革,不做君主,是否能始终贯彻?为了贯彻自己的主张的原故,事势上皇帝又可以取得到手,是否可以取来做一做,以实行自己的主张?还是应该谨守君臣之义,专做一姓一家的奴隶,听凭天下的事情,一切败坏决裂?人家又要说:他所做的事情,一件都没有成功。然而我没听见把成功失败,判决人的好坏的。

他当时,为了实行自己的主张的原故,把儿子都杀掉,是何等廓然大公。比第一编第三章第三节所述的"尧杀长子"何如?他为了办理天下事务之故,至于"常御灯火,犹弗能胜"。是何等勤力。到后来败亡的时候,火都要烧到身上了,他还说"天生德于予,汉兵其如予何"。是何等自信力。

咳!王莽这种人,在政治上虽然失败,他的道德,他的人格,毕竟是深可景仰的。

第七章　后汉的兴亡

第一节　光武的中兴

王莽变法，把当时社会上的经济关系，搅得稀乱，自然要民愁盗起。

当时聚众劫掠，和官府小小反抗的，到处都是。而其势力最大，毕竟成为扰乱种子的，就是绿林兵。这一支兵，起初藏匿在湖北绿林山中，在当阳县境内。所以得绿林之名。后来分为两支，一支向南郡，如今的江陵县。号为下江兵。一支向南阳，号为新市兵。随县平林乡人，随县就是如今湖北的随县。也起兵附和他，称为平林兵。汉朝的宗室刘玄，就在军中。景帝五世孙刘縯、刘秀也起兵舂陵，如今湖北的枣阳县。和新市、平林兵合。于是大家会议，立哪一个做皇帝。"南阳诸豪"要立刘縯。而新市、平林诸将要立刘玄，毕竟是新市、平林诸将势力大，把刘玄立做皇帝。他起初号为更始将军。所以历史上就都称他做更始。更始既立，北据南阳，王莽发大兵四十万去攻他，和刘秀等战于昆阳。如今河南的叶县。大败，于是响应的人，四面而起。更始派兵两支：一支攻洛阳，一支攻武关，攻武关的兵，先入长安，王莽被杀，这是前一八八九年(二三)的事。更始这时候，已迁都洛阳。明年，又迁都长安。这时候，海内的人，望治颇切。而更始给平林新市诸将挟持住,不能有为,诸将所干的,都是些强盗行径的事情,不成体统。于是四海失望,关中离心。他们又把刘縯杀掉,刘秀因出徇颍阳,未与其难,于是刘秀先把河北平定,取了河内,以为根据地。这时候天下大乱。拥兵劫掠的人,到处都是。而琅邪樊崇等一派,都"朱其眉以自别",号为"赤眉",其众尤盛,前一八八七年(二五),赤眉拥众入关,更始被杀。这时候刘秀已经在河北做了皇帝——后汉光武帝。洛阳太守朱鲔,本来是忠于更始的。更始死后,才把洛阳投降光武,于是光武迁都洛阳,所以后世称光武以后为东汉。

光武既都洛阳,明年,关中大饥,赤眉东走,光武勒兵宜阳,如今河南的宜阳县。胁降了他,于是历年的流寇扫清,天下渐有澄清之望。然而割据一方的,还有:

延岑据汉中,后来投降公孙述。

隗嚣据陇西。

窦融据河西五部。

公孙述据成都,全有益州。

李宪据淮南。

刘永梁孝王八世孙,据睢阳。

佼彊、董宪、张步这三个人,和刘永结连,据如今山东的东部。

秦丰据黎丘。

田戎据夷陵。

卢芳据九原,和匈奴结连。

其中除窦融以河西五郡降汉,不烦兵革外。只有隗嚣能得士心,公孙述习于吏事,稍有规模。其余都是强盗行径,给光武以次削平,天下就此大定了。

第二节 后汉的武功

光武既定天下，颇能轻徭薄赋，抚绥百姓；明帝、章帝两代，也颇能谨守他的成法；所以这三代，称为东汉的治世。然而东汉一代，内治上的政策，不过因袭前汉，无甚足述。只有明、章、和三代的戡定外夷，却是竟前汉时代未竟之功，而替后来五胡乱华伏下一个种子，其事颇有关系，现在述其大略如下。

匈奴从呼韩邪降汉之后，对于中国，极为恭顺。后来休养生息，部落渐渐盛了。就埋下一个背叛骄恣的根源。再加以王莽时，抚驭的政策失宜，于是乌珠留若鞮和呼都而尸两单于，就公然同中国对抗。北边大受其害。前一八六六年（四六），呼都而尸单于死，子蒲奴立，连年旱蝗，赤地千里。乌桓乘隙攻破之，于是匈奴北徙数千里，漠南遂空。先是呼韩邪单于约自己的儿子，依次序立做单于，所以从呼都而尸以前六代，都是弟兄相及，呼都而尸要立自己的儿子。把兄弟知牙斯杀掉。乌珠留的儿子比，领南边八部，心不自安，前一八六四年（四八），自立做呼韩邪单于，投降中国。于是匈奴分为南北。南匈奴的单于，入居西河美稷县<small>如今的鄂尔多斯左翼中旗</small>。分派部下，驻扎边地，帮中国巡逻守御。中国人也待他甚厚。章帝末年，北匈奴益形衰弱，南匈奴要想并吞他。上书请兵，刚刚章帝死了，和帝即位，窦太后临朝。派自己的哥哥窦宪出兵，大破北匈奴于稽落山，勒石燕然山而还。<small>大约在如今杭爱山一带</small>。过了两年，前一八二一年（九一）。窦宪又派左校尉耿夔出兵，大破北匈奴于金微山。这一次出塞五千余里，为从前汉以来出兵所未曾到。<small>金微山，大约在外蒙的极西北</small>。从此以后，匈奴就远引而去，其偶然侵犯西域的，都只是他的分部。正支西入欧洲。就做了后世的匈牙利人。匈奴龙庭，《史》、

《汉》都没有明说,他的地方大约从汉开朔方郡以前,在阴山山脉里,所以侯应议罢边塞事,说:"北边塞至辽东,外有阴山,东西千里,草木茂盛,多禽兽,本冒顿单于,依阻其中,治作弓矢,来出为寇,是其苑囿也。"(见《前汉书·匈奴传》)儿单于以后,所住的地方,离余吾水很近——天汉四年,且鞮侯单于悉远其累重于余吾水北,而自以精兵十万待水南。征和二年,右贤王驱其人民度余吾水六七百里,居兜衔山。壶衍鞮单于时,北桥余吾,令可渡,都见《汉书·匈奴列传》。余吾和仙娥,似乎是一音之转。那么,匈奴徙居漠北之后,是住在如今色楞格河域的,合第四章第一节和第一编第六章第一节看,这种人,从中国本部的北方逃到漠南,从漠南逃到漠北,再从漠北辗转迁入欧洲,种族的迁移,可谓匪夷所思了。

王莽末年,不但匈奴背叛,就西域也都解体。然而这时候,匈奴也无甚力量慑服西域。所以西域地方,就变做分裂的形势。北道诸国,臣服匈奴,南道地方,却出了一个莎车王贤。战胜攻取,降伏各国。光武帝既定天下,西域十八国遣子入侍。要求中国再派都护,光武帝恐劳费中国,不许,于是西域和中国断绝关系。明帝时,大将军窦固,派假司马班超,出使鄯善。楼兰的改名。鄯善王广,待超甚恭。数日之后,忽然怠慢。超知有匈奴使者至,激励部下三十六人,乘夜攻杀之。鄯善人大惧,情愿投降,班超回国,窦固奏上他的功劳,明帝就真把他做军司马,教他再立功西域。于是班超仍带了前此的三十六人到西域去,这时候,于阗王广德攻杀了莎车王贤,称霸南道,而龟兹王建,倚仗匈奴的势力,攻杀疏勒国王而立了他的臣子兜题。班超先到于阗国去,在于阗王面前杀掉匈奴的使者,胁降了他。又差一个小吏田虑,走小路到疏勒去,出其不意把兜题拿住,自己跟着去,立了疏勒旧王的儿子,名字唤做忠的。于是西域诸国,纷纷进来朝贡。这时候,是前一八三九年(七三),西域诸国已经和中国断绝关系六十五年了。汉朝也出兵北路,打破车师,再立西域都护和戊己校尉。前一八三七年(七五),明帝崩,龟兹等国背叛,攻没都护,朝廷以为事西域繁费,就废掉都护和校尉,并召班超回国。班超要行,疏勒人怕受龟兹侵犯,留住他不放。于是班超就留居西域。前一八三二年(八十),班超上书,请平定西域,平陵人徐幹,也奋身愿意帮助班超,章帝给他一千多人,带到西域去,就把班超做西域都护。于是班超调用诸国的兵,把西域次第平定。班超在西域,直到前一八一〇年(一〇二)才回国。任尚代他做都护,以峻急,失诸国欢心。和帝初年,诸国一时背叛,邓太后仍用了班超的儿子班勇,才把他镇定。班超带着区区三十六人,平定西域,真是千古的大英雄。他的事迹,本书限于篇幅,苦难详举,读者诸君,可以合着前后《汉书》的《西域传》参考一遍。

班超平定西域,葱岭以西诸国都来朝贡。前一八一五年(九七),班超差部将甘英前往大秦,走到条支,临大海欲渡,"安息西界船人谓英曰:海水大,往来逢善风,三月乃得渡。若遇迟风,亦有二岁者。入海人皆赍三岁粮。海中善使人思土恋慕,数有死亡者",甘英就折了回来。大秦,就是统一欧洲的罗马,这时候,从亚洲到欧洲,陆路不通,甘英所拟走的,是渡红海到欧洲的一条路。安息西界船人的话,历史上说是安息要阻碍中国和罗马交通,故意说的,其实都是实情。详见洪氏钧的《元史译文证补》。中国和欧洲的交通,此次将通又阻,直到桓帝延熹初,"大秦王安敦,遣使自日南徼外献象牙犀角瑇瑁,始乃一通焉"。这大秦王安敦,据现在史家考校,便是生于公元一二一年,没于一八〇年的 Marcus Aurelius An。班勇平定西域,只限于葱岭以东,葱岭以西遂绝。

还有汉朝人和西羌人的交涉,这件事,是后汉分裂做三国和五胡之乱的直接原因,在第三篇里讲。

第三节　后汉的外戚和宦官

前汉给外戚篡夺，后汉仍旧用外戚，这件事情，把后世人的眼光看起来，很觉得稀奇，然而无足为怪。我早说过，外戚是一种"特殊阶级"。凡是一种特殊阶级，不到他应当灭亡的时候，无论他怎样作恶，人家总只怪着阶级里的人，并不怪着阶级的本身，这是社会的觉悟，有一定的时期，也是无可如何的事情。

后汉外戚之祸，起于章帝时。章帝娶宋杨两个女儿做贵人，大贵人生子庆，立做太子。小贵人生子肇，皇后窦氏，养为己子。窦皇后潜杀二宋贵人，又废掉太子庆，改立肇做太子。章帝崩，肇立，是为和帝。太后临朝，用哥哥窦宪做大将军，专权横恣。和帝年长，和宦官郑众合谋，把他杀掉，这是后汉的君主和宦官谋诛外戚之始。和帝生子，屡次不育，就把皇子寄养在民间。和帝崩，皇后邓氏，到民间去收了一个"生才百余日"的儿子来，把他立做皇帝，明年死了，是为殇帝。立清河王的儿子祜，是为安帝。太后临了十五年的朝。太后死后，安帝才亲政，斥逐邓氏，用自己皇后的哥哥阎显、耿贵人的哥哥耿宝，又宠爱了中常侍江京、李闰、樊丰、刘安、陈达；还有乳母王圣、王圣的女儿伯荣等一派小人。阎皇后无子，后宫李氏生了一个儿子，名字唤做宝（保），立为太子。阎后和宦官合谋，潜杀李氏，废宝（保）为济阴王。前一七八七年（一二五），安帝到南阳去，死在路上。阎皇后和阎显密谋，秘不发丧，驰回京师，迎立章帝的曾孙北乡侯懿。不多时，死了。宦者孙程等迎立了济阴王，是为顺帝，杀阎显，迁太后于离宫。孙程等十九人皆封列侯。顺帝用自己皇后的父亲梁商做宰相，在外戚里，总算安分的。梁商死后，儿子梁冀接他的手，就大专权骄恣起来。顺帝死后，儿子冲帝立，一年而死。太后和梁冀"定策禁中"，迎立章帝的孙子清河王缵，是为质帝。年少聪明，目梁冀为"跋扈将军"。为冀所弑，迎立章帝的曾孙蠡吾侯志，是为桓帝。大权全在梁冀手里，桓帝心不能平，而满朝全是梁冀的人，只得再和宦官单超、具瑗、唐衡、左悺、徐璜等合谋，把梁冀杀掉。抄他的家产，约三十多万万，减掉一年租税之半。从此以后，汉朝外戚专权的局完，宦官乱国的事情起了。

宦官的品类，固然是不齿于人的，然而他和皇帝极为接近。从来做皇帝的人，大概是闭置在深宫之中，毫无知识。天天同他接近的人，他如何不要听信。前代论治的人，也晓得这个道理，所以总要注意于皇帝的"前后左右"，使得他"罔非正人"。前汉时代，还懂得这个意思。在宫禁里侍候皇帝的，还多用些士人，而且要"妙选名儒，以充其任"。和帝时，邓太后秉政，才把中常侍、黄门侍郎等官，都改用阉人。历代君主，又都和他们谋诛外戚，于是宦官的权力大盛。不但干预中央的政治，甚至"兄弟姻亲，布满州郡，竞为暴虐"，就激成了天下的乱源。这时候，朝政日非，而风俗颇美，天下的士流大都崇尚气节。一时名士，外任州郡的，对于宦官的亲戚，无不尽法惩治。激于意气，以致过甚的行为，自然也是有的。于是宦者和士流，互相嫉恶，就激成"党锢之狱"。参看第八章第二节。桓帝死后，无子。迎立章帝的玄孙解渎亭侯宏，是为灵帝。窦太后临朝，窦太后的立做皇后，有个人唤做陈蕃，颇与有力。因此太后感激他，用他做太傅。又用自己的父亲窦武做大将军，陈蕃也是名流系里头的人，天下颇想望其丰采。陈蕃和窦武谋诛宦官，反为所杀。于是党锢之禁更严，灵帝长大之后，相信宦官，尤其死心塌地，而汉朝的天下就完了。

后汉世系图

```
（一）光武帝刘秀 —（二）明帝庄 —（三）章帝炟 ┐
┌─────────────────────────────────────────────┘
├ 庆 —（六）安帝祜 —（八）顺帝保 —（九）冲帝炳
├（四）和帝肇 —（五）殇帝隆
├ 寿 —（七）北乡侯懿
├ 伉 — 宠 — 鸿 —（十）质帝缵
└ 开 ┬ 翼 —（十一）桓帝志
     └ 淑 — 苌 —（十二）灵帝弘(宏) ┬（十三）废帝辩
                                    └（十四）献帝协
```

第八章 秦汉时代的政治和文化

第一节 官 制

汉朝的制度，大概是沿袭秦朝；秦朝的制度，又沿袭三代以前。这种制度，虽未必有什么精意存乎其间，然而去古还近，大概积弊是一天深一天的。制度是一层层地，不管理论堆积起来的；所以愈到后世，愈不切于事实，愈不合于理论，秦汉的制度，确有优于后世之处。况且后世的制度，又都是沿袭秦汉而渐变的，不明秦汉的制度，就连后世制度的真相也不能明白，所以研究秦汉时代的制度颇为紧要。

变封建为郡县是从秦朝起的，咱们现在就从秦汉时代的官制讲起。

秦和西汉，中央政府最高的官是丞相，或称相国。有时但置一人，有时分置左右丞相。后汉则以太尉，天公。司徒，人公。司空，地公。分部九卿。称为三公，是用古代三公、九卿的官制。参看第一篇第八章第三节。太尉在前汉，为中央政府最高的武职，和丞相对掌文武，仿佛像宋朝的二府。此外又有御史大夫，掌副丞相。前汉的宰相，往往从御史大夫递升。这三种，都是中央政府最高的官。

此外又有太常，秦名奉常。掌宗庙礼仪；光禄勋，秦名郎中令。掌宫殿掖户；卫尉，掌宫门卫屯兵；太仆，掌舆马；廷尉，中间曾改名大理。掌刑辟；大鸿胪，本名典客，又曾改名大行令。又有典属国一官并入。掌诸归义蛮夷；宗正，掌亲属；大司农，本名治粟内史。掌谷货；少府，掌山泽之税；谓之九寺六卿，是中央政府分掌庶务的。

带兵的官，通称校尉。而司隶校尉，主督察大奸，兼有警察的性质，权最重。带北军的中尉，主徼循京师，后改为执金吾。

治京师的官，秦朝称为内史。汉景帝时，分置左内史。武帝时，改内史为京兆尹，左内史为左冯翊，又把向来的都尉，改为右扶风，分治内史的右地。京兆尹、左冯翊、右扶风，谓之三辅。后汉时，改京兆尹为河南尹。

外官仍分郡县两级。郡有太守，县的户数，在一万以上的称为令，不满一万户的为长，其下都有丞、尉。十里一亭，有长；十亭一乡，乡有三老、啬夫、游徼。三老掌教化；啬夫职听讼，收赋税；游徼掌徼循，禁盗贼。列侯所食的县，唤做"国"。皇太后、皇后、公主所食的唤做"邑"。有蛮夷的唤做"道"。

秦朝又有一种监御史，是中央政府派他出去监郡的。汉朝省去这个官，由丞相派史出去"刺郡"。武帝时，把天下分做十三部，十二部各置刺史，一部属司隶校尉——以六条督察所部。（一）强宗豪右，田宅逾制，以强陵弱，以众暴寡。（二）二千石不奉诏书，遵承典制，背公向私，侵渔百姓，聚敛为奸。（三）二千石不恤疑狱，风厉杀人，怒则任刑，喜则任赏，烦扰刻暴，剥戮黎元，为百姓所嫉，山崩石裂，妖祥讹言。（四）二千石选署不平，苟阿所爱，蔽贤宠顽。（五）二千石子弟，怙恃荣势，请托所监。（六）二千石远（违）公下比，阿附豪强，通行货赂，割损正令。出于六条以外的，便不问；往来巡行，并无一定的治所。后汉以后，权渐重而位亦渐尊。然而还不过是中央政府派出去的督察之官。这时候的郡，什么事情都和中央政府直接。所以秦汉时代，实在是个"两级制"。到灵帝中平五年(前一七二四年,公元一八八),因各处纷纷盗起,列郡不能镇压,改刺史为州牧;简九卿等官,出去充任;于是其权大重;而中央政府,又不久解纽,诸州牧各自据土,纷纷占据地盘,就俨然变做三级制了。

爵分二十级:(一) 公士,(二) 上造,(三) 簪裹,(四) 不更,(五) 大夫,(六) 官大夫,(七) 公大夫,(八) 公乘,(九) 五大夫,(十) 左庶长,(十一) 右庶长,(十二) 左更,(十三) 中更,(十四) 右更,(十五) 少上造,(十六) 大上造,(十七) 驷车庶长,(十八) 大庶长,(十九) 关内侯,(二十) 彻侯,后来因避汉武帝的讳,改为通侯。也都是秦制用以赏有"功"、"劳"的人。

秦汉官制的特色:(一) 这时候的中央政府,宰相是个副贰天子,治理天下的;九卿等官,也各有独立的职权,都是分治天下众务的,不是天子的私人。到后来,纷纷任用什么尚书、中书、侍中做宰相;把九卿的职权,也夺归六部;于是所任用的,全是天子玩弄之人,君权愈扩张无限。(二) 是外官阶级少而威权重,和后世大不相同。这个有好处,亦有坏处。(三) 则这时候去古还近,地方自治的意思,还有存留。《汉书·高帝纪》:"二年五月癸未令……举民年五十以上,有修行,能帅众为善,置以为三老,乡一人。择乡三老一人为县三老,与县令、丞、尉,以事相教。"可见得这时候,对于三老等官视之甚重,和后世名存实亡的,大不相同。这其中也有许多方面的因果关系,且待后文讲到后世制度的时候,比较详论。

第二节　教育和选举

后世的人,都说秦朝焚烧诗书,毁灭儒术,这句话,其实是错的。马端临说:"案《西汉公卿百官表》,博士,秦官,掌通古今。……既曰通古今，则上必有所师承，下必有所传授。故其徒实繁。秦虽有其官，而甚恶其徒，常设法诛灭之。始皇使御史案问诸生，传相告引，至杀四百六十余人；又令冬种瓜骊山，实生，命博士诸生就视，为伏机杀七百余人；二世时，又以陈胜起，召博士诸生议，坐以非所宜言者，又数十人。然则秦之于博士弟子，非惟不能考察试用之，盖惟恐其不澌尽泯没矣。叔孙通面谀，脱虎口而逃亡；孔甲持礼器，发愤而事陈涉，有以也哉。"《文献通考》卷四十。这一段考据，颇为精详，虽然虐待其人，然而师承传授，确自有的，可见得儒学并没有绝，不过这种传授，是为继续"博士官之所职"起见，不是为教育人才起见，不过是古代"学术存于官守"之旧，不能算得学校。

到汉朝武帝时候，公孙弘做宰相，才奏请"为博士官置弟子五十人，复其身。太常择民年十八已上，仪状端正者，补博士弟子。郡、国、县、道、邑，有好文学，敬长上，肃政教，顺乡里，出入不悖所闻者，令相、长、丞上属所二千石。二千石谨察可者，当与计偕，诣太常，得受业如弟子"。这才是以传授学术为目的，可以算作学校。然而营建学舍确是王莽手里的事。

案《汉书·景十三王传》，河间献王德"武帝时……来朝……对三雍宫"。《兒宽传》：武帝东封泰山，还登明堂。宽上寿曰：……陛下……祖立明堂辟雍。师古曰：祖，始也。似乎武帝时就有太学的。而《礼乐志》又说："……成帝时，犍为郡于水滨得古磬十六枚。……刘向因是说上，宜兴辟雍，设庠序，成帝以向言下公卿议，会向病卒，丞相大司空奏请立辟雍，案行长安城南。营表未作，遭成帝崩，群臣引以定谥，及王莽为宰衡，欲燿众庶，遂兴辟雍。……"马端临说："盖古者明堂辟雍，共为一所。蔡邕《明堂论》曰：取其宗祀之清貌，则曰清庙；取其正室之貌，则曰太庙；取其尊崇，则曰太室；取其堂，则曰明堂；取其四门之学，则曰太学；取其四面周水圜如璧，则曰辟雍；异名而同事。武帝时〔封〕泰山，济南人公玉带上黄帝时《明堂图》，明堂中有一殿，四面无壁，以茅盖通水，水圜宫垣，为复道，上有楼，从西北入，名曰昆仑。天子从之以入，拜祀上帝，于是上令奉高作明堂汶上，如带图。修封时，以祠太一五帝，盖兒宽时为御史大夫，从祠东封。还登明堂上寿，所言如此，则所指者疑此明堂耳。意河间献王所封之地，亦是其处。非养士之辟雍也。"《文献通考》卷四十。按马氏这个说法，很确，并可同第一编第八章第四节所说，互相证明。

汉朝的学校，是逐渐增盛的。武帝置博士弟子五十人，昭帝增为百人，宣帝时增至二百人，成帝末增至三千人。后汉光武时，就营建太学，建武五年，前一八八三年（二九）。明、章两代，都崇儒重道，车驾屡幸太学。其时又为"功臣子孙"，"四姓末属"，别立校舍，"期门"、"羽林"之士，皆令通《孝经》、《章句》。匈奴亦遣子入学，梁太后时，又诏大将军至六百石，悉遣子入学。本初（质帝年号）时太学诸生，遂至三万余人。学校可谓极盛，然而衰机也就伏在这个时候。这时候，学校人数只求其多，不讲实在。入学的，大概都是一班贵游子弟，并不是真正讲求学问的人。所以，范晔说这时候的学风，是"章句渐疏，多以浮华相尚"。又《三国志》董昭上疏说："窃见当今年少，不复以学问为本，专更以交游为业。国士不以孝弟清修为首，乃以趋势游利为先。"这明是把一种纨绔子弟的气习，移植到学校里。讲声华的必定尚意气，所以到后来就激成"党锢之祸"。学校里都是一班贵族子弟，所以汉朝的太学生，是替外戚结党而攻宦官的。"此中消息，可以微窥"。

国家的学校虽然如此，究竟还不如私人教育之盛。《汉书·儒林传》赞说："自武帝立五经博士，开弟子员。设科射策，劝以官禄。讫于元始，百有余年，传业者寖盛，支叶蕃滋。一经说至百余万言，太师众至千余人。盖禄利之路然也。"禄利固然是人所同欲,然而学术的兴盛,一大半的原因,也由于社会上"智识的欲望",不容一笔抹杀。后汉则张兴著录且万人,牟长著禄(录)前后万人,蔡元著录万六千人,楼望诸生著录九千余人,宋登教授数千人,魏应、丁先弟子著录数千人,姜肱,就学者三千余人,曹曾门徒三千人,杨伦、杜抚、张元,皆千余人,更非前汉所及,俱见《后汉书》。私人教育,总比国家所设立的学校为盛,这个也是中国教育史上的一个特色。

至于选举,则有两种:其(一) 郡国岁举孝廉。又汉武帝制郡国口二十万以上,岁察一人;四十万以上二人;六十万三人;八十万四人;百万五人;百二十万六人;不满二十万,二岁一人;不满十万,三岁一人,限以四科:一曰德行高妙,志节清白;二曰学通行修,经中博士;三曰明习法令,足以决疑,能按章覆问,文中御史;四曰刚毅多略,遭事不惑,明变决断,才任三辅县令。是用古代"诸侯贡士"之制,后世的人,以为这是乡举里选,却是错的。乡举三老,方和《周礼》的"使民兴贤,出使长之。使民兴能,入使治之"相合。其(二)则朝廷要用哪一种人,特诏标出科目,令公卿郡国,各举所知。这个却是后代制科的先声,汉朝选举制度的利弊得失,要和后世比较才见,且俟后文再讲。

第三节 赋 税

汉朝的田赋,本来是十五而税一;景帝以后,变做三十而税一,已见前。光武中兴以后,亦是三十而税一。到灵帝时,才加天下田税,每亩钱十文,谓之"修宫钱"。

田税以外,另有一种"口税"谓之"算赋"。人民从十五岁起,到五十六岁止,每人每年出钱百二十文,谓之一算;以治"库兵"、"车马"。其事起于高帝四年,见《本纪》如淳引《汉仪注》。又有七岁到十四岁出的，每人二十钱，以食天子，谓之"口赋"。武帝时，又加三个钱，以补"车"、"骑"、"马"。见《昭帝本纪》元凤四年如淳引《汉仪注》。按《汉书·昭帝纪》，五凤四年"减天下口钱"。甘露二年"减民算三十"。"师古曰：一算减钱三十也。"成帝建始二年"减天下赋钱。算四十"。"孟康曰：本算百二十，今减四十为八十。"所谓减，都是指当年而言，并不是永远变更定额。又《贡禹传》："禹以为古民亡赋算，口钱起武帝，征伐四夷，重赋于民。民产子，三岁则出口钱。故民重困。至于生子辄杀，甚可悲痛。宜令儿七岁去齿，乃出口钱；年二十乃算。……天子下其议，令民产子七岁乃出口钱，自此始。"则是永远减免的。

又有一种"更赋"，亦见《昭帝纪》注引如淳说："更有三品：有'卒更'，有'践更'，有'过更'，古者正卒无常，人皆当迭为之，一月一更，是为'卒更'也。贫者欲得顾更钱者，'次直者'出钱顾之，月二千，是谓'践更'也。天下人皆直戍边三日，亦名为更，律所谓'繇戍'也。虽'丞相子'，亦在戍边之调。不可人人自行三日戍，又'行者'当自戍三日，不可往便还。因便住，一岁一更；诸不行者，出钱三百入官，官以给戍者，是为'过更'也。"

案以上三种，第一种是"税"，第二种是"赋"，税是种田的人出的，赋是修理兵器车马等都包括在里头。的费用，全国人民都负担的。《汉书·食货志》所谓"税以足食，赋以足兵"。第三种是人民应服兵役的代价，就是课人民以"一种兵役的义务"的"变相的完纳"。

汉朝的国用，以田租为主。《汉书·食货志》说："高祖……轻田租，什五而税一，量吏禄，度官用，以赋于民。而山、川、园、池、市、肆、租税之入，自天子以至封君汤沐邑，皆各为私奉养，不领于天子之经费。"所以掌谷货的大司农，是管国家财政的；掌山泽之税的少府，是掌天子私财的。所以武帝命大司农兼管盐铁，孔仅、东郭咸阳说："山海天地之臧，宜属少府，陛下弗私，以属大农佐赋。"很有称颂他的意思，此等杂税，已见第五章第一节。昭帝时郡国所举的贤良文学，要求停罢，和桑弘羊争辩了许多话，到底只罢掉一种酒酤，其余都没有动。亦见《汉书·食货志》，其两方面争辩的话，详见《盐铁论》。

第四节　兵　　制

西汉所行的，是民兵之制。人民都有当兵的义务。《汉书·高帝纪》注引如淳说："《汉仪注》云：民年二十三为正。一岁为卫士，一岁为材官骑士，习射御，驰战陈。又曰：年五十六，衰老，乃得免为庶民，就田里。"又《王制》正义引许慎《五经异义》："汉承百王，而制二十三而役；五十六而免。"两说相同。案今文家说，民年三十受兵，已见第一编第八章第五节。《高帝纪》注又引："孟康曰：古者二十而傅。三年耕，有一年之储，故二十三而后役之。"《五经异义》："《高（易）》孟氏、《韩诗》说：年二十行役，三十受兵。"则汉朝人民的服力役，比古代迟三年，服兵役却早七年。或者汉代所承，实是古制；三十受兵，是儒家托古所致；亦未可知。

其兵的种类，有"材官"、"车骑"、"楼船"三种：材官是步卒，车骑是骑兵，楼船是水师。《后汉书·光武纪》注引《汉官仪》："高祖命天下选能'引关'、'蹶张'，材力武猛者，以为'轻车'、'骑士'、'材官'、'楼船'。常以秋后讲肄课试，各有负（员）数，平地用'车骑'，山阻用'材官'，水泉用'楼船'。"大约"材官"最为普通，"车骑"边郡较多，"楼船"只有沿江海的地方有。

京师有南北军："南军卫尉主之，掌宫城门内之兵。""北军中尉主之，掌京城门内之兵。"据《文献通考》，其详可参看原书。武帝时，增置中垒、屯骑、步兵、越骑、长水、胡骑、射声、虎贲八校尉，都属北军。八校尉，都见《汉书·百官公卿表》，《刑法志》："至武帝平百粤，内增七校。""晋灼曰：胡骑不常置，故此言七也。"又有期门、羽林，都属南军。《文献通考》引章氏说："汉初南北军，亦自郡国更番调发来。何以言之？黄霸为京兆尹，坐发骑士诣北军，马不适士，劾乏军兴，则知自郡国调上卫士，一岁一更，更代番上，初无定兵。自武帝置八校，则'募兵'始此；置羽林、期门，则'长从'始此。"案期门是从六郡良家子孙里选出来的，见《汉书·东方朔传》。羽林兵，初名建章营，设于太初元年。后来又取从军死事的人的子孙，养在羽林，"教以五兵"，号曰"羽林孤儿"。见《百官公卿表》。

前汉时，各郡都有都尉，帮着太守管理武事。王国里头，则相比郡守，中尉比都尉。这种制度，都是沿袭秦朝的。后汉光武帝建武六年，罢郡国都尉；七年，罢天下轻车、骑士、材官、楼船。只留着京师的南北军。然而后来郡国也往往复置。北军里的八校尉，虎贲并入射声，胡骑并入长水，又省掉中垒校尉，所以号为北军五营。此外另有一支兵，驻扎在黎阳，谓之黎阳兵。又会扶风都尉带一支兵，驻扎在雍悬(县)。护卫园陵，俗称为雍营。

秦朝和西汉时代，有一种特色，就是："这时候，去古未远，人民尚武的性质还在，无论什么人，发出去都是强兵。"巴蜀等一两处地方是例外。所以秦朝的用兵，不论骊山的役徒，闾左的百姓，都发出去战守；汉朝也有所谓"七科谪"，张晏曰：吏有罪一，亡命二，赘婿三，贾人四，故有市籍五，父母有市籍六，大父母有市籍七。见《汉书·武帝纪注》。"弛刑"、"罪人"、"恶少年"、"勇敢"、"奔命"、"伉健"……这都是未经训练的人。然而发出去，往往战胜攻取。将帅里头，也极多慷慨效命的人。譬如后汉的班超，又如前汉的李陵，以步卒绝漠，这是历史上只有这一次的事情。有这种民气和民力，倘使真能利用，中国的国力实在可以扩张到无限。偏遇着秦始皇、汉武帝两个人，把民力财力大半销耗在奢侈淫欲的一方面。秦始皇的用兵,已经很不经济,汉武帝更其专信几个椒房之亲,家无法度,以致总算起来,总是败北的时候多,胜利的时候少,细看《汉书·匈奴列传》可见。伐大宛这一役,尤其是用兵不经济的确证。汉朝用兵,所以结局总获胜利,是由于这时候中国和外国的国力,相差太远,并不是用兵的得法。这种用兵,结局虽获胜利,毕竟是以最大的劳费,得最小的效果的。就使胜利,也所得不偿所失。这种用兵,实在一无可取。中国大有可为的时代,就给这两个人弄糟了的。然而后世,反很多崇拜他、原谅他的人,可谓徼幸极了。

第五节 法 律

从秦汉到魏晋,可以算做中国法律的"发达"、"长成"时代。案自秦以前,我国的法律究竟是个甚么样子,实在无从考见其详细。第一篇第八章第六节所举,实在有许多儒家的学说,夹杂在里面,无从分别。但是全把儒者的学说辟掉,刺取了许多零碎的事实,也并不能考见其真相。自秦以后,其"承袭"、"变迁"的途径,才确有可考;其"进化的状况",就可以窥知了。

秦朝的法律所以贻害天下,有两种道理:其(一)是由于他所用的"刑罚的野蛮"。第一篇第八章第六节,已经说过。《汉书·刑法志》说:

> 汉兴之初,虽有约法三章,网漏吞舟之鱼;然其大辟尚有"夷三族"之令。令曰:当三族者,皆先黥,劓,斩左右趾,笞杀之,枭其首,菹其骨肉于市;其诽谤詈诅者,又先断舌;故谓之"具五刑"。彭越、韩信之属,皆受此诛。

到高后元年,才除掉"三族罪"、"祅言令",孝文二年,又除掉"收孥相坐律",然而足为中国法律史上开一个新纪元的,实在要推前二

○七八年（孝文帝十三年，公元前一六七）废除肉刑这一件事，《汉书·刑法志》记他的始末道：

> 齐太仓令淳于公有罪当刑，诏狱逮系长安。淳于公无男，有五女，当行会逮，骂其女曰：生子不生男，缓急非有益也。其少女缇萦，自伤悲泣，乃随其父至长安，上书曰：妾父为吏，齐中皆称其廉平；今坐法当刑，妾伤夫死者不可复生，刑者不可复属；虽后欲改过自新，其道亡繇也。妾愿没入为官婢，以赎父刑罪，使得自新。书奏，天子怜悲其意，遂下令曰：制诏御史，盖闻有虞氏之时，画衣冠异章服以为戮而民弗犯，何治之至也。今法有肉刑三，孟康曰：黥，劓二；刖左右趾合一；凡三也。而奸不止，其咎安在。……《诗》曰：恺弟君子，民之父母。今人有过，教未施而刑已加焉；或欲改行为善，而道亡繇至；朕甚怜之。夫刑至断支体，刻肌肤，终身不息，何其刑之痛而不德也，岂称为民父母之意哉？其除肉刑，有以易之。

于是以"髡钳"代"黥"，"笞三百"代"劓"，"笞五百"代"斩趾"。按《史记》索隐："崔浩《汉律序》云：文帝除肉刑，而宫不易。张斐注云：以淫乱，易人族类，故不易也。"《文献通考·刑考二》马氏按语："……景帝元年诏，言孝文帝除宫刑，出美人，重绝人之世也。则文帝并宫刑除之。至景帝中元年，赦徒作阳陵者，死罪欲腐者许之；而武帝时，李延年、司马迁、张安世兄贺，皆坐腐刑；则是因景帝中元年之后，宫刑复用，而以施之死罪之情轻者，不常用也。"愚按自高后时即除三族罪，而文帝时新垣平谋逆，也用过三族之诛。见《汉书·刑法志》。大概是偶一为之之事。这时候，笞者多死，景帝时，又两次减少笞数，第一次减笞三百为二百，五百为三百；第二次再减笞二百为一百，三百为二百。并定"箠"的式样，当笞者"笞臀"，如淳曰：然则先时笞背也。毋得"更人",自是"笞者得全"。其动机都发自缇萦,缇萦可以算得我国历史上一个纪念人物了。

(二)然而秦朝的害天下,实在又在其"用法的刻深",汉宣帝时,路温舒上奏说道:见《汉书》本传。

> 臣闻秦有十失,其一尚存,治狱之吏是也。……今治狱吏。……上下相驱,以刻为明;深者获公名,平者多后患;故治狱之吏,皆欲人死;非憎人也,自安之道,在人之死;是以死人之血,流离于市;被刑之徒,比肩而立;大辟之计,岁以万数。……夫人情安则乐生,痛则思死;棰楚之下,何求而不得;故囚人不胜痛,则饰辞以视之;吏治者利其然,则指道以明之;上奏畏却,则锻练而周内之;盖奏当之成,虽咎繇听之,总以为死有余辜;何则,成练者众,文致之罪明也,是以狱吏专为深刻,残贼而亡极,偷为一切,不顾国患,此世之大贼也。故俗语曰:画地为狱议不入,刻木为吏期不对。此皆疾吏之风,悲痛之辞也。

这种情形,在当时司法界已成为风气。《汉书·刑法志》说:文帝时候"断狱四百,有刑错之风"。宣帝留意刑罚,特置廷平,又"常幸宣室,齐(斋)居而决事","狱刑号为平矣"。都只是救济一时,不是个根本解决的办法。

然则根本解决的办法何在呢?那就在于"删定律令"。案汉朝的法律,是沿袭自秦的,秦朝所用的,却是李悝所定的六篇之法。汉初,萧何改为九篇,叔孙通又益以律所不及,为十八篇。后来张汤又加了二十七篇,赵禹加了六篇,共为六十篇。而又有汉朝的例案随时编集起来的,谓之《令甲》、《令乙》……《决事比》,大概其初苦于法文太简,不敷用,于是不得不随时增加;而其增加,绝没有条理系统;以致也有互相重复的,也有互相冲突的。司法的人,就大可上下其手。《汉书·刑法志》说:"律令凡三百五十九章;大辟四百九条,千八百八十二事;死罪决事比万三千四百七十二事;文书盈于几阁,典者不能遍睹;是以郡国承用者驳,或罪同而论异;奸吏因缘为市,所欲活则傅生议,所欲陷则与死比。"因为法律太杂乱,难于使用之故,于是解释的人很多,到后来就也都承认他可以引用。《晋书·刑法志》说:"后人生意,各为章句。叔孙宣、郭令卿、马融、郑玄诸儒章句,十有余家,家数十万言。"再合起《正律》和《令甲》《决事比》来,就是"凡断罪所当由用者,合二万六千二百七十二条,七百七十三万二千二百余言"。简直是不可收拾了。

删定的必要,前汉时人,就知道的,所以汉宣帝留心刑狱,而涿郡太守郑昌上疏,说这是一时的事,"若开后嗣,不若删定律令"。宣帝未及措置,到元帝、成帝手里,才下诏议行。班固说"有司……不能……建立明制,为一代之法;而徒钩摭微细,毛举数事,以塞诏而已"。所以到后汉时,还是错乱得那么样。直到魏文帝手里,命陈群、刘劭等删定,才定为新律十八篇。新增十三篇,旧有的六篇,废掉一篇。晋武帝还嫌他"科网太密",再命贾充等修定,共为二十篇,于前一六四四年泰始四年。颁行。是为《晋律》。我国的法律,从李悝手里具有雏形,直到这时候,才算发达完备。参看《晋书·刑法志》。

《晋律》现已不传,然据近人余杭章氏所研究,则其单辞只义,有很文明的,转非隋唐以后的法律所及。章氏说:隋唐以后的法律,是承袭北魏的,夹杂了鲜卑法在里头。他文集中有一篇文章论这事,可以参看。

第六节　学　术

两汉的学问,从大概说起来,可以称为儒学时代。从儒学之中再分别起来，又可以分为今文时代和古文时代。

汉初是"黄老"、"申韩"之学并行的。《史记·儒林传》说："……孝文帝本好刑名之言，及至孝景，不任儒者；而窦太后又好黄老之术。"大概当时的休养生息，是取黄老的主义；参看第三章。对待诸侯王等，则实系取申韩之术。到汉武帝，任用赵绾、王臧、田蚡、公孙弘等一班儒臣；又听董仲舒的话，"表章六艺"，"罢黜百家"；于是战国时"百家之学并行"的现象，至此就"定于一尊"了。

儒家之学，所以独盛，近人都说因其明君臣之义，而目其立教偏于柔，《说文》训儒为柔。便于专制，所以世主扶翼它；我看这也不尽然：（一）儒家之学，利于专制，是到后世才看出来的；当时的人，未必有此先见。（二）无论什么学问，都是因其环境而变迁的。儒家之学，二千年来受专制君主的卵翼，在专制政体之下发达变迁，自然有许多便于专制的说法。西汉时代的儒学，确和后世不同；这点子便于专制之处，就别一家的学说，也是有的。假使当时别一家的学术，受了专制君主的卵翼，在专制政体之下发达变迁，也未必不生出便于专制的说法来。况且到后世，反抗君主的议论，道源于儒家之学的很多，近世讲今文学的人，就是一个好例。别一家的书，主张专制的话也还在，岂能一笔抹杀。若说法家的便于专制，显而易见，容易招人反抗；不如儒家之术，隐而难知，得"吾且柔之"之道。则全是把后世人的眼光议论古事，实在是陷于时代错误的。然则儒家之学，所以独受世主的尊崇，究竟是什么道理呢？我说这个在后世是全然出于因袭，并没有什么道理，儒家之学，在社会上势力已成，做君主的人，自然也不去动他。况且君主也是社会里的一个人，他的思想也未必能跳出社会以外。全社会的人，都把孔教当作"天经地义"，他如何会独想推翻孔教呢？至于汉武帝所以尊崇儒术，则和秦始皇说"吾悉召文学……士甚众，欲以兴太平"，《史记·秦始皇本纪》。

参看第一章。是一个道理。原来一个人治天下,无论怎样凭恃武力,总不能全不讲教化。而讲教化,只有儒家之学最长。因为他"治具"最完备。《七略》说儒家之学,出于司徒之官,是不错的。而且汉武帝,是个喜欢铺张场面的人,而巡守封禅……典礼,也只有儒家知道。秦始皇焚书坑儒,仍要留着博士之官(他出去封禅,也是教儒家议礼),也是这个道理。不必过于深求,反生误解的。

西京儒学的传授:最初,就是《史记·儒林列传》所说:"言《诗》,于鲁则申培公,于齐则辕固生,于燕则韩太傅;言《尚书》,自济南伏生;言《礼》自鲁高堂生;言《易》,自菑川田生;言《春秋》于齐鲁,自胡毋生,于赵,自董仲舒。"到后来,则分为十四博士。就是:

诗 { 鲁 / 齐 / 韩

书 { 欧阳 / 大夏侯(胜) / 小夏侯(建)

礼 { 大戴(德) / 小戴(圣)

易 { 施(雠) / 孟(喜) / 梁丘(贺) / 京(房)

春秋 { 公羊 { 严(彭祖) / 颜(安乐) } / 榖梁

以上十四家，都是元帝以前所立，《书》的欧阳、大小夏侯，同出伏生；《礼》的大小戴，同出后苍；《易》的施、孟、梁丘，同出田何；《公羊》严、颜二家，同出胡毋生；只有《诗》的鲁、齐、韩三家，没有公共的祖师；然而三家的说法，总是大同小异。

到平帝的时候，才另有一派学问。其源出于刘歆，歆移书博士说："……鲁恭王坏孔子宅，欲以为宫，而得'古文'于坏壁之中：'逸礼'有三十九，'书'十六篇，天汉之后，孔安国献之，遭巫蛊仓卒之难，未及施行。及《春秋左氏》，丘明所修，皆'古文旧书'。多者二十余通，藏于秘府。"于是别立《古文尚书》、《逸礼》、《左氏春秋》，又有毛公的《诗》"自谓子夏所传，而河间献王好之，未得立"。《汉书·艺文志》。这一派为"古文之学"。

"今文"就是汉时通行的隶书。西汉诸经师，都是口耳相传；所传经文，就用当时通行的隶书书写。到刘歆等，才自谓能通史籀所造的"大篆"，和大篆以前的"古文"。参看第一编第十章第二节。所传的经，别有古文本为据。于是人家称这一派为"古文学"，就称西汉经师所传为"今文学"以别之。所以今文古文，是既有古文之学以后，对待的名词；古文未兴以前，今文两个字的名词，也是没有的。

东汉之世，古文之学，比今文为盛：卫宏、贾逵、马融、许慎，都是古文家的大师；而郑玄遍注群经，尤称为古学的"集大成"。其实郑玄是兼用今文的，不过以古文为主。三国时代，出了一个王肃，专和郑玄为难，伪造孔安国《尚书传》、《论语》、《孝经注》、《孔子家语》、《孔丛子》五部书，以互相引证。又有一个注《左传》的杜预，和他互相影响。于是古文之中，再分出郑王两派，互相水火。古文家本没有师法可守，个个人是互异的，但不如此的互相水火。遭晋永嘉之乱，两汉经学传授的统绪中绝，于是今文家的书，只传得《公》、《穀》和《韩诗》，而并无传他的人；古文之学，也几乎中绝，而魏晋人一派的学问大行。现在所传的《十三经注》，除《孝经》为唐明皇御注外，只有《公羊》的何休注，还是西汉今文家言。其余《诗经》的毛传，是纯粹古文家言。郑笺虽兼采今文，然而既没有师法，就和他所注的《三礼》，和赵岐注的《孟子》，都只算得古文家言。此外《书经》的《伪孔传》、《易经》的王弼注、《穀梁》的范宁集解、《左传》的杜预集解、《论语》的何晏集解、《尔雅》的郭璞注，就都是魏晋人的著作。

咱们原不必有什么"薄今爱古"之见，就看了儒家之学和其余诸家，也是平等的，难道还一定要考出什么"今文家言"来，以见得"孔门口说"之真？然而这其间有一个很大的关系。生于现在，要考校古代的历史，不能不靠古人所传的书；而古人所传的书，也有个分别。大概其说法出于从古相传的多，则虽看似荒唐，而实极可靠，把后人的意思羼杂进去多的，骤看似乎可信，其实仔细考校，总和古代社会情形不合。从这一点看起来，却是西汉今文家的话，价值最大；东汉古文家次之；魏晋时代的人，价值最小了。百家所传的书，只有儒家最多。咱们现在，要考校古史，其势不得不借重于儒家的经；要借助于儒家的经，其势不得不借重于汉以后经师之说；要借重于汉以后诸经师之说，就对于汉朝的今古文，和魏晋人所造的伪书，不能不加以分别。本书里头，论到学术派别，书籍真伪的地方很多，都是把这种"分别史材"的眼光看的。

汉朝人还有别种学问，并入别一篇里讲，以便有个条理系统，免得琐碎。

第二篇 中古史(中)

第一章　后汉的灭亡和三国

第一节　后汉的乱源

两汉时代,总算是中国统一盛强的时代;两汉以后,便要暂入于分裂衰弱的命运了。这个分裂衰弱的原因也甚多,却追溯起来,第一件便要说到"后汉时代的羌乱"。

羌族的起源和分布,已见第一篇第六章第四节,和第二篇上第四章第二节。这一族分布的地方,是很广的。现在专讲后汉时在中国为患的一支,《后汉书·羌传》说:

> 羌无弋爰剑者,秦厉公时,为秦所拘执,以为奴隶……后得亡归,而秦人追之急,藏于岩穴中,得免。羌人云:爰剑初藏穴中,秦人焚之;有景,象如虎,为其蔽火,得以不死。既出,又与劓女遇于野,遂成夫妇。女耻其状,被发覆面,羌人因以为俗。遂俱亡入三河间。注:"黄河、湟水、赐支河也。"案赐支就是析支,就是河曲之地,不能另算做一条河。所以注引《续汉书》作"河湟之间"。诸羌见爰剑被焚不死,怪其神,共畏事之,推以为豪。河湟少五谷,多禽兽,以射猎为事;爰剑教之田畜,遂见尊信;庐落种人依之者日益众。羌人谓奴为"无弋",以爰剑尝为奴隶,故因名云。其后世世为豪。至爰剑曾孙忍时,秦献公初立,欲复穆公之威,

兵临渭首,灭狄獂戎,忍季父卬,畏秦之威,将其种人附落而南,出赐支河曲数千里;与众羌绝远,不复交通。其后子孙分别,各自为种,任随所之:或为牦牛种,越巂羌是也;如今四川的西昌县。或为白马种,广汉羌是也;如今四川的广汉县。或为参狼种,武都羌是也;如今甘肃的武都县。忍及弟舞,独留湟中。并多娶妻妇;忍生九子,为九种;舞生十七子,为十七种。羌之兴盛,从此始矣。

《后汉书》说越巂、广汉、武都诸羌,都是爰剑之后,这句话恐未必十分可信。但因这一段文字,可以证明两汉时代,为中国患的羌人确是居湟中这一支。湟中是个肥沃的地方,爰剑又是个从中国逃出去的,他的文明程度,总得比塞外的羌人高些,看"教之田畜,遂见尊信"八个字,就可以明白。

这一支羌人的根据地,是从河湟蔓延向西南,包括青海和黄河上游流域。他的文明程度颇低,而体格极其强悍;《后汉书》说他"堪暑耐寒,同之禽兽"。而且好斗。部落分离,不能组织大群;又好自相攻伐,要到一致对外的时候,才"解仇诅盟";事情一过,就又互相攻伐了;这也是羌人的一个特色。这个是因为他所处的地方,都是山险,没有广大的平原的原故。羌人在历史上,始终不能组织一个强大的国家,做出大一点的事业,也是为此。

汉朝和羌人的交涉,起于武帝时,这时候,匈奴还据着河西,参看第二篇上第四章第一节。和羌人所据的湟中,只隔着一枝祁连山脉;武帝防他互相交通,派兵击破羌人,置个护羌校尉统领他。羌人就弃了湟水,西依西海青海。盐池。在青海西南。王莽时,羌人献西海之地,王莽把来置了一个西海郡;莽末内乱,羌人就乘此侵入中国。后汉时羌人一支占据河北大允谷和大小榆中一带,在如今平番、导河一带。颇为边患,和帝时,才把他打破,重置了西海郡;而且夹着黄河,开列屯田。从此从大小榆谷到西海,无复羌寇。然而降羌散布郡县的很多。在安定、北地、上郡的,谓之东羌。在陇西、汉阳、金城的,谓之西羌。中国的吏民豪右,都不免"侵役"他。前一八〇五年(一〇七),罢西域都护和校尉,发羌人去迎接他。羌人颇有逃散的。郡县到处"邀截",又不免骚扰。于是各处羌众,同时惊溃。"东寇三辅,南略益州"。凉州的守令,都是内地人;见羌势已盛,无心战守,都把郡县迁徙到内地来;百姓有不愿意迁徙的,就强迫"发遣";死亡流离,也不知多少。直到前一八九四年(十八),才把三辅肃清,凉州还没有平定,而军费已用掉二百四十亿。到顺帝时,凉州也算平定了,才把内徙的州县,依旧回复。不多时,羌人又叛。用兵十余年,又花掉八十多亿的军费。到桓帝即位,才用段颎做校尉,去讨叛羌,这个段颎,是以杀戮为主义的。他说:"昔先零作寇,赵充国徙令居内,煎当乱边,马援迁之三辅。始服终叛,至今为梗……犹种枳棘于良田,养蛇虺于室内也。臣……欲绝其本根,不使能殖。"于是从前一七五三年(一五九)起,至前一七四三年(一六九)止,用兵凡十一年。把西羌直追到河首积石山,东羌蹙到西县<small>如今甘肃的秦安县</small>。山中,差不多全行杀尽。这几年的羌乱,才算靠兵力镇定。<small>羌乱的详细,可参看《后汉书》本传,和任尚、虞诩、段颎、皇甫规、张奂等传。</small>

后汉的羌人,并不算什么大敌,他的人数,究竟也并不算多,然而乱事的蔓延,军费的浩大,至于如此。就可见得当时军力的衰弱,政治的腐败。<small>这件事情,和清朝川楚教匪之乱,极其相像。</small>军费自然十之七八,都是用在不正当的方面的。却是(一)凉州一隅,因此而兵力独厚;(二)其人民流离迁徙之后,无以为生,也都养成一个好乱的性质,就替国家种下一个乱源。

政治腐败,他的影响,决不会但及于凉州一隅的。咱们现在,要晓得后汉时代社会的情形,且引几段后汉人的著述来看看。

今察洛阳：资末业者，什于农夫；虚伪游手，什于末业；是则一夫耕，百人食之；一妇桑，百人衣之；以一奉百，孰能供之。天下百郡千县，市邑万数，类皆如此；本末不足相供，则民安得不饥寒。《论衡·务本篇》。

王侯贵戚豪富……举骄奢以作淫巧，高负千万，不肯偿债；小民守门号呼，曾无怵惕惭怍哀矜之意。同上，《断讼篇》。

使饿狼守庖厨，饥虎牧牢豕，遂至熬天下之脂膏，斫生人之骨髓。……豪人之室，连栋数百，膏田满野，奴婢千群，徒附万计，船车贾贩，周于四方，废居积贮，满于都城。奇赂宝货，巨室不能容；马牛羊豕，山谷不能受。妖童美妾，填乎绮室；倡讴妓乐，列乎深堂。《昌言·理乱篇》。

井田之变：豪人货殖，馆舍布于州郡，田亩连于方国。……财赂自营，犯法不坐，刺客死士，为之投命。至势弱力少之子，被穿帷败，寄死不敛，冤困不敢自理。同上《损益篇》。

这种情形，说来真令人"刿心怵目"。却是为什么弄到如此？这是由于汉朝时候的社会，本不及后世的平等。他的原因，是由于（一）政治上阶级的不平，（二）经济上分配的不平，这个要参看下篇第三章第五节和第七节才得明白。这种不平等的社会，倘使政治清明，也还可以敷衍目前，为"非根本的救济"；却是后汉时代，掌握政柄的不是宦官就是外戚，外戚是纨袴子弟，是些无知无识的人，宦官更不必说。他们既执掌政权，所用的自然都是他们一流人，这一班人布满天下，政治自然没有清明的希望。要晓得黑暗的政治，总是拣着地方上愚弱的人欺的，总是和地方上强有力的人，互相结托的。所以中央的政治一不清明，各处郡县都遍布了贪墨的官；各处郡县都遍布了贪墨的官，各处的土豪，就都得法起来。那么，真不啻布百万虎狼于民间了。灵帝开西邸卖官，刺史守令，各有价目。尤其是直接败坏吏治的一件事情。

所以张角一呼,而青、徐、幽、冀、荆、扬、兖、豫八州的人,同时响应。张角是钜鹿人,他自创一种妖教,名为"太平道"。分遣弟子"诳诱四方",十余年间,众至数十万,他把这些人分做许多"方",<small>大方万余人,小者数千。</small>暗约前一七二八年(一八四)<small>灵帝中平元年。</small>三月五日同时起事。还没有到期,给自己同党的人告发了,张角就"驰敕诸方,一时俱起",中外大震。这种初起的草寇,论兵力,究竟是不济事的。灵帝派皇甫嵩、朱儁等去讨伐,总算不多时就戡定了。然而从此之后,到处寇盗蜂起,都以"黄巾"为号。<small>张角的兵,都是把黄布包着头的,所以人家称他为黄巾。</small>郡县竟不能镇定。因为到处寇盗蜂起之故,把州刺史改做州牧,于是外权太重,就做了分裂的直接原因。<small>参看上篇第八章第一节、下篇第三章第一节。</small>

第二节 汉末的割据和三国的兴亡

"山雨欲来风满楼",分裂的机会成熟了,却仍等待着积久为患的宦官外戚做个导火线。

灵帝是个最尊信宦官的。他因为数失皇子,何皇后的儿子辩,养于道人史子助家,号为史侯。王美人的儿子协,灵帝的太后董氏自行抚养,号为董侯。灵帝想立董侯,没有办到,前一七二三年(一八九),灵帝病重了,把董侯属托宦者蹇硕,叫蹇硕立他。这时候,何皇后的兄弟进,做了大将军,兵权在手。蹇硕想诱他入朝,把他杀掉,然后拥立董侯。何进明知他的阴谋,拥兵不朝。蹇硕不敢动。于是史侯即位,是为废帝。

这时候,外戚宦官,依旧是势不两立。然而何氏出身低微,何太后的立,颇得些宦官的力。以是何氏对于宦官,有些碍难下手。何进虽然杀掉蹇硕,又逼死董太后,杀掉董太后的哥哥董重;然而要尽诛宦官,何太后就要从中阻挠他。何进手下袁绍等一班人,因而劝何进召外兵以胁太后。

宦官知道事情危险了,就把何进诱入宫,杀掉。袁绍等乘势攻宦官,尽杀之。凉州将董卓,驻兵在河东。听得何进召外兵的命令,即日进兵。这时候刚刚到京。于是拥兵入京城,把废帝废掉了,拥立董侯,是为献帝。

京城里的大权,霎时间落入"凉州军阀"之手。袁绍等一班人,自然是不服的。于是袁绍逃回山东,起兵"讨卓"。诸州郡纷纷应之。董卓就把天子迁徙到长安。近着凉州老家。"讨卓"的兵,本来不过"各据地盘",没有"讨卓"的诚意。自然是迁延敷衍,毫无成功。

然而"凉州系"却又内乱起来了,前一七二〇年(一九二),司徒王允和中郎将吕布,合谋杀掉董卓。董卓手下的将官李傕、郭汜,起兵攻陷京城,杀掉王允。吕布逃到山东。李傕、郭汜又自相攻伐。傕劫天子,汜留公卿为质。直到前一七一六年(一九六),凉州将张济从东方来,替他们和解,才算罢兵言和。献帝趁这机会,便想逃归洛阳。李傕、郭汜起初答应了,后来又追悔,合兵来追。献帝靠群盗李乐等帮忙,总算逃脱。然而群盗又专起权来,外戚董承等没法,只得召兖州的曹操入卫。曹操既至,以洛阳残破,挟着献帝迁都许昌。如今河南的许昌县。从此以后,大权都在曹操手里,献帝"守府而已"。

这时候,州牧郡守,纷纷割据。就有:

袁绍　据幽并青冀四州。
刘备　据徐州。
刘表　据荆州。
刘焉　据益州。
袁术　据寿春。如今安徽的寿县。

马腾、韩遂　割据凉州。

后汉时代,是颇重门阀的。参看下篇第三章第七节。袁绍是"四世三公",所据的地方又广大,所以势力最强。却是曹操"挟天子以令诸侯",所假借的名义,也比众不同。

"凉州系"在当时是个扰乱天下的罪魁。然而其中并没有雄才大略的人,李傕、郭汜、张济,不久都无形消灭了。只有吕布,却是个骁将。袁术攻刘备,吕布乘势夺取徐州。刘备弄得无家可归,只得投奔曹操。这刘备也是个英雄,曹操便利用他去攻吕布。曹操表刘备做豫州牧,借兵给他。前一七一四年(一九八),和他合力攻杀吕布。这时候,袁术因为措置乖方,在寿春不能立足,想要投奔袁绍。曹操顺便叫刘备击破他。袁术只得折回,死在寿春。然而刘备也不是安分的人,就和董承合谋,想推翻曹操。却又自己出屯小沛。事情发觉了,曹操杀掉董承,打破刘备。刘备也投奔袁绍,于是青、徐、兖、豫四州略定。

袁曹冲突的时机到了。前一七一二年(二〇〇),战于官渡,在如今河南中牟县的北边。袁绍大败,惭愤而死。儿子袁谭、袁尚争立。前一七〇六年(二〇六),曹操全定河北。袁谭为曹操所杀。袁尚逃到乌桓(参看第二章第一节),又给曹操打败;再逃到辽东,辽东太守公孙康把他杀掉。前一七〇四年(二〇八),便南攻荆州。刘表刚好死掉,他的小儿子刘琮把荆州投降曹操。

这时候,刘备也在荆州。他和曹操是不能相容的,逃往江陵。曹操派轻骑追他,一天一夜走三百里,到当阳长阪,如今湖北的当阳县。追到了。刘备兵败,再逃到夏口,靠刘表的大儿子刘琦。

这时候的刘备,可算得势穷力尽了,却有一支救兵到来。当东诸侯起兵"讨卓"的时候。长沙太守孙坚也起兵而北。董卓西迁之后,孙坚便收复洛阳。后来和袁术结连去攻刘表,给荆州军射杀。

坚兄子贲，收集残部，投奔袁术。孙策虽然年少，倒也是个英雄。看看袁术不成个气候，便想独树一帜。于是请于袁术，得了父亲旧时的部曲，南定扬州。前一七一二年（二〇〇），孙策死了，他的兄弟孙权代领其众。刘备手下的诸葛亮，便想一条计策，自己到江东去求救。

这时候的江东，论起兵力来，万万敌不过曹操。然而（一）北军不善水战，（二）荆州军又非心服，（三）加以远来疲敝，又有疾疫，却也是曹操兵事上的弱点。孙权是个野心勃勃的人，手下周瑜、鲁肃等也有一部分主战的；于是派周瑜带水军三万，和刘备合力抵御曹操，大破曹操的兵于赤壁。如今湖北嘉鱼县的赤壁山。于是曹操北还，刘备乘胜攻下如今湖南省的地方。明年，周瑜又攻破江陵。三分鼎足之势，渐渐的有些成立了。俗传"借荆州"一语，说荆州是孙权借给刘备的。这句话毫无根据。请看赵翼《廿二史札记》。

赤壁战后，曹操一时也不想南下。而西方的交涉又起。原来凉州地方，本有个马腾、韩遂割据。李傕、郭汜等灭后，曹操虽然收复关中，派钟繇镇守，却还没顾得到凉州。前一七〇一年（二一一），曹操征马腾做卫尉。马腾的儿子马超，疑心曹操要害他，就和韩遂举兵造反。凉州的兵势，十分精锐。钟繇抵敌不住，只得弃长安而走。马超、韩遂直打到潼关。曹操自将去抵御他，用离间之策，叫他两个分心，到底把他打败了。明年，曹操就杀掉马腾。马超知道了，举兵又反，却给杨阜等起兵打败。马超就逃奔汉中。

这时候的汉中，是谁据着呢？先前巴郡有个张修，创立五斗米道。参看下篇第三章第六节。沛县的张鲁信奉他，张修死后，张鲁就俨然做了教主。很有信奉他的人。益州牧刘焉，便叫他保守汉中。刘焉死后，儿子刘璋颇为暗弱。张鲁就有吞并益州之志。刘璋急了，因为刘备素有英雄之名，就想招他入川，借他防御张鲁。

刘备闻命,真是"得其所哉"。即便带兵入川,不多时,就借端和刘璋翻脸,把西川夺去,这是前一六九八年(二一四)的事。前一六九七年(二一五),曹操平定张鲁,取了汉中。前一六九六年(二一六)。刘备又把汉中夺去。这一年八月里,又命关羽从荆州进兵攻取襄阳。这时候的刘备,对于曹操竟取了攻势了。

曹操取汉中这一年,孙权因刘备入川,也颇想乘虚夺取荆州,刘备这时候,正想争取汉中。知道两面开衅是不行的。便和孙权妥协,把荆州地方平分,备使关羽守江陵,权使鲁肃屯陆口。如今湖北的蒲圻县。这时候周瑜已经死了。到关羽进攻北方的时候,孙权又把吕蒙调回,换了个"未有重名,非羽所忌"的陆逊。关羽果然看轻他。把江陵守兵尽数调赴前敌,后路空虚。吕蒙便乘势发兵,袭取江陵。这时候,关羽前敌的攻势也已经给曹操发大兵堵住,弄得进退无路,只得退军,给孙权伏兵捉住,杀掉。西蜀进取之势,受了一个大打击。

前一六九二年(二二〇),曹操死了。儿子曹丕嗣为魏王,便把汉献帝废掉,自立,是为魏文帝。明年,蜀汉先主刘备也称帝于成都。前一六九三年(二一九),孙权也在建业如今江苏的江宁县,东晋时因为避愍帝的讳改名建康。称帝,是为吴大帝。后汉就此分作三国。

关羽的败亡,是蜀汉一个致命伤。当时东吴的无端开衅,却也是有伤国际信义的。这种毫无借口的开衅,在历史上也很为少见。所以先主称帝之后,就首先自将伐吴。却又在猇亭,在如今湖北宜都县西边。给陆逊杀得大败亏输。又羞又气,死了。诸葛亮受遗诏辅政,东和东吴,西南定益州,汉郡,治滇池,如今云南的昆明县。屡次出兵伐魏。前一六七八年(二三四),死了。蜀汉就此不振。诸葛亮是中国一个大政治家,本书限于篇幅,不能详细介绍他。广智书局《中国六大政治家》里有他的传,颇可看的。诸葛亮出兵伐魏,第一次在前一六八五年(二二七)。这一次魏人不意蜀国出兵,很为张皇失措。天水、南安、安定三郡,都叛应亮,兵势大振。时魏明帝初立,亲幸长安,派张郃去抵御他。诸葛亮派马谡当前锋。这张郃是魏国的宿将,马谡虽有才略,大约军事上的经验不及他。给张郃在街亭(如今甘肃的秦安县)打败。诸葛亮只得退回汉中。这一年十二月里,诸葛亮再出散关(在如今陕西宝鸡县西边)围陈仓(在宝鸡的东边),不克而退。明年春,再出兵攻破武都(如今甘肃的成县)、阴平(如今甘肃的文县)。前一六八一年(二三一),魏曹真伐蜀。攻汉中,不克。明年,诸葛亮伐魏。围祁山(在武都西北),魏司马懿来救。诸葛亮因粮尽退回。张郃来追,给诸葛亮杀掉。前一六七六年(二三六),诸葛亮再出兵伐魏。进兵五丈原(在如今陕西郿县),分兵屯田,为久驻之计。这年八月里,就病死了。诸葛亮的练兵和用兵,都很有规矩法度;和不讲兵法,专恃诡计,徼幸取胜的,大不相同。《三国志》《晋书》,都把他战胜攻取的事情抹煞,这是晋朝人说话如此。只要看他用兵的地理,是步步进逼,就可以知道他实在是胜利的了。

诸葛亮死后五年,魏明帝也死了。养子芳年纪还小。明帝死时,本想叫武帝的儿子燕王宇辅政。中书监刘放、中书令孙资,趁他昏乱时候,硬劝他用曹爽和司马懿。明帝听了他。于是曹爽、司马懿,同受遗诏辅政。其初大权尽在曹爽手里,司马懿诈病不出。到前一六六三年(二四九),曹爽从魏废帝出去谒陵。不知道怎样,司马懿忽然勒兵关起城门来,矫太后的命令,罪状曹爽。曹爽没法,只得屈伏了。其结果,就给司马懿所杀。于是大权尽入于司马懿之手。这件事的真相是无从考见的,然而有可注意的,曹爽所共的一班人,都是当时的名士,司马懿却是个军阀。曹爽和司马懿相持凡十年。曹爽是曹真的儿子,在魏朝总算是个宗室。朝廷上又有一班名士拥护他(把如今的话说起来,可以说他是名流系的首领)。其初司马懿不能与争,大概是这个原故。曹爽专政之后,把太后郭氏迁徙到永宁宫。和他的兄弟曹羲,都带了禁兵(这时候,表面上把司马懿尊做太傅,暗中却夺去他的权柄。司马懿就称病不出)。后来司马懿推翻他,就是趁他兄弟都出城,夺了他的禁兵,表面上却用太后出头。这样,我们推想起司马懿的行为来,大约是"交通宫禁","勾结军队"。其详情却就无可考较了。现在历史上所传的话,都是一面之词,信不得的。曹爽死后,司马懿、司马师、司马昭,父子弟兄,相继秉政,削平异己。当时魏国的军人,都是司马懿一系。只有扬州的兵反抗他。前一六六一年(二五一),扬州都督王凌,前一六五七年(二五五),扬州都督毌丘俭,前一六五五年(二五七),扬州都督诸葛诞,三次起兵。都给司马氏平定。司马师先废曹芳而立曹髦;司马昭又弑曹髦而立曹奂;到司马炎,就自己做起皇帝来了。前一六四七年(二六五)。

蜀自诸葛亮死后,蒋琬、费祎,相继秉政。费祎死后,后主才亲理万机,信任宦官黄皓,颇为昏暗。蒋琬、费祎的时代不大主张用兵。费祎死后,姜维执掌兵权,连年出兵北伐,毫无效果;而百姓疲弊,颇多怨恨。前一六四九年(二六三),司马昭叫钟会、邓艾两道伐蜀。会取汉中,姜维守住剑阁,如今四川的广元县。会不得进。而邓艾从阴平直下绵竹,就是从甘肃文县,出四川平武县的左担山,向绵竹的一条路。猝攻成都,后主禅出降。蜀汉就此灭亡。于是晋国派羊祜镇襄阳,王濬据益州以图吴。羊祜死后,杜预代他。

吴自大帝死后。少子亮立。诸葛恪辅政,给孙峻所杀。于是峻自为大将军。峻死后,弟綝继之,废亮而立景帝休。景帝把孙綝杀掉,然而也无甚作为。景帝死后,儿子皓立,很为淫虐。吴当诸葛恪秉政时,曾一次出兵伐魏。诸葛恪死后,忙着内乱,就没有工夫顾到北方。靠着一个陆抗,守着荆州,以抵御西北两面。陆抗死后,吴国就没有人才了。前一六三八年(二七四)。前一六三二年(二八〇),王濬、杜预,从益、荆两州,顺流而下。王濬的兵先到,孙皓出降。吴国也就灭亡。

三国时代,是我国南北对抗之始。这时代特可注意的是江域的渐次发达。前此江南的都会,只有一个吴。江北的广陵如今江苏的江都县。却是很著名的。我们可以设想,产业和文化的重心还在长江的北岸。自从孙吴以建业为国都,孙吴建国,北不得淮域。濡须水一带,是兵争的要地。定都建业,既可扼江为险,又便于控制这一带地方。建业后来又做了东晋和宋、齐、梁、陈四朝建都之所。东晋以后,南方文化的兴盛,固由于北方受异族之蹂躏,衣冠之族避难南奔;然而三国时代的孙吴,业已人才济济。这也可见南方自趋于发达的机运,不尽借北方的扰乱为文化发达的外在条件了。又益州这地方,从古以来,只以富饶著名,在兵争上,是无甚关系的。却是到三国时代,正因为他地方富饶,就给想"占据地盘"的人注目。刘备初见诸葛亮的时候,诸葛亮劝他占据荆益二州。说"天下有变:则命一上将,将荆州之军,以向宛洛;将军身率益州之众,以出秦川"。前者就是关羽攻魏的一条路。关羽既败,诸葛亮屡次伐魏,就只剩得后者一条路了。论用兵形势,自然是出宛洛,容易震动中原。所以我说荆州之失,是蜀汉的致命伤。然而刘备、诸葛亮,当日必定要注重益州。则"荆土荒残,人物凋散"两句话,就是他主要的原因。这个全然是军力上的问题。而向来不以战斗著名的蜀人,受诸葛亮一番训练,居然成了"节制之师"。从此以后,蜀在大局上的关系也更形重要了。

当时还有一个占据辽东的公孙度,传子公孙渊,于前一六七五年(二三七),为司马懿所灭。其事情,和中原无甚关系。与高丽有关系处,详见下篇第一章第六节。

三国系图

```
魏武帝曹操 ┬ (一)文帝曹丕 ┬ (二)明帝叡 ─ (三)齐王芳
           │              └ 霖 ──(四)高贵乡公髦
           └ 燕王宇 ──(五)陈留王奂

(一)蜀汉先主(昭烈帝)刘备 ─(二)后主禅

(一)吴大帝孙权 ┬ 和 ──(四)皓
               ├ (二)废帝亮
               └ (三)景帝休
```

第二章 两晋和五胡

第一节 晋初异族的形势

从前一七二三年(一八九),董卓入据都城,擅行废立,山东州郡纷纷起兵讨卓之后,天下就此分裂;直到前一六三二年(二八〇)晋武帝平吴,天下才算统一;其间凡九十二年。却是晋武平吴之后,不及二十年,天下又乱起来了。所以致乱的原因,固然有许多,却是最大的有两端:其(一),是晋武帝的励行封建制。其(二),是当时散布塞内外的异族太多,没有好法子统驭他。前者是"八王之乱"的原因,后者就是"五胡之乱"的原因。如今且把五胡的形势,叙述于下:

(一)匈奴,羯。羯是匈奴的别种,居于上党郡武乡县羯室,如今山西的榆社县。匈奴从呼韩邪降汉以后,其部众入居并州,已见第二篇上第七章第二节。呼韩邪单于二十一传而至呼厨泉,因先世是"汉甥",便改姓刘氏。魏武帝因为他部众强盛,把他留之于邺,而分其部众为五,每部设立部帅,又选汉人做他部里的司马,以监督他。五部中左部最强,呼厨泉哥哥的儿子豹,做他的部帅;晋武帝又把他分做两部。虽然如此严密监督,他的部落总是日渐繁盛的。于是平阳、西河、太原、新兴诸郡,都布满了匈奴。

(二)鲜卑。东胡的起源,已见第一篇第六章第二节和第二上第四章第二节。从东胡给冒顿打破后,其众分为两支:南边一支叫乌桓,汉武帝招他保守上谷、渔阳、右北平、辽东、西五郡塞外。鲜卑更在其北方。

后汉时,匈奴灭亡后,鲜卑北据其地。当后汉末年,鲜卑出了两个著名的酋长(檀石槐、轲比能)。檀石槐时,其疆域北接丁令,西抵乌孙,东界扶余,参看下篇第一章第六节。几于不减匈奴之盛。可惜团结力不固,檀石槐、轲比能死后,就又分裂了。参看《后汉书》《三国志》本传。然而他的部落,分布极广,东边从辽东起,西边到并凉塞外为止,没一处不有鲜卑。

乌桓当后汉末年,曾经和袁绍相结托。袁氏败亡以后,袁尚和袁熙就奔依乌桓。魏武帝用田畴做乡导,出卢龙塞,掩击乌丸于柳城,在如今热河道的凌源县。大破之,降斩二十余万,迁其余众于中国。从此以后,乌桓两个字就不见于历史上了。仅《新唐书·四裔传》,载有一极小部落,不足齿数。柳城一战,决不能把乌丸灭掉,大约余众都并入鲜卑。因为鲜卑二字本是这一族的本名(见第一篇第六章第二节)。本节参看《后汉书》、《三国志》的《乌桓鲜卑本传》和《田畴传》。

(三)氐,羌。羌人当后汉时候,虽然大被杀戮,然而他的繁殖力颇大。晋初,冯翊、北地、新平、安定诸郡,又都给他布满。氐人本在巴中的,张鲁时代,因敬信鬼道,才迁入汉中。魏武帝克汉中,迁氐人于北方。于是扶风、始平、京兆诸郡,莫不有氐。

当时郭钦、江统等一班人,都创"徙戎之论",要把他徙之塞外。参看《晋书》本传。然而把戎狄置诸塞外,自以为安,其实是最危险的事。为什么呢?因为这是中国管辖所不及,为强为弱,都不能去问他的信。这种部落里,要是出了一个英雄,"并兼","胁服",便成了一个强大的部族,要为边患了。历代北族的起源,都是如此。参看后文辽金元清初起的事迹,自明。所以"徙戎之论",不过是条姑息之策。

但是这些民族,杂居在内地,是要有法子抚绥他,驾驭他,慢慢和他同化。让一步说,也要政治清明,兵力强盛,叫他不至于生心。晋初既毫无抚绥制驭的政策;又有"八王之乱"授之以隙(汉族自然同化的力量虽大,一时间也不及奏效),就酿成五胡之乱了。

第二节 八 王 之 乱

魏朝的待宗室,是最薄的。同姓诸王,名为有土之君,其实同幽囚无异。所以司马氏倾覆魏朝很是容易。晋武帝有鉴于此,于是大封宗室,诸王皆得"选吏"、"置军",而且"入典机衡,出作岳牧",倚任之重,又过于汉朝。这个要算"封建制度第二次反动力"了,然而也终于失败。

晋朝的景皇和文皇是弟兄相及的。武帝的母弟齐王攸,大约也有这种希望。当时朝廷上,也很有一班齐王的党羽。说太子惠帝不好,劝武帝立齐王。却是武帝的权力大,毕竟把齐王逼得出去就国,齐王就此忧愤而死。这也算得晋初"继嗣之争"的一个暗潮。参看《晋书》齐王本传,惠帝固然是昏愚的,然而《晋书》上形容他的话,也未必尽实。譬如说惠帝听蛙鸣,便问这个是"官乎私乎"?荒年,百姓穷得没有饭吃,人家告诉他,他说"何不食肉糜",这个是傻子无疑了。然而荡阴之战(见下)嵇绍以身护卫他,被杀,血染帝衣,左右要替他洗去,他说:"嵇侍中血,勿浣也。"智愚就判若两人。可见惠帝昏愚之说,一半是齐王之党所造的谣言。武帝死后,太子即位,是为惠帝。前一六二二年(二九〇)。

宗室之间既然起了暗潮,自然要借重外戚。武帝有两个杨后,前杨后,就是生惠帝的,临终时候,因为惠帝"不慧",怕武帝另立了皇后,要废掉他,于是"泣言"于武帝,要立自己从父骏的女儿做皇后。武帝听了他,这便是后杨后。惠帝是个极无能为的人,既立之后,杨骏辅政,他的威权自然是很大的了。却是又有人想推翻他。惠帝的皇后是贾充的女儿,贾充是司马氏的死党。司马氏的篡弑,和贾充很有关系的。可参看他本传。深沉有智数,见惠帝无能,也想专制朝政,却为杨骏所扼,于是想到利用宗室。

前一六二一年,贾后和楚王玮、武帝第五子。东海(安)公繇宣王孙。合谋,诬杨骏谋反,把他杀掉。废太后,幽之金墉城。在洛阳西北。以汝南王亮宣帝第四子。为太宰,和太保卫瓘同听政。汝南王和卫瓘要免掉楚王的兵权。贾后和楚王合谋杀掉汝南王。把东海(安)公繇也迁徙到带方。在如今朝鲜的黄海道。旋又借此为名把楚王杀掉。前一六二〇年(二九二),贾后弑杨太后。太子遹不是贾后所生,前一六一三年(二九九),贾后把他废掉,徙之金墉城。明年,又把他囚在许昌。这时候,赵王伦宣帝第九子。掌卫兵,要想推翻贾后,就故意散放谣言说:殿中兵士要想废掉皇后,迎还太子。贾后急了,前一六一二年(三〇〇)把太子杀掉。赵王就趁此起兵,杀掉贾后。前一六一一年(三〇一),就废惠帝而自立。

这时候,齐王冏攸的儿子。镇许昌,成都王颖武帝第十六子。镇邺,河间王颙宣帝弟,安平王孚的孙。镇关中,同时起兵讨赵王。左卫将军王舆起兵杀掉赵王,迎惠帝复位。成都王、河间王都还镇,齐王入洛阳。河间王忌他,叫长沙王乂武帝第六子。攻杀齐王。前一六一〇年(三〇二)。明年,河间王和成都王又合兵攻乂,不克。前一六〇八年(三〇四),东海公越宣帝弟,高密王泰之子。执乂以迎颙将张方,张方把乂杀掉。成都王颖入洛阳。不多时,又回邺,留部将石超守洛阳。东海公旋又攻超,超奔邺。于是东海王越进爵。奉着惠帝,号召四方,以攻成都王。成都王遣石超拒战,惠帝大败于荡阴,如今河南的汤阴县。给成都王掳去,置之于邺。东海王逃回本国。这时候的成都王,要算得志得意满了。却是幽州都督王浚和并州刺史东嬴公腾，越的弟。又起兵讨他。石超拒战，大败。成都王只得挟着惠帝南奔洛阳。时洛阳已为张方所据。于是张方再挟着惠帝和成都王走长安。

前一六〇七年（三〇五），东海王越再合幽并二州的兵，西迎惠帝。河间王颙派成都王颖据洛阳拒敌，大败。河间王把事情都推在张方身上，把他杀掉，叫人到东海王处求和。东海王不听，直西入关，挟着惠帝还洛阳，河间王逃到太白山，给南阳王模高密王泰的儿子，杀掉。成都王走到新野，给范阳王虓宣帝弟，范阳王康（康王）的儿子，捉到，杀掉。惠帝东归之后，为东海王所弑，而立怀帝。

晋系图

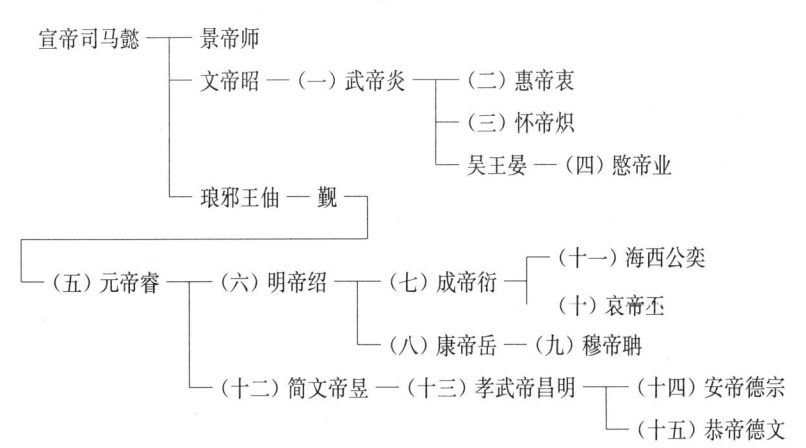

```
宣帝司马懿 ─┬─ 景帝师
            ├─ 文帝昭 ─ (一)武帝炎 ─┬─ (二)惠帝衷
            │                        ├─ (三)怀帝炽
            │                        └─ 吴王晏 ─ (四)愍帝业
            └─ 琅邪王伷 ─ 觐 ─┐
┌─────────────────────────────┘
├─ (五)元帝睿 ─┬─ (六)明帝绍 ─ (七)成帝衍 ─┬─ (十一)海西公奕
│              │                              └─ (十)哀帝丕
│              │           └─ (八)康帝岳 ─ (九)穆帝聃
│              └─ (十二)简文帝昱 ─ (十三)孝武帝昌明 ─┬─ (十四)安帝德宗
│                                                     └─ (十五)恭帝德文
```

第三节 西晋的灭亡

五胡乱华的事情，咱们得把它分做四个时代，便是：

第一　前赵强盛时代。

第二　后赵强盛时代。

第三　前秦强盛时代。

第四　后燕、后秦对立时代。

前赵就是匈奴。五胡之中,匈奴、鲜卑为大。而鲜卑根据地在塞外,匈奴在塞内,所以匈奴先兴起。

刘豹的儿子名字唤做渊,本在洛阳做侍子。从汉以后,外国王子到中国来做质子的,美其名曰"侍子"。惠帝元年,才用他做五部大都督(但是人仍旧在洛阳)。成都王颖用事,又叫他监五部军事,也留之于邺。刘渊屡请还河东,成都王不许。到幽并兵起,刘渊乘机说成都王,要回河东去,合五部之众,来帮他的忙。成都王才许了他。于是刘渊回到左国城,在如今山西离石县东北。自立为汉王。前一六〇八年(三〇四)。旋又迁居平阳,如今山西的临汾县。称帝。

这时候,洛阳以东群盗纷起,一时无所归向,便都去依附匈奴(其中最盛的,要算王弥和石勒)。于是匈奴的势力大盛。前一六〇二年(三一〇),刘渊卒,子和立,弟聪弑而代之。这时候,石勒的兵纵横河南。东海王越,自出兵讨之,卒于项。如今河南的项城县。勒追败其军于苦县。如今河南的鹿邑县。于是官军不复能讨贼,听其纵横司、豫。前一六〇一年(三一一),刘曜刘渊的族子。攻洛阳,王弥、石勒都引兵来会。城陷,怀帝被虏。刘聪的儿子粲又攻陷长安,杀南阳王模。前一五九九年(三一三)正月,"刘聪大会。使帝着青衣行酒。侍中庾珉号哭。聪恶之。……帝遇弑,崩于平阳"。

这时候,雍州刺史贾疋,已恢复长安,旋讨贼被害,众推始平太守麹允领雍州刺史。奉秦王业为太子。及得凶问,即位。是为愍帝。时"长安城中,户不盈百,墙宇颓毁,蒿棘成林。……众惟一旅,公私有车四乘。器械多阙,运馈不继。诸侯无释位之志,方镇阙勤王之举。"就靠麹允、索綝京兆太守。尽忠辅翼,屡却敌兵。前一五九六年(三一六),刘曜大举来攻,诸军毕竟不支。八月,京城被围。十月,帝出降。明年,刘聪"因大会,使帝行酒洗爵。反而更衣,又使帝执盖。晋臣在坐者,多失声而泣。尚书郎辛宾。抱帝恸哭,为聪所害。十二月……帝遇弑,崩于平阳"。于是西晋灭亡。

第四节　胡羯的兴亡

西晋灭亡之后,匈奴的势力看似很利害了。然而刘渊本不是什么有大略的人,看他自立之后,一无作为可知。刘聪就更荒淫。当时匈奴所有,实在不过雍州和河东斤土而已。于是石勒起于东方。

石勒,羯人。初名㔨,其先匈奴别部羌渠之胄,祖父并为部落小率。汲桑始命以石为姓,勒为名。大安中,惠帝年号。前一六一〇(三〇二)、一六〇九(三〇三)两年。并州刺史东嬴公腾,执卖诸胡于山东,以充军实,勒亦在其中。后与魏郡汲桑,同从成都王颖故将公师藩为盗。藩和汲桑,都给青州刺史苟晞所击斩。石勒降汉。于是借其兵力,纵横东方。这时候,北方已经糜烂得不堪,其稍能自立的只有:

青州刺史苟晞

幽州都督王浚

并州刺史刘琨

都给石勒灭掉。群盗中最强盛的,是王弥、扰乱青徐一带。曹嶷,也在青州。广固城(在如今山东益都县西边,后来南燕所都)便是曹嶷所筑。也给石勒所并。幽、并、青、冀、司、豫、兖、徐,差不多都是石勒的势力范围。然而他起初也不过是个流寇的样子,后来得赵人张宾,用他的计策,前一六〇〇年(三一二),北据襄国,如今直隶的邢台县。明年,又南定邺,就据了这两处做根据地,丁是渐渐的成了一个规模。

前一五九五年(三一七),刘聪卒,子粲立。刘聪当生时,娶靳准的女儿为后，就委政于准。粲立，为准所杀。于是石勒从襄国，刘曜从长安，都发兵攻准。勒攻破平阳，靳明奔刘曜，为曜所族杀。于是刘曜自立于长安，改国号为赵。明年，石勒也自称赵王。历史上称刘曜为前赵，石勒为后赵。

前一五八四年（三二八），刘曜伐后赵，围金墉。石勒往救，战于洛西，曜大败，被执。子熙奔上邽。如今陕西的南郑县。明年，为石虎所追杀。于是前赵灭亡。后赵又并有雍秦二州。

前一五七〇年（三四二），石勒卒，子弘立。石勒的从子虎，是向来执掌兵权的，弑弘而自立。虎残暴无人理，参看第四章。后赵就不能支持，而鲜卑、氐、羌继起。

前一五六三年（三四九），石虎卒。石虎的太子邃以谋弑虎，为虎所杀。立其弟宣。宣的弟韬，有宠于虎，宣忌而杀之。虎大怒，又杀掉宣，而立小儿子世做太子。世的母亲是刘曜的女儿。谪东宫的卫士名为"高力"的于梁州，"遇赦不原"。高力军反，攻破长安，出潼关，向洛阳。虎大惧，叫养子冉闵和羌酋姚弋仲去打他，总算把高力打平。等到收军回来，石虎已经死了。冉闵走到李城，如今河南的温县。遇见石虎第三个儿子石遵，就劝他去攻石世。石遵听了他，就用冉闵做先锋，打破邺城，杀掉石世母子。石遵本来许以冉闵为太子的，即位之后，却背了约。于是冉闵攻杀石遵，立了他的兄弟石鉴。石鉴想杀掉冉闵，又给冉闵所杀。于是冉闵自做皇帝，复姓冉氏，改国号为魏，这是前一五六二年（三五〇）的事。

冉闵做皇帝虽不过一年，却和当时时局很有关系，便是他杀石鉴时的"大诛胡羯"。《晋书·载记》上记这件事道：

……宣令内外六夷，敢称兵杖者斩之。胡人或斩关或逾城而出者，不可胜数。……令城内曰：与官同心者住；不同心者，各任所之。敕城门不复相禁。于是赵人百里内悉入城，胡羯去者填门。闵知胡之不为己用也;班令内外:赵人斩一胡首送凤阳门者,文官进位三等,武职悉拜牙门。一日之中,斩首数万。闵躬率赵人,诛诸胡羯;无贵贱男女少长,皆斩之,死者二十余万。……屯据四方者,所在承闵书诛之。于是高鼻多须,滥死者半。有人据这一句,疑心当时的胡羯形状颇像白种人。案羯是匈奴别种,匈奴自是土耳其族。但是当时的所谓"胡",范围是很广的。譬如鲜卑在匈奴之东,就叫东胡,西域诸国,有时也称为西胡。又如说北走胡,南走越。葱岭以东,原有属于白种的塞种(见第二篇第四章第二节)。这种人,自然也有迁居中国的;又有本来和匈奴混合,随着匈奴迁徙入中国的。所以大诛胡羯的时候,其中有高鼻多须的人。

经这一次杀戮之后,胡羯的势力就大衰。冉闵虽然败亡,胡羯却不能再起了。

第五节 鲜卑的侵入

鲜卑是个大族。他当时所占据的地方虽在塞外,不如匈奴在腹心之地;然而他的种落却较匈奴为多。所以扰乱中原虽在匈奴之后,而命运却较匈奴、氐、羌为长。其中最先崛起的是慕容氏。慕容氏,《晋书·慕容廆载记》上说他是东胡之后,分保鲜卑山的。又述他的先世道:

> 曾祖莫护跋,魏初率其诸部入居辽西,从宣帝伐公孙氏有功,拜率义王,始建国于棘城之北。时燕、代多冠步摇,莫护跋见而好之,乃敛发袭冠,诸部因呼之为步摇,其后音讹,遂为慕容焉。……祖木延,左贤王。父涉归,以全柳城之功,进拜鲜卑单于,迁邑于辽东北。棘城在如今热河道朝阳县。

到慕容廆手里,迁徙到徒河的青山,在如今奉天锦县境。又迁徙到大棘城,如今奉天的义县。并有辽东。参看下篇第一章第六节。慕容廆还受晋朝的官爵。廆卒,子皝立,前一五七九年(三三三)。才自称燕王。前一五七五年(三三七)。又筑龙城,徙都之。如今的朝阳县。皝卒,子儁立。前一五六四年(三四八)。这时候,辽西的鲜卑还有宇文氏和段氏。宇文氏为慕容皝所灭。见第三章第四节。段氏据令支,如今直隶的迁安县。也给慕容儁灭掉。于是前燕的疆域和后赵直接。

石氏灭亡之后,慕容儁乘势侵略中国。前一五六二年(三五〇),拔蓟,取幽州,南徇冀州。前一五六〇年(三五二),和冉闵战于魏昌,如今直隶的无极县。闵马倒被执。魏亡。于是慕容儁徙都邺。

当时前燕的实力仅及河北一带,幽、冀二州及邺。于是氐酋苻洪,羌酋姚弋仲,也都想乘机自立。案《晋书·载记》:

苻洪,字广世,潞(略)阳临渭氐人也。……世为西戎酋长。始其家池中蒲生,长五丈,五节如竹形,时咸谓之蒲家。因以为氏焉。父怀归,部落小帅。……属永嘉之乱……宗人蒲光、蒲突,遂推洪为盟主。刘曜僭号长安,光等逼洪归曜,拜率义侯。曜败,洪西保陇山。石季龙将攻上邽,洪又请降。……拜冠军将军,委以西方之事。……以洪为龙骧军流人都督,处于枋头。枋头城,在如今河南濬县。石氏亡后,"有说洪称号者,洪亦以谶文草付应王,又其孙坚背有草付字,遂改姓苻氏"。

姚弋仲,南安赤亭羌人也。……烧当……七世孙填虞,汉中元末,寇扰西州,为杨虚侯马武所败,徙出塞。虞九世孙迁那率种人内附。……处之于南安之赤亭。那玄孙柯迴。……迴生弋仲。……永嘉之乱,东徙榆眉。……刘曜……以弋仲为平西将军,邑之于陇上。及石季龙克上邽,弋仲说之……徙陇上豪强……以实畿甸。……勒既死,季龙执权。思弋仲之言,遂徙秦、雍豪杰于关东。弋仲率步众数万,迁于清河。按赤亭,在如今甘肃陇西县。榆眉,在陕西岍阳县。清河郡,治如今山东的清平县。

这都是被胡羯压服的,胡羯既亡,自然都想出头了。苻洪击虏赵将麻秋,不多时,给麻秋毒杀。儿子苻健,杀掉麻秋,引兵入关。姚弋仲也病死,儿子姚襄降晋。这时候,河南郡县无主,降晋的极多。晋朝就要起兵经略北方了。

第六节　东晋内外的相持

从元帝即位建康以后,前一五九五年(三一七)。到慕容儁入邺这一年,前一五六〇年(三五二),晋朝的东渡,已经三十六年了。这三十六年之中却是怎样的呢?东晋的历史,我可以说是荆、扬二州冲突的历史。

元帝以前一五九九年(三一三)都督扬州军事,镇下邳。如今江苏的邳县。这时候,北方丧乱。元帝用王导的计策,迁居建康。愍帝被弑以后,便在建康即位。江东的人心很归向元帝。却是从北方丧乱以来,南方也屡有乱事,都靠荆州的兵讨定。(荆州的刺史是刘弘,他手下的名将便是陶侃、周访),所以当时荆州的兵力,远较扬州为强。元帝即位之初,王导和从兄王敦,同心翼戴(王导典机务,王敦掌征讨)。元帝便用王敦都督江、扬、荆、湘、交、广六州军事。这时候,刘弘已死。王敦便把周访迁徙到梁州,陶侃迁徙到广州,自己专管荆州之事。元帝又有些怕他。引用刘隗、刁协、戴渊、周顗等一班人,叫戴渊都督司、豫,镇合肥,如今安徽的合肥县。刘隗都督青、徐镇淮阴,如今江苏的淮阴县。二州军事,以防制他。又叫谯王承做湘州刺史,以掣王敦的肘。王敦在诸将中只有些怕周访。却是周访死了,甘卓继任,卓年已老耄,王敦绝不怕他。前一五九〇年(三二二),王敦发兵反,从武昌顺流而下。刘隗、戴渊发兵入卫,拒战,都大败。刘隗逃奔后赵,刁协给人杀掉。敦入城,杀周𫖮、戴渊而去。同时也发兵袭杀甘卓和谯王承。元帝忧愤而崩。明帝立,敦移镇姑孰,_{如今安徽的当涂县}。阴谋篡夺。前一五八八年(三二四),死了。明帝和丹阳尹温峤合谋,发兵讨平其乱。这是荆、扬二州的第一次冲突。

明帝在位三年而崩,成帝立,还只有五岁,太后庾氏临朝。后兄庾亮执政。这时候,祖约屯寿春,_{祖约的哥哥,唤做祖逖。请兵于元帝,要去恢复北方。元帝叫他自己召募。于是祖逖在淮阴召募约八千人,慷慨北行。和后赵相持,河南州郡,归他的极多。前一五九一年(三二一),祖逖死了,祖约代领其众。抵当不住后赵,退屯寿春。}陶侃镇荆湘,又有个历阳内史苏峻,_{历阳,如今安徽的和县。}讨王敦有功。都和庾亮不睦。前一五八五年(三二七),庾亮征苏峻为大司农,苏峻就举兵和祖约同反。苏峻的兵锋很为精锐。庾亮逃奔寻阳,去投温峤。_{这时候,温峤镇寻阳。}温峤以大义责陶侃,一同举兵,讨定苏峻。祖约逃奔后赵,后来为后赵所杀。这一次,不是温峤公忠体国,陶侃也还未必可靠,晋朝就危险极了。这是东晋所生肘腋之变,总算靠上流的兵力镇定的。

陶侃死后,庾亮代督荆江,_{前一五七八年(三三四)。}才出兵北伐。这时候,后赵方强,_{石虎时代。}庾亮兵出无功,惭愤而卒。庾亮的兄弟庾翼接他的手。前一五七〇年(三四二),成帝崩。成帝两个儿子,一个唤做丕,一个唤做奕,年纪都还幼小。宰相庾冰便立了琅邪王岳,是为康帝。庾翼从武昌移镇襄阳,庾冰代镇夏口。前一五六八年(三四四),康帝又死了。康帝的儿子唤做聃,还只有三岁。庾冰要立会稽王昱,_{简文帝。}宰相何充不同意。聃即位,是为穆帝。太后褚氏临朝。这一年,庾冰死了,庾翼移镇夏口,庾翼的儿子,名唤方之,代镇襄阳。明年,庾翼又死了,遗表请把自己的儿子爰之代镇荆州。何充不听,用了桓温,并且连方之都罢掉。从此以后,庾氏的势力,就消灭了。

桓温却是个豪杰,他占据上流以后,布置起来,便觉得旌旗变色,于是就成了伐蜀之功。前蜀的起源,《晋书·载记》上说他是廪君之后。案廪君的神话见于《后汉书·南蛮传》上。《晋书·李特载记》略同。

> 巴郡南郡蛮,本有五姓:巴氏、樊氏、瞫氏、相氏、郑氏,皆出于武落钟离山。其山有赤黑二穴,巴氏之子生于赤穴;四姓之子皆生黑穴。未有君长,俱事鬼神。乃共掷剑于石穴,约能中者,奉以为君。巴氏子务相,乃独中之,众皆叹。乃令各乘土船,约能浮者,当以为君,余姓悉沉,唯务相独浮。因共立之,是为廪君。乃乘土船,从夷水至盐阳。盐水有神女,谓廪君曰:此地广大,鱼盐所生,愿留共居。廪君不许。盐君暮辄来取宿,旦即化为虫,与诸虫群飞,掩蔽日光,天地晦冥。积十余日。廪君伺其便,因射杀之,天乃开明。廪君于是君乎夷城,四姓皆臣之。钟离山,在如今湖北宜都县境。夷水就是如今的清江。

《晋书·载记》上又述李氏的缘起道:

> 汉末,张鲁在汉中,以鬼道教百姓。賨人敬信巫觋,多往奉之。值天下大乱,自巴西之宕渠,迁于汉中杨车坂,抄掠行旅;百姓患之,号为杨车巴。魏武帝克汉中,特祖将五百余家归之。魏武帝拜为将军,迁于潞(略)阳,北土复号之为巴氏。

这一支巴氏,实在是前秦、后凉、成汉的共祖。不过前秦、后凉是留居北方的,成汉却是入蜀的罢了。前一六一六年(二九六),关中氐齐万年反,关西扰乱,百姓都流亡入汉中。李特因将之入蜀。前一六〇六年(二〇六),李特的儿子李雄攻破成都,自称成帝。李寿改国号为汉。又北并汉中。李雄刑政宽简,百姓颇为相安。前一五七八年(三三四)，李雄死了，兄荡的儿子班立。李雄的儿子越弑之而立其弟期。期淫虐不道，又为李特的孙子寿所弑。李寿也是个荒淫无道的，成汉就此大衰。李寿卒，儿子李势立。前一五六五年(三四七)，桓温两道伐蜀，直逼成都，李势出降。前蜀就此灭亡。

前蜀灭后两年而石虎死，北方大乱。河南诸州，都来降晋。于是晋朝就想北伐。然而这时候，荆、扬二州的掎龁又起。朝廷忌桓温的威名日盛，就引用名士殷浩，去抵抗他。石虎死的明年，殷浩都督扬、豫、徐、兖、青五州军事。前一五五九年(三五三)，殷浩用姚襄做先锋北伐，反为襄所邀击，大败。桓温因此逼着朝廷，废掉殷浩。于是荆州的势力，高压扬州，达于极点了。前一五五八年(三五四)，桓温伐秦，大败其兵，直到灞上。苻健用坚壁清野的法子拒他，桓温粮尽退兵。明年，讨定姚襄。姚襄走关中，给秦人杀掉，他的兄弟苌，投降苻秦。前一五五一年(三六一)，穆帝崩，成帝的儿子琅邪王丕立，是为哀帝。前一五四七年(三六五)，哀帝又崩。兄弟奕立，是为废帝海西公。前一五四三年(三六九)，桓温伐燕，战于枋头，不利。这时候，中央猜忌桓温，于他的举动颇务掣他的肘。于是桓温就想要行废立。前一五四一年(三七一)入朝，废海西公而立简文帝。明年，简文帝崩，孝武帝立。桓温颇有"图篡"之意。朝臣谢安、王坦之故意用镇静的法子对待他。前一五三九年(三七三)，桓温死了，他的兄弟桓冲是个无能为的人。把荆州让给谢安，于是荆扬二州的冲突，又算告一个小结束。

第七节 苻秦的盛强

如今又要说到北方的事情了。慕容儁迁邺这一年就死了。子𬀪立，慕容恪辅政。前一五四七年(三六五)，陷洛阳。前一五五六年(三五六),桓温破姚襄,收复洛阳。到这一年而陷于前燕。前一五四五年(三六七),慕容恪卒,慕容评辅政。越二年而桓温北伐,慕容垂大败之于枋头。慕容评性最鄙吝,见慕容垂威名日盛,忌之,阴图谋害。慕容垂逃到秦国,于是前燕骤衰。而前秦从苻坚即位以后,苻健卒,子生立。苻坚弑而代之。坚的父亲名雄,也是苻洪的儿子。用了王猛,修政练兵,国势骤强。前一五四二年(三七〇),王猛伐燕,克洛阳。明年,攻破了邺城。慕容暐被执,前燕就此灭亡。这时候,北方的国,又有:

(1) 前凉　前凉张轨,前一六一二年(三〇〇)做晋朝的凉州刺史。这时候,中原丧乱,轨就保有了凉州。张轨和他的儿子寔,都还"事晋,执臣礼"。张寔卒,他的兄弟张茂立。刘曜来攻,才力屈称藩。张茂卒,张寔的儿子张骏立。张骏卒,子张重华立。石虎来攻,屡败其兵。张骏卒,子曜灵立。为重华的兄祚所弑。祚淫虐不道,又为其下所杀。立了张重华的儿子玄靓。张骏的少子天锡,又弑之而自立。前一五三六年(三七六),为前秦所灭。

(2) 代　代就是拓跋氏,详见第九节。也是前一五三六年(三七六),为前秦所灭。

(3) 陇西鲜卑乞伏氏　《晋书·载记》述他的源起道:"在昔有如弗斯、出连、叱卢三部,自漠北南出大阴山。遇一巨虫于路,状若神龟,大如陵阜。乃杀马而祭之。祝曰:若善神也,便开路;恶神也,遂塞不通。俄而不见,乃有一小儿在焉。时又有乞伏部,有老父无子者,请养为子,众咸许之。老父欣然,自以有所依凭,字之曰纥干。纥干者,夏言依倚也。……四部服其雄武,推为统主。"这一段神话虽荒唐,却可见得这一族是从漠北迁徙而来的。后来有一个部长,唤做祐邻,乞伏国仁的五世祖。才南迁到秦州的边境。在如今兰山道的北境。祐邻六传至司繁,为前秦所击破,降于前秦。

其余诸小部落,一时也无不慑服。于是苻坚"三分天下有其二",就要想灭掉东晋以统一天下。于是西陷梁、益,东扰徐、豫。前一五二九年(三八三),就起了大兵八十万来伐晋。

第八节　淝水之战和北方分裂

北方的苻秦,虽然盛强;南方的东晋,形势却也变了。这是为什么?从谢安秉政之后,就叫他的侄儿子玄驻扎广陵。谢玄募了一支精兵,号为"北府兵"。统带这一支兵的人,名唤刘牢之,也是一个战将。

苻坚的伐晋,所靠的就是兵多。既然"多而不精",就一定"多而不整",这本是兵家所忌的。当时他的大军,还没有到齐,前锋就给刘牢之打败。南军的战气已经加倍。谢玄等遣使请战,苻坚要放他渡水,"半渡而击之"。谁知自己的兵,多而不整,一退不可复止。给晋兵杀得大败亏输。这种战事的始末,本书限于篇幅,不能详叙。欲知其详,参考《通鉴纪事本末》最便。其余的战役仿此。

苻坚盛强的时候,北方的羌人和鲜卑人等,本是被他硬压服的,并不是心服。然而苻坚却待他们甚厚,而且措置之间,似于本族反疏。当时劝他的人很多,他都不听。这也有个原故,氐本是个小族,若要专靠了几个本族人,而排斥异族,如何能站得住呢?这也是苻坚眼光远大之处。然而一朝败北,向来"力屈而非心服"的人,就如雨余春笋,一时怒发了。于是:

慕容垂据中山,如今直隶的定县。为后燕。

慕容永据长子,如今山西的长子县。为西燕。

姚苌据长安,为后秦。

吕光据姑臧,如今甘肃的武威县。为后凉。吕光,潞阳氐人。苻坚的骠骑将军,替苻坚讨平西域的。

乞伏国仁据陇右,为西秦。居勇士川,在如今甘肃金县的东北。乞伏乾归徙苑川,在如今甘肃靖远县的西南。

苻坚先为西燕所攻,弃长安,奔五将山。在陕西岐山县东北。后来被姚苌捉到,杀掉。他的儿子丕,镇守邺城,为慕容垂所逼,逃到晋阳,自立。和慕容永打仗,败死。苻坚的族子登,自立于南安。如今甘肃的平凉县。和后秦相攻,前一五一八年(三九四),给姚苌的儿子姚兴杀掉。儿子崇,逃到湟中,给乞伏乾归杀掉。于是前秦灭亡。

前秦灭亡这一年,慕容垂也灭掉西燕,并幽、冀、并三州,又南定青、徐、兖三州。后秦也攻破洛阳。并有淮汉以北,又破降乞伏乾归。并称为北方大国。然而拓跋氏和赫连氏,也就起来了。

第九节　拓跋氏的兴起

鲜卑诸族以慕容氏为最大。然而慕容氏所遇的机会,不如拓跋氏之佳(慕容氏直氐、羌、胡、羯方张之时,而拓跋氏直诸族都已凋敝之后),所以拓跋氏就成了统一北方的大功了。拓跋氏的起源,《北史》上说:

> 魏之先,出自黄帝轩辕氏。黄帝子曰昌意,昌意之少子,受封北国,有大鲜卑山,因以为号。其后世为君长,统幽都之北,广漠之野,畜牧迁徙射猎为业。淳朴为俗,简易为化,不为文字,刻木结绳而已。时事远近,人相传授,如史官之纪录焉。黄帝以土德王,北俗谓土为拓,谓后为跋,故以为氏。其裔始均,仕尧时:逐女魃于弱水北,人赖其勋;舜令为田祖。历三代至秦汉,獯粥、俭狁、山戎、匈奴之属,累代作害中州,而始均之裔,不交南夏,是以载籍无闻。积六七十代,至成皇帝,讳毛,立,统

国三十六,大姓九十九,威振北方。

拓跋氏的有传说,大概是起于成皇帝的,以前都是捏造出来。成帝以后,《北史》叙述他的世系:五传而至宣帝推寅;宣帝以后,又七传而至献帝邻。《北史》记他之事迹道:

> 宣帝南迁大泽,方千余里,厥土昏冥沮洳。谋更南徙,未行而崩。……献皇帝邻立。时有神人,言此土荒遐,宜徙建都邑。献帝年老,乃以位授于圣武皇帝,案,名诘汾。令南移。山谷高深,九难八阻,于是欲止。有神兽似马,其声类牛,导引历年乃出。始居匈奴故地。其迁徙策略,多出宣献二帝,故时人并号曰推寅,盖俗云钻研之义。

这其中固然杂有神话,然而他本来的居地,和迁徙路径,却可以推测而得。如今的西伯利亚,从北纬六十五度以北,号为冻土带。自此以南,到五十五度,为森林带。更南的平地,号为旷野带。又南,为山岳带;就是西伯利亚和蒙古的界山。冻土带极冷,人不能生活的地方极多。森林带多蚊虻。旷野带虽沃饶,然而正是《北史》所说"昏冥沮洳"之地。拓跋氏最初所居,似系冻土带,因不堪生活的困难而南徙,又陷入旷野带中。后来才越过山脉,而到如今的外蒙古,就是所谓"匈奴故地"了。有人说"大泽方千余里",是如今的贝加尔湖,这句话是弄错的。贝加尔湖,是古时候的北海,是丁令人所居(参看下篇第一章第二节),在北荒要算乐土了。"大泽方千余里",明是广大的沼地。

诘汾的儿子名为力微,神元帝。居于定襄的盛乐。如今归绥县的北边。四传至禄官,力微的儿子。众分为三部:禄官居上谷之北,濡源之西。如今的滦河。禄官的兄子猗㐌,居参合陂。如今山西的阳高县。猗卢,居盛乐。前一六一六年(二九六)。前一六〇四年(三〇八),禄官卒,猗卢合三部为一。这时候,刘琨和匈奴相持,而拓跋氏同铁弗氏的交涉也于是乎起。

铁弗氏是匈奴南单于的苗裔,居于新兴。"北人谓胡父鲜卑母为铁弗,因以号为姓"。《北史》本传。铁弗氏的酋长唤做刘虎,和刘琨相攻。刘琨借兵于拓跋氏,击破之。于是把陉北的地方赏他,封为代王。前一五九七年(三一五)。猗卢死后,国多内难,中衰。到前一五七四年(三三八),什翼犍立,昭成帝。才再强盛。什翼犍徙居云中,如今山西的大同县。仍和铁弗部相攻。前一五三六年(三七六),刘虎的孙子刘卫辰,刘虎死后,子务桓立。和拓跋氏讲和。务桓死,弟阏陋头立。和拓跋氏构衅。后为务桓的儿子悉勿祈所逐,逃归拓跋氏。悉勿祈死,弟卫辰代立。请兵于前秦。前秦遣兵伐代。什翼犍病不能战,逃到阴山之北。秦兵退了,才回来。给儿子寔君所弑。前秦听得,再发兵攻代,把寔君杀掉。于是把代国的地方,分属于刘卫辰和刘库仁。刘武的宗人,昭成帝以宗女妻之。什翼犍的孙子珪,这时候年纪还幼小。他的母亲贺氏带着他去依刘库仁。后来刘库仁死了,儿子刘显想害他。他就逃到贺兰部。前一五二六年(三八六),自称代王。旋称帝,是为北魏道武帝。后灭刘显前一五二五年(三八七)。和刘卫辰两部,迁居平城。前一五二一年(三九一)。代北的种落本来是很强悍的,他东征西讨,把这许多种族都渐次收服,就依旧变做一个强部了。

从前秦灭亡以来,北方连年兵争,凋敝已极。后秦和后燕虽然并地稍广,国力也都不充实。前一五一七年(三九五),慕容垂的儿子宝带兵攻魏,大败于参合陂,死者无数。明年,慕容垂自将攻魏,魏人敛兵避他。垂入平城,退军时候,看见魏国人所筑的"京观",又羞又气,走到上谷,死了,慕容宝立。魏人大举南伐,陷并州,从丹陉东下,从娘子关到获鹿县的隘道。郡县望风而溃,中山以外,只剩了邺和信都如今直隶的冀县。两城。慕容宝逃到龙城。魏兵退后,出兵想收复中山,手下的军队哗变起来,只得退回龙城。叛兵追上,把他围住。慕容宝就给手下的人所弑。少(长)子长乐王盛,定乱自立。因用刑甚严,又为手下的人所弑。兄弟河间公熙立,奢淫无度,为部将冯跋所篡,是为北燕。前一五○三年(四○九)。魏道武南侵的时候,慕容皝的小儿子范阳王德镇邺,弃之,南走广固,自立,是为南燕。

后燕破败到如此,后秦也日就衰颓。刘卫辰灭亡,他的小儿子名唤勃勃,逃到鲜卑的叱干部,后来又转入后秦。姚兴叫他守卫朔方,以御后魏。谁知勃勃既得兵权,就叛起后秦来。前一五○五年(四○七),自立为夏王,改氏赫连。连年攻剽后秦的边境,后秦用兵,总是不利,国力更形疲敝。赫连勃勃居统万城,在如今陕西的怀远县。

这时候的北方诸国,大都已到末运了。南方的东晋,却是怎样呢?

第十节　宋篡东晋和魏并北方

东晋从淝水战后,形势也大变了。这是为什么?就因为有了一支北府兵,下流的形势骤强。

孝武帝委政于自己的兄弟会稽王道子。道子也是个"嗜酒昏愚"的,又委政于王坦之的儿子国宝。谢安的女婿。孝武帝的母舅王恭镇京口,和道子不睦。桓温的儿子桓玄在荆州,郁郁不得志,也游说刺史殷仲堪造反。前一五一六年(三九六),孝武帝崩,安帝立。明年,王恭、殷仲堪同举兵反,以诛王国宝为名。道子大惧,把王国宝杀掉,差人去求和,二人才罢兵。于是道子又引用谯王尚之宣帝弟进的玄孙。做腹心。用他的计策,新立了一个江州,用王愉国宝的兄。做刺史,割豫州所属四郡归他管辖。豫州刺史庾楷庾亮的孙子。大怒,说王恭、殷仲堪,再举兵内向。道子的世子元显,遣人运动刘牢之,袭杀王恭。谯王尚之也杀败庾楷,而殷仲堪用桓玄、杨佺期南郡相。做先锋,直杀到石头城。朝廷不得已,用桓玄做江州刺史,殷仲堪做荆州刺史,杨佺期做雍州刺史。三人才罢兵而还。前一五一四年(三九八)。未几,仲堪和佺期都给桓玄所并。前一五一三年(三九九)。于是上流的权势又归于桓玄一人了。元显年纪虽小,却颇有才气,从经过一次事变以后,朝廷的实权尽入其手。前一五一〇年(四〇二),荆州大饥,元显趁势发兵以讨桓玄。桓玄也兴兵东下。元显就仗一个刘牢之,桓玄差人运动刘牢之,刘牢之又叛降桓玄。元显弄得手足无措,兵遂大溃。桓玄入都,杀掉道子和元显,并且夺掉刘牢之的兵权。刘牢之要谋反抗,手下的人都恨他反复,没有人肯帮他的忙,牢之自缢而死。于是桓玄志得意满,前一五〇九年(四〇三),废掉安帝而自立。

然而北府兵的势力,毕竟还在。宋武帝(刘裕)便是这一支兵里最有实力的人。前一五〇八年(四〇四),刘裕和何无忌、刘牢之的外甥。刘毅、孟昶、诸葛长民等,起兵京口、广陵,以讨桓玄。桓玄大败,挟安帝走江陵,为益州刺史毛璩所杀。安帝复位,于是刘裕在中央政府总揽大权,同时起事诸人,分布州郡。东渡以后,中央政府,常为外州所挟制起初为荆州所挟制,后来也兼为北府所挟制。的形势,到此一变。

后燕、后秦的衰弱,已如前述。北魏道武帝,从破燕之后听信了方士的话,吃了寒食散,大概是一种金石剂,性质极其猛烈。初服的时候,觉得诸病悉除。但是到后来,毒发起来,也非常猛烈。六朝人受其害的很多,巢元方《诸病源候总论》里,载有解救的法子,还可以考见其中毒的情形。躁怒无常,国政颇乱。所以也不过谨守河北,不能出兵。刘裕"休兵息民"了几年,前一五〇四年(四〇八),出兵伐南燕(这时候,慕容德已死,儿子慕容超在位)。明年,把南燕灭掉。又回兵平定了卢循、徐道覆的乱。这件事情,虽然不过是妖人创乱,于当时的时局却颇有关系的。先是有琅邪人孙泰,习妖术于钱塘杜子恭。孝武帝时孙泰做了新安太守,就想反。事觉,伏诛。他的侄儿子孙恩,逃入海中,聚党为乱,众至数十万。屡剽扬州沿海,直至京口。这时候,刘裕还在刘牢之麾下,拒战有功。刘牢之便把这件事情专委他。到底把孙恩打平(恩穷蹙赴水死)。刘裕的"崭然见头角,自此始"。桓玄篡位,孙恩的妹夫卢循,南陷广州,玄不能讨,就用他做刺史。卢循又用自己的姊夫徐道覆做始兴相(始兴,如今广东的曲江县)。刘裕北伐,卢循、徐道覆乘机分两道北犯(从如今的湖南、江西),直出长江,军势甚盛。何无忌败死,刘毅拒战,也大败。刘裕赶归守御。这时候,"北归将士,并皆创病,建康战卒,不过数千"。诸将都要奉安帝渡江,刘裕坚持不可。徐道覆劝卢循急攻,卢循不听,久之,无所得,要想回兵。给刘裕袭破,卢循、徐道覆逃回广州。却广州又已给刘裕遣兵袭取了。卢循攻交州,兵败自杀。徐道覆在始兴,也兵败而死。**灭掉割据四川的谯纵**。毛璩的参军。前一五〇七年(四〇五),攻杀毛璩,据蜀。前一四九八年(四一四),刘裕遣朱龄石把他讨平。历史上也称谯纵为后蜀。**渐次翦除异己**。荆州刺史刘毅,豫州刺史诸葛长民。谯王尚之的兄弟休之做荆州刺史,也给刘裕攻破,逃奔后秦。前一四九六年(四一六),出兵伐后秦(这时候,姚兴已死,他的儿子姚泓在位)。从合肥向许洛,所至克捷。明年,就攻破长安,把后秦灭掉。后秦求救于魏,魏人不能出兵,但列兵河上为声援,给刘裕打败。

这时候,晋国大有可以恢复北方之势,而刘裕急于图篡,引兵南归,只留着一个儿子义真,留守长安。诸将不和,长安就给赫连勃勃打破。前一四九四年(四一八)。"裕登城北望,流涕而已。"前一四九四年(四一八),刘裕弑安帝而立其弟恭帝。明年,就篡晋自立。

宋武帝篡晋之后,三年而殂。子少帝义符立,为徐羡之、傅亮、谢晦、檀道济等所弑。立了武帝第三个儿子义隆,是为文帝。庐陵王义真是次子,徐羡之等也和他不睦,先诬以罪,把他废掉。文帝和檀道济谋,讨除徐羡之等三人。不多时,又把檀道济杀掉。于是和武帝同时起兵的人,既给武帝除掉,就武帝手下的宿将,到此也翦灭无余,更无力经营北方,北方就都并于后魏了。

北魏道武帝,以前一五〇四年(四〇八),为儿子清河王绍所弑。明元帝讨绍自立,又服寒食散,不能治事。前一四八九年(四二三),传位于太武帝,国势复强。赫连勃勃取了长安,就是这一年死了。儿子赫连昌立。魏太武帝立后二年,自将伐夏,攻统万,赫连昌逃奔上邽。又给魏人追攻擒获。他的兄弟赫连定自立于平凉。后来为魏人所破,逃到吐谷浑。吐谷浑人把他执送北魏,于是西夏灭亡。前一四八一年(四三一)。

凉州地方,从苻坚淝水败后,就为吕光所据。前一五二六年(三八六)。前一五一五年(三九七),匈奴沮渠氏叛,《载记》说:"其先世为匈奴左沮渠,因以官为氏焉。"推吕光所命的建康太守段业为主,据张掖。前一五一一年(四〇一),沮渠蒙逊杀段业而自立,是为北凉。业所署沙州刺史李暠,也据敦煌自立,是为西凉。前一五一二年(四〇〇)。河西鲜卑秃发乌孤,《载记》说:"其先与后魏同出。"按拓跋、秃发,就是一音的异译。又据乐都如今甘肃的碾伯县。自立,是为南凉。前一五一五年(三九七)。后凉的地方,就此分裂了。吕光死后,儿子绍继之。绍兄纂,杀绍自立。纂弟超,又杀纂而立其兄隆。北凉南凉,时来攻击,遂降于后秦。前一五〇九年(四〇三)。南凉秃发乌孤,传弟利鹿孤,利鹿孤又传弟傉檀。傉檀降后秦,姚兴以为凉州牧,移镇姑臧。后为西秦乞伏炽磐所灭。前一四九八年(四一四)。西秦乞伏国仁,传弟乾归,为姚兴所破,降于后秦。后来逃归苑川,见上节。自立。传子炽磐,袭灭西秦,炽磐死后,子暮末立,为赫连定所杀。前一四八一年(四三一)。西凉李暠,迁居酒泉,并有玉门以西。传子歆,为沮渠蒙逊所灭。前一四九一年(四二一)。南凉亡后,沮渠蒙逊并有姑臧。又灭西凉,取敦煌。在凉州诸国中,最为强大。传子牧犍,为后魏所灭。前一四七三年(四三九)。还有冯跋所立的北燕,传子(弟)冯弘,也给后魏灭掉。于是天下就剩宋魏两国了。

第三章　南北朝

第一节　宋齐的治乱

宋文帝的时候,虽然宿将垂尽,兵力已靠不住,然而前此灭南燕,灭后秦,总算是"累胜之余",而且这时候的拓跋魏,也不过草创,所以还有恢复中原的念头。宋武帝死时,魏明元帝乘丧伐宋,取青、兖、司、豫四州,置戍于虎牢、在如今河南汜水县。滑台。如今河南的滑县。前一四八三年(四二九),宋文帝遣刘彦之伐魏,魏人敛兵河北,宋人恢复虎牢、滑台。到冬天,魏人纵兵南下,宋人不能抵当,所得的地方又都失去。文帝"经营累年",到前一四六三年(四四九),又遣兵伐魏。然而"兵多白徒,将非才勇",才进就败。魏太武帝自将南伐,至于瓜步。在如今江苏六合县。宋人沿江置戍,极其吃紧。幸而盱眙、如今安徽的盱眙县。彭城,如今江苏的铜山县。都坚守不下,魏太武帝乃勒兵而还。然而"所过郡邑,赤地无余",至于"燕归巢于林木"。元嘉文帝年号,前一四八八(四二四)——前一四五九年(四五三)。之政,在南朝中本算是首屈一指的,到此也弄得"邑里萧条"了。前一四六〇年(四五二),魏太武帝被弑,文成帝立。宋文帝再想北伐,也没有成功。南北分立,"北强南弱"之势,到此就算定了。明帝时,和魏交兵,又失掉淮以北的地方。

文帝皇后袁氏,生太子劭。淑妃潘氏,生始兴王濬。淑妃很为得宠,袁皇后"恚恨而殂"。太子劭因此深恨潘淑妃和始兴王。始兴王惧,"曲意事劭",劭又喜欢了他。劭和濬多过失,怕文帝觉察,"因为巫蛊"。事觉,文帝要废太子而赐始兴王死,犹豫未决。潘淑妃告诉了始兴王。始兴王告诉太子,太子就举兵弑帝。并杀潘淑妃。江州刺史沈庆之,奉武陵王骏,讨诛劭、濬。骏立,是为孝武帝。前一四五九年(四五三)。

孝武帝天资刻薄,武帝、文帝的子孙,差不多都给他杀尽。孝武帝卒,前废帝子业立,前一四四八年(四六四)。荒淫无度,而刻薄同孝武帝一样。孝武帝的旧臣,多给他杀掉。又要杀江州刺史晋安王子勋。也是孝武帝的儿子。子勋的长史邓琬,奉他起兵。刚好前废帝为左右所弑,明帝立。前一四四七年(四六五)。谕子勋罢兵,邓琬不听,奉子勋称帝于寻阳。前一四四六年(四六六)。这时候,"四方贡计,并诣寻阳",朝廷所保,只有丹阳、淮南等几郡而已。不多时,子勋给沈攸之等讨败。明帝因此更加猜忌,孝武帝的子孙,也差不多给他杀完。前一四四〇(四七二)年,明帝卒,后废帝立,荒淫更甚于前废帝。江州刺史桂阳王休范反,文帝的儿子。昼夜兼程袭建康,为萧道成所讨平。萧道成自此威权渐大。道成刺兖州,镇淮阴。前一四三五年(四七七),道成弑后废帝,而立安成王准。荆州刺史沈攸之和中书令袁粲,镇石头。起兵讨道成,都败死。前一四三三年(四七九),萧道成遂篡宋自立,是为齐高帝。

齐高帝篡宋之后,四年而殂。前一四三〇年(四八二)。子武帝立。武帝和高帝同起艰难,留心政治,在南朝诸帝中,比较算是好的。前一四一九年(四九三),武帝卒。武帝太子长懋早卒,次子竟陵王子良,颇有夺宗之意。武帝兄子西昌侯鸾,扶立太孙昭业,是为郁林王。子良忧惧而死。郁林王荒淫无度,在位一年,为鸾所弑,立其弟昭文。旋废之而自立,是为明帝。大杀高、武二帝子孙。前一四一四年(四九八),明帝卒。子宝卷立,是为东昏侯,昏淫为南朝诸帝之最,而亦"果于杀戮"。豫州刺史裴叔业治寿阳,如今安徽的寿县。降魏,南朝因此失掉淮南之地。江州刺史陈显达反,崔慧景讨平之。慧景还兵攻帝,为豫州刺史萧懿所杀。东昏侯又把萧懿杀掉。萧懿的兄弟萧衍,时为雍州刺史;东昏侯发道密旨给荆州刺史南康王宝融,叫他暗中图谋他。宝融举兵反,前一四一一年(五〇一),自立于江陵,是为和帝。这时候,萧衍也起兵襄阳,和帝就用他做征东将军,发兵东下。东昏侯战败,为宦者所弑。明年,和帝禅位于萧衍,是为梁武帝。

宋系图

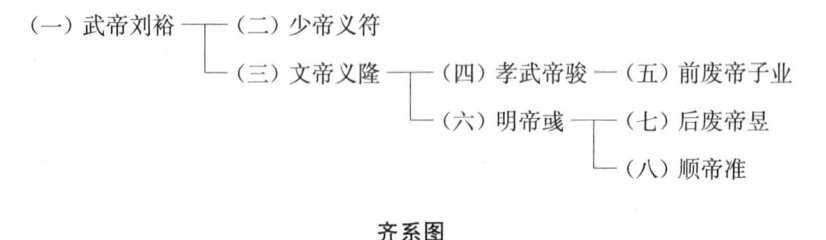

(一)武帝刘裕 ── (二)少帝义符
　　　　　　　└─ (三)文帝义隆 ── (四)孝武帝骏 ── (五)前废帝子业
　　　　　　　　　　　　　　　　└─ (六)明帝彧 ── (七)后废帝昱
　　　　　　　　　　　　　　　　　　　　　　　　└─ (八)顺帝准

齐系图

┌─ (一)高祖萧道成 ── (二)武帝赜 ── 长懋 ── (三)废帝郁林王昭业
│　　　　　　　　　　　　　　　　　　　　　└─ (四)废帝海陵王昭文
└─ 道生 ── (五)明帝鸾 ── (六)废帝东昏侯宝卷
　　　　　　　　　　　　└─ (七)和帝宝融

第二节　北魏的盛衰

北魏太武帝时候虽然强盛,然而连年用兵,国颇虚耗。太武帝还有北征柔然、高车的事情,见下篇第一章第三节。文成帝立,"守之以静",

民乃复安。前一四四七年(四六五),文成帝卒,子献文帝立。好佛,传位于孝文帝。前一四四一年(四七一)。太后冯氏旋弑献文帝而称制。前一四三六年(四七六)。前一四二二年(四九〇),冯太后卒,孝文帝才亲政。

孝文帝是北魏一个杰出的人物。迁都洛阳,前一四一九年(四九三)。断北语,改族姓,禁胡服,与汉人通婚,兴学校,改制度。从此以后,鲜卑就与汉族同化了。参看第四章。然而北魏的衰机,也兆于此时,其中有两个重要的原因:

(一)魏国的宗室贵人,从南迁以后都习于奢侈。这时候,佛法初行,建寺造塔等迷信,更足以助长奢侈。野蛮民族迁徙到文明的地方,吸收文化难,而沾染物质上的奢侈易,这也是历代北族迁入中国的通例。

(二)北魏当建都在平城的时候,和北族的交涉是很频繁的。参看下篇第一章第三节。所以设了怀朔、高平、御夷、怀荒、柔玄、沃野六镇,在如今兴和道西南境。"盛简亲贤,拥麾作镇。配以高门子弟……不但不废仕宦,至乃偏得复除。当时人物,忻慕为之。及太和在历,仆射李冲,当官任事。凉州士人,悉免厮役;丰沛旧门,仍防边戍、白非得罪当世,莫肯与之为伍。征镇驱使,为'虞候'、'白直',一生推迁,不过军主。然其往世,房分留居京者,得上品通官,在镇者便为清途所隔。……多复逃胡乡,乃峻边兵之极(格),镇人浮游在外,皆听流兵捉之。于是少年不得从师,长者不得游宦。……自定鼎伊洛,边任益轻。唯底滞凡才,出为镇将。转相模习,专事聚敛。或有诸方奸吏,犯罪配边,为之指踪,过弄官府,政以贿立,莫能自改"。以上魏广阳王深上书,见《北史·太武五王传》。太和,孝文帝年号。前一四三五(四七七)——前一四一三年(四九九)。于是郁极思变,就成了后来的乱源。

前一四一三年(四九九),孝文帝卒,宣武帝立。委政于高皇后的兄肇。前一三九七年(五一五),宣武帝卒,孝明帝立,年方六岁,高太后临朝。先是道武帝要立明元帝做太子,恐怕身后母后专权,先杀掉他的母亲,才立他。从此以后,就成为拓跋氏的家法(君主政体的残酷不仁如此)。宣武帝好佛,充华胡氏生子孝明帝,立为太子,才不杀胡氏,而且把他立为贵嫔。高太后临朝,又要杀掉胡贵嫔,中给事刘腾等设法阻止。胡贵嫔很感激他。不多时,胡贵嫔和刘腾等合谋,伏兵把高肇杀掉,并弑高太后。于是胡氏自称太后,临朝称制。前一三九六年(五一六)。刘腾和太后的妹夫元义等用事。后来太后又宠幸了一个清河王怿。孝文帝的儿子。元义、刘腾把清河王杀掉,连太后也幽禁起来。刘腾死后,元义防范稍疏,太后又设法把元义杀掉,再临朝称制。前一三八七年(五二五)。

奢侈的风气,到胡后时候更盛。大营寺塔,赏赐无度。于是"府库累世之积,扫地无余"。至于"减百官禄力";"豫借百姓六年租税";入市的,每人要税一个钱。地方官又竞为诛求,以结纳权要。弄得民不聊生。于是六镇和内地的人,纷起叛乱。尔朱荣,北秀容人,"世为部落酋帅;其先居尔朱川,因为氏焉"。北秀容,在如今山西的朔县。尔朱荣雄健有才略,讨平部人之乱,做了并、肆等六州都督。这时候,明帝年长,和太后嫌隙日深。密召尔朱荣,要诛灭太后左右,旋又后悔,止住他。太后大惧,把孝明帝杀掉。前一三八四年(五二八)。尔朱荣举兵入洛,杀掉胡太后,立了孝庄帝,留其党元天穆居洛,自还晋阳。前一三八二年(五三〇),孝庄帝诱尔朱荣入朝杀之,并杀元天穆。尔朱荣的从子尔朱兆,举兵弑帝,立了长广王晔。献文帝的孙子。明年,又把他废掉,而立节闵帝。前一三八一年(五三一),高欢起兵于信都,高欢,本在尔朱氏部下。先是河北叛乱时,有一个乱党唤做葛荣,兵最强。后来给尔朱荣灭掉。手下的人,受尔朱氏陵暴,都不聊生。大小凡二十六反,杀掉过半,还是不能遏止。尔朱兆问计于高欢。高欢说:不如叫他就食山东。尔朱兆听了他,就叫高欢带了去。于是高欢就起兵讨兆。立渤海太守朗。太武帝儿子的玄孙。攻破邺城。尔朱兆迎战,大败。高欢入洛,废掉节闵帝和朗,而立孝武帝。明年,攻杀尔朱兆。孝武帝和高欢不睦,暗结关中大行台宇文泰,以图高欢。前一三八〇年(五三二),孝武帝举兵讨欢,欢也从晋阳南下,夹河而军。孝武帝不敢战,奔长安。这一年冬天,为宇文泰所弑,立了文帝。而高欢也另立了一个孝静帝。于是魏分为东西,前一三六二年(五五〇),东魏为北齐所篡。西魏又内传,到前一三五五年(五五七),而为宇文氏所篡。

魏系图

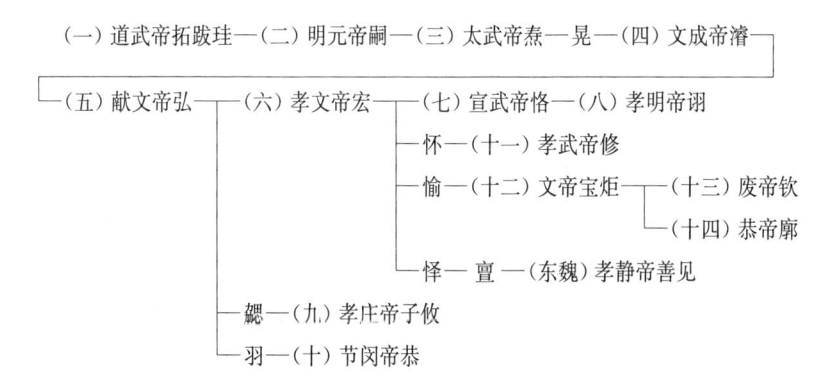

(一)道武帝拓跋珪—(二)明元帝嗣—(三)太武帝焘—晃—(四)文成帝濬—
(五)献文帝弘—(六)孝文帝宏—(七)宣武帝恪—(八)孝明帝诩
　　　　　　　　　　　　　怀—(十一)孝武帝修
　　　　　　　　　　　　　愉—(十二)文帝宝炬—(十三)废帝钦
　　　　　　　　　　　　　　　　　　　　　　└(十四)恭帝廓
　　　　　　　　　　　　　怿—亶—(东魏)孝静帝善见
—勰—(九)孝庄帝子攸
—羽—(十)节闵帝恭

第三节　东西魏的纷争和侯景乱梁

东西魏分立后,高欢、宇文泰,剧战十年,彼此不能相胜,其中最危险的,是前一三七五年(五三七)这一役。这时候,关中大饥,宇文泰所带的兵,不满万人,而高欢的兵,有二十万。战于渭曲,高欢大败。西魏从此才算站住,乘胜进取河南许多地方。明年,东魏侯景,治兵虎牢,以复河南诸州。宇文泰来救,不利。于是从洛阳以东为东魏,所有的形势略定。前一三六九年(五四三),高欢又发兵十万伐魏,战于邙山,互有胜负。从此以后,东西魏就没有什么大战役。在河北,东魏以晋阳,西魏以汾州为重镇。于是东西分立的局面定,而受其害的,却在于梁。

梁武帝在位四十八年,前一四一〇(五〇二)——前一三六三年(五四九)。在历代君主中,年寿要算长久的。初年励精图治,国内颇称太平。晚年迷信佛法,三次在同泰寺舍身。"祭宗庙,以面为牺牲。"人民有犯罪的,至于"涕泣而赦之"。于是刑政废弛。承平日久,兵力尤不可靠。又梁武帝太子统_{昭明太子}。早卒,武帝立了自己的次子简文帝做太子,对于昭明太子的儿子,觉得有些抱愧。于是把统的儿子河东王誉、岳阳王詧等都出刺大郡。而又用自己许多儿子,分刺诸郡以敌之。诸王"人各有心",彼此乖离,也是召亡的一个原因。梁武帝的灭亡,攻佛法的人,都把他作为口实,然而这是他误解佛法之过,并不能归咎到佛法本身,这是略为研究佛法就可以知道的。

高欢手下得力的战将是侯景,尝专制河南。前一三六五年(五四七),高欢卒,子澄嗣执魏政。侯景以河南十三州降梁。梁武帝因此就起了恢复北方的雄心。叫自己的侄子贞阳侯渊明去伐魏。魏遣慕容绍宗讨侯景,渊明被擒。侯景奔梁,袭据寿阳,梁朝就用他做豫州刺史。先是梁人乘魏乱,恢复淮北诸州。侯景见梁朝兵备废弛,阴怀异图。前一三六四年(五四八)反,武帝命临贺王正德拒之,武帝兄弟的儿子,起初养以为子,打算把他立做太子。后来太子统生,正德还归本支。因此不悦,常畜异谋。正德反引侯景渡江,把他开门放入。梁武帝忧愤而死。侯景立了简文帝,尽陷江南诸郡县。

这时候,梁朝所分封的诸王方各据一州,互相吞并。梁武帝第七个儿子湘东王绎,据了荆州。攻克河东王誉于湘州,邵陵王纶_{武帝第六子}。于郢州,形势颇强。前一三六一年(五五一),侯景溯江而上,陷江州、郢州,攻巴陵,大为王僧衍所败,猛将多死。回来之后,就杀掉简文帝和太子大器,立了个豫章王栋,昭明太子孙。旋又弑之而自立。称汉帝。湘东王即位于江陵,是为元帝。始兴太守陈霸先起兵讨侯景,元帝派他和王僧辩分道进攻,侯景败死。

先是元帝遣兵攻岳阳王詧于襄阳,岳阳王求救于西魏。元帝乃罢兵。及元帝即位,武帝第八个儿子武陵王纪,也称帝于成都,发兵攻江陵。元帝请救于西魏,西魏发兵入成都。武陵王腹背受敌,败死。于是益州为魏所取,而东方州郡,亦大半入魏。自巴陵至建康,以江为界。后来元帝和魏,又有违言。前一三五八年(五五四),西魏遣柱国于谨帅师伐梁。攻破江陵,元帝遇害。徙岳阳王詧于江陵,令其称帝,是为西梁。王僧辩和陈霸先立敬帝于建康。而东魏又把贞阳侯渊明立做梁主,派兵送他回来。王僧辩拒战,大败,就投降了他,同他一起回来,把敬帝废做太子。陈霸先发兵袭杀王僧辩,重立敬帝。前一三五五年(五五七),就禅位于陈。

梁系图

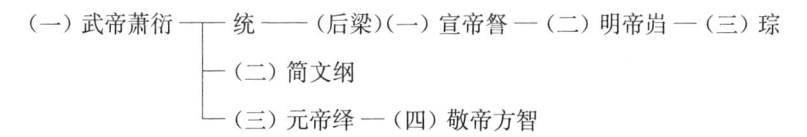

(一)武帝萧衍 ── 统 ──(后梁)(一)宣帝詧 ─(二)明帝岿 ─(三)琮
　　　　　　 ├─(二)简文纲
　　　　　　 └─(三)元帝绎 ─(四)敬帝方智

陈系图

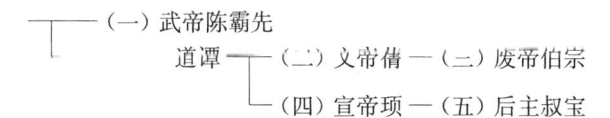

┬─(一)武帝陈霸先
└道谭 ┬─(二)文帝蒨 ─(二)废帝伯宗
　　　 └─(四)宣帝顼 ─(五)后主叔宝

第四节　周齐的兴亡和隋的统一

从北魏道武帝建国之后,凡一百四十八年,而分为东西。前一五二六(三八六)——前一三七八年(五三四)。又十六年而东魏为北齐所篡,二十三年而西魏为北周所篡。北齐高氏,系出汉族,然而从文宣帝以后,都极其淫暴,这都是当时所谓"渐染胡风"的一流人;参看第四章。从文化上论,实在不能算他是中国人。宇文氏则也是鲜卑。《北史·周本纪》说:

> 其先出自炎帝。炎帝为黄帝所灭,子孙遁居朔野。其后有葛乌兔者,雄武多算略,鲜卑奉以为主。遂总十二部落,世为大人,及其裔孙曰普回,因狩,得玉玺三纽,文曰皇帝玺。……其俗谓天子曰宇文,故国号宇文,并以为氏,普回子莫那。自阴山南徙,始居辽西,……为魏甥舅之国。自莫那九世至侯归豆。为慕容皝所灭。

"出自炎帝",和得氏之由,自然是荒唐话。自阴山南徙,始居辽西,这句话的地理,却不错的。宇文氏先世的事迹,详见《北史》第九十八卷《宇文莫槐传》。《本纪》说他是鲜卑,而《宇文莫槐传》又说他是匈奴,这也是《北史》疏处。《宇文莫槐传》说:"其先南单于之远属也。……其语与鲜卑颇异。""颇异"者,"不尽异"之词。这一种人,就是奚、契丹的祖宗,明明是鲜卑。不过其先居于阴山,地近匈奴,大概有婚姻上的关系,所以说是"南单于之远属"。而两民族也极为密接,所以说"其语与鲜卑颇异",大约是搀杂匈奴语的。这也可推想前史致误之由。

北齐篡魏的是文宣帝。性极淫暴,然而这不过是"渐染胡俗"的结果,论起他的本性来,是很明决的。所以还能委任杨愔。历史上说他"主昏于上,政清于下"。文宣帝死后,太子殷立,为孝昭帝所废。前一三五三年(五五九)。传弟武成帝,前一三五一年(五六一)。极其荒淫。用祖珽、和士开一班小人,朝政大乱。国用不足,赋敛无艺,弄得民不聊生。前一三四七年（五六五），传位于子纬。奢纵更甚。郡县守令都是市井鄙夫，入资得官，而剥削百姓，以为取偿之计。于是北齐就成了必亡之势。

北周篡魏的是孝闵帝。西魏文帝，卒于前一三六一年（五五一）。子钦立，前一三五九年（五五三），为宇文泰所废。立其弟廓。前一三五六年（五五六），宇文泰卒。明年而孝闵帝篡魏。然而大权都在从兄宇文护之手。篡位的明年，为护所弑。立其弟明帝，前一三五二年（五六〇），又弑之，而立其弟武帝。武帝立十二年，才诛护亲政。前一三四〇年（五七二）。"帝沈毅有智谋……克己励精，听览不倦。用法严整……群下畏服。……以海内未康，锐情教武，至于校兵阅武，步行山谷。……征伐之处，躬在行阵；性又果决，能断大事，故能得士卒死力。"前一三三六年（五七六），伐齐，克平阳。齐主自晋阳回攻，不克。明年，再伐齐，克邺。齐主纬出走，被执，齐亡。

灭齐的明年，周武帝卒，子宣帝立。荒淫无度，周政遂衰，前一三三三年（五七九），传位于静帝。自称天元皇帝。未几而死，静帝年幼，内史上大夫郑译等，矫诏引宣帝后父杨坚辅政。杨坚就大杀周宗室，尽握朝权。相州总管尉迟回、郑州总管司马消难、益州总管王谦等起兵讨坚，皆为坚所败。前一三三一年（五八一），坚遂篡周而自立。

陈武帝无子，传位于兄子文帝。前一三五三年（五五九）。文帝死后，太子伯宗立。前一三四六年（五六六）。大权尽在叔父安平王顼之手。前一三四四年（五六八），为顼所废。顼自立，是为宣帝。宣帝立九年而北齐亡，乘机恢复淮南之地。隋文帝受禅的明年，宣帝卒，后主叔宝立，荒淫无度。前一三二三年（五八九），为隋所灭。西梁已先二年为隋所灭，天下复统一。

北齐系图

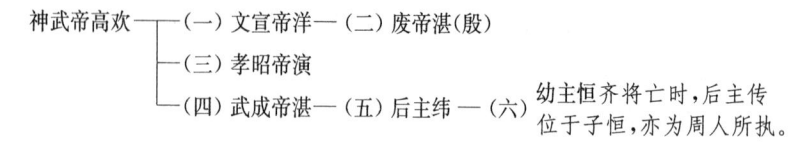

神武帝高欢 ┬ （一）文宣帝洋 — （二）废帝湛（殷）
　　　　　├ （三）孝昭帝演
　　　　　└ （四）武成帝湛 — （五）后主纬 — （六）幼主恒　齐将亡时，后主传位于子恒，亦为周人所执。

北周系图

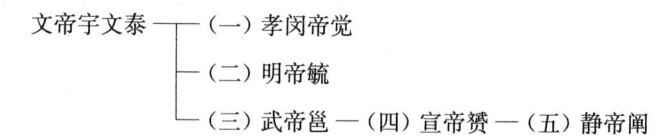

文帝宇文泰 ┬ （一）孝闵帝觉
　　　　　├ （二）明帝毓
　　　　　└ （三）武帝邕 — （四）宣帝赟 — （五）静帝阐

第四章　军阀和异族

读两晋南北朝的历史,有一件事情应当注意的。便是:"这时候,中国的政府,差不多始终是军阀政府。"曹魏、司马晋,其初都是军阀,不必论了。晋武平吴之后,便撤废州郡兵备,原也有意于偃武修文;无如一方面又想行"封建制度",诸王都给以兵权,就酿成了"八王之乱"。于是"中央政府解纽",各地方的权力自然扩张起来。这时候,北方五胡的势力日盛,解纽之后的地方政府,无论怎样抵敌不住他。所以虽然有刘琨、王浚等几个想竭力支持的人,也是终于灭亡。至于南方,究竟离五胡的势力稍远,长江一带还能自保,就成了东晋和宋、齐、梁、陈五朝汉族逃难的地方。却是南方的形势,从长江下流,要想渡江而南,是很难的(长江下流的津要,是采石和京口两处,以当时军事上的形势论,北军很难飞渡,所以有"长江天堑"的话)。而荆、襄一方面,受北方的压迫较重;荆、襄设或不保,从上游顺流而下,下游也是不能自保的。所以自来立国南方的,没有不以荆、襄为命脉。三国吴要力争荆州,也是这个道理。因此之故,晋室东渡以后,荆、襄方面不得不屯驻重兵,以御北方(当时荆州的形势,在事实上总较扬州为强)。晋室东渡以后,所以能立国,固然靠此;而中央政府常受荆州方面的压迫,也是为此。在刘裕火掉桓玄以前,这种形势始终没有改变。刘裕以一个武人,而尽灭掉其余的武人。论理,中央政府的权力,可以大振;然而当时虽把功臣宿将除尽,而因防御北方的原故,外兵仍不得不重。于是芟除功臣宿将的结果,徒然弄得掌兵的都是庸才,以致对外不竞;而国内则外兵既重,中央政府,仍不免受其压迫,齐、梁、陈三朝的崛起都是如此。还有许多反叛而不曾成功的。所以从董卓入据洛阳以后,到隋朝统一天下以前,"汉族四百年的政府,可以说全是给军阀盘据"。前一七二三(一八九)——前一三二三年(五八九)。读史的人,总说外兵不重,不能抵御异族的;所以宋朝除掉唐朝的藩镇,就有辽、金、元之祸。这种观察,是全然误谬的。宋朝的灭亡是另有原因,和去藩镇全无干涉;而且契丹的侵入,不是藩镇引他进来的么?这个且待将来再论。即以东晋论,当时荆州的兵力,似乎替国家捍御一点外患;然而若不是荆、扬二州,互相猜疑,东晋恢复北方的机会就很多;桓温没有下流的掣肘,刘裕没有内顾之忧,恢复北方的事业,都未尝不可以成功。所以内外乖离,最是立国的大忌,所以军阀的对于国家,是有百害而无一利的——这个并不是说要去兵;正因为有了骄横的军阀,往往只能对内,并不能对外;到国内乖离之后,就是把别国人引进来,都是在所不恤的。这个是历朝的史事,都是如此,略为留心一点,便可以看得出。以上是就对外一方面论。就对内一方面论,军阀政府的罪恶就更大。因为军阀政府大抵是不知政治为何事的,所以行不出一点好政治来;而且本有的好政治,还要给他败坏。把下文所讲魏晋以后的政治制度和两汉一比较,就可以知道了。还有一种昏淫的君主,也是军阀政府所独有的,崇尚文治的皇室很少。我如今且举个齐东昏侯做个例。

> 帝在东宫,便好弄,不喜书学。……在宫尝夜捕鼠达旦,以为笑乐。……性讷涩少言,不与朝士接。……常以五更就卧,至晡乃起。王侯以下,节朔朝见,晡后方前,或际暗遣出。台阁

案奏,月数十日乃报,或不知所在;阉竖以纸包裹鱼肉还家,并是五省黄案。……教黄门五六十人为骑客,又选营署无赖小人善走者为逐马鹰犬,左右数百人,常以自随;奔走往来,略不暇息。置射雉场二百九十六处。……渐出游走,不欲令人见之,驱斥百姓,惟置空宅而已。是时率一月二十余出。既往无定处,尉司常虑得罪,东行驱西,南行驱北;应旦出,夜便驱逐。……临时驱迫,衣不暇披,乃至徒跣走出;犯禁者应手格杀,百姓无复作业,终日路隅。从万春门由东宫以东至郊外数十里,皆空家尽室。巷陌县幔为高障,置人防守,谓之"屏除"。高障之内,设部伍羽仪;复有数部,皆奏鼓吹羌胡伎,鼓角横吹。夜反,火光照天。每三四更中,鼓声四出,幡戟横路。……或于市肆左侧,过亲幸家,环绕宛转,周遍都下。老小震惊,啼号塞道。处处禁断,不知所过。疾患困笃者,悉扨移之;无人扨者,扶匍道侧,吏司又加捶打,绝命者相系。从骑及左右,因入富家取物,无不为(荡)尽。工商莫不废业,樵苏由之路断。至于乳妇昏姻之家,移产寄室;或舆病弃尸,不得殡葬,有弃病人于青溪边者,吏惧为监司所问,推至水中,泥覆其面,须臾便死,遂失骸骨。……三年,殿内火。……其后出游,火又烧潘(璿)仪、曜灵等十余殿,及柏寝;北至华林,西至秘阁,三千余间皆尽。左右赵鬼,能读《西京赋》,云:"柏梁既灾,建章是营。"于是大起诸殿。……皆匝饰以金璧。……潘氏服御,极选珍宝,主衣库旧物,不复周用,贵市人间;金银宝物,价皆数倍。……都卜酒酤,皆折输金,以供杂用,犹不能足。下扬、南徐二州桥桁塘埭丁,计功为直,敛取见钱,供太乐主衣杂费;由是所在塘渎,悉皆隳废,又订出雄雉头、鹤氅、白鹭縗,百品千条,无复穷已。亲幸小人,因缘为奸,科一输十。……百姓困尽,号泣道路。少府大

> 官,凡诸市买,事皆急速,催求相系;吏司奔驰,遇便房夺。市廛离散,商旅靡依。又以阅武堂为芳乐苑,穷奇极丽,当署(暑)种树,朝种夕死,死而复种,卒无一生。于是征求人家,望树便取,毁彻墙屋,以移置之。……纷纭往还,无复已极。……明帝时,多聚金宝,至是金以为泥,不足周用,令富室买金,不问多少,限以贱价,又不还直。……潘妃放恣,威行远近。父宝庆,与诸小共逞奸毒,富人悉诬为罪,田宅货财,莫不启乞,或云寄附隐藏,复加收没。一家见陷,祸及亲邻;又虑后患,男口必杀。……《南史·齐本纪下》。

宋的前后废帝,齐的郁林王,陈的后主,都是这一路人。为什么这样淫暴的君主,专出在这个时候?原来一国的文化,决不是普及于全社会里的各阶级的。这种人,都是沉没在社会的下层的。历朝开国的君主,固然都是这一种人,然而得国之后,总要偃武修文,一两传后,就把这种性质变掉。独有南北朝时代,他的政府始终没改掉军阀的性质,就自然产出这一种人。这也可见得武人当权的弊窦。

至于北方,则当时始终在异族政府之下,而异族的君主也是极淫暴的。我如今再举个石虎为例。

> 季龙性既好猎,其后体重,不能跨鞍,乃造猎车千乘,辕长三丈,高一丈八尺,置高一丈七尺,格兽车四十乘,立三级行楼二层于其上。克期将校猎,自灵昌津,南至荥阳,东极阳都,使御史监察其中禽兽,有犯者罪至大辟。御史因之擅作威福,百姓有美女好牛马者,求之不得,便诬以犯兽论,死者百余家。海、岱、河、济间人无宁志矣。又发诸州二十六万人修洛阳宫。发百姓牛二万余头配朔州牧官。增置女官二十四等,东官十有

二等。诸公侯七十余国,皆为置女官九等。先是大发百姓女二十已下十三已上三万余人,为三等之弟,以分配之。郡县要媚其旨,务于美淑。夺人妇者,九千余人。百姓妻有美色,豪势因而胁之,率多自杀。石宣及诸公及亲令采发者,亦垂一万,总会邺宫。季龙临轩简弟诸女,大悦,封使者十二人皆为列侯。自初发至邺,诸杀其夫及夺而遣之,缢死者三千余人,荆、楚、扬、徐间,流叛略尽,宰守坐不能绥怀,下狱诛者五十余人。《晋书·载记》第六。

当时异族里这种残暴不仁的人极多,其最甚的,就是刘聪、刘曜、苻生、赫连勃勃等。北齐的文宣帝、武成帝、后主等,虽然系出汉族,然而久已和胡人同化,也可以认他做胡人。其中也有一派比较文明一点的,便是鲜卑慕容氏、氐苻坚和北魏孝文帝等。这个大约因各族感受汉族文化的不同而异。当时诸族之中,最淫暴的,是胡、羯;鲜卑、氐、羌,都比较文明些。这个也有个缘故。汉朝的征服异族,对于匈奴用力最多,所以当时的匈奴虽然降伏,还时时存一怕他复叛的心,养之如骄子。看前后《汉书·匈奴传》,便可知道。至于氐、羌两族,却又不免凌侮他。只有鲜卑,住在塞外,和汉族的关系较疏。既不受汉族的压迫,也不能压迫汉族。两族的关系,虽然也有时小小用兵,然而大体上,却总是通商往来的一种平和关系。所以匈奴因受优待而骄;氐、羌两族,又因受压迫,而不能为正当的发展。只有鲜卑人,最能吸收汉族的文化。所以他们灭亡的时候,也是不同。胡、羯是暴虐不已,终于自毙的。鲜卑却是吸收了汉族的文化,慢慢儿同化的。氐、羌人数较少,所以和别一族融化,较为容易。

北魏孝文帝的励行改革,读史的人都说他是失策。这种观察,也是误谬了的。议论他的人,不过说他是:从此以后,就同化了汉族,失掉本来雄武的特质。然而不如此,难道想永远凭借着武力和汉族相持么？后来的女真、满洲，都是实行这种政策的，然而"其效可睹"了。这个且待后来再行详论。总而言之，以塞外游牧的种族，侵入中国，其结果，和汉族同化而消灭，是不可避免的。只看你走哪一条路消灭。那么，还是拣胡羯的一条路走呢？还是拣鲜卑的一条路走呢？这种道理，难道北魏孝文帝都能晓得么？这也未必其然，不过一种爱慕文化的心理，实在能縠教人消灭种族之见罢了。这也可见得文化是天下的公物，实在有益于平和。

第二篇　中古史(下)

第一章　隋朝的内政外交

第一节　隋文帝的内治

从董卓入据洛阳以后,到隋文帝统一天下以前,中国实在经过四百年异族和军阀蹂躏的政治,前篇的末章已经说明了。到隋文帝统一以后,天下就换了一番新气象。

隋文帝这个人,在中国历史上并不负什么好名誉,然而他却实在有过人之处。我如今且引《文献通考·国用门》马端临论隋朝财政的一段话如下:

> 按古今称国计之富者莫如隋,然考之史传,则未见其有以为富国之术也。盖周之时酒有榷,盐池、盐井有禁,入市有税,至开皇三年而并罢之。夫酒榷、盐、铁、市征,乃后世以为关于邦财之大者,而隋一无所取,则所仰赋税而已。然开皇三年,调绢一匹者,减为二丈;役丁十二番者,减为三十日。……开皇九年,以江表初平,给复十年;自余诸州,并免当年租税。十年,以宇内无事,益宽徭赋,百姓年五十者,输庸停放。十二年,谓河北、河东:今年田租,三分减一;兵减半;功调全免。则其于赋税,复阔略如此。然文帝受禅之初,即营新都,徙居之。继而平陈,又继而讨江南、岭表之反侧者。则此十余年之间,营缮征

伐，未尝废也。史称帝于赏赐有功，并无所爱。平陈凯旋，因行庆赏，自门外夹道列布帛之积，达于南郭，以次颁给，所费三百余万段。则又未尝啬于用财也。夫既非苛赋役以取财，且时有征役以縻财，而赏赐复不吝财，则宜其用度之空匮也，而何以殷富如此。史求其说而不可得，则以为帝衫履俭约；六官服浣濯之衣；乘舆供御，有故敝者，随令补用；非燕享，不过一肉；有司尝以布袋贮干姜，以毡袋进香，皆以为费用，大加谴责。呜呼！夫然后知《大易》所谓"节以制度，不伤财，不害民"，《孟子》所谓"贤君必恭俭礼下，取于民有制"者，信利国之良规，而非迂阔之谈也。……

总而言之，隋文帝这个人，固然也有他的短处（猜忌、严酷），然而他的长处，却实在不可没的。他的长处，第一在躬行节俭，第二在留心政治，勤于民事。当文帝时候，一切政治，都定有规模，唐以后沿袭他的很多。这个且待第三章里再讲。我如今还要讲一讲隋文帝的武功。要讲隋文帝的武功，就不得不把当时塞外异族的形势先行叙述一番。

第二节　回族的起源和分布

历史上为中国之患最深的，自然是北族。北族，匈奴之后便是鲜卑。鲜卑之后却是谁呢？便是柔然。柔然，《南史》上说他是匈奴别种，是错误的。《北史》上说：

> 始神元之末，掠骑有得一奴，发齐肩，无本姓名，其主字之曰木骨闾。木骨闾者，首秃也。木骨闾与郁久闾声相近，故后子孙因以为氏。木骨闾既壮，免奴为骑卒。穆帝时，坐后期当

斩,亡匿广漠溪谷间,收合逋逃,得百余人,依纯突邻部。木骨闾死,子车鹿会雄健,始有部众;自号柔然。后太武以其无知,状类于虫,故改其号为蠕蠕。

又后来阿那瓌柔然的可汗,见下节。启魏主:"臣先世缘由,出于大魏。"可见得柔然确是鲜卑的分部。然而当时北方,鲜卑并没有大部落,柔然如何能突然发生呢?这个由于他所用的,都是高车之众。然则高车是什么种族呢?

高车就是铁勒(也译作敕勒),汉朝时候,唤做丁令(又写作丁零、丁灵)。然则他在什么地方呢?

《史记·匈奴列传》:后北服浑庾、屈射、丁灵、隔昆、新犂之国。浑庾,《汉书》作浑窳。隔昆下《汉书》有龙字,是衍文,《三国志》注也没有的。《汉书·李广苏建传》:乃徙武北海上无人处。……丁令盗武牛羊。

《汉书·匈奴传》:郅支……北击乌揭,乌揭降,发其兵,西破坚昆,北降丁令。《史记》索隐引《魏略》:丁灵,在康居北,去匈奴庭接习水七千里。《三国志》注引《魏略》:以上三国,案指呼得、坚昆、丁令,呼得就是乌揭。坚昆中央,俱去单于庭安习水七千里;南去车师六国五千里;西南去康居界三千里;西去康居王治八千里。

北海,就是如今的拜喀勒湖。接习水的接字,是讹字,安习水,就是如今的额尔齐斯河。把"地望"、"道里"核起来,都如此。然则汉初的丁令,东西蔓延已经很广了。再看他以后的分布是怎样?案《北史》述铁勒分布的地域是:部名太麻烦,且多不能句读,所以略去。

独洛河北。如今的土拉河。伊吾以西,焉耆之北,傍白山。金山西南。如今的阿尔泰山。康国北,见第二章第二节。傍阿得水。疑心是如今的咸海。得嶷海东西。疑心是如今的里海。拂菻东。拂菻，就是罗马。北海南。

《唐书》述铁勒十五部的地域是：

回纥　居薛延陀北娑陵水上，距京师七千里。娑陵水，如今的色楞格河。

薛延陀据上文，则薛延陀在色楞格河的南边。

拔野古　漫散碛北，地千里。直仆骨东，邻于靺鞨。

仆骨　在多览葛之东，地最北。

同罗　在薛延陀北，多览葛之东，距京师七千里而赢。

浑　在诸部最南者。

契苾　在焉耆西北鹰娑川、多览葛之南。

多览葛　在薛延陀东，滨同罗水。如今的土拉河。

阿跌

都播　其地北濒小海，西坚昆，南回纥。

骨利干　处瀚海北。其地北距海，去京师最远。又北度海，则昼长夜短；日入烹羊，胛熟，东方已明，盖近日出处也。北距的海，大约是如今的贝加尔湖。

白霫　居鲜卑故地。直京师东北五千里。与同罗、仆骨接。避薛延陀，系奥支水、冷陉山。山南契丹，北乌罗浑。东靺鞨，西拔野古。地圆袤二千里，山缭其外。如今蒙古东部的内兴安岭。

斛薛　处多览葛北。

奚结　处同罗北。

思结　在延陀故牙。

所述分布的地域，也和《史》、《汉》、《魏略》所述差不多的。然则何以见得丁令(丁零、丁灵)就是铁勒(敕勒),也就是高车呢?案《北史·高车传》:"盖古赤狄之余种也,初号为狄历,北方以为高车、丁零。"狄历、丁令(丁零、丁灵)、铁勒(敕勒)本是一音之异译,这是很容易见得的。至于高车,则《魏书》说他因"车轮高大,辐数至多",所以得名。《元史译文证补》引阿卜而嘎锡的话,说他古时尝"侵掠异族,卤获至多,骑不胜负。有部人能制车,车高大,胜重载,乃尽取卤获以返,故以高车名其部"。日本高桑驹吉说:康里 Kankly 两个字,是土耳其语"车"的意思。然则高车两个字,就是后来康里部的康里两个字的义译了。高桑驹吉的话,见他所著的《北狄史》。又《元史译文证补》说康里就是康国是错的,看第二章第二节自明。

这种人现在通称为回族,西汉人则称他为突厥人。《元史译文证补》说:"匈奴之后,突厥最盛。突厥既灭,回纥乃兴。今日者,玉关以西,天山南北,悉为回部,无所谓突厥也;而突厥之称,乃独流传于西土。曰突而克,亟读之即突厥,曰突克蛮,犹言突厥同类,今法人称土耳其国,音如突而克月,称其人类曰突而克;英人称其国曰突而克以;皆为突厥转音。"案以下还有一大段,论突厥、回纥的语言文字的,太长,不能备录了,可检阅原书。又案突而克,中国现在译作土耳其。然而这都是后起分部的名称,并不是古来全族的通号。《尚书大传》:"北方之极,自丁令北至积雪之野,帝颛顼、神玄冥司之。"可见得丁令二字起源之古。据《北史·高车传》,则丁令二字是北方人的称呼,这个北方二字,大约是指北族。在汉族的正音,则当作狄历。狄历两个字分明就是一个"狄"字的"长言"。难道古代所谓北狄的"狄"字,本是指这一种人而言之的么?这个证据还不十分充足,却就不敢武断了。匈奴古代本与汉族杂居河域,迁徙到漠南北,是后来的事情,已见第一二篇。这一说如假定不误,则古代汉族北境就和丁令相接。

第三节 高车和柔然

丁令的部落分布得如此其广,他的起源如此其早,然而从南北朝以前，却寂寂无闻，这是什么原故呢？我说就由他部落太多，不能统一的原故。《北史》说他："无都统大帅，当种各有君长。为性粗猛，党类同心。至于寇难，翕然相依。"要"至于寇难"，才能"翕然相依"，就可以反证他平时的不能结合。

丁令部落，在中国历史上最早有些关系的，就是《北史》上所谓高车。高车也是全族的通名，《北史》把高车、铁勒，分别为二，非是。但这《北史》所称为高车的一部分，无从替他另定新名，所以仍旧沿用他。读者只要晓得这所用的高车二字是狭义就是了。这所谓高车，狭义的高车。就是丁令部族在匈奴之北的。指旧时匈奴所居之地。这所谓高车，在如今外蒙古北境，和西伯利亚南境。《北史》上述他的起源道：

> 其语略与匈奴同，而时有小异。或云其先匈奴甥也。……俗云：匈奴单于生二女，姿容甚美，国人皆以为神。单于曰：我有此女，安可配人？将以与天。乃于国北无人之地筑高台，置二女其上，曰：请天自迎之。经三年，其母欲迎之，单于曰：不可，未彻之间耳。复一年，乃有一老狼，昼夜守台嗥呼，因穿台下为空穴，经年不去。其小女曰：吾父处我于此，欲以与天；而今狼来，或是神物，天使之然。将下就之。其姊大惊，曰：此是畜生，无乃辱父母。妹不从，下为狼妻而产子。后遂滋繁成国。故其人好引声长歌，又似狼嗥。

说匈奴人筑台于"国北无人之地"；而且他在血统上和匈奴有关系，言语又与匈奴大同，可见得他和匈奴的关系，和他所处的地方了。这一部分的丁令，既然和匈奴关系如此之密，他的程度自然应当略高些；然而还不能自行结合。直到柔然侵入漠北，借用其力，才和中国发生直接的关系。这个大约因他所处的地方，太偏于北，还不及漠北的交通频繁，竞争剧烈，所以进化较迟。

柔然的强盛，起于社仑；木骨闾七传。和魏太武帝同时。屡侵后魏北边。太武帝把他打败,社仑就渡漠击高车,"深入其地,遂并诸部",于是兵势大振。前一四八四年(四二八),太武自将攻他。时社仑从父弟大檀为可汗,"震怖北走"。柔然所用的,是高车之众;高车之众,是"头别冲突,乍出乍入,不能坚战"的,所以不足以当大敌。太武北至兔园水,大约是如今的土拉河。降其部众数十万。大檀忧愤而死。后来太武又两次征讨高车,把投降的部众都迁之漠南,也有好几十万。这迁徙到漠南的高车,大约慢慢的就和本在漠南的诸部族同化了。所以后来不听得再有什么举动。至于遗留在漠北的,大约仍隶属于柔然;所以后来柔然得以复振。柔然的复振,在东西魏既分之后。大檀五世孙丑奴,和他的从弟阿那瑰,相继为可汗,都和东西魏做敌国。到前一三六○年(五五二),才为突厥所破。柔然虽然是鲜卑,然而从拓拔氏南迁之后,漠北不听得再有什么鲜卑的大部落,所以柔然所用的,可决其都是高车之众。然则柔然的盛强,就要算是丁令部族第一次见头角于历史上了。继柔然而兴的,便是突厥。

第四节 突厥的起源

突厥的起源,研究起来,却是一件很有兴趣的问题。案《北史》述突厥起源,共有三说:

(一)其先在西海之右,独为部落,盖匈奴之别种也,姓阿史那氏。后为邻国所破,尽灭其族。有一儿,年且十岁,兵人见其小,不忍杀之,乃刖其足,断其臂,弃草泽中。有牝狼,以肉饵之,及长,与狼交合,遂有孕焉。彼王闻此儿尚在,重遣杀之。使者见在狼侧,并欲杀狼。于时若有神物,投狼于西海之东,落高昌国西北山,山有洞穴,内有平壤茂草,周围数百里。《隋书》作"地方二百余里"。四面俱山。狼匿其中,遂生十男。十男长,外托妻孕,其后各为一姓,阿史那即其一也,最贤,遂为君长。故牙门建"狼头纛",示不忘本也,渐至数百家。经数世,有阿贤设者,率其部落,出于穴中,臣于蠕蠕。

（二）或曰:突厥本平凉杂胡,姓阿史那氏。魏太武皇帝灭沮渠氏,阿史那以五百家奔蠕蠕。世居金山之阳,为蠕蠕铁工。金山形似兜鍪,俗呼兜鍪为突厥,因以为号。

（三）又曰:突厥之先,出于索国;在匈奴之北。其部落大人曰阿谤步,兄弟七十人。其一曰伊质泥师都,狼所生也。阿谤步等性并愚痴,国遂被灭。泥师都既别感异气,能征召风雨。娶二妻,云是夏神冬神之女。一孕而生四男:其一变为白鸿;其一国于阿辅水、剑水之间,号为契骨;其一国于处折水;其一居跋斯处折施山,即其大儿也。山上仍有阿谤步种类,并多寒露。大儿为出火温养之,咸得全济。遂共奉大儿为主,号为突厥,即纳都六设也。都六有十妻,所生子皆以母族姓,阿史那是其小妻之子也。都六死,十母子内欲择立一人。乃相率于大树下共为约,曰:向树跳跃,能最高者,即推立之。阿史那年幼,而跳最高,诸子遂奉以为主,号阿贤设。

又《元史译文证补》卷一,译拉施特《蒙古全史》,述蒙古种族的起源道:

相传古时蒙古与他族战,全军覆没,仅遗男女各二人,遁入一山,斗绝险巇,唯一径通出入,而山中壤地宽平,水草茂美,乃携牲畜辎重往居。名其山曰阿儿格乃衮。二男:一名脑古,一名乞颜;乞颜义为奔瀑急流,以其膂力迈众,一往无前,故以称名。乞颜后裔繁盛,称之曰乞要特;乞颜变音为乞要,曰"特"者,统类之词也。后世地狭人稠,乃谋出山,而旧径芜塞,且苦艰险。继得铁矿，洞穴深邃，爰伐木炽炭，篝火穴中，宰七十牛，剖革为筒，鼓风助火，铁石尽熔，衢路遂辟，后裔于元旦锻铁于炉，君与宗亲，次第捶之，著为典礼。

这一段话，和《北史》突厥起源的第一说，极其相类。洪文卿说：恐是蒙古"袭突厥唾余，以自述先德"。但是蒙古为什么要拾突厥的唾余，以自叙先德呢？当蒙古盛时，突厥也是个被征服的种族。我再三考校，才晓得蒙古本是宝夷、突厥的混种（这个且待后来再说）。这一段话，定是《北史》第一说的传闻异辞。

就这几种说法看起来，其中有许多同点：（一）突厥是狼种。《北史》第一第三两说。（二）突厥姓阿史那氏。《北史》三说都同。（三）突厥有十姓，阿史那是其一。《北史》第一第三两说。（四）突厥先世，尝为他族所灭，《北史》第一第三两说，和《蒙古全史》。遁入一山。《北史》第一说，和《蒙古全史》。（五）始出此山的人，为阿贤设。《北史》第一第三两说。（六）突厥人长于锻铁。《北史》第二说，和《蒙古全史》。（七）纳都六设的"设"字，是突厥"别部典兵者"之称。《唐书·突厥传》。纳都六三字，就是脑古的异译。（八）蒙古的始祖，《蒙文秘史》名孛儿帖赤那，"孛儿"，译言"苍"，"帖赤那"，译言"狼"。阿史那、泥师都，都是帖赤那的异译。

这种传说，似乎荒唐，然而突厥牙门建狼头纛；突厥可汗，每岁率重臣，祭其先窟。西突厥也岁使重臣，向其先世所居之窟致祭。又拉施特"身仕宗藩之朝，亲见捶铁典礼"；断不能指为虚诬。然则突厥的起源，一定就要在这几种神话里头讨消息了。这讨消息的法子怎么样？我说仍不外乎考求他的地理。突厥先世所居的山：据《北史》第一说，在西海之东，高昌国西北；第二说是金山之阳；第三说，山名跋施（斯）处折施，不曾说他所在的地方，但和阿辅水、剑水，总不得十分相远。剑水，便是后世的谦河，在唐拏乌梁海境内。据

《蒙古全史》，山名阿儿格乃衮，也不曾说他所在的地方。我说突厥先世为他族所灭，就是魏太武灭沮渠氏的事实。这时候，突厥在平凉境内，大约也受过兵灾，于是逃到一座山中。这座山就是所谓跋施（斯）处折施（也就是所谓阿儿格乃衮），其位置，在高昌国的西北，金山之阳，和所谓谦河相距并不甚远。我何以敢断定突厥先世为他族所覆灭，就是魏太武灭沮渠氏的事情呢？因为这种野蛮部落，他所记的神话并不能很远。试看高车的神话，也不过托始于"匈奴既在漠北之后"可知。若说他荒诞不中情实，那更不必疑心。请看一看《唐书》的《回纥传》，回纥是怎样灭亡的，再看一看《元史》的《巴而术阿而忒的斤传》，他们自己却说成一件甚么事情，就可知道了。

然则突厥也是在近塞地方，比较的程度高一点，所以能用铁勒之众的。

第五节　突厥的盛强和隋朝与突厥的交涉

突厥之强，起于土门。土门部众渐盛，始和后魏通商。前一三六〇年（五五二），土门攻柔然，大破之。柔然可汗阿那瑰自杀。土门于是自立为伊列可汗。伊列可汗卒，弟木杆可汗立。西南破嚈哒，见第二章第二节。西北服结骨，见第三篇上第二章第二节。北服铁勒诸部，东北服宝带，见第三篇下第二章第一节。鞑靼，见第三篇上第五章第一节。东南服奚、契丹。见第三篇上第三章第二节。于是突厥的疆域，北包西伯利亚，东北至满洲，西接罗马，西南包俄领中央亚细亚，开北族未有之盛。木杆可汗卒，弟佗钵可汗继之。这时候，周、齐分争，彼此都怕突厥和敌人结好，争"结婚姻，遗缯帛"，以买他的欢心。于是佗钵大骄，道："使我在南两儿孝顺，何忧贫也。"北齐灭亡之后，突厥拥立了文宣帝的儿子范阳王绍义。周人把宗女千金公主嫁给他，才把绍义执送。佗钵可汗死，继立的名沙钵略可汗。沙钵略可汗时，周亡隋兴。沙钵略又师佗钵的故智，助周营州刺史高宝宁为寇。先是周臣长孙晟，替周人送千金公主于突厥，对于突厥的内情颇为熟悉。隋文帝用他的计策，离间了木杆可汗的儿子阿波可汗，和其主西方的达头可汗<small>突厥分部的酋长，也称可汗，其共主则称大可汗。</small>和沙钵略构兵，突厥于是分为东西。沙钵略乃请和。千金公主改姓杨氏，封为大义公主。沙钵略死后，弟莫何可汗继之。擒获阿波。莫何死，沙钵略之子都蓝可汗立。大义公主又煽惑他犯边。隋文帝又用长孙晟的计策，煽惑了都蓝的兄弟突利可汗，<small>突厥主东方的，总称为突利可汗。这个和后来颉利可汗的兄弟，同称号而非一人。</small>叫他构杀大义公主。就故意把宗女安义公主嫁给突利可汗，而不许都蓝尚主，以挑动都蓝之怒。都蓝果然大怒，发兵攻突利可汗，破之。突利逃奔中国，隋朝处之夏、胜二州之间。<small>夏州，在如今陕西横山县北，胜州在鄂尔多斯左翼后旗。</small>封他为启民可汗。这时候，安义公主已死，又把义成公主嫁给他。都蓝死后，突厥内乱，启民靠着隋朝的援助，尽有其众。西突厥自阿波被擒后，子泥利可汗，继主部众。尼利死后，子处罗可汗继之。不善抚御，部下反叛。也入朝于隋。于是周齐以来北方的强敌，就算给隋朝的外交政策战胜——然而这种手段，毕竟是卑劣的，所以也不能持久。

第六节　朝鲜半岛三国和中国的关系

同隋朝有关系的，还有一个高句丽。如今也得叙述一叙述他的起源。

从汉武帝灭卫氏，分置四郡后，<small>昭帝时，临屯废入乐浪，真番废入玄菟。公孙度又分乐浪南境置带方郡；晋时俱属平州。</small>朝鲜半岛的北部，就入于中国的版图。然而悬隔东北，中国的实力，究竟及不到他，于是貉族的势力，就乘机侵入。

貉族的起源，已见第一篇第六章第三节，和第二篇上第四章第三节。从汉武帝平定朝鲜之后，濊貉分为两支：一支入朝鲜半岛东部的，号为东濊，也称不耐濊。不耐，汉乐浪郡属县，东部都尉治。其留居旧地的为夫余国。后汉光武时，始通中国。晋初，为慕容廆所破，前一六二七年（二八五）。晋人援之复国。前一六二六年（二八六）。其后事，遂不复见于中国史上。据《朝鲜历史》所记载，则夫余尝分为二：中国历史上所载，为北夫余；别有一支，移居于加叶原，在如今沿海州境内。谓之东夫余。后降于高句丽。北夫余王慕漱，和部酋河伯之女柳花私通，生子名朱蒙。南走至忽本，亦作卒本，在如今兴京县境。自立一国，号为高句丽。以高为氏。是为东明圣王。都沸流山上。林泰辅说：佟家江的支流富尔沟，就是古时的沸流水，山当在其附近。时前一九六九年（公元前五八）。汉宣帝神爵四年。东明圣王卒，子琉璃明王类利立。先是北夫余王优台，娶忽本人女召西奴，生了两个儿子：一个唤做沸流，一个唤做温祚。优台死后，召西奴转嫁东明圣王，沸流温祚，也都相随而来。琉璃明王立后，"沸流兄弟郁郁，自视如赘疣"。于是与其臣十人南走，温祚立国于北汉山下，是为北慰礼城。在如今汉城之北。以有十臣相辅，号为十济。后来又以百姓乐从，改号为百济。时前一九二九年（公元前十八）。汉成帝鸿嘉三年，沸流立国海滨，民不乐从，郁郁而死。北夫余得晋援复国，后为靺鞨所逼，也降于高句丽。以上据朝鲜金泽荣《韩国小史》，兼参考日本人林泰辅《朝鲜通史》。朝鲜史籍所载高句丽百济开国的事情，也和中国《后汉书》、《晋书》、《南北史》、《隋书》所载，无大出入，不过事实略为完备些罢了。朝鲜半岛详备的史事，也起于中国唐以后高句丽、百济，还是文献无征的。

同时又有起于朝鲜半岛南部的，是为新罗及驾洛。《魏书》称为迦罗。案三韩部落,也已见第二篇。三韩之中,以马韩为最大。箕准给卫满杀败之后,逃到马韩之中称王。又传了九世,到前一九〇四年(八),王莽篡汉这一年。才给百济灭掉。先是秦始皇时候,中国人避苦役出塞的,和辰韩杂居,谓之秦韩。亦称为辰韩,而分别本来的辰韩,谓之辰韩本种。其众分为六村,有一个人,姓朴,唤做赫居世。为六村所服,推为共主;同高句丽立国同年。居于金城;如今的庆州。是为新罗。初名徐罗伐,后改鸡林,晋惠帝时,才改称新罗。又有少昊金天氏之后八人,从中国的莒县,西汉属城阳,东汉属琅邪,如今仍称莒县,属山东。迁徙到辰韩。后人称其地为八莒,如今朝鲜的星州。他的后人金首露,以前一八七〇年(四二),受弁韩九干"干",弁韩酋长之称。的推戴,立国,是为驾洛。传八世,到前一三八一年(五三一),梁武帝中大通三年。才降于新罗。此节也据《韩国小史》。以上所说的话,固然未必十分可信;然而朝鲜半岛的南部(三韩),是由汉族开发,却是无可疑的。

高句丽的初兴,在鸭绿江支流浑河流域。琉璃明王,从沸流山迁居国内。在如今桓仁县境。八传到山上王延优,又迁都丸都。在如今辑安县境。对于辽东,时有骚扰。前一六六六年(二四六),魏幽州刺史毌丘俭,攻破丸都。山上工的儿子东川工优位居,迁居平壤。四传到故国原王钊,又迁都丸都。这时候,慕容廆做了晋朝的平州刺史。前一五七〇年(三四二),攻破丸都;虏钊母妻,而且掘其父墓,载其尸而还。故国原王卑辞求和,乃还其父尸。高句丽自此不敢再为侵寇。又四传到广开土王谈德。南伐百济,取城五十八,部落七百。见《永乐大王碑》。又救新罗,败百济日本的联合兵。这时候慕容氏入据中国,高句丽乘势,尽取辽东之地,国势大振。

百济从灭掉箕氏之后,迁都四泚,如今的夫余。尽并马韩之地。与新罗时相攻伐。高句丽强盛之后,新罗百济,尝联合以御之。先是日本九州地方的熊袭人,尝靠新罗做声援。前一七一二年(二〇

○),日本仲哀天皇伐熊袭,卒于军。他的皇后(神功皇后,中国历史上,叫他做卑弥呼)乔装男子,渡海攻新罗。新罗人不能御,进金帛八十艘请和。于是日本于弁韩故地开任那府,_{如今庆尚道洛东江以东之地。}派兵戍守。南北朝以后,新罗渐强。前一三五〇年(五六二),_{陈文帝天嘉三年。}夺取日本的任那。日本屡出兵攻新罗;百济妒忌新罗的强盛,也反与高句丽联盟,于是新罗势孤,不得不乞援于中国;就酿成了隋唐时代,中国和朝鲜半岛的交涉。

但是当隋朝时候,这种复杂的关系还没有发生。隋朝的用兵于高句丽,纯粹因他侵犯中国而起。前一三一四年(五九八),高句丽婴阳王元,_{广开土王七传。}率兵侵犯辽西。隋文帝遣汉王谅率师击之,遇水潦,馈运不继,不利而还。高句丽因此益骄。

第七节 隋唐的兴亡

隋文帝时候,天下畜积之多既如前述;而且这时候,绥服了北方一个强敌,并不曾动什么干戈;论理,这时候的中国,大可以希望太平。然而这种基业,到炀帝手里,竟都败坏掉了。

隋文帝的废太子勇而立炀帝,读史的人,都以为失策。然而太子勇是个什么样人? 立了他,又有什么好处? 我说:这时候还承南北朝的余风,太子勇是北齐文宣帝一流人,炀帝是陈后主一流人。都是当时社会的产物——既然要行"君主世袭"之制,这种事情,是无可如何的。隋文帝废勇立广的事情,可自把《隋书》或《通鉴纪事本末》……参考。这一类事情(显著而容易查检的),本书实因限于篇幅,不能详举了。

隋炀帝的贻害于天下,可以总括为"务巡游"和"事四夷"两件事情。属于前一项显著的,便是

（1）以洛阳为东都,大营宫室。

（2）开通济渠,自西苑引穀洛二水,以达于河;又自河入汴,自汴入淮,以接江淮间的邗沟。又开江南河,从京口达余杭。如今浙江的余杭县。

（3）开永济渠。引沁水,南通黄河,北至涿郡。如今的京兆。

（4）治驰道,自太行抵并州,由榆林以达于蓟。

属于后一项的是:

（1）北巡,幸启民可汗帐,赏赐不可胜计。

（2）诱西突厥献地,设西海、河源、鄯善、且末四郡。西海,就是如今的青海。河源,是指黄河下源。鄯善,且末,都是汉时西域国名。谪罪人以戍之,转输巨万,于是西方先困。

（3）使裴矩招致西域诸胡入朝,参看第二章第二节。所过郡县,供帐极其劳费。

（4）而其骚动全国的,尤在东征一役。帝征高句丽王元入朝,不至。前一三〇一年（六一一）,征天下兵会涿郡,以伐高句丽,明年,攻辽东,不克。而将军宇文述,又以九军大败于萨水。如今朝鲜的大宁江。损失巨万。前一二九九年（六一三）,再征天下兵会涿郡,杨玄感督运黎阳,举兵反,乃还师,遣兵击杨玄感,玄感败死。前一二九八年（六一四）,再征天下兵会涿郡,时天下已乱,所征兵多不至;高句丽亦困弊请和,于是掩耳盗铃,受其降而罢兵。

炀帝的无道,是人人所知开运河一事,或有人替他辩护,说于调和南北的文化有益。然而开运河,用不着"坐龙舟"游玩。炀帝的开运河,和汉武帝的"事四夷"一样,所做的事情,虽不能说他全然无益,然而以如此"劳费",致如此"效果",总是极不经济的;而且他作事的动机,全没有福国利民的思想;所以就他的行为而论,毕竟是功不抵罪的。

天下搅得如此,自然有许多人纷纷而起。于是:

窦建德据乐寿。如今直隶的献县。

翟让李密同起兵,后来李密杀掉翟让,据洛口。在如今河南的巩县,隋于此置仓。

徐圆朗据鲁郡。如今山东的滋阳县。

刘武周据马邑。如今山西的马邑县。

梁师都据朔方。如今陕西的横山县。

薛举据天水。

李轨据武威。

萧铣据江陵。

林士弘据鄱阳。如今江西的鄱阳县。

朱粲据南阳。

杜伏威据历阳。如今安徽的和县。

李子通据海陵。如今江苏的泰县。

陈稜据江都。

沈法兴据毗陵。如今江苏的武进县。

前一二九七年(六一五),炀帝北巡,至雁门,为突厥始毕可汗启民的儿子。所围,援至乃解。明年,再造龙舟如江都。见中原已乱,无心北归;而从驾的将士,都是北方人;宇文化及宇文述的儿子。等因之作乱。前一二九四年(六一八),弑炀帝,立秦王浩,炀帝弟秦王俊的儿子。拥众北归,隋将王世充,立东都留守越王侗,和李密相持。听得化及北归,忙和李密连和,叫他把化及堵住。化及就弑杀秦王,自称许帝。后为窦建德所杀。

唐高祖李渊,本是隋朝的太原留守。前一二九五年(六一七),起兵。攻破长安,奉西京留守代王侑为帝。明年,就废代王而自立。先平定薛仁杲、薛举的儿子。李轨,灭掉刘武周。这时候,河北全为窦建德所据；河南则王世充和李密相持。世充杀败李密，李密降唐。又借名收抚山东，出关要图自立。为唐将盛彦师所邀斩。世充于是弑越王侗，自称郑帝。前一二九一年（六二一），唐秦王世民攻王世充，围洛阳。世充求救于窦建德，建德发兵来救，世民据虎牢迎击，大破之，生擒建德，世充乃降。明年，建德旧将刘黑闼复叛，徐圆朗先已降窦建德，建德亡后，降唐，及是也叛应之。为唐太子建成所破，于是北方略平。南方惟萧铣所据的地方最大。灭王世充这一年，也给李靖灭掉。林士弘先已为萧铣所逼，退保余干，如今江西的余干县。未几而死，其众遂散。朱粲降唐复叛，也给唐朝灭掉。江淮之间，杜伏威最强。陈稜、沈法兴，都给李子通灭掉，李子通又给杜伏威灭掉，杜伏威入朝于唐，于是南方也平定。

北边则高开道为其下所杀。刘武周将苑君璋据马邑，降突厥，后见突厥政乱，亦来降。前一二八四年（六二八），讨平梁师都，天下就大定了。

隋系图

（一）文帝杨坚 ── （二）炀帝广 ── 昭 ┬ （三）恭帝侑
　　　　　　　　　　　　　　　　　　　└ （四）恭帝侗

第二章 唐朝的初盛

第一节 唐太宗灭突厥

唐高祖的得天下,大半由于秦王世民之力,而即位之后,却立建成做太子;于是有"玄武门之变"。高祖传位于世民,是为太宗。玄武门之变,可用《通鉴纪事本末》参考。然而这件事情的真相,是不传的。

唐太宗是一个贤主,历史上称他勤于听政,勇于纳谏,能用贤相房玄龄、杜如晦,直臣魏徵。在位之时,天下太平百姓安乐,至于"行千里者不赍粮","断死刑仅三十九人"。这种话,虽然不免有些过情,而且未必合于事实,譬如断死刑之所以少的,一定是由于官吏希旨,粉饰太平,这是可以推想而得的。然而"贞观之治",总要算历史上所罕见的了。唐朝的治法,是集魏晋南北朝的大成,这个且待第三章里再讲。而唐朝一朝,和域外诸民族,关系尤大。现在且述个大略。

唐朝的对外,最重要的还是和北族的关系。突厥启民可汗死后,子始毕可汗立。部众渐强。这时候,又值中国丧乱,边民避乱的,都逃奔突厥。于是突厥大盛,控弦之士数十万。割据北边的人,都称臣于突厥。唐高祖初起,也卑辞厚礼,想得他的助力。然而却没得到他多少助力。天下已定之后,待突厥还是很优厚的。然而突厥反格外骄恣。大抵游牧民族，总是"浅虑"而"贪得无厌"的。而且这种人所处的境遇，足以养成他"勇敢"、"残忍"的性质。所以一种"好战斗"的"冲动"，极其剧烈。并不是一味卑辞厚礼，就可以和他"辑睦邦交"的。而且一时代人的思想，总给这个时代限住，这也是无可如何的事。"前朝的遗孽，想倚赖北族，北族也把他居为奇货"。这种事情，"齐周"、"周隋"之间，已经行过两次了，已经行之而无效的了。然而隋唐之际，还是如此。突厥内部，有个义成公主，煽惑他犯边。而外面却也有个齐王暕，可以给他利用。始毕死后，弟处罗可汗立。处罗死后，弟颉利可汗立。从启民到颉利四代，都妻隋义成公主。这是北族的习惯如此。到颉利，就迎齐王暕，置之定襄。在如今山西平鲁县的西北。没一年不入寇，甚至一年要入寇好几次，北边几千里，没一处不被其患。高祖几乎要迁都避他。而唐朝对待他的法子，也还是钞用隋朝的老文章，这个真可谓极天下之奇观了。处罗可汗的儿子，主治东方，仍称为突利可汗。太宗和他，本来是认得的，于是设法离间他。而颉利这时候，又失掉铁勒的心。北方的铁勒，一时叛他。推薛延陀回纥为主。而国内又遇着天灾，于是国势大衰。前一二八三年（六二九），颉利拥众漠南，想要入寇。太宗遣李靖等分道伐他。李靖袭破颉利于铁山，在阴山之北。颉利遁走。为唐行军总管张宝相所擒。于是突厥之众，一时奔溃。也有北降薛延陀的，也有西走西域的，而来降的还有十几万。太宗初时，想把他处之塞内，化做中国人。当时魏徵主张把他迁之塞外，温彦博主张把他置诸中国，化做齐民。辩论的话，具见《唐书·突厥传》。太宗是听温彦博的话的。著《唐书》的人，意思颇有点偏袒魏徵。然而温彦博的话，实在不错。唐朝到后来，突厥次第遣出塞外，而且不甚能管他，仍不啻实行魏徵的政策。然而突厥接连反叛了好几次，到默啜，几乎恢复旧时的势力，边患又很紧急，这都是"放任政策"的弊病。"唐朝驾驭突厥的政策，和他的效果"，这件事情，颇有关系，可惜原文太长,不能备录。读者诸君,可自取《唐书》一参考。后来见他不甚妥帖,才用突厥降人萧(阿史那)思摩为可汗,叫他还居河北。这时候,薛延陀的真珠可汗,已徙居突厥故地,真珠可汗,名夷男。突厥还没灭亡的时候,太宗就册封他做可汗,以"树突厥之敌"。突厥灭后,就徙居突厥故地。形势颇强。萧(阿史那)思摩不能抚驭,依旧逃归中国。前一二六八年(六四四),真珠可汗卒,子拔灼立。薛延陀内乱,太宗趁势又把他灭掉。于是回纥徙居薛延陀故地。铁勒的强部,本来只有薛延陀和回纥,薛延陀既亡,回纥还没强盛。对于中国,奉事惟谨。于是北方的强敌,又算暂时除掉。

至于西突厥,则到高宗手里,才给中国征服的,见下节。

第二节 藏族的兴起

唐朝所谓西域,和汉朝的情形,又大不相同了。后汉和西域的交通:葱岭以西,从永初以后就绝掉;葱岭以东,直到桓帝延熹以后才绝。参看第二篇第七章第二节。两晋时代,只有苻坚盛时,曾命吕光征服西域,也只及于葱岭以东。详见《晋书·吕光载纪》和西域诸国的传。后魏到太武时,才和西域交通,兼及于葱岭以西。当时西域分为四域:"葱岭以东,流沙以西为一域",这就是第二篇第四章第二节所说"狭义的西域"。"葱岭以西,海曲以东为一域",是如今的伊兰高原。"者舌以南(详见《元史译文证补》二十七上)月氏以北为一域",是如今吉尔吉思旷原之地。"两海之间,水泽以南为一域",是如今俄领土耳其斯坦之地。其详可参考《北史》。然而后魏和西域,没有多大的关系。隋炀帝时,曾招致西域诸国入贡,共四十余国。惜乎当时的记录,多已失传,所以"史不能记其详"。总之,中国和西域的关系,汉朝以后,是到唐朝才密切的。

要晓得魏晋以后西域的情形，就得晓得月氏和嚈哒。月氏，已见第二篇第四章第一节。他从占据大夏故地之后，东西域算做大国，文明程度也颇高。中国的佛教，就是从月氏输入的。参看第三章第六节。到西元五世纪后半，前一三六一年（五五一）——前一三一二年（六〇〇）。梁简文帝大宝二年，至隋文帝开皇二十年。才给嚈哒所破，支庶分王，便是《唐书》所谓昭武九姓。《北史》："康国者，康居之后也。……其王本姓温，月氏人也。旧居祁连山北昭武城，因被匈奴所破，西逾葱岭，遂有其国。枝庶分王。故康国左右诸国，并以昭武为姓，示不忘本也。"《唐书》："康国，君姓温，本月氏人。始居祁连山北昭武城，为突厥所破，稍南依葱岭，即有其地。支庶分王；曰安，曰曹，曰米，曰何，曰火寻，曰戊地，曰史，世谓九姓。并姓昭武。"案康居没有住过祁连山北，月氏西徙，也远在突厥勃兴以前。《北史》说康国是康居之后，明系误谬。《唐书》"为突厥所破"，突厥也明系匈奴之误。月氏为嚈哒所破，中国史不载其事，西洋史也不详。但月氏西徙以后，分其国为五部翖侯，后来贵霜翖侯并四部为一，明有一统一的共主。照《北史》、《唐书》所载，只有枝庶分王，明是统一政府给嚈哒灭掉以后的情形。康国，亦称萨末鞬，又作飒秣建，元魏称悉万斤，就是如今的撒马儿干。安，又称布豁，亦作捕喝，就是如今的布哈尔。东安，亦称小安，又称喝汗，在安东北四百里。曹，又称西曹，亦称劫布咀那，在米国之北，西三百余甲而至何国。东曹，亦称率都沙那，又作苏对沙那，苏都识匿，北至石，西至康，皆四百里。中曹，在康之北，西曹之东。石，亦称柘支，又作柘析，又作赭时，就是如今的塔什干。米，又称弥末，又作弭末贺，北距康百里。何，亦称屈霜你迦，又作贵霜匿，在劫布咀那西三百余里。火寻，亦作货利习弥，又作过利，就是后来的花刺子模。戊地，《西域记》作伐地，在布豁西四百余里。史，亦称佉沙，又称羯霜，南有铁门山，就是《明史》所谓渴石，如今的加尔支。以上昭武九姓诸国释地，据《唐书·西域记》，参照《元史译文证补》和近人丁氏谦的《西域记考证》。《北史》又有乌那遏，都乌浒水西（如今的阿母河），东北去安四百里，西北去穆二百里。又有鏺汗国，《唐书》作宁远，都葱岭之西五百余里，东距疏勒千里，西去苏对沙那，西北去石国，各五百里，国王也都姓昭武。又《北史》另有大月氏国，都剩蓝氏城，小月氏，都富楼沙城。总而言之，月氏虽为嚈哒所破，以至土崩瓦解，然而支庶分王，依旧到处都是，实在还不止《唐书》所载昭武九姓。诸国的全亡，当在大食东侵以后，史书阙略，无可详考了。然则嚈哒又是什么呢？

"西藏古时候唤做什么？""就是唐朝的吐蕃。"这种问答，是很容易得到的，是人人以为不错的，然而实在太粗略了些。案《唐书》：

> 吐蕃，本西羌族，居析支水西。祖曰鹘提勃悉野，健武多智，稍并诸羌，据其地。蕃发声近，故其子孙曰吐蕃，而姓勃窣野氏。或曰：南凉秃发利鹿孤之后，二子：曰樊尼，曰傉檀，傉檀嗣，为乞伏炽磐所灭。樊尼挈残部臣沮渠蒙逊，以为临松太守。蒙逊灭，樊尼率兵西济河，逾积石，遂抚有群羌云。

这两说，都说吐蕃就是羌。如今的藏族，和历史上的羌人有一个大异点。便是藏族是"一妻多夫"，羌人是"一夫多妻"。然则为什么历史上"一妻多夫"的种族，不把他算做藏族的祖宗，反要拉一个"一夫多妻"的羌人呢？

如今的海藏高原，在地文地理上，可以分做四个区域。

（一）后藏湖水区域。其地高而且平。

（二）前藏川边倾斜地。雅鲁藏布江以东，巴颜哈喇山脉以南，大庆河以西，诸大川上游的纵谷。兼包四川云南的一部。

（三）黄河上游及青海流域。

（四）雅鲁藏布江流域。喜马拉雅冈底斯两山脉之间。

（二）（三）都是羌族栖息之地。（四）是吐蕃发祥之地。（一）就是藏族的居地了。藏族见于历史上的，凡三国，都有"一妻多夫"的风习的：一是嚈哒，一是女国，《唐书》作东女（对于西女而言之。"西女，西北距拂菻西南际海岛……拂菻君长，岁遣男子配焉。俗产男不举。"亦见《唐书》），又称苏伐剌拏瞿呾罗（《西域记》同）。《西域记》又云：其地在大雪山中，北距于阗,东接吐蕃,正是如今后藏之地。女国的结果,《唐书》本传不详,《南诏列传》南诏给韦皋的信,有"西山女王,见夺其位"两句,可见女国系为吐蕃所灭。一是《唐书·南蛮传》中的名蔑。原文云:"其人短小,兄弟共取一妻。妇总发为角,以辨夫之多少。"而嚈哒最大。

嚈哒的事迹,中史阙略,西史也不详,但约略晓得西元五世纪中,是嚈哒的全盛时代。他的疆域,西至波斯,东至天山南路。都城在吐火罗,就是如今波尔克。《北史》把吐火罗嚈哒,分做两国,是误谬的。据丁氏《大唐西域记考证》、《南史》"滑国,车师别种",《北史》"大月氏之种类,亦曰高车之别种",都是误谬的。嚈哒盛强的时候,曾征服西北两印度。前一三九〇年(五二二)顷,北印度乌苌国,有超日王出,把嚈哒逐之境外;而突厥亦兴于北方,攻击嚈哒;嚈哒腹背受敌,前一三五〇年(五六二)顷,国遂分崩,突厥代领其地。

以上是葱岭以西的情形;葱岭以东,从后汉以后,诸小国就开了一个互相吞并的局面,其兴亡不甚可考。到唐时,高昌、焉耆、龟兹、于阗、疏勒,五国较大。高昌,就是汉朝车师之地,其王是中国人。详见《晋书》和《北史》,兹不备举。也役属于西突厥。唐太宗时候,对于高昌、焉耆、龟兹三国,都用过兵。初设安西都护府于高昌,后来徙治焉耆。这时候,葱岭以东,要算绥服,到前一二五九年(六五三),高宗灭掉西突厥,把西突厥的属地,都分置羁縻府州。西至波斯,唐朝对于西域的威声,这时候要算极远了。

第三节　印度阿利安人入藏

如今要说到吐蕃了。讲吐蕃人的历史,自然要以吐蕃人自述的话为据。《蒙古源流考》一书,是蒙古人既信喇嘛教之后,把旧有的《脱卜赤颜》,硬添上一段,算是蒙古人系出吐蕃王室的。参看第三篇下第二章第一节。拿来讲蒙古的历史，极不可靠；却是其中述吐蕃王室的来历，都是吐蕃人自己说的话。据原书：原书文理极劣，且全录太繁，所以加以删润。

> 巴特沙拉国乌迪雅纳汗生一子；善占之"必喇满"占之，曰：此子克父，必杀之。而锋刃利器，皆不能伤；乃贮以铜匣，弃之恒河中；外沙里城附近种地之老人，见而收养之。及长，告以前事；此子遂向东方雪山而去；至雅尔隆赞，唐所有之四户塔前，众共尊为汗；时岁次戊申，戊子后一千八百二十一年也。是为尼雅特赞博汗。胜四方部落，为八十八万土伯特国王。传七世，至智固木赞博汗。案"赞博"，都是"赞普"的异译。为奸臣隆纳木所弑。其长子置特，逃往宁博地方。次子博啰咱，逃往包地方。三子布尔特齐诺，逃往恭布地方，一本作恭博。案这个人，就是后文硬把他算做蒙古的始祖的。隆纳木据汗位一载，旧日数大臣诛之；迎立博啰咱，是为六贤汗之首。六贤汗后，又传衍庆七汗，妙音七汗，而至名哩勒丹苏隆赞。名哩勒丹苏隆赞，以丁丑年生，实戊子后二千七百五十年。二十三岁，己丑，即汗位。

名哩勒丹苏隆赞，就是《唐书》的弃宗弄赞。即位之年，岁在己丑，是唐太宗贞观三年。前一二八三年（六二九）。生年丁丑，应当是隋炀帝的大业十三年。前一二九五年（六一七）。这一年是戊子后二七五〇年，则尼雅特赞博汗始王土伯特的戊申，是周赧王的二年了。前二二二四年（三一三）。《源流考》的世次年代，固然全不可据。然而这所谓土伯特，如今西藏人自称，还是如此。异译作唐古特，图伯特。土伯二字，就是吐蕃的对音。"蕃"读如"播"。"特者，统类之词"，见上节引拉施特《蒙古全史》。所谓恒河、雪山喜马拉雅山。都在印度地方。和如今研究"西藏学"的人，说"西藏地方的贵种，是印度阿利安人，由喜马拉雅山峡路,迁入西藏"的话也相合。然则所谓土伯特,就是我"上节所说藏族"的名称。至于吐蕃的王室,自出于巴特沙拉国,并不是土伯特。

然则藏族的藏字,又是从何而来的呢? 我说这就是羌字。"羌"、"藏",古都读如"康"。到"羌"字的读音改变,就写作"藏"字;"藏"字的读音又变,就又写作"康"字了。土伯特本只占领后藏高原的地方;从印度迁入的阿利安人,和吐蕃王室同族。更只占领雅鲁藏布江流域。自此以外,前节所举的(二)(三)两个区域,都是羌人分布的地方。汉时的所谓羌人,据地本在青海和黄河上游流域,已见第三篇第一章第一节。这一带地方,到晋朝时候,为鲜卑、吐谷浑所据,吐谷浑是慕容廆的庶兄。和廆不睦,西徙附阴山。后来逐渐迁徙,而入于如今的青海地方。他的子孙,学中国"以王父字为氏"的例,就把吐谷浑三字,做了国名。详见《晋书》、《南史》、《北史》。羌人都被他征服。其独立的部落,还有宕昌,《北史》:"在吐谷浑东,益州西北。"邓至,在平武(如今四川的平武县)以西,汶岭(岷山)以北。党项,东接临洮(如今甘肃的岷县)、西平(如今甘肃的西宁县),西拒叶护——指突厥的辖境而言。都是在岷山以北的。其岷山以南,诸大川的上游,则有嘉良夷,附国,薄缘夷等。《北史》:"嘉良有水,阔六七十丈;附国有水,阔百余丈;并南流,用皮为舟而济。"应当是如今的鸦龙江和金沙江。"附国西有薄缘夷。其西为女国。女国东北,连山绵亘数千里,接于党项,往往有羌。"女国在如今的后藏,女国东北的山,应当是长江、怒江之间的山了。此外《北史》和《唐书》,所载琐碎的名字还很多,今不具举。都在"深山穷谷,无大君长"。所以吐蕃强盛以后,就都为所役属。

从印度侵入的阿利安人,因为做了土伯特王,就改称土伯特(吐蕃),而他种族的本名遂隐。吐蕃王室强时,羌人都被他征服,和中国交涉,都是用吐蕃出名,羌字的名词,就暂时冷落。但是羌人毕竟是一个大种族,他所占据的地方也很大,这羌字的名词,毕竟不会消灭的。到后世同中国交涉,就又用羌字出名。

但是这时候,羌字的读音,已经改变了;就照当时的口音,把他译作藏字。到后来,藏字的读音,又改变了,于是藏字又变作地理上的名词,而向来"译做羌字藏字的一个声音",又照当时的口音,译做康字。于是把西藏一个区域,分作康、藏、卫三区,而康字藏字,遂同时并行,变作地理上的名词。如果推原其始,则有"一妻多夫的风习"的这一个民族,应当正称为土伯特(吐蕃),不得借用藏字。从印度侵入的这一支人,更应当加以区别,或称做"吐蕃王室",或称做"阿利安族";现在一概称为藏族,不过是随俗的称呼,学术上精密研究起来,这种笼统的名词,是不能用的。"现在的所谓藏族",依我剖解起来是如此,不知道对也不对,还望大家教正。

羌族和土伯特所处的地方,都是很瘠薄的;所以不能发生文明。吐蕃王室,从印度侵入,他的文明程度,自然要高些;所以就强盛起来了。吐蕃的信史,就起于名哩勒丹苏隆赞,以前的世次,都是不足信的。唐太宗时,吐蕃因求"尚主"不得,曾经一攻松州,如今四川的松潘县。太宗派侯君集把他打败。但是旋亦许和,把宗女文成公主嫁他。这位文成公主,和吐蕃的开化,大有关系。如今西藏人还奉祀他。文成公主好佛,带了许多僧侣去;弃宗弄赞又打破泥婆罗,如今的廓尔喀。娶了他一个公主;这位公主,也是好佛的;吐蕃从此,才信奉佛教,而且派人到中国、印度留学,定法律,造文字;也都见《蒙古源流考》。弃宗弄赞,可认为一个热心文化的人。后来吐蕃和中国构兵,都是弃宗弄赞死后,专兵权的大臣所为。弃宗弄赞对中国,始终很为恭顺。看《唐书》本传自知。

因为和吐蕃交通,而中国的国威,就宣扬于印度,这也是一件偶然的事情。这时候玄奘,游历到印度,对乌苌国的尸罗逸多王,陈述"太宗神武,中国富强"。尸罗逸多便遣使交通中国。前一二六四年(六四八),尸罗逸多死了,其臣阿罗那顺自立。中国使者王玄策适至,阿罗那顺发兵拒击。王玄策逃到吐蕃边境,调吐蕃和泥婆罗的兵攻他,生擒阿罗那顺,下五百余城。中国和印度,发生兵争的关系,在历史上就只这一次。

第四节　唐朝和朝鲜日本的关系

从隋炀帝东征失败以后,高句丽就格外骄傲;联合百济,屡侵新罗,新罗无法,只得求救于中国。唐太宗初时,也无意于为他出兵;到前一二七〇年(六四二),高句丽大臣泉盖苏文弑其主建。建号荣留王,是婴阳王的兄弟。立其侄宝藏王臧。太宗以为有隙可乘,想趁此恢复辽东,就出兵以伐高句丽。《唐书》载太宗谓臣下:"今天下大定,惟辽东未宾。……朕故自取之,不遗后世忧也。"可见得这一次用兵的动机,全不是为新罗。

太宗的用兵,自然和隋炀帝不同;然而这时候,中国用兵于高丽,有种种不利之点;所以以太宗的神武,也犯了个"顿兵于坚城之下"的毛病,不能得志。太宗以前一二六七年(六四五)二月出兵。四月,渡辽河,克辽东;进攻安市;在如今盖平县境。破高句丽援兵十五万于城下。然而安市城小而坚,攻之遂不能克。九月,以辽左早寒,遂班师。这一次,虽然没打败仗;然而兵威的挫折和实际的损失,是不待言而可知的。太宗深以为悔。

御驾亲征,手下的人把这件事看得太隆重了,用兵就不觉过于持重,不能应机,也是失败的一个原因。所以反不如偏师远斗的利害。前一二五二年(六六〇),高宗因高句丽、百济攻新罗益急,遣苏定方自成山在如今山东的文登县。渡海攻百济,破其都城。百济王义慈降,百济人立其弟丰,求救于高句丽、日本。前一二四九年(六六三),刘仁轨大破日本兵于白江口。如今的锦江。丰奔高句丽。百济亡。前一二四六年(六六六),泉盖苏文死。三子争权,国内乱。明年,高宗遣李勣伐高句丽。前一二四四年(六六八),也把他灭掉。于是朝鲜半岛,只剩了新罗一国。唐朝在平壤设了个安东都护府,以统治高句丽、百济的地方。这时候,中国对东方的声威大振,日本和中国的交通,在此时也称极盛。

第五节　从魏晋到唐中国和南洋的关系

　　以上所说的,是东西北三方面的情形。还有从魏晋到唐,中国和南方诸国的交涉,也得大略说一说。中国的海岸线,是很长的。闽、浙、广东,当时且兼有越南的一部分。等省,曲折尤富。南方的国民,在海上所做的事业也不少。可惜中国历代,都注意于陆而不注意于海;就是盛强的时候,国力也只向西北一方面发展。这许多冒险的国民,做了国家的前驱;不但没有国力做他的后盾,使他的事业发扬光大;连他们的姓名事迹,也都在若有若无之间了。现在且根据着历史所载,把当时南方诸国的情形,大略说一说。

　　案当后汉时,中国交州的境域,大约包括如今越南的北部。从广和城以北。分为交阯、九真、日南三郡。三国时,分为交阯,新兴,武平,九真,九德,日南六郡。晋初因之。晋初,日南的南境,据地自立,这个便是林邑;其都城,就是如今的广和城。唐至德以后,谓之占城国。林邑的南边,就有扶南,在澜沧江下流临暹罗湾。真腊,如今的柬埔寨。赤土;如今的地那悉林。这都是后印度半岛较大的国。其顿逊、毗骞、诸薄、马五洲、自然大洲,却是因扶南而传闻的。《南史》:扶南,"其南界三千余里,有顿逊国。在海崎上,地方千里。城去海十里。有五王,并羁属扶南"。"顿逊之外,大海洲中,又有毗骞国。去扶南八千里。""又传扶南东界,即大涨海。海中有大洲,洲上有诸薄国。国东有马五洲。复东行涨海千余里,至自然大洲。"顿逊,当在马来半岛的南端。毗骞,似在苏门答腊。诸薄国,马五洲,或者是婆罗洲。自然大洲,或者是巴布亚。史称扶南王范蔓,"作大船,穷涨海,开国十余,辟地五六千里"。想是因此而传闻的。……范蔓是中国人。

此外当南北朝时候,通贡于南朝有:

> 诃罗陁。
>
> 诃罗单。《宋书》说他都阇婆洲,怕就是阇婆达。
>
> 婆皇。
>
> 婆达。
>
> 阇婆达。《唐书》:"诃陵,亦曰社婆,曰阇婆。"《地理志》:海峡(如今的马六甲海峡)之东岸为佛逝国,佛逝国东,水行四五日,至诃陵国。则当在今苏门答腊的东南端。
>
> 盘盘。据《唐书》,在哥罗西北。哥罗在海峡北岸,则盘盘当在马来半岛南境。
>
> 丹丹。《唐书》说:"在南海,北距环王,限小(少)海,与狼牙修接。"亦当在马来半岛南端。
>
> 干陀利。
>
> 狼牙修。如今的苏门答腊。
>
> 婆利。如今的婆罗洲。

当隋朝时候和中国有交涉的,又有一个流求,就是如今的台湾。此外见于《唐书》的便有:

> 甘毕。在南海上,东距环王(环王即是林邑)。
>
> 哥罗舍分。在南海南,东距堕和罗。
>
> 修罗分。在海北,东距真腊。
>
> 僧高。在水真腊西北。武令、迦乍、鸠密。这三国当与僧高相

近,故《唐书》以其名连举。

富那。和鸠密同入贡的。

投和。自广州西南,海行百日乃至。

堕和罗。在投和之西,亦名独和罗。南距盘盘。自广州行五月乃至。

昙陵、陀洹。都是堕和罗的属国,昙陵在海州中。陀洹,又名耨沱(陀)洹,在环王西南海中,和堕和罗接。

罗越。在海峡北岸。

赡(瞻)博。《唐书》说北距兢伽河。(恒河)当在今阿萨密附近。

堕婆登。在海岛上,在环王之南,东距诃陵。

宝(室)利佛逝。在海峡南岸。

罗刹。在婆利之东,与婆利同俗。

诛(殊)奈。在环王之南,泛交阯海,三月乃至。

甘棠。《唐书》但说居大海南,无从知为何地。

诸国的种族,大抵分为两种:一种裸跣、黑色、拳发、垂耳的,是马来西亚种。仍有食人的风俗。参看第一篇第六章第五节。一种深目高鼻的,是印度西亚种。宗教文化,都属印度一系。其和中国交通,从晋到唐,大概没有断绝。可惜历史上的记载,只有宋文帝、梁武帝、唐中叶以前,三个时代较详。欲知其详,可自取从《晋书》到《唐书》的《四裔传》参考。

当这时代,最可注意的,是中国曾经和西半球交通。案《南史》:

扶桑国。齐永元元年,其国有沙门慧深来至荆州,说云:扶桑,在大汉国东二万余里;地在中国之东。……名国王为乙祁。贵人:第一者为对卢,第二者为小对卢,第三者为纳咄沙……其衣色,随年改易:甲乙年青,丙丁年赤,戊己年黄,庚辛年白，壬癸年黑。……其婚姻：婿往女家门外作屋，晨夕洒扫。经年而女不悦，即驱之；相悦，乃成昏。昏礼：大抵与中国同。亲丧，七日不食；祖父母丧，五日不食；兄弟，伯叔，姑，姊妹，三日不食。设坐为神像，朝夕拜奠。不制衰绖。嗣王立，三年不亲国事。

这一国政教风俗，虽和中国相类。然"婿往女家门外作屋"，是新罗俗；贵人名对卢，是高句丽语，大抵是朝鲜半岛的人民移植的。文身国，在倭东北七千余里。大汉国，在文身国东五千余里。扶桑在大汉东二万余里。明明是南北美洲。近人余杭章氏《法显发现西半球说》。见《章氏丛书·太炎文集》中。据法显《佛国记》，说法显所漂流的耶婆提国，就是如今南美洲的耶科陕尔。法显不但发见西半球，而且还绕地球一周。然而《佛国记》说耶婆提国，"外道"、"婆罗门"兴盛，佛法无足言。则法显以前，印度人已有到西半球的。《南史·扶桑传》又说其"旧无佛法。宋大明二年罽宾国有比丘五人，游行其国，流通佛法经像，教令出家，其俗遂改"。可见朝鲜半岛的人到西半球，又在印度人以前了。

第六节　武韦之乱和开元之治

以上所述，要算是唐朝全盛的时候；如今便要经过一个中衰期了。这便是"武韦之乱"。

太宗以前一二六二年（六四九）崩，高宗即位。高宗的初政，也是很清明的。所以史家说"永徽之治，媲美贞观"。然而从前一二五八年（六五四），纳太宗才人武氏为昭仪。明年，废王皇后，立武氏为后，褚遂良、长孙无忌等谏诤都遭贬斥。从此以后，朝政渐乱。高宗有风眩的毛病，不能视事。件件事情，都叫武皇后干预，实权就渐入于武后之手。

高宗以前一二二九年（六八三）崩，高宗的太子名忠，非武后所生，武后把他废掉，立了自己的儿子弘。弘卒，立了他的兄弟贤。又把贤废掉，立了他的兄弟哲。这时候，哲即位，是为中宗。明年，武后把他废掉，立了他的兄弟旦。睿宗。迁中宗于房州。如今湖北的郧阳县。前一二二二年（六九○），以旦为皇嗣，改姓武氏。自称则天皇帝，国号周。前一二一四年（六九八），还中宗于京师，立为太子。前一二○七年（七○五），武后有疾，宰相张柬之和崔元暐、敬晖、桓彦范、袁恕己等谋，运动宿卫将李多祚，举兵杀武后嬖臣张易之、张昌宗，奉中宗复位。然而中宗的皇后韦氏，又专起权来。韦后的女儿安乐公主，嫁给武后侄儿子武三思的儿子武崇训。三思因此出入宫掖。还有替武后掌文墨的上官婉儿，中宗立为倢伃，和韦后都同武三思交通。武氏的权势，又盛起来。张柬之等五人，反遭贬谪而死。中宗的太子重俊，不是韦后所生。韦后和武三思等，日夜谋摇动他。重俊又怕又气，举兵把武三思、武崇训杀掉。自己也给卫兵所杀。前一二○二年（七一○），韦后弑杀中宗，要想临朝称制，相王旦的儿子临淄王隆基，起兵讨诛韦后。奉相王即位，是为睿宗。然而这时候，政治上的空气，还不清明。武后的女儿太平公主，向来干预惯政治的。在政治上，还颇有实权。又要想谋危太子。睿宗立临淄王为太子，就是玄宗。直到前一二○一年（七一一），才算把他安置于蒲州，而命太子监国。明年，把太平公主召还赐死。睿宗也传位于太子，是为玄宗。"武韦之乱"，到此才算告一结束。

武后以一女主而"易姓革命"，君临天下十五年，看似旷古未有之事。然而这时候，朝廷上并没有什么特殊势力，自然没有人去反抗他。唐朝的宗室，只有越王贞、琅邪王冲，想起兵反抗他。异姓之臣，只有徐敬业曾一起兵。都是并无凭借的人，自然不能成事。这时候，政治界上的情形,却给他搅得希乱。从越王贞、琅邪王冲起兵之后,他疑心唐朝的宗室,都要害他;就大杀唐宗室。从徐敬业起兵之后,更其"杯弓蛇影"。于是大开"告密"之门。任用周兴、来俊臣、索元礼等酷吏。滥用刑诛,贻累人民,实为不浅。又滥用爵禄,收拾人心,弄得政界上,全是一班"干进无耻",喜欢兴风作浪的小人。中宗复位以后,直到睿宗禅位以前,政界上的空气,总不得清明,都是他一手造成的。颇像近时的袁世凯。

既然一味注意对内,对外一方面,自然无暇顾及。于是突厥遗族骨咄禄,颉利的疏族。就强盛起来。骨咄禄死,弟默啜继之,复取漠北。回纥度碛,南徙甘凉间。恢复颉利时代的旧地。大举入攻河北,破州县数十。契丹李尽忠、孙万荣,也举兵背叛,攻破营、平二州,侵及冀州。参看第三篇上第三章第二节。朝廷发大兵数十万讨之,都不能定。还有吐蕃,当高宗时候,就破党项,灭吐谷浑;又取西域四镇。龟兹、于阗、焉耆、疏勒。武后时,总管王孝杰,虽然把四镇恢复,然而吐谷浑故地,毕竟为吐蕃所据,中宗时,又把河西九曲的地方,赏给吐蕃。而且许其筑桥于河,以通往来。于是河洮之间,被寇无虚日。

内政外交,当这个时代,都糟透了。玄宗出来了,总算是小小清明。玄宗任姚崇、宋璟为相。宋璟罢后,又任用韩休、张九龄,内政总算是整饬的。对外呢?突厥默啜死于前一一六九年(七四三),毗伽可汗立,用老臣暾欲谷的话,和中国讲和。毗伽死后,突厥内乱。前一一六八年(七四四),朔方节度使王忠嗣,出兵直抵其庭,把他灭掉。对于吐蕃,玄宗初年,就毁桥守河。吐蕃也请和好。后来兵衅复启,玄宗饬诸军进讨,到前一一五九年(七五三),就复取河西九曲之地。这要算唐朝国威最后的振起。到前一一五七年(七五五),安禄山反以后,情形就大变了。

唐系图

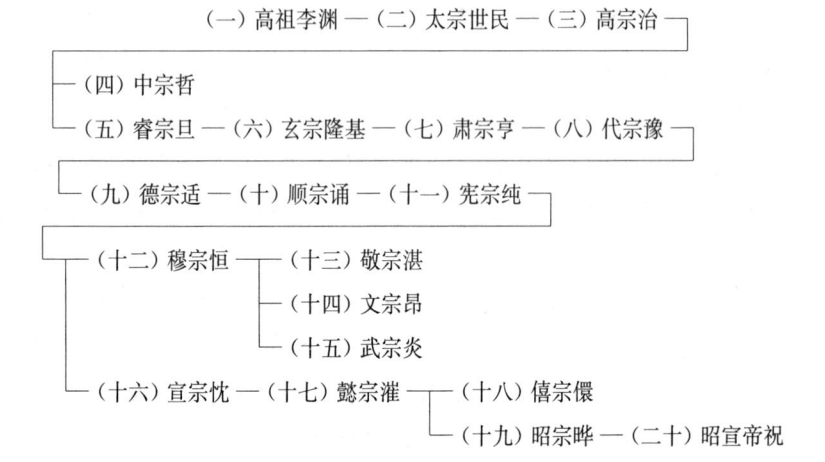

(一) 高祖李渊 — (二) 太宗世民 — (三) 高宗治
├ (四) 中宗哲
└ (五) 睿宗旦 — (六) 玄宗隆基 — (七) 肃宗亨 — (八) 代宗豫
　└ (九) 德宗适 — (十) 顺宗诵 — (十一) 宪宗纯
　　├ (十二) 穆宗恒 ┬ (十三) 敬宗湛
　　│　　　　　　　├ (十四) 文宗昂
　　│　　　　　　　└ (十五) 武宗炎
　　└ (十六) 宣宗忱 — (十七) 懿宗漼 ┬ (十八) 僖宗儇
　　　　　　　　　　　　　　　　　　└ (十九) 昭宗晔 — (二十) 昭宣帝祝

第三章 从魏晋到唐的政治制度和社会情形

第一节 官 制

从魏晋到唐的制度,是相因的。唐朝的制度,只算集魏晋南北朝的大成。从三国以后,中国的政府,有四百年,在军阀和异族手里,上篇第四章,已经说过了。要看这时候的政治,在他的施政机关上,就最看得出。

汉朝从武帝以后,宰相就渐渐失其实权,已见第二篇上第八章第一节。这种趋势,从魏晋以后,愈趋愈甚。魏朝建国之初,置了一个秘书省,受禅之后,改为中书省。于是中书亲而尚书疏。南北朝以后,因侍中常在禁近,时时参与机务,于是实权又渐移于门下省。总而言之,魏晋南北朝,机要是在中书、门下两省的,尚书不过执行政务罢了。中书、门下,像后世的内阁。尚书像后世的六部。到唐朝,就用三省的长官,中书令、侍中、尚书令,但尚书令是太宗做过的,所以不以授人,就把次官仆射,改做长官。后来又不甚真除,但就他官加以同中书门下三品、同中书门下平章事等名目,便算做宰相。作为宰相。中书面受机务,门下省掌封驳,尚书承而行之。虽有此制,三省常合在一个政事堂内议事,并没有三个机关分立的样子。尚书省分六部,是吏,户,礼,兵,刑,工。这个制度,相沿到清朝,未曾改革。六部之分,是沿袭后周的制度。后周的制度,是苏绰定的。

都以《周礼》为法(六部就是仿的天,地,春,夏,秋,冬六官)。这种制度,隋朝没有沿袭他。中叶以后,所谓翰林学士,和天子十分亲近,又渐渐的握起实权来。学士之名,本是因弘文集贤两馆而起的(参看下节)。翰林院,本是艺能技术之流杂居之所,以备天子宴闲时的召见。玄宗时,才于翰林院置待诏、供奉,命与集贤院学士,分掌制敕(本来是中书舍人的职务)。又于翰林院之南,别立学士院以处之;于是与杂流不相混处,而其地望遂清。然其官则仍称为翰林学士。王叔文的用事,就是居翰林中谋画的。参看第三篇上。总而言之,翰林学士的握权,和前此的中书省如出一辙。明清时代的殿阁,也不外此理,这等处,须要通观全局,自然明白。

九卿是历代都有的,然而都失其职。实权都在六部。为避繁起见,不再详叙。御史一官,却威权渐重。武后时,改为肃政台。分置左右。左察朝廷,右澄郡县。中宗复位后,复名御史台。仍分左右。睿宗时,命两台察内事,旋又把右台废掉。贞观末,御史中丞李乾祐,奏于台中置东西二狱,从此以后,御史台就多受词讼,侵涉了司法的权限。

至于外官的变迁,则和内官正相反。内官的权限,日趋于轻;宰相九卿等,有独立职司的官,职权多见侵夺。外官的权力,却有日趋于重之势。秦汉时代的两级制,郡县。到汉末改设州牧,就变成三级制。也已见第二篇上。东晋以后,疆域日蹙,而喜欢多置州郡,以自张大。于是"侨置"的州郡甚多。往往有仅有空名,实无辖境的。于是州郡愈多,辖境愈小。然而这时候是个军阀擅权的世界;军阀的地盘,是利于大的;州郡虽小,有兵权的,往往以一个人而都督许多州的军事,其辖境仍旧很大。隋朝统一以后,当时的所谓州,已经和前此的郡,区域大小,并无分别了。于是把州、郡并做一级。唐朝也沿其制,而于其上再设一个道的区域。一道之中,是没有长官的。中宗复位的这一年,分天下为十道,每道各设巡察使。睿宗景云二年,前一二〇年(七一一)。改为按察使。玄宗开元二十七年,前一一七三年(七三九)。又改为采访处置使。肃宗至德前一一五六(七五六)、前一一五五年(七五七)。以后,把天下分做四十余道,各置观察使。这种使官,都称为监司之官。他的责任,只是驻于所察诸郡中的大郡,访察善恶,举其大纲,并不直接理事,颇和汉朝刺史的制度相像。然而到后来,往往侵夺州郡的实权,州郡不敢与抗。而且这时候,已经是军人的世界了。有军马的地方,就都设了节度使。凡有节度使的地方,任凭有多少使的名目,都是他一个人兼的。这正和现在的督军兼省长等等一样,又谁敢和他相抗呢?于是中央政府,毫无实权,可以管辖地方,又成了尾大不掉的情形了。参看第三篇上第二章第一第二第五节。监司官的名目,还有许多,欲知其详,可参看《文献通考》第六十一、六十二两卷。

唐朝的官制,中叶以后,又有宣徽南北院和枢密院,其初特以处宦者,并没有什么重要的职权。后来宦者的威权日大,这两种官的关系,也就渐重。到五代以后,都变做了大臣做的官。这个留待第三篇里再讲。又地方自治的制度,从汉魏以后,日益废坏。汉朝时候,重视三老、啬夫等职的意思,丝毫没有。而役法日重,这一等人,反深受了苦役之累。这个也是一个极大的变迁,也待第三篇再讲。

第二节　教育和选举

教育制度,从三国以后,是很衰颓的,无足称述。《三国志·王肃传》:"自初平之元,至建安之末。天下分崩,人怀苟且。纪纲既衰,儒道尤甚。至黄初……之后……太学始开。……至太和、青龙中,中外多事,人怀避就,虽性非解学,多求诣太学。太学诸生有千数。而诸博士,率皆粗疏,无以教弟子;弟子本亦避役,竟无能习学。冬来春去,岁岁如是。……正始中,有诏议圜丘,普延学士。时郎官及司徒领吏二万余人,虽复分布,见在京师者,尚且万人。而应书与议者,略无几人。又是时朝堂,公卿以下,四百余人。其能操笔者,未有十人。多皆相从饱食而退。……"这是后汉以后,学校就衰的情形。从此到南北朝末,虽亦设有国子学、太学、四门小学,或又置有博士,然皆无足称述。唐太宗时,"屯营飞骑,亦令受经;高句丽、新罗、高昌、吐蕃,皆遣子入学"。表面上似乎是很盛的,然而实际,士人社会的视线,已经移到科举上了。

要晓得科举制度的由来,就要先晓得九品中正。九品中正之制,起于魏文帝时。这时候,"三方鼎立,士人播迁,详覆无所"。尚书陈群,就于各州郡皆置中正,品评其本地的人物,分为九等。上上、上中、上下、中上、中中、中下、下上、下中、下下。而尚书用人时,凭以覆核。这种制度的可行,原因为后汉时代,清议极重,乡评特为有力之故。史称:"晋武帝时,虽风教颓失,然时有清议,尚能劝俗。陈寿居丧,使女奴丸药,积年沉废。郗诜笃孝,以假葬违常,降品一等。"然而乡评的有力,是一种风俗,风俗是要随时势改变的。九品中正,是一种制度,比较的总觉流于硬性。于是就生出种种弊病来。扼要些说,便是:

(一)中正的权力太大,而又并无赏罚之防。就不免有(1)徇私,(2)趋势,(3)畏祸,(4)私报恩仇等事情。

(二)一地方的人,中正本不能尽识;就使尽识,也未必能知他的好坏。就使能知他的好坏,也不应当以一个人的话为标准。况且中正至多能晓得这个人的品行德望,至于当官的才能历练,是全然不知道的。

然而这还不是最大的弊病。最大的弊病就是中正都是本地方人,谁没有亲戚朋友?一个人在社会上,本没有真正完全的自由。一个阶级里的人,受这阶级的制裁,当然最为严重,谁能毅真正破除情面呢?于是所选举的,总不外乎这一阶级里的人。就成了"上品无寒门,下品无世族"的积习。历代选举的制度,纵或小有改革。然大体总是相同。九品中正的制度,南至梁、陈,北至周、齐,都是有的,直到隋开皇中方罢。这种制度,于两晋南北朝的门阀阶级,是很有关系的。参看第七节。

"隋唐以后科举"的前身,便是两汉时的郡国选举。原来郡国选举的制度,到两晋以后,也弊坏得不堪了。东晋初年,为了抚慰远方的人士起见,州郡所举的孝廉秀才,都不试就用。后来实在弄得不堪了,于是要试之以经。秀才孝廉,就都不敢进京。到京的,也都装病不考。于是宽限五年,令其补习。九品中正的制度既不可行,于是不得不加之以考试。既然凭考试为去取,就索性"无庸郡国选举,而令他怀牒自列于州县,州县加以考试,合格的再把他送进京去应考"。就变成隋唐以后的科举制度了。唐以后的科举,最重的是进士科。这一科,是起于炀帝大业中的(当时还是试的策)。这件事,《隋书》不载。只见于《唐书》所载杨绾疏中。大约当时还不甚看重他。"唐制,取士之科……有三:由学馆者曰'生徒',由州县者曰'乡贡',皆升于有司而进退之。……其天子自诏者曰制举,所以待非常之才焉。"其科目,有秀才,明经,进士,俊士,明法,明字,明算,一史,三史,开元礼,道举,童子等等,然而取之最多的,只有进士明经两科。进士试"诗"、"赋"、"论"、"策"。明经试"帖经"、"墨义"。这时候,崇尚文词的风气已成。明经所做的帖经墨义,又是毫无道理的。大家都看不起他。就有"焚香看进士,瞋目待明经"的谚语。不是天资愚鲁,不会做诗赋的人,都不肯去做明经。就把天下人的聪明才力,都消磨到"声病"上去。参看第六节。

《文献通考》卷二十九:凡举司课试之法:帖经者,以所习经,掩其两端,中间开惟一行。裁纸为帖凡帖三字,随时增损。可否不一。或得四,或得五,或得六为通。后举人积多,故其法益难,务欲落之。至有帖孤章绝句,疑似参互者以惑之。甚者或上抵其注,下余一二字,使寻之难知,谓之倒拔。既甚难矣,而举人则有驱县孤绝,索幽隐,为诗赋而诵习之。不过十数篇,则难者悉详矣。其于平文大义,或多墙面焉。按这是责令默写经文。

又卷三十:……愚尝见东阳丽泽吕氏家塾,有刊本吕许公夷简应本州乡举试卷。因知墨义之式,盖十余条。有云:作者七人矣,请以七人之名对。则对云:七人,某某也。谨对。有云:见有礼于其君者,如孝子之养父母也,请以下文对。则对云:下文曰:见无礼于其君者,如鹰鹯之逐鸟雀也。谨对。有云:请以注疏对者,则对云:注疏曰云云。有不能记忆者,则只云:对未审。……

这种考试的法子,现在看起来,真正是奇谈。然而也不足为怪。这是古人研究学问的方法如此。原来古人都是把经就算做学问;所谓通经,又不必自出心裁,只要遵守先儒的注疏;自然就造成这种怪现象了。这种现象,一变而为宋朝的经义。再变就是明清的八股文,通看后文自明。

武举起于武后的长安二年,前一二一○年(七○二)。也用乡贡之法,由兵部主其事。

制科的科名,是没有一定的。唐制科名目和登制科的人,详见《文献通考》卷三十三。

以上所说,是取士的方法,但登科以后,还不能就有官做,还要试于吏部,谓之"释褐试"。释褐试取了,才授之以官。一登进士第,便有官做,这是宋朝的法子,唐朝却不如此。

铨选仍是历代都由尚书。唐时分为文武二选:文选,吏部主之;武选,兵部主之。文选有身、体貌丰伟。言、言辞辩正。书、楷法遒美。判文理优长。四种。"始集而'试',观其书判。已试而'铨',察其身言。已铨而'注',询其便利。而拟。已注而'唱',不厌者得反通其辞,三唱而不厌,还得听其冬集。"较诸后世的铨选,似乎还要合理些。又后魏崔亮吏部侍郎。创停年格。补用的人,一以他停罢后岁月为断。后世说他是资格用人之始,都不以他为然。然而他实在是迫于胡太后时候,强令武人也要入选,才创此法,以限制他的。他覆外甥刘景安的信,说:"吾近面执,不宜使武人入选。请赐其爵,厚其禄,既不见从,是以权立此格,限以停年耳。"可见此法之创,实是限制武人的意思多。况且以资格年劳用人,原不算得弊政,较诸在上的任意抑扬,在下的夤缘奔竞,就好得多了。

第三节 兵　　制

唐朝的兵制,也是沿袭南北朝的。近人南海康氏说:"中国承平的时候,可以算是没有兵。虽然有唤做兵的一种人,实在是把来供给别种用场,如以壮观瞻等,并不是要他打仗。"这句话最通。秦汉时代,承袭着战国的余风,全国还有些尚武的风气;东汉而后,就渐渐显出无兵的样子了。参看第二篇上第八章第四节。从五胡乱华起,到南北朝末止,却可以算得一个长期战争,其中东西魏(周、齐)对立的时候,竞争尤其剧烈;所以产出一种略为整齐的兵制。

有名的"府兵"制,是起源于后周的。其制是籍民以为兵,但是拣其魁健才力的,并不是全数叫他当兵——而蠲其租调。令刺史以农隙教练。合为百府,每府一郎将主之;分属二十四军。领军的谓之开府;一大将军统两开府;一柱国统二大将;共为六军。总数不满五万人(隋朝也沿袭其制,置十二卫将军)。

唐制:折冲府有上,中,下。上府千二百人,中府千人,下府八百人。每府都有折冲都尉,和左右果毅都尉,以司训练。其兵的编制:是十人为火,火有长。五十人为队,队有正。三百人为一团,团有校尉。有兵籍的人,年二十而为兵,六十而免。平时居于田亩,教练皆以农隙。有事就出去从征;事讫,依旧各还其乡。据《唐书·兵志》说:唐初,天下共六百三十四府,而在关内一道的,倒有二百六十一,所以中央的形势颇强。当时宿卫,也是靠府兵轮值的,谓之"番上"。

但是到高宗武后时,久不用兵,府兵法就渐坏,至于宿卫不给。宰相张说,就请募兵宿卫,谓之"彍骑"。玄宗时,这种宿卫的兵,也是有名无实;诸府又完全空虚;内地竟无一兵,而边兵却日重。所以安禄山一反,竟无从抵御了。

唐初用府兵的时候:有所征伐,都是临时命将;战事既罢,兵归其府,将上其印,所以没有拥兵的人。其戍边的兵,大曰军;小曰守捉,曰城,曰镇,都有使。总管他们的谓之道,道有大总管。后来改为大都督,但行军时仍曰大总管。永徽以后,都督带"使持节"的,谓之节度使。但还没有用它做官名。睿宗景云二年,前一二〇一年(七一一)。用贺拔延嗣做凉州节度,这是以节度名官之始。玄宗天宝初,于沿边置十节度经略使,安西(治龟兹,今新疆库车县)、北庭(治庭州,今新疆迪化县)、河西(治凉州,今甘肃武威县)、朔方(治灵州,今甘肃宁夏县)、河东(治太原,今山西阳曲县)、范阳(治幽州,今京兆)、平卢(治营州,今热河道承德县)、陇右(治鄯州,今甘肃西宁县)、剑南(治益州,今四川成都县)九节度,岭南(治广州,今广东南海县)一经略使。边兵就此大重了。安史乱后,讨贼有功之将,和贼将来降的,都授以节度使(或沿其旧官)。于是节钺遍于内地,而"尾大不掉"之势以成。

然而制唐朝死命的,实在还不是藩镇之兵,而倒是所谓"禁军"。禁军的起源:是跟高祖起义于太原的兵,事定而后,愿留宿卫的,共有三万人。于是处以渭北闲田,谓之"元从禁军"。老不任事,即以其子弟代之。后亦与于"番上"。太宗时,在元从禁军中,选善射者百人,以从田猎,谓之百骑。武后改为千骑。睿宗又改为万骑,分为左右。玄宗用这一支兵平韦氏之乱,改名左右龙武军。又有太宗所置的飞骑,高宗所置的羽林,也各分左右。谓之"北衙六军"。与诸卫的兵,号为南衙的相对待。中叶以后,又有所谓"神策军"。其缘起:因天宝时,哥舒翰破吐蕃于临洮西的磨环川,即于其地置军,谓之神策。以成如璆为节度使。安禄山反,成如璆派军中的将,唤做卫伯玉的,带千人入援。与观军容使鱼朝恩_{宦者}。共屯陕州。神策军的地方,旋为吐蕃所陷,于是即以卫伯玉所带的兵为神策军。和陕州节度使郭英乂,俱屯于陕。前一一四九年(七六三),吐蕃陷长安,代宗奔陕。鱼朝恩以神策的兵,和陕州的兵来扈卫。当时都号为神策军。后来伯玉罢官,神策军归郭英乂兼带。郭英乂又入为仆射,这一支兵,就入于鱼朝恩手里。是为宦官专管神策军之始。鱼朝恩后来入都,便把这一支兵,带到京城里,依旧自己统带着他。然而还不过是一支屯驻京城里的外兵,并不算做禁军。前一一四七年(七六五),吐蕃又入寇。鱼朝恩以这一支兵,入屯苑中。于是声光大好,出于北衙军之上。德宗从奉天还京,都不相信大臣,而颇委任宦官,专叫他统带禁军。这时候,边兵的饷,不能按时发给;而神策兵饷糈优厚。于是边将在外戍守的,多请遥隶神策。神策军数,遂至十五万。自关以西,各处的镇将,大都是宦官手下人。所以宦官的势力,强不可制。昭宗时,想改用宗室诸王带他,始终没有成功。而宦官每和朝臣水火,就挟着神策军里几个镇将的力量,以胁制天子,诛戮大臣。到底弄得朝臣借着朱全忠的兵力,打破宦官一系的镇将李茂贞,把宦官尽数诛夷,而唐亦以亡。这都是后来的话,参看第三篇上第二章第四节,自然明白。_{禁军的始末,《唐书·兵志》不详,见《文献通考》第一百五十一卷。}总而言之,亡唐朝之力:藩镇的兵,不过十分之三;禁军倒有十分之七。

第四节 刑 制

两汉魏晋刑制的变迁,已见第二篇上第八章第五节。从晋武帝颁布新律之后,张斐、杜预,又各为之注。泰始前一六四七年(二六五)至前一六三八年(二七四)。以后用之。然律文简约;两家的注,又互有不同;"临时斟酌,吏得为奸"。齐武帝永明九年,前一四二一年(四九一)。删定郎王植之,才合两家的注为一。然事未施行,书亦亡灭。梁武帝时,齐时旧郎蔡法度,还记得王植之的书。于是叫他损益旧本,定为《梁律》。天监初,天监,梁武帝年号,前一四一〇年(五〇二)至前一三九三年(五一九)。又使王亮等改定,共为二十篇。定罪二千五百条,刑分十五等。陈武帝令尚书删定郎范杲参定律,又令徐陵等知其事,定律三十卷。大体沿用梁法。这是南朝法律的沿革。

元魏入中原以前,刑罚是很严酷的。道武帝入中原,才命三公郎王德,除其酷法,约定科令。太武神䴥中,前一四八四年(四二八)至前一四八一年(四三一)。诏崔浩定律。正平中,前一四六一年(四五一)。又命游雅、胡方回等改定,共三百七十条,有门房之诛四。献文增其十三,孝文时定为十六。大辟百四十五。献文增其三十五,孝文时定为二三五。刑罪就是耐罪。二百二十一。献文增其六十二,孝文时定为三七七。

北齐武成帝河清三年,前一三四八年(五六四)。尚书令赵郡王叡等奏上《齐律》十二篇。系杂采魏晋故事。刑名有五:一死,二流,三耐,四鞭,五杖。又有所谓重罪十条。一反逆,二大逆,三叛,四降,五恶逆,六不道,七不敬,八不孝,九不义,十内乱。不在"八议"和"论赎"之限。

北周的律,定于武帝保定三年。前一三四九年(五六三)。刑分死,流,徒,鞭,杖。不立十恶的名目,而重"大逆"、"恶逆"、"不道"、"大不敬"、"不孝"、"不义"、"内乱"之罪。隋初,令高颎等重定新律。其刑名有五,也有十恶之条。一谋反、二谋大逆、三谋叛、四恶逆、五不道、六大不敬、七不孝、八不睦、九不义、十内乱。唐朝的刑法,大抵沿隋之旧。

这其中最可注意的,是刑罚的变迁。马端临说:"汉文除肉刑,而以髡笞代之。髡法过轻,而略无惩创;笞法过重,而至于死亡。其后乃去笞而独用髡。减死罪一等,即止于髡钳;进髡钳一等,即入于死。而深文酷吏,务从重者,故死刑不胜其众。魏晋以来病之,然不知减笞数而使之不死,乃徒欲复肉刑以全其生。案,复肉刑的议论,两晋时代最甚。其理由所在,就是"死刑太重,非命者众;生刑太轻,罪不禁奸"两语。肉刑卒不可复,遂独以髡钳为生刑。所欲活者傅生议,于是伤人者或折腰体,而才剪其毛发;所欲陷者与死比,于是犯罪者既已刑杀,而复诛其宗亲。轻重失宜,莫此为甚。及隋唐以来,始制五刑,曰笞杖徒流死,此五者,即有虞所谓鞭、朴、流、宅,虽圣人复起,不能易也。"案隋以前"死刑有五:曰磬、绞、斩、枭、裂。流徒之刑,鞭笞兼用,数皆逾百"。隋始定鞭笞之数,死刑只用斩、绞两种。这都是较前代为文明处。

还有一层可注意的,便是隋朝的刑法,是兼采魏晋和拓跋魏两种法系(这个大概是周、齐如此,而隋朝因之)。其斟酌轻重之间,固然较旧时的法律为进步。然而精神上,也有不如旧时的法律之处。即如晋律,部民杀长官,和父母杀子的,都同"凡"论。这是两汉以后,把经学应用于法律,文明之处。父杀其子当诛,见《白虎通》。隋律却就不然。这是拓跋魏的社会,进化较浅,"官权""父权"太重之故。中国反改其旧律而从之,真是下乔入幽了。余杭章氏《文集》里,有一篇文字,专论这件事,可以参看。

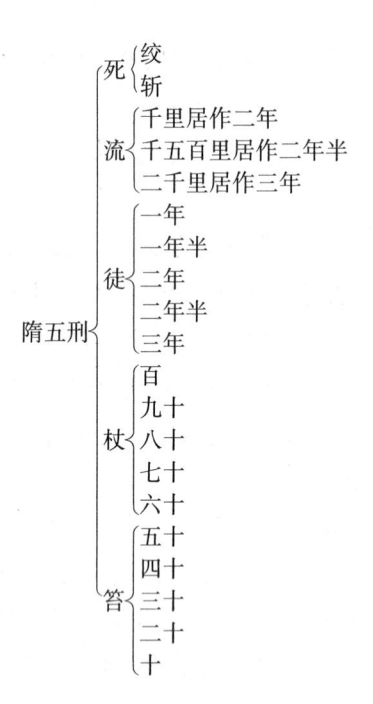

```
                    ┌ 死 ┬ 绞
                    │    └ 斩
                    │    ┌ 千里居作二年
                    │ 流 ┼ 千五百里居作二年半
                    │    └ 二千里居作三年
                    │    ┌ 一年
                    │    ├ 一年半
                    │ 徒 ┼ 二年
                    │    ├ 二年半
              隋五刑 ┤    └ 三年
                    │    ┌ 百
                    │    ├ 九十
                    │ 杖 ┼ 八十
                    │    ├ 七十
                    │    └ 六十
                    │    ┌ 五十
                    │    ├ 四十
                    │ 笞 ┼ 三十
                    │    ├ 二十
                    │    └ 十
```

总而言之：秦汉以后的法律，经晋朝的一大改革，而大体趋于完善；经隋朝的一番损益，而轻重更觉适宜。所以从西洋法律输入以前，沿用千年，大体不曾改变。

第五节　赋税制度和民生

从秦汉统一以后，直到前清海禁大开以前，二千多年，中国社会的经济组织没有甚么根本上的变更。从战国到秦汉，是有一个大变的。参看第一篇第九章，和第二篇上第六章。这个时代，中国人的生计是以农业为本位。要看当时社会的经济状况就须注意于农民。但是中国史家记载平民的生活状况，是很少的。却是当时的田赋制度，便是当时"农民生活状况的反映"。

从晋到唐，其间的田赋制度，都有同一的趋向。为之代表的，便是晋的"户调式"，魏的"均田令"，唐的"租庸调制"。今各述其大略如下：

户调之式，起于晋武帝平吴以后。他的法度是：男女年十六至六十为正丁；十五以下至十三，六十一以上至六十五，为次丁；十二以下，六十六以上，为老小。男子一人，占田七十亩；女子三十亩。案这是指为户者而言。其外：丁男课田五十亩，丁女二十亩；次丁男半之，女则不课。丁男之户，岁输绢三匹，绵三斤。女及次丁男为户者半输。

后魏的均田，在前一四二七年（四八五）。孝文帝大和九年。他的办法：是把田分成"桑田"、"露田"两种。桑田是"世业"；露田及岁而受，年老则免，身没则还。桑田的数目，有过于其应得之数的，得以卖出；不足的得以买入。但过于应得之数，及在应得之数以内的，不得买卖。大概当时把官有的地，授与人家做露田。其原有田地的，一时并不没收他；本无田地的，一时也不能补足。所以人民的桑田，有逾限的，也有不足额的。男子年十五以上，受露田四十亩；妇人二十亩。奴婢依良丁。有牛一头，许授田二十亩；但牛四头为限。

唐朝的租庸调制高祖武德七年定，前一二八八年（六二四）。是：丁男十八以上，给田一顷；以二十亩为"永业"，余为"口分"。田多可以足其人的，为"宽乡"，少的为"狭乡"。狭乡授田，减宽乡之半。工商：宽乡减半，狭乡不给。乡有余田，以给比乡；州县同。"徙乡"和"贫无以葬"的人，得卖世业田。从狭乡徙宽乡的，得并卖口分田。受田的丁：每年输粟二石，谓之"租"。看地方的出产：或输绢，绫，绸，各二丈，绵二两，或输布二丈四尺，麻三斤，谓之"调"。力役每年二十日，遇闰加两日，不役的，每日折输绢三尺，谓之"庸"。《通考》："租庸调征科之数，依杜佑《通典》及王溥《唐会要》所载。陆宣公《奏议》及《资治通鉴》

所言皆同。《新唐书·食货志》……疑太重,今不取。"

这种制度,便是两汉时代,"富者田连阡陌,贫者无立锥之地"的反响。虽不能做到地权平均,较诸毫无法度,听其自相兼并,总好得许多。但是"徒法不能以自行"。这种制度,若要实行,行政要非常绵密。以中国行政的疏阔,和地方自治制度的废坏,从何实行起?户调之式,定后不多时,天下就大乱;究竟这种制度,曾否实行?史学家颇多怀疑。大概就使实行,时间也是很短的。均田之令,和租庸调的制度,都是定于大乱之后。当时地广人稀,无主的田很多,推行自然不十分困难。但是一两传后,人口增殖,田亩渐感不足,就难于维持了。均田令的结果,后来是怎样?史家没有明确的记载。租庸调制,则《唐书》明说他,到开元时而其法大坏,"并兼逾汉成哀"。

平均地权的制度,不能维持,却反生出一种弊病来。便是两汉时代的税,是认着田收的;虽有口税,很轻。从户调、均田令、租庸调等制度行后,人人有田,收税就只须认着人。专制时代的官吏,行政是怠慢惯了的;只要收得着税,其余就一切不问了。到后来,实际上授田的事情,已经没有了,并兼之事起了,他却还只是认着向来出税的人收税,哪里来管你实际有田没有田(这时候,若要查明白有田的人,然后收税,就要彻底根究,叫并兼的人,把田都吐出来,还给无田的人;而且照法律上讲,不但并兼人家的人有罪,就是被人家并兼的人,也是有罪的。这件事岂不甚难)?这一来,百姓不但享不着人人有田的利益,无田的人反要负担和"有田的人一样的租税"的痛苦。在两汉时代,就只要出极轻的口税。这如何能支持?于是乎有"逃户"。逃的人逃了,不逃的人,赋税就要更重,税法就大坏了。玄宗时,宇文融为监察御史。也明晓得彻底根究,叫并兼的人把所并兼的田,通统吐出来,是办不到,就想括"籍外的羡田",以给逃民。然而"并兼之亟",总是起于人多而田不足之后的,那得有许多羡田可括?而且他的办法,逃户受羡田的,又要出钱千五百。于是州县希旨:把有主的田,算作羡田;本地的人,算作客户;反变成了聚敛的政策。安史乱后,赋税紊乱的情形,更其不可收拾。德宗时,杨炎为相,才创"两税"之法。"夏输"无过六月,"秋输"无过十一月。"户无主客,以见居为簿。人无丁中,以贫富为著。"虽没有把"税人而不税田"的法子,根本改革;然而照他立法的意思,是"以人的贫富,定出税的多少";较诸就田而税,负担偏于农民的,反觉公平。不过人的贫富,不易测定。实行起来,要求其公平,是很难罢了。陆贽说:两税以资产为宗,少者税轻,多者税重,然而有藏于襟怀囊箧,物贵而人莫窥的;有场圃囷仓,物轻而众以为富的。有流通蓄息之货,数少而日收其赢的;有庐舍器用,价高而终岁寡利的。计估算缗,失平长伪。我说:两税的法子,若真能行得公平,倒近乎一般所得税了。这个谈何容易。杨炎的法子,自然离此理想尚远。然在当时,总不失为救弊的良法。

《文献通考·田赋门》的一段按语,论秦汉到唐田赋制度的变迁,极为清楚。我如今不避繁复,再节钞在下面。因为这件事,和当时社会的生计状况,是很有关系的。是农民生活状况的反映。

……自秦废井田之制……始舍地而税人。……汉时,官未尝有授田限田之法。……田税随占田多寡,为之厚薄。……人税则无分贫富,然……每岁不过十三钱有奇耳。参看第二篇上第八章第三节。至魏武初平袁绍,乃令田每亩输粟四升,又每户输绢二匹,绵二斤,则户口之赋始重矣。晋武帝又增而为绢三匹,绵三斤。……然晋制:男子一人占田七十亩,女子及丁男丁女占田皆有差;则出此户赋者,亦皆有田之人……宜其重于汉也。自是相承,户税皆重。然至元魏而均田之法大行。齐周隋唐因之,赋税沿革,微有不同。史文简略,不能详知。然大概计亩而税之令少,计户而税之令多。然其时户户授田,则虽不必履亩论税,只逐户赋之,则田税在其中矣。至唐,始分为租庸调。……然口分世业,每人为田一顷。……所谓租庸调者,皆此受田一顷之人所出也。中叶以后,法制寖弛,田亩之在人者,不能禁其卖易,官授田之法尽废;则向之所谓输庸调者,多无田之人矣;乃欲按籍而征之,令其与豪富兼并者,一例出赋,可乎?……授人以田,而未尝别有户赋者,三代也;不授人以田,而轻其户赋者,两汉也;因授田之名,而重其户赋;田之授否不常;而赋之重者,已不可复轻;遂至重为民病;则自魏至唐之中叶也。自两税之法行,而此弊革矣。……

此外生计界的情形,无甚特别的可述。但有一件可注意的,便是当这时候,中国对外的贸易,颇为发达。从魏晋到唐,中国和南洋交通的发达,已见上章第六节。魏晋北朝,和西域的关系,虽不如汉唐时代的密切;然而也没有甚么战争;民间往来贸易的关系,可以推想为无甚中断的时候。中国商人的能力非常之大。譬如汉朝还没有通南越和西域,商人倒早已做了先锋队了(参看第二篇上第四章)。

《隋书·食货志》说:"梁初……交广之域,全以金银为货。"又说:"后周时,河西诸郡,皆用西域金银之钱。"当时对外贸易的影响,及于中国的通货上。而且他说:晋自东渡以后,岭外诸酋帅,有因生口、翡翠、明珠、犀象之饶,雄于乡曲的,朝廷多因而籍之,以收其利。这种办法,直到南朝之末,都是如此。这许多东西,也都是当时互市的商品。就可以推想贸易额的盛大了。至于唐朝:则陆路有互市监,以管西域诸国的贸易;海路布市舶司,以管南洋诸国的贸易。惜乎历史上,关于这种记载,十分阙略。近人梁启超的《广东通商发达史》,参考东西洋人的著述,述南北朝唐时候中国对外贸易的情形颇详。可惜文长,不能备录。读者诸君请自取原书参考。

第六节 学术和宗教

从东汉到魏晋，中国的学术思想界，起了一个大变迁。这个可以说从烦碎的考古时代，到自由思想时代，也可以说从儒学时代，到老学佛学时代。

西汉的儒学，就不过抱残守缺，牢守着几句相传的师说；究竟孔门的学说，还是"负荷"得不能完全。到了末年，又为着"托古改制"之故，生出许多作伪的人来。又因为两汉的社会，去古未远；迷信的色彩，很为浓厚；于是这种作伪的话里头，又加上许多妖妄不经的话。_{谶纬终东汉之世，是以纬为内学，经为外学。}东汉的学风，虽然不必务守师说，似乎可以独出心裁。然而贾、许、郑、马等，又不免流于烦碎。打了半天官司，总是不见分晓。也不免使人厌倦。于是人心上就生出一种"弃掉这些烦碎的考据，而探求真理"的要求。

在中国旧学问里，可以当得起哲学的名称的，当然只有道家。在儒家，则一部《周易》里头，也包含着许多古代的哲学。_{参看第一篇第十章第一节。}所以这时候，研究学问的人，都是《老》、《易》并称。其中最有名的，便是何晏、王弼、阮籍、嵇康、刘伶、王戎、王衍、乐广、卫玠、阮瞻、郭象、向秀等一班人。这一班人，"专务清谈，遗弃世务"，固然也有恶影响及于社会。然而替中国学术思想界，开一个新纪元，使哲学大放光明；前此社会上相传的迷信，都扫除净尽，也是很有功的（世务本来不能都责备哲学家做的）。研究起中国的哲学史来，这一派"魏晋的哲学"，实在很有研究的价值。

中国的学问，是偏于致用的。《老》、《易》虽说是高深的哲学，要满足纯正哲学的要求，究竟还不彀。于是佛学乘之而兴。佛教的输入中国，古书上也有说得很早的，然而不甚可靠。可靠的，还是汉明帝着中郎将蔡愔到西域去求佛经,前一八四五年(六七),永平十年。蔡愔同着摄摩、竺法兰两僧,赍经典东来的一说。然而这时候,佛教在社会上,还没甚影响。三国时,天竺僧支谶、支亮、支谦从西域来,士大夫才渐渐和他交接。东晋时,又有佛图澄,从西域来,专事译经。慧远开莲社于庐山,这是后世净土宗的初祖。士大夫和他交接的更多,然而还不过是小乘。前一五一一年(四〇一),姚秦弘始三年。鸠摩罗什入长安,才译出大乘经论。从此以后,佛教在中国(宗教界和学术界)就放出万丈的光焰。"佛教"或"佛学",都是专门的学问。要明白他的真相,决不是本书所能介绍。我现在且转录近人新会梁氏《中国古代思潮》里的一张表,以见得佛学入中国后盛衰的大略。若要略知佛学的门径,梁氏这一篇文章,很为简明可看。若要再进一步,则近人梁氏的《印度哲学概论》最好。这部书,把印度各种哲学和佛学对举,很可以见得佛学的"来源"、"影响",和他的"真相"。谢氏的《佛学大纲》,虽然无甚精神,钞撮的也还完备,也可看得。

以下十三宗,只有俱舍、成实两宗是小乘,其余都是大乘。其中天台一宗,系中国人所自创。

宗名	开祖	印度远祖	初起时	中盛时	后衰时
成实	鸠摩罗什	诃梨跋摩	晋安帝时	六朝间	中唐以后
三论	嘉祥大师	龙树,提婆	同上	同上	同上
涅槃	昙无谶	世亲	同上	宋齐	陈以后归天台
律	南山律师	昙无德	梁武帝时	唐太宗时	元以后
地论	光统律师	世亲	同上	梁陈间	唐以后归华严
净土	善导大师	马鸣,龙树,世亲	同上	唐宋明时	明末以后

续 表

宗名	开祖	印度远祖	初起时	中盛时	后衰时
禅	达摩大师	马鸣,龙树,提婆,世亲	同 上	同 上	同 上
俱舍	真谛三藏	世 亲	陈文帝时	中 唐	晚唐以后
摄论	同 上	无著,世亲	同 上	陈隋间	唐以后归法相
天台	智者大师		陈隋间	隋唐间	晚唐以后
华严	杜顺大师	马鸣,坚慧,龙树	陈	唐则天后	同 上
法相	慈恩大师	无著,世亲	唐太宗时	中 唐	同 上
真言	不空三藏	龙树,龙智	唐玄宗时	同 上	同 上

《周易》		王弼,韩康伯	
《尚书》		伪孔安国《传》,王肃等所造	
《毛诗》	毛亨传,郑玄笺		
《周礼》	郑玄注		
《仪礼》	郑玄注		
《礼记》	郑玄注		
《左传》		杜预《集解》	
《公羊》	何休解诂		
《穀梁》		范宁《集解》	
《孝经》			唐玄宗御《注》
《论语》		何晏《集解》	
《孟子》	赵岐注		
《尔雅》		晋郭璞《注》	

这时候,儒家之学也竟有点"道佛化"的样子。原来东汉的儒学,至郑玄而集其大成。然而盛极必衰,于是就出了一个王肃,专替郑玄为难。一定要胜过郑玄,这件事,也颇为难的。于是又想出一个作伪的法子。伪造孔安国《尚书传》、《论语》、《孝经注》、《孔子家语》、《孔丛子》五部书,互相印证。把自己驳难郑玄的话,都砌入这五部书里头,算是孔氏子孙所传,孔子已有定说的。参看丁晏《尚书余论》。这种作伪的手段,较之汉朝的古文家,更为卑劣。参看第二篇上第八章第六节。然而王肃是晋武帝的外祖。所以当时,颇有人附和他。譬如杜预,就是其中的一个。详见《尚书余论》。总而言之,从王肃等一班人出,而"郑学"也衰了。然而王肃这一派学问,在社会上也不占势力。东晋以后,盛行的,便是王弼、何晏这一派。这都是把道家之学去解释儒书的。再到后来的人,并不免参杂佛家的意思。上面所列一表,是唐朝时候所定的《十三经注疏》。所取的注,其中除《孝经》为唐玄宗御注外,其余十二经,魏晋人和汉人各半。北朝的风气,变动得晚些。自隋以前,北方的学者,大抵谨守汉儒的学问,熟精《三礼》的人极多。参看《廿二史札记》卷十五。这便是郑玄一派学问。也有能通何休《公羊》的,这并是今文学了。至于南人,则熟精汉学的,久已甚少。所风行的,都是魏晋以后的书。然而从隋朝统一之后。北朝的武力,战胜了南人。南朝的学术,也战胜了北人。北人所崇尚的,郑玄注的《周易》、《尚书》,服虔注的《左传》都亡,郑玄注《左传》未成,以与服虔,见《世说新语》。则服虔和郑玄,是一鼻孔出气的。而王弼、杜预的注,和伪孔安国的传,到唐朝就列于学官。这个决不是南朝的经学,能胜过北朝(就经学论,北朝确较南朝为纯正)。不过就学术思想界的趋势而论,汉朝人的儒学,这时候,其道已穷;而魏晋以后的这一派哲学正盛;南朝的经学,是"魏晋的哲学化"了的,所以就占了优胜罢了。

还有古代的神仙家,到魏晋以后,也"哲学化"了,而成功了后世的所谓"道教",和"儒"、"释"并称为"三教"。这件事也要一论。案神仙家的初起,其中并没有什么哲学。他们所求的,不过是"不死"。所以致不死的手段,是"求神仙"和"炼奇药"。参看第二篇上。所谓不死,简直是说肉身可以不死。"尸解"的话,怕还是后来造出来,以自圆其说的。这一派妖妄之说,大概是起于燕齐之间。所以托之于黄帝。《史记·封禅书》说:齐威宣和燕昭王,就使人入海求蓬莱、方丈、瀛洲。《史记》的《八书》,固然全不是太史公所作,然而也并不是凭空伪造的(《礼书》、《乐书》,是抄的《荀子》和《小戴记》。其余略以《汉志》为本)。又《左传》,齐景公问晏婴,"古而无死,其乐如何"?除神仙家之外,没有说人可以不死的。齐景公这句话,一定是受神仙家的影响。这也可做神仙家之说,旧行于燕齐之间的一证。这一派人,和中国古代的医学,很有关系。《内经》里屡引方士之说。他们是懂得点药物学的,所以有所谓炼奇药。古代的医学,原有"咒由"一科,所以到后来,张角等还以"符水"替人治病。其说起于燕齐之间,所以有"航海的思想",而有所谓三神山;大约海边上的蜃气,一定和这种妖教的构成,很有关系的。当秦皇、汉武时代,神仙家的势力极盛。这时候,这一派人(方士)专以蛊惑君主为主。到后来,汉武帝化了许多钱,神仙也找不到,奇药也炼不成,才晓得上了大当。"喟然而叹曰:世安有神仙?"从此以后,这一派人,蛊惑君主的伎俩,就无从再施,于是一变而愚惑平民。然而从张角、孙恩造反以后,又变做一种妨害治安的宗教,势不能再在社会上大张旗鼓;虽然还有张道陵、寇谦之等一班人,借符箓丹鼎等说,以愚惑当世。参看《魏书·释老志》。毕竟是不能大占势力的,这一种宗教,要想自存,就非改弦易辙,加上一点新面目不可。把后世道教的书来看,真像是和《易》、《老》相出入的。然而请问这许多话,汉以前的神仙家有么?譬如《淮南子》,后世认为道家的书。然而《淮南子》里,原有易九师的学说。又如《太极图》，后世认为陈抟从道家的书里取来的，不是儒家所固有。然而他的说法，可以和《易经》相通，毕竟无从否认。参看胡渭《易图明辨》。我说：这许多话，本是中国古代的哲学，保存在《易经》里头的。魏晋以后的神仙家，窃去以自文其教。所以魏晋以后的道教，全不是汉以前的神仙家的本来面目。神仙家的本来，是除了炼奇药，求神仙等，别无什么哲学上的根据的。明乎此，则可知我国《道藏》的书大有研究的价值。为什么呢？中国古代的哲学，保存在《易经》里。五经里头，只有《易经》，今文家的学说全亡。东汉人所注的《易经》，妖妄不经，琐碎无理，全没有哲学上的价值。要求古代的哲学（从《易经》里去求），只有到《淮南子》等一类的书里去搜辑。然而这一类书，也所传甚少，而且残缺不完。神仙家既然窃取这一种哲学，以自文其教，当他窃取的时候，材料总比现在多。这种哲学，一定有儒家已亡，借着他们的窃取，保存在《道藏》里头的。把这一种眼光去搜寻，一定能寻得许多可贵的材料。

还有一种风气，也是到魏晋以后才盛的，便是崇尚文学。两汉时代，固然也有许多文学家。然而这时候，看了文学，不过一技一能，究竟还是以朴学为重。到魏文帝，就说："年寿有时而尽，荣乐止乎其身，二者必至之期，未若文章之无穷。"这种思想，全然是两汉人没有的。这是由于（一）两汉人的学问，太觉头巾气，缺乏美感，枯寂了的反动。（二）则魏晋人的哲学，所铸造成的人生观。总是"修短随化，终期于尽，古人云：死生亦大矣。岂不痛哉"一派。总觉得灰心绝望。然而人的希望，究竟不能尽绝的。"爱惜羽毛"的人，就要希望"没世不可知之名"。隋朝的李谔说："自魏之三祖，崇尚文词。……竞骋浮华，遂成风俗。江左齐梁，其弊弥甚。贵贱贤愚，唯务吟咏。……竞一韵之奇，争一字之巧。连篇累牍，不出月露之形；积案盈箱，惟是风云之状。代俗以此相高，朝廷据兹擢士。禄利之路既开,爱尚之情愈笃。于是闾里童昏,贵游总丱,未窥六甲,先制五言。……递相师祖,浇漓愈扇。……"也可以见得这种风气的由来,和其降而益甚的情形了。因有这种风气,所以唐朝的取士,就偏重进士一科。也因为有科举制度,替他维持,所以这种风气,愈不容易改变。

文学的内容,从南北朝到唐,也经过一次变迁。从东汉到梁陈,文学日趋于绮靡,这是人人知道的。这种风气,走到极端,就又起了反动。隋文帝已经禁臣下的章奏,不得多用浮词。唐兴以后,就有一班人,务为古文,至韩、柳而大盛。就开了北宋到明的一派文学。曾国藩《湖南文征序》:"自东汉至隋……大抵义不单行,辞多俪语;即议大政,考大礼,亦每缀以排比之句,间以婀娜之声。历唐代而不改。虽韩李锐志复古,而不能革举世骈体之风。……宋兴既久,欧阳曾王之徒,崇奉韩公,以为不迁之宗;适会其时,大儒迭起,相与上探邹鲁,研讨微言;群士慕效,类皆法韩氏之气体,以阐明道性道。自元明至……康雍之间,风会略同。"这几句话,说自汉至清初,文学变迁的大概,颇为简明。总而言之:古文之学,是导源唐初,大成于韩、柳等一班人,到北宋才大盛的。《旧唐书·韩愈传》:"大历、贞元间,文字多尚古学,效扬雄、董仲舒之述作。独孤及、梁肃,最称渊奥。愈从其徒游,锐意钻仰,欲自振于一代。"《新唐书·文苑传序》:"大历、贞元间,美才辈出。擩哜道真,涵泳圣涯,于是韩愈倡之,柳宗元、李翱、皇甫湜等和之……唐之文,完然为一代法。"韩公的"辟佛",对于以前的学术宗教界,也要算一个反动。且留待讲宋代学术时再讲。

第七节 门阀的兴废

从南北朝到唐,其间还有一大变,便是门阀阶级的破除。三代以前的社会,原是一种阶级制。看第一篇第九章第三节,便可以知道。春秋战国之际,虽说经过一次大变迁,毕竟这种阶级制的余波,是不能扫除净尽的。读史的人,都说九品中正之制,弄得"上品无寒门,下品无世族"。然而做中正官的人,并不曾全操选举之权。不过朝廷要用人时,把他所品评的等第,来覆核覆核罢了。选举之权,毕竟还在州郡手里。郡国选举之制,不是魏晋以后才有的。以前虽没有九品中正之制,难道郡国选举,都是十分公正,不带一点阶级臭味的么?梁武帝时,沈约上疏,说:"顷自汉代,本无士庶之别。……庠序棋布,传经授受,学优而仕。始自乡邑,本于小吏干佐,方至文学功曹。积以岁月,乃得察举。……"可见汉朝的选举,自比魏晋以后公平;然而说毫无阶级臭味,是决办不到的。这是决不然的。不过不像魏晋南北朝这种盛法罢了。两晋南北朝时候,门阀阶级之严,是由于(一)有九品中正之制,替他维持。(二)则这时候,五胡乱华,汉人和胡人,血统上不免混淆。士大夫之家,就想高标门第,以自矜异。(三)则当晋室渡江之初,文明的重心,还在北方;北方的大族,初南迁的时候,也还有高自位置的思想;以后就成了一种风气。所谓大族,必须要标明了一个"郡望",以明其本出何郡,就是魏晋以前,阶级制度并没有消除尽净的证据。倘使你在本籍,本没有特异于人之处,迁徙之后,又何必要特标出一个郡望来呢?这种阶级制度,是到唐中叶以后,才渐次破坏,经过了五代,然后消除净尽的。破坏这种制度的力量,要算隋唐以后的科举制度最大。这是为什么呢?原来当郡国选举的时代,无论你怎样公正,无论怎样的注重于才德,这郡国所"荐举"或"拔擢试用"的人,总不得真正到社会的下层阶级里去找——固然也有例外的,然而总是例外。直到郡国选举的制度,变做了投牒自举。这时候,形式上固然还说是乡贡,然而既凭考试,这乡贡便是有名无实的话。被举的人(举人)和举他的人(州郡),其间才不发生关系——无论什么人,向州郡投牒自列,州郡就不能不考试他;考试合格了,便不能不举他。把全国的人,都聚到京城里去考试,和他的本乡,相离得很远；考试防弊的制度，又一天严密似一天；在唐朝，还没有"糊名"、"易书"、"禁怀挟"等种种制度。考官还得以采取誉望；就和士子交通，也不干禁例的。但是从唐到清，考试的制度，是一天天往严密的一条路上走的；这是考试制度的进化。应考的人，和考他的人，也再不得发生关系。这样，全国的寒畯，才真和有特权的阶级，立于平等竞争的地位。所以隋唐以后的科举制度，实在有破除阶级的大功，不可湮没的。向来读史的人，都说投牒自举，是个最坏的制度。其意，不过说这是"干进无耻"。其实不然。参与政治，是国民的一种义务，不单是权利。有服官的能力，因而被选举，因而服官，这是国民应享的权利，也就是国民应尽的义务。郡国选举和征辟……的时代，有了才德，固然可以被选举，被征辟的。倘使人家不来选你，征你，辟你，便如何？若在隋唐以后，便可以怀牒自列。所以唐以后的科举制，是给与国民以一种重大的公权——实际上应试的人，志愿如何，另是一说。从法理上论，这一层道理，是颠扑不破的。

两晋南北朝时候的阶级制度，是怎样？我且引近人钱塘夏氏的一段话如下：

……其时士庶之见，深入人心，若天经地义然。今所见于史传者，事实甚显。大抵其时士庶，不得通婚。故司马休之之数宋武曰：裕以庶孽，与德文嫡婚，致兹非偶，实由威逼。指宋少帝为公子时，尚晋恭帝女事言。沈约之弹王源琅邪临沂人。曰：风闻东海王源，嫁女与富阳满氏，王满联姻，实骇物听。此风勿翦，其源遂开。点世尘家，将被比屋。宜置以明科，黜之流伍。可以见其界之严矣。其有不幸而通婚者，则为士族之玷。如杨佺期弘农华阴人。自以杨震之后，门户承藉，江表莫比；有以其门地比王珣者，琅邪临沂人。犹恚恨。而时人以其过江晚，婚宦失类，每排抑之。然庶族之求俪于士族者，则仍不已；不必其通婚也,一起居动作之微,亦以偕偶士族为荣幸;而终不能得。如纪僧真丹阳建康人。尝启齐武曰:臣小人,出自本州武吏。他无所须,惟就陛下乞作士大夫。帝曰:此事由江敩字叔文,济阳考城人。谢瀹,字义洁,陈郡夏阳人。我不得措意,可自诣之。僧真承旨诣敩,登榻坐定;敩命左右:移吾床,让客。僧真丧气而退。告帝曰:士大夫固非天子所命也。其有幸而得者,则以为毕生之庆,如王敬则晋陵南沙人。与王俭字仲宝,琅邪临沂人。同拜开府仪同,曰:我南州小吏,徼幸得与王卫军同拜三公,夫复何恨?甚至以极凶狡之夫,乘百战之势,亦不能力求。如侯景请娶于王谢。梁武曰:王谢高门非偶,当朱张以下访之。积此诸端观之,当时士庶界限,可以想见。……此皆南朝之例,若夫北朝,则其例更严。南朝之望族,曰琅琊王氏,陈国谢氏。北朝之望族,曰范阳卢氏、荥阳郑氏、清河博陵二崔氏。南北朝著姓不仅此,此乃其尤者(著)耳。南朝之望族,皆与皇族联姻。其皇族,如彭城之刘、兰陵之二萧、吴兴之陈,不必本属清门。惟既为天子,则望族即与联姻,亦不为耻。王谢二家之在南朝,女为皇后,男尚公主,其事殆数十见也。而北朝大姓,则与皇室联姻者绝少。案魏朝共二十五后,汉人居十一,而无一士族焉。……此殆由种族之观念而成。……隋文之独孤皇后,唐太之长孙皇后,皆鲜卑人也;而斛律明月称"公主满家",则皆渤海高氏之女,皆可为此事之证。……

这种习尚,唐初还很盛。唐太宗定《氏族志》,颁行天下。而《李义府传》说:"自魏太和中,定望族七姓,子孙迭为婚姻。唐初作《氏族志》,一切降之。然房玄龄、魏徵、李勣,仍往求婚,故望不减。"可见这事,竟非政治势力所能干涉。又《杜羔传》说:"文宗欲以公主降士族,曰:民间婚姻,不计官品,而尚阀阅;我家二百年天子,反不若崔、卢耶?"可见中叶以后,尚有此风。然而科举制度既兴,寒门致身显贵,毕竟较以前为容易。加以物质上的欲望,总是不能没有的。所以到唐朝以后,士族贪庶族之富,而和他结婚的,就渐渐加多。再加以五代的丧乱,士族失其位置,庶族致身富贵。又丧乱之际,人民播迁,谱牒失考,因而庶族冒充士族的,也日渐加多。从宋以后,这种阶级,又渐归于平夷了。

到一种阶级破坏的时候,社会上好利之风,就必然日盛。唐朝时候,是这种门阀制度,行将灭亡,仅保惰力的时候。所以唐朝士大夫好利之风,实在较南北朝为甚。《文献通考》卷二十七引江陵项氏的话:

> 风俗之弊,至唐极矣。王公大人,巍然于上,以先达自居,不复求士。天下之士,什什伍伍,戴破帽,骑蹇驴,未到门百步,辄下马,奉币刺再拜,以谒于典客者,投其所为之文,名之曰"求知己"。如是而不问,则再如前所为者,名之曰"温卷"。如是而又不问,则有执贽于马前,自赞曰某人上谒者。……

这固然由于科举制度之兴,有以使士人干进无耻,然而贵贱的阶级平夷了,除富更无可慕,也是其中的一个原因。

第三篇 近古史(上)

第一章　近古史和中古史的异点

从汉到唐，和从宋到清，其间的历史，有一个不大相同之点。便是："从汉到唐，中国是征服异族的；从宋到清，中国是给异族征服的。"五胡虽然是异族，然而入居内地久了，其实只算得中国的编氓。他们除据有中国的土地外，都是别无根据地的。所以和中国割据的群雄无异。到辽金元却不然。辽是自己有土地的，燕云十六州，不过构成辽国的一部分。金朝虽然据有中国之半，然而当世宗、章宗手里，都很惓惓于女真旧俗，很注重于上京旧地的。元朝更不必说了。所以前此扰乱中国的，不过是"从塞外入居中国的蛮族"乘着中国政治的腐败，起来扰乱。这时候，却是以一个国家侵入的。就是"中国前此，不曾以一个国家的形式，和别一个国家相接触而失败，这时代却不然了"。从契丹割据燕云十六州起，到元顺帝退出中国的一年为止，其间凡四百二十四年。前九六六年（九四六）至前五四三年（一三六九）。

明太祖起而恢复中原二百七十五年，清朝人又入据之者二百六十八年。从顺治元年，即前二六八年（一六四四）起，到宣统三年止。所以这时代，中国有十分之七，在被征服的状态之下。然而其初就是由几个军人内哄，把他去勾引进来的。这时代，中国所以辗转受累，始终不能强盛，也都是直接间接受军人的害。读到下文，自然明白。军阀和国家的关系,可谓大了。然而还有一班人,说立国于现在的世界,军备是不能没有的。因而颇怀疑于现在的军人,不能全去。我却把什么话同他说呢？立国于世界,军备原是不能全去的,然而须要晓得,军备有种种的不同。若依然是"从今以前的军人",可说于国家有百害而无一利；莫说保护国家,国家本没有外侮,有这班人,就引起来了；外侮本可以抵御,有这班人,就无从抵御了。这不是一时愤激之谈,请看历史。

第二章 唐朝的分裂和灭亡

第一节 安 史 之 乱

北宋为什么不能抵御辽金，驯致于给元朝灭掉？这个根是五代种下来的。五代时候，为什么要去勾结异族，请他进来？这个根是唐朝种下来的。唐朝怎样会种下这个根？是起于有天下者好大喜功的一念，和奢侈淫欲的行为。专制政体和国家的关系，可谓大了。

唐玄宗时所设的十节度经略使，已见前篇第三章第三节。这诸镇之中，西北两面，以制驭突厥、吐蕃、奚、契丹故，兵力尤厚。唐初边将，是"不久任"、"不兼统"的。"蕃将"就有功劳，也做不到元帅。玄宗在位岁久，渐渐荒淫。始而宠武惠妃，继而宠杨贵妃，委政于李林甫。林甫死后，剑南人杨钊，又夤缘杨贵妃的门路，冒充他哥哥。于是赐名国忠，继李林甫为宰相。玄宗始而锐意边功，继而荒淫无度，军国大政完全不在心上。边将就有以一人而兼统数镇，十几年不换的。李林甫又妒功忌能，怕边将功劳大的，要入为宰相，就奏用胡人为元帅，于是安禄山就以胡人而兼范阳、平卢两镇节度使。这时候，奚、契丹渐渐强起来了。参看第三章第二节。安禄山时时同他打仗，又暗招奚、契丹的人，补充自己的军队。于是范阳兵精，天下莫及。他有反心已久。以玄宗待他厚，一时还犹豫未发。到杨国忠做了宰相,和安禄山不对,说他一定要反的,玄宗不听。杨国忠就想激变安禄山,以"自实其言"。于是处处和安禄山作对。前一一五七年(七五五),禄山就反于范阳。

这时候,内地是毫无兵备的。玄宗听得禄山反信,叫封常清_{河西节度,这时候适在京师。}到东京去募兵抵御他。这新招来的"白徒",如何和百练的精兵打仗?屡战皆败,不一月,河南、河北皆陷。禄山就称帝于东京。封常清逃到潼关,和副元帅高仙芝共守。玄宗把他杀掉,代以哥舒翰。哥舒翰主坚守,杨国忠又催他出战。前一一五六年(七五六)六月,战于灵宝,_{如今河南的灵宝县。}大败,潼关失守。玄宗出奔四川。当杨贵妃得宠的时候,还有他的姊姊秦国夫人哩,韩国夫人哩,虢国夫人哩,都出入宫禁,骄奢淫佚得了不得,后来杨国忠也是如此。军民心上,久已怨恨得不堪了。玄宗走到马嵬驿,_{在如今陕西兴平县。}军变了,逼着玄宗把杨国忠、杨贵妃都杀掉,然后起行。又有一班父老"遮道",劝玄宗留太子讨贼,玄宗也听了他。太子走到灵武_{如今甘肃的灵武县。}即位,是为肃宗。

当哥舒翰守住潼关的时候,平原太守颜真卿,常山太守颜杲卿,都起兵讨贼。河北响应。贼将史思明,虽然把常山打破,将颜杲卿杀掉。而朔方节度使郭子仪,河东节度使李光弼,又连兵而出井陉。杀败史思明。安禄山一方面形势颇为吃紧。不意潼关破了,子仪、光弼,都撤兵西上,颜真卿也逃到行在。于是形势大变。幸而安禄山是个武人,所靠的只是兵强,此外别无大略。他手下的战将,也是毫无谋略的,既入长安,纵情于子女玉帛,并不出兵追赶,所以玄宗得以入蜀,肃宗也安然走到灵武。前一一五五年(七五七),安禄山又给他的儿子安庆绪杀掉。安庆绪不能驾驭诸将,将卒都不听他的命令。于是兵势骤衰。

肃宗即位之后,郭子仪以兵至行在。前一一五五年(七五七)二月,先平河东,以为进取两京的预备。九月,以广平王俶代宗。为天下兵马大元帅,并着回纥西域的兵,克复西京。旋进取东京。于是贼将皆降。贼将尹子奇屡攻睢阳,幸得张巡、许远坚守。后来虽然给子奇攻破,然而不久,东京就收复了。子奇为人所杀,江淮得以保全。

贼将里头,最骠悍的要算史思明。投降之后,唐朝仍以他为范阳节度使。李光弼使副使乌承恩图之。事泄,思明杀掉承恩,再反。这时候(前一一五四年,公元七五八),九节度之师六十万,方围安庆绪于邺,久而不克。史思明发兵来救,官军大败。李光弼的兵,在诸将中,算最整齐的,只断得河阳桥。河阳,如今河南的孟县。思明入邺,杀庆绪。旋发兵陷东京。前一一五一年(七六一),攻陷河阳及怀州,河南河内县。朝廷大震。幸而思明也为其子朝义所杀,贼势又衰。前一一五〇年(七六二),肃宗崩,代宗立。史朝义差人去骗回纥,说唐天子已死,国无主;速南取其府库,金帛多着哩。回纥信了他,牟羽可汗自己带兵南下,而走到路上,给唐朝人晓得了。赶快派蕃将仆固怀恩,铁勒仆骨部人。前去游说他,劝他反助唐朝。于是再派雍王适德宗。做天下兵马大元帅,和回纥的兵,一同进取东京。史朝义走幽州,幽州已降,想逃奔奚、契丹,为追兵所及,自缢而死。一场大乱,总算平定。

郭子仪、李光弼,是历史上负头等声誉的人物。我说他的兵,实在没有什么用场。这个很容易见的。进取西京的时候,官军的总数,共有十五万;回纥兵不过四千。然而为什么一定要有了回纥兵,才能收复两京?当时官军的兵力,并不薄弱,贼兵则久已腐败了;而且安禄山死了,失了统御的人;何以十几万的官军,竟不能力战取胜,一定要借助于回纥兵呢?围相州一役,没有外国兵,就以六十万的大兵,而杀得大败亏输。这时史思明的兵,只有三万。

相持几年,毕竟又靠回纥的力,才把史朝义打平。这种军队,也就可想而知了。所以我说《唐书》上所载郭、李的战绩,是全不可靠的。安史的亡,只是安史的自亡。不然,安史的一班降将,何以毫不能处置,而只好养痈遗患呢?

第二节　唐中叶后的外患

唐朝因安史之乱所致的患害有两种:一种是外国骠强,一种是藩镇遍于内地。

突厥复兴的时候,回纥度碛,南徙甘凉间,已见上篇第二章第六节。突厥亡后,回纥怀仁可汗,又北徙据其地。树牙于都尉鞬山,大约在如今三音诺颜境内。怀仁的太子叶护,叶护是官名,不是人名。凡北狄的人名,有时是"名",有时是"称号",有时是"官名"。有时"名"、"号"、"官名"等,混杂在一起。一一分别,不胜其烦;而且有许多分别不出的;所以概不加注。特于此发其凡。读者只要不把他都认作人名就是了。助中国收复两京。原约克复西京之日,土地归唐,金帛子女归回纥。城破之日,回纥欲如约。广平王率众拜于叶护马前,请他破了东京再如约,回纥也勉强听从。代宗时候,怀仁可汗,已经死了,子移地健立,是为牟羽可汗。叶护得罪前死,所以不曾立。听了史朝义的话,自己带兵南下,走到陕州,遇见了仆固怀恩,总算是反而助唐。然而居然责雍王不"蹈舞",把兵马使药子昂,行军司马韦少华杖杀。唐朝这时候,只得吞声忍气,无如之何。仆固怀恩,虽然是个蕃将,对于唐朝,却的确尽忠的。参看《唐书·怀恩传》。后来和河东节度使辛云京不协,唐朝却偏助云京。于是怀恩造反;兵败,逃入回纥。前一一四八年(七六四),引回纥吐蕃入寇。幸而怀恩道死,郭子仪单骑去见回纥,说和了他,与之共击吐蕃,吐蕃遁去。唐朝和回纥的国交,总算没有破裂。然而这时候,回纥骄甚,每年要贡马数千匹,都是用不得的,却要赏赐他很多的金帛。回纥人留居长安的,骄纵不法。酗酒滋事,无所不为。犯了法,给官抓去,便聚众劫取,官也无如之何。后来牟羽可汗,又要入寇。宰相顿莫贺谏,不听,就弑之而自立,是为合骨咄禄毗伽可汗。德宗在陕州,是吃过回纥的亏的。即位之后,心中还有些不忿。然而这时候,中国的国力,实在不毂。宰相李泌,再三婉劝,于是与回纥言和。回纥从肃代以后,和中国交通频繁,多得中国的赏赐,渐渐的"濡染华风",流于文弱了。文宗时,年荒疫作,为黠戛斯所攻,就是铁勒十五部里的结骨。《唐书》称"其人皆长大,赤发,皙面,绿瞳"。则本来是白种。后来和铁勒相混,所以又说"其种杂丁令"。"其文字语言,与回鹘同。"其牙在青山,青山在剑河之西。案剑河就是谦河,见前篇第一章第四节。可汗厖驳特勒被杀。余众走天德军名,在乌剌特旗境。振武间,盗畜牧,为唐军所破。残部五千,仰食于奚,仍为黠戛斯所虏。于是漠南北无复回纥。而其余众走西域的,蔚为其地一大族,遂成现在回族分布的形势。参看下篇第三章第一节。

吐蕃却比回纥强,所以唐朝受吐蕃的害,也比回纥为烈。安史乱时,诸将皆撤兵入援。于是吐蕃乘势尽陷河西陇右之地。前一一四九年(七六三),吐蕃入寇,至便桥。在如今陕西咸阳县境。代宗奔陕州。吐蕃入长安,立广武王承宏为帝。旋以郭子仪多张疑兵以胁之,乃弃城而去。德宗初立,和吐蕃讲和,约以泾陇诸州为界。朱泚反时,吐蕃允助兵讨贼;约事定,畀以泾灵等四州。旋吐蕃军中疫作,不战而退。事平之后,却又邀赏。德宗只略酬以金帛。吐蕃缺望,又举兵为寇。兵锋直逼畿辅,诸将竟"不能得一俘"。穆宗时,其赞普达磨,"嗜酒好猎,凶愎少恩",吐蕃国势渐衰。武宗时,赞普死,无子,妃綝氏的兄子嗣立。只三岁,綝氏共治其国。别将论恐热不服,作乱。吐蕃的鄯州节度使尚婢婢,又不服论恐热,举地来降。前一〇六三年(八四九),宣宗就恢复河湟之地。明年,沙州首领张义潮等复以河西之地来归。于是唐朝复有河西陇右之地。然河湟一带,吐蕃人杂居的不少。河西也荒芜已甚。到唐朝末年,声教隔绝。河西就复为回鹘所据。陇右也入于蕃族之手。直到宋熙宁中才恢复。这是后话,且待以后再讲。

还有国不甚大,而为害却很深的,便是南诏。南诏,《唐书》说他是哀牢夷之后,其实不然。哀牢夷,在如今云南保山一带。后汉明帝时,始开其地为永昌郡。《后汉书》说他"种人皆刻画其身,象龙文",又说他"穿鼻儋耳",这明是马来人种。古代所谓粤族。南诏则系出乌蛮。乌蛮是和白蛮分别之称,亦谓之两爨。以南北朝时,中国有爨氏王其中。故乌蛮为东爨,白蛮为西爨。其众在金沙江大渡河流域,就是现在的猓猡。古代的濮族,参看第一篇第六章第五和第六节,第二篇上第四章第四节。唐时,其众分为六诏。蛮语谓王曰诏。蒙巂诏,在如今四川西昌县。越析诏,亦称磨些诏,在如今云南丽江县。浪穹诏,在如今云南洱源县。邆睒诏,在如今云南邓川县。施浪诏,在洱源县之东。蒙舍诏,在如今云南蒙化县。蒙舍诏地居最南,故亦称南诏。玄宗时,南诏的酋长波(皮)逻阁,才合六诏为一。徙治太和城。如今云南的太和县。玄宗封为云南王。天宝间,剑南节度使鲜于仲通失政。南诏酋长阁罗凤,波(皮)逻阁的儿子。北臣吐蕃。仲通讨之,大败。杨国忠调山东兵十万讨之,又大败。于是南诏北陷巂州,西昌县。兵锋及清谿关,如今四川的清谿县。西川大受其害。然而南诏从归服吐蕃之后,赋敛甚重;吐蕃每入寇,常用其兵做先锋;又夺其险要之地,筑城置戍;南诏深以为苦。当巂州陷时,西泸令郑回,为阁罗凤所获,叫他做孙儿子异牟寻的师傅。德宗时,阁罗凤死,异牟寻嗣位,以郑回为相。郑回劝他归唐。西川节度使韦皋,也遣使招他。于是异牟寻再归唐朝,和唐朝合力,击破吐蕃。前一一一〇年(八〇二),西川之患始解。文宗时,异牟寻的孙子劝利在位，又举兵为寇。攻成都，入其郛。劝利死后，子酋龙立。懿宗时，称帝，国号大礼。屡攻岭南，又陷安南都护府。在如今越南的东京。唐朝用高骈做安南都护，打败他。南诏又改攻四川，唐朝又把高骈调到四川，把他打破，南诏才不敢为寇。酋龙死后，南诏也衰，和中国就无甚交涉了。

西突厥别部，唤做处月，西突厥亡后，依北庭都护府以居。其地在金娑山之阳，蒲类海 如今新疆的巴黑坤湖。之阴，有大碛曰沙陀，因号为沙陀突厥。河西既陷，安西北庭，朝贡路绝。肃代后，常假道于回纥。回纥因之，求助无厌。沙陀深以为苦，于是密引吐蕃陷北庭。吐蕃徙沙陀于甘州。久之，回纥取凉州，吐蕃疑心沙陀和回纥交通，要徙其众于河外。黄河之南。沙陀大惧。前一一〇四年（八〇八），其酋长朱邪尽忠 朱邪二字，就是处月的异译。和其子执宜，悉众三万落归唐。吐蕃追之，且战且走。尽忠战死。执宜以余众款灵州塞。节度使范希朝以闻。诏处其众于盐州，置阴山都督府，以执宜为兵马使。其后希朝移镇河东，执宜举部随往。希朝更处其众于神武川北的黄瓜堆，在如今山西山阴县北。简其精锐，以为沙陀军。懿宗以后，屡次用他征讨，就做了沙陀入据中原的根本了。

第三节　肃代到穆宗时候的藩镇

安史败后，其所署置的诸将皆来降。唐朝用姑息政策，仍旧把原有的地方，给他做节度使。于是：

薛嵩据相卫 军名昭义，治相州，如今河南的安阳县。薛嵩死后，弟崿立，为田承嗣所并。

李宝臣据恒赵 军名成德，治恒州，如今直隶的正定县。

田承嗣据魏博 军名天雄，治魏州，如今直隶的清丰县。

李怀仙据范阳军名卢龙。怀仙为兵马使宋(朱)希彩所杀,希彩又给手下人杀掉。推朱泚为节度。朱泚入朝,以弟滔知留后。

李正己据淄青军名平卢,治青州,如今山东的益都县。

各缮甲兵,擅赋税,相约以土地传子孙。而:

山南东道梁崇义治襄州,如今湖北的襄阳县。

淮西李希烈治蔡州,如今河南的汝南县。

也和他们互通声气。

肃代两世,是专取姑息政策的。德宗立,颇思振作。前一一三一年(七八一),李宝臣死,子维岳请袭,不许。维岳就和田承嗣的侄儿子悦,及李正己,连兵拒命。梁崇义也趁势造反。德宗派河东节度使马燧,神策兵马使李晟,打破田悦。李希烈讨平梁崇义。幽州朱滔,也发兵助官军,攻破李维岳。维岳之将王武俊,杀维岳以降。事已指日可定了。而朱滔、王武俊怨赏薄,反助田悦。李希烈也反于淮西。于是弄得兵连祸结。前一一二九年(七八三),发泾原军治泾州,如今甘肃的泾川县。讨李希烈。打从京城过,兵士心上,以为必有厚赏;谁知一点没有;而且吃局又坏。军士大怒,作乱。德宗出奔奉天。如今陕西的乾县。乱军奉朱泚为主,进攻奉天。幸得浑瑊力战,河中节度治蒲州,如今山西的永济县。李怀光,也举兵入援。朱泚方才解围。德宗所用的宰相卢杞,是奸邪的。舆论都不以为然。怀光既解奉天之围,就奏参卢杞的罪恶。德宗不得已,把卢杞贬斥,然而心实不以为然。怀光一想,这件事做得冒昧了。就也索性造反,和朱泚合兵。德宗不得已,再逃到梁州。如今陕西的南郑县。这时候,真是势穷力尽了。于是用陆贽的计策,"下诏罪己"。赦了李希烈、田悦、朱滔、李纳、李正己的儿子。王武俊,专讨朱泚。总算把长安收复,河中也打平,然而山东的事情,就到底虎头蛇尾了。

德宗从奉天还京后,一味信任宦官,注意聚敛,山东的事情,自然无心再管。传了个顺宗,只做了一年皇帝,就传位于宪宗。参看第四节。宪宗即位后,倒居然暂时振作。先是田承嗣死后,传位于侄儿子田悦。承嗣的儿子田绪,杀而代之。传位于兄弟季安。季安死后,儿子怀谏幼弱,军中推裨将田兴为主,请命于朝。宪宗的宰相李绛,劝宪宗因而授之,而且厚赐其军。军士都欢欣鼓舞。于是魏、博一镇,归心朝廷。而淮西吴元济,李希烈虽蒙朝廷赦罪,旋为其手下的将陈仙奇所杀。希烈的爱将吴少诚,又杀掉陈仙奇,替希烈报仇,朝廷弗能讨。少诚死后,牙将吴少阳,杀掉他的儿子而自立。传子元济,不但不奉朝令,还要出兵寇掠。最为悖逆。平卢李师道、李纳传子师古,师古传弟师道。成德王承宗,王武俊传子士真,士真传子承宗。都和他互相勾结。宪宗发兵讨吴元济,淮西兵既精,而境内又处处筑有栅垒,难攻易守。从前一〇九八年(八一四)用兵,到前一〇九五年(八一七),还不能克。李师道屡次代元济请赦,宪宗不许。师道就派奸细,焚毁河阴转运院军储,刺杀宰相武元衡,又刺伤裴度的头。裴度仍坚主用兵,而且请自往督师。这一年十月里,唐邓节度使李愬,用降将的计策,乘雪夜袭入蔡州,执吴元济,送到京师,杀掉。明年,发诸道兵讨平李师道。卢龙节度使刘总,木以弑父自立,朱滔死,军中推刘怦为留后。传子济,济子总,弑而代之。心常不安。及是就弃官为僧。王承宗死后,他的兄弟承元,也束身归朝,肃代以后的藩镇,到此居然削平了。

然而前一〇九二年(八二〇),宪宗就死了。穆宗立,恣意声色,不问政事。宰相萧俛、段文昌,又以为天下已平,不复措意于三镇。于是朱滔的孙子朱克融,乘机再据卢龙。成德将王庭(廷)凑,魏博将史宪诚,亦各据镇以叛。朝廷发兵攻讨,多观望不进;粮饷又匮乏;就不得已罢兵。于是再失河北,"迄于唐亡,不能复取"。河北三镇的平定,倒没有满二年。

穆宗后的河北三镇:

（卢龙）朱克融　李载义　杨志诚　史元忠　陈行泰　张绛　张仲武　张直方仲武子　周䊸　张允伸　张公素　李茂勋　李可举　李全忠可举子　李匡威全忠子　李匡筹匡威弟,为李克用所破,克用代以刘仁恭。

（魏博）史宪诚　何进滔　何弘敬进滔子　何全皋(皞)弘敬子　韩允中　韩简允中子　乐彦祯　罗弘信　罗绍威弘信子

（成德）王庭(廷)凑　王元逵庭(廷)凑子　王绍鼎元逵子　王绍懿绍鼎子　王景崇绍懿兄子　王镕景崇子　张为(文)礼镕养子

第四节　宦官的专横

唐朝亡于藩镇,是人人知道的。其实藩镇之祸,还不如宦官之深。为什么呢？藩镇之中,始终抗命的,其实只有河北三镇。其余诸镇,虽也时时有抗命的事情,然而从黄巢作乱以前,显然拒命,始终不能削平的,其实没有。不过外权太重,中央政府,陷于威权不振的状态罢了。要是有有为之主,赫然发愤,原未尝不可收拾。然而从中叶之后,也未尝无有为之主,而始终不能振作,则实由于宦官把持朝局之故。宦官所以能把持朝局,又由于他握有兵权之故。所以唐朝宦官之祸,是起于玄宗,而成于德宗的。

唐初的宦官,本没有什么权柄。玄宗才叫宦官杨思勖出平蛮乱；又信任高力士,和他议论政治。于是力士"势倾朝野"。权相如李林甫、杨国忠,尚且交结他。至于太子亦"事之以兄"。然而高力士毕竟还是谨慎的。肃宗即位后,宠任李辅国。辅国因张良娣有宠,和他互相结托。后来张良娣立为皇后,又和辅国相恶。肃宗病重了,张皇后要想除掉李辅国,辅国竟勒兵弑后。代宗即位,乃阳尊辅国为尚父,而暗中遣人,把他刺杀。代宗又宠任程元振、鱼朝恩,一味蔽聪塞明，以致吐蕃入寇，兵锋已近，还没有知道，仓皇出走，几乎大不得了。然而这时候，宦官的兵权还不甚大。除掉他毕竟还容易，所以程元振、鱼朝恩，虽然威权赫奕，毕竟各伏其辜。

到德宗从奉天回来，鉴于泾原兵变时候，禁军仓卒不能召集，不愿意兵权专归武将；于是就神策、天威等军，置护军中尉、中护军等官，以宦官窦文旸（场）、霍仙鸣等为之。又置枢密使，令宦官宣传命令。宦官的势力，从此就深根柢固了。参看上篇第三章第一—第三节。顺宗即位，东宫旧臣王伾、王叔文，居翰林中用事。引用韦执谊做宰相；杜佑做度支使；韩泰、刘禹锡、柳宗元等，参与谋议；要想减削宦官的权柄。派范希朝做神策京西行营使，以收禁军的兵权。而宦官遣人告诸将，"无以兵属人"。希朝到了奉天，诸将没一个人理他。兵权收不回来，就弄得一筹莫展。于是宦官借口顺宗有病，逼着他传位于太子，是为宪宗。王叔文等一班人，都遭贬斥。这是士大夫和宦官斗争第一次失败。宪宗即位，也信任宦官吐突承璀，教他带兵去征讨。宪宗太子宁早死，承璀要立丰（沣）王恽，而宪宗以恽"母贱"，立遂王宥为太子。宪宗晚年，吃了方士的金丹，躁怒无常，为宦官陈弘志所弑。并杀掉吐突承璀和丰（沣）王恽，而立穆宗。穆宗和敬宗，都是荒淫无度的。穆宗性尤褊急，左右动辄获罪，也为宦官刘克明所弑。立宪宗子绛王悟。枢密使王守澄，又杀掉刘克明和绛王，而立文宗。文宗即位之初，就用宋申锡做宰相，和他谋诛宦官。宦官诬以谋反，文宗不得已，把宋申锡贬斥。又不次擢用李训、郑注，和他谋诛宦官。于是正陈弘志弑逆之罪，鸩杀王守澄。郑注先出镇凤翔，谋选精兵入京，送王守澄葬，乘势诛灭宦官。还没到期，李训等就先动手，诈言左金吾殿后有甘露降，派宦官去看，想趁此把他们杀掉。谁知事机泄漏，中尉仇士良、鱼弘志，就劫文宗入宫，以神策军作乱。杀掉李训和宰相王涯、贾悚，凤翔监军，也把郑注杀掉，凡监军，都是宦官。于是大权尽入宦官之手，宰相不过奉行文书而已。这是士大夫和宦官斗争第二次失败。文宗一子早死，立敬宗子成美为太子。文宗病重了，仇士良、鱼弘志矫诏立武宗为皇太弟。文宗崩后，武宗杀太子而自立。武宗还算英明。即位之后，渐次夺掉仇士良的权柄。然而武宗也没有儿子。武宗病重，中尉马元贽等定计，立宣宗为皇太叔，武宗死后即位。宣宗留心政治，唐朝人称为"小太宗"。然而也并没夺掉宦官什么权柄。宣宗长子郓王温，无宠。临朝时候，把第三个儿子夔王滋属托枢密使王归长。左军中尉王宗实，又靠着兵权迎立懿宗。懿宗也没立太子，病重时候，中尉刘行深、韩文约共立僖宗。僖宗死后，群臣要立他的长子吉王保。而观军容使杨复恭，又仗着兵权，迎立昭宗。昭宗即位之后，一心要除宦官。于是宦官倚仗着方镇之力，肆行叛逆。毕竟弄得朝臣也借助于方镇，以除宦官，这是士大夫和宦官第三次斗争，就弄得宦官灭而唐亦以亡。其事都见第五节。总而言之：中央的兵权和机务，都操在宦官手里；六七代的皇帝，都是由宦官拥立；这是历代所没有的。然而其初，不过起于君主一念之差；专制政体的危险，就在这等地方。

第五节 黄巢之乱和唐朝的灭亡

藩镇跋扈于外，宦官专权于内，唐朝的天下，自然是弄不好的了。然而还借着流寇做个引线，才弄得四海分崩。

唐朝自经安史之乱，财政困难，税法大坏，参看第二篇下第三章第五节。百姓本已苦极不堪了。懿宗时，奢侈尤甚；加以对南朝用兵，赋敛更重。于是裘甫作乱于浙东，总算旋即戡平。前一〇五二年(八六〇)。而徐、泗的兵戍守桂州的，又因及期不得代作乱。前一〇四四年(八六八)。推粮料判官庞勋为主,北陷徐、宿、滁、和等州,进攻泗州。朝廷令康承训讨之,承训奏请把沙陀兵自随,由朱邪执宜的儿子赤心,带着前去。及战,"所向无前"。居然把庞勋打平。于是赐赤心姓,名曰李国昌,用他做大同节度使。治云州,如今山西的大同县。旋又移镇振武(治旧时的单于都护府,地在阴山之南)。沙陀就得了地盘了。徐州,如今江苏的铜山县。宿州,如今安徽的宿县。桂州,如今广西的桂林县。滁州,如今安徽的滁县。和州,如今安徽的和县。泗州,如今安徽的泗县。

僖宗即位时候,还只有十二岁,一切政事,都交给宦官田令孜。这时候,山东连年饥荒,前一〇三七年(八七五),濮州人王仙芝起兵作乱。明年,冤句人黄巢聚众应之。又明年,仙芝在荆南,给招讨使曾元裕打死。黄巢收其余众,从宣州如今安徽的贵池县。入浙东。掠福建,陷广州。旋以军士多疫,还陷潭州。如今湖南的长沙县。从潭州北陷鄂州,如今湖北的武昌县。东南陷饶、如今江西的鄱阳县。信;如今江西的上饶县。仍趋宣州。由采石渡江;北陷东都,进攻潼关。这时候的神策军,都是富家子弟,贿赂宦官,窜名军籍。借此以避赋役。实际上并"不能操兵"。用以把持朝政则有余,真个要他去打仗,就不行了。于是多出金帛,雇穷人代行。也都是"不能操兵"的,如何敌得百战的流寇?于是潼关失守。田令孜早叫他的哥哥陈敬瑄田令孜是宦官的养子,本姓陈。去做西川节度使,预备危急时候,再演那玄宗幸蜀的故事了。这时候,就挟着僖宗,出奔成都。黄巢入长安,自称齐帝。前一〇三二年(八八〇)。

僖宗出奔之后,宰相郑畋、王铎,先后统诸道的兵,以讨黄巢。诸军都不肯尽力;四方藩镇,也都袖手旁观;于是不得不再用沙陀的兵。李国昌做了节度使之后,他的儿子李克用,就做沙陀兵马使,戍守蔚州。如今山西的灵丘县。蔚州的兵,杀掉防御使段文楚,推他为主,入据云州。朝廷就用李国昌做大同节度使,以为克用必不能拒敌父亲。谁知李国昌也想儿子得一个地盘,倒父子联兵反起来。给幽州节度李可举打败。父子都逃入鞑靼。见下篇第二章第一节。这时候,克用的族父李友金,替代北监军陈景思,说请赦李克用的罪,叫他来打黄巢。朝廷听了他。于是前一〇三〇年(八八二)十一月,李克用带着沙陀、鞑靼的兵一万多人南来,连战皆胜。明年四月,就把长安收复。黄巢逃出潼关,去攻蔡州。节度使秦宗权,敌他不过,就投降了他,和他一同造反。前一〇二八年(八八四),李克用又出关,把黄巢打死。于是历年的流寇,总算平定。然而李克用就做了河东节度使,沙陀竟进了中原了。

僖宗还京后,田令孜依然用事,垂涎着解州、安邑,两个盐池的利益,想把河中节度使王重荣,移到山东。重荣不肯。令孜就结合邠宁治邠州,如今陕西的邠县。朱玫、凤翔治岐州,如今陕西的凤翔县。李昌符去攻他。谁知王重荣是李克用的亲戚,克用发兵来救,朱玫、李昌符大败。就反和李克用合兵,杀进京城。僖宗逃到凤翔,又逃到兴元。如今陕西的南郑县。后来李克用、王重荣,又愿意归顺朝廷,李昌符也和朱玫不合,三人合力,把朱玫攻杀,僖宗才算回京。田令孜逃到西川靠陈敬瑄。

前一〇二四年(八八八),僖宗死了,杨复恭拥立昭宗。昭宗颇为英明。这时候,李克用攻杀昭义军节度使孟方立。昭义军,治邢州,如今直隶的邢台县。并邢、洺、如今直隶的永年县。磁如今直隶的磁县。三州。又北取云州。朱全忠和河北三镇,都请出兵攻他。昭宗想借此除掉李克用,也就出兵征讨。谁知道全忠和三镇的兵都不出,官军被克用杀得大败。只得把宰相崔(张)濬贬谪,和他讲和。僖宗回京之后,李昌符又作乱,遣李茂贞讨平之。就以茂贞为凤翔节度使。昭宗不要杨复恭带禁军,叫他去做凤翔监军。复恭走到兴元,造反。茂贞又讨平之。于是骄恣得了不得。前一〇二〇年(八九二),昭宗发禁兵讨李茂贞,茂贞和邠宁节度使王行瑜,合兵拒命。把官军杀得大败。只得把事情都推在宰相杜让能身上,把他杀掉,和他们讲和,于是朝廷一举一动,都为行瑜、茂贞所制。还有镇国军_{治华州,}如今陕西的华县。韩建,也和他俩结为一党。前一〇一七年(八九五),三人一同入朝,竟把宰相韦昭度、李磎(磎)杀掉。听得李克用要举兵来讨,才各自还镇。而李茂贞的干儿子李继鹏,做了右军指挥使,又举兵作乱。昭宗逃到石门。_{镇名,在如今陕西的蓝田县。}幸得李克用举兵,讨斩王行瑜,昭宗才得回京。前一〇一六年(八九六),昭宗置殿后四军,派诸王统带。李茂贞本是和宦官一气的,就举兵犯阙。昭宗逃到华州。韩建也和宦官结连,把诸王一齐杀掉。李克用又派兵入援,才把昭宗送还。昭宗回京后,仍和宰相崔胤,谋诛宦官。前一〇一二年(九〇〇),中尉刘继述,就把昭宗囚了起来,_{立太子裕为帝。}崔胤密结神策指挥使孙德昭,杀掉刘继述,奉昭宗复位。然而兵权毕竟还在宦官之手,于是乎不得不借助于朱全忠。

朱全忠,本名温,华州人。是黄巢手下的降将。唐朝用他做宣武节度使。_{治汴州,如今河南的开封县。}这时候,黄巢虽灭,而秦宗权又强。如今的河南山东,给他剽掠得几乎没一片干净土。屡次发兵攻击朱全忠,全忠居围城之中,四无应援,而"勇气弥厉"。后来到底把秦宗权灭掉。又东灭朱瑄、朱瑾,_{朱瑄据兖州(如今山东的南阳县),军名泰宁。朱瑾据郓州(如今山东的东阿县),军名天平。}南并时溥,_{据徐州。}北服河北三镇。西并河中,取义武,_{治定州,如今直隶的定县。}夺据邢、洺、磁三州。连年攻围太原。李克用也弄得自顾不暇。北方的形势,就推全忠独强了。

崔胤要谋诛宦官,宦官挟李茂贞以自重;崔胤就密召朱全忠的兵。前一〇一一年(九〇一),宦官韩全海等,见事机已急,就劫昭宗走凤翔。这时候,韩建已降顺了朱全忠。前一〇一〇年(九〇二),

朱全忠进兵围凤翔。明年,李茂贞抵敌不住,杀掉韩全海等,把昭宗送到朱全忠营里。于是大杀宦官。回京城后,又杀掉八百多人。前一〇〇八年(九〇四),朱全忠把昭宗迁到洛阳。就是这一年,把昭宗弑杀,立了昭宣帝。前一〇〇五年(九〇七),就禅位于梁。

这时候,方镇割据的,便有:

淮南杨行密唐朝的庐州刺史。前一〇二六年(八八六),淮南节度使高骈,给他手下的将毕师铎囚了起来。招宣州观察使秦彦到扬州,把高骈杀掉。行密讨诛秦彦和毕师铎,据了广陵。旋秦宗权的将孙儒来攻,兵力甚厚。行密不能抵御,逃回庐州,又逃到宣州。孙儒发大兵把他围起。幸得孙儒军中大疫,行密趁此把他击斩。仍据广陵,尽有淮南之地。行密死后,子渥,又尽取江西。

两浙钱镠唐朝的杭州刺史。昭宗时,越州观察使董昌造反,钱镠讨灭他。前一〇一六年(八九六),就做了镇海镇东两节度,尽有浙东西之地。

湖南马殷孙儒的裨将。孙儒死后,和刘建锋逃到湖南,攻陷潭州。前一〇一七年(八九五),刘建锋给手下的人杀掉,推马殷为主,尽据湖南地方。

福建王审知固始县人,哥哥王潮,做本县的县佐。寿州人王绪造反,攻破固始,用王潮做军正。这时候,秦宗权方强,问王绪要租税。王绪就带兵渡江,南入福建,据了汀(如今福建的长汀县)、漳(如今福建的龙谿县)两郡。王绪暴虐,给手下人杀掉,推潮为主。进据泉州(如今福建的晋江县)。前一〇一九年(八九三),福建观察使陈岩死了,王潮就进据福州。前一〇一五年(八九七),王潮死后,王审知接续下去。

岭南刘岩刘岩的哥哥刘隐,前一〇〇七年(九〇五),做唐朝的岭南节度使。刘隐死后,刘岩接续下去。

剑南王建王建是田令孜的养子,本来在神策军里。僖宗入蜀之后,田令孜用他做利州刺史(如今四川的广元县)。后来和田令孜、陈敬瑄翻脸,前一〇一九年(八九三),把成都攻破,敬瑄和令孜都被杀。前一〇一五年(八九七),又攻杀东川节度使顾彦晖,就尽并两川之地。

还有个虎踞河东的李克用。就变做五代十国之世了。

第三章　五代的兴亡和契丹的侵入

第一节　梁唐晋的争夺

从来读史的人,有一个谬论。就是说:"唐朝有藩镇,所以兵强;宋朝削除藩镇,国内虽然治安,然而兵就弱了,就有辽金元之祸。"这句话,全是误谬了的。宋朝的事情,且待慢慢再说。唐朝的强,是在开元以前,这时候,何尝有什么藩镇? 天宝以后,藩镇遍地都是了。然而请看上章第二节所说,唐朝的对外如何? 岂但如此,就连一个小小的沙陀,也抵当不住,听他纵横中原;到后来并且连契丹都引进来。

军事是贵乎严肃的,贵乎能统一的;所以对外能战胜的兵,对内必然能服从命令;骄蹇不用命的兵,对外必不能一战。唐朝就是如此:中叶以后的藩镇,可谓大多数不听朝廷的命令了。然而打一个区区的草寇,还是不济事,还得仰仗沙陀兵。所以李克用一进中原,兵力就"莫强于天下"。然而李克用也不过是一个普通的北族,并不是有什么雄才大略的;所靠的就不过是兵力。所以兵力虽强,依然无济于事;到后来,居然"天下之势,归朱温者十七八"。然而沙陀这个种族,毕竟还有些朝气;唐朝这一班军阀,却早成了暮气了。朱温虽是个英雄,既包围在这种空气里,自然不免受些影响。所以朱温死后，儿子毫无用处，竟给李存勖灭掉。这话是怎么说？大凡在草泽英雄里，要出个脚色容易；在骄横的军阀里，要出一个脚色难。因为草泽英雄，是毫无凭借的，才情容易磨练得出；军阀却是骄奢淫佚惯了的，他那个社会中，自然出不出人才来。

梁太祖篡唐之后，前一〇〇〇年（九一二），给次子友珪所弑。弟三子友贞，讨杀之而自立，是为末帝。先是前一〇〇四年（九〇八），李克用死了，儿子存勖继立。李克用晚年，也有点暮气；存勖却是"新发于硎"。于是河北三镇及义武，皆为存勖所服。李克用死的一年，魏博罗绍威也死了。梁兵便乘机袭取赵州，进攻镇州。成德王镕，和义武王处直联盟，求救于晋。李存勖为之出兵，败梁兵于柏乡（如今直隶的柏乡县）。幽州刘仁恭，为其子守光所囚。李存勖攻之，梁人救之，不胜。梁太祖既死，晋人乘机入幽州，把刘守光杀掉。前九九七年（九一五），梁人所派的魏博节度使杨师厚死了。梁人想趁势把天雄军分为两镇。军人作乱，迎接李存勖，于是魏博也入于晋。梁末帝性柔懦，更不是李存勖的对手。尝发兵攻魏州，又想出奇兵袭晋阳，都不成功。晋人却袭取梁的杨刘镇，在如今山东东阿县境。筑了德胜南北两城。就在东阿境内。梁人就只得"决河自固"。前九八九年（九二三），李嗣源袭取郓州。如今的东阿县。梁朝的形势，更为紧急。梁末帝派勇将王彦章去攻郓州，又给李存勖杀掉。这时候，梁国的重兵，都在河外。李存勖用李嗣源的计策，发兵直袭大梁。梁末帝无法，只得图个自尽；于是梁朝灭亡。

李存勖以前九八九年（九二三），自称皇帝，国号也叫做唐，是为后唐庄宗。灭梁之后，迁都洛阳。庄宗既是个沙陀，又是个军阀，干得出甚么好事情？灭梁之后，自然就志得意满起来。宠任伶人宦官；不问政事，赏赐无度——五代十国，原算不得什么国家，不过是唐朝藩镇的变相。唐朝的藩镇，节度使的废立，是操在军士手里的；这时候，虽然名目变做皇帝，实际上自然还脱不了这种样子。庄宗把方镇上供的钱，都入之内府，以供私用；州县上供的钱，才拨入外府，以供国家的经费。内府"金帛山积"，而外府竭蹶异常。南郊祭天。赏赐不足，军士就都有怨心；军士心变，军阀的命运就倒了。

前九八七年（九二五），庄宗派宰相郭崇韬，带了他的儿子魏王继岌伐蜀。这魏王，是刘皇后所生。刘皇后本是庄宗的妃子，郭崇韬为他有宠，劝庄宗立为皇后，希冀他见自己的情，宫里可以得一个强援。谁知道刘后反听宦官的话？王建的儿子王衍，是很荒淫的。郭崇韬的兵一到，自然马到成功。然而川中盗贼大起，一时未能还兵。就有宦官对刘皇后说：郭崇韬起了异心，恐于魏王不利。刘皇后大惧。忙告诉庄宗，请他把郭崇韬杀掉。庄宗不听。刘皇后就自己下了一条"教"给魏王，叫他杀掉郭崇韬。中外的人，都莫名其妙，于是谣言四起。就在这谣言四起的时候：魏博的兵戍瓦桥关在如今直隶的雄县。而归的，就据着邺都作乱。庄宗派李嗣源去打。李嗣源的兵也变了，劫着李嗣源，把他送进邺城里。李嗣源想条计策，撒了一句谎，邺城里的叛兵，才再放他出来。李嗣源的女婿石敬瑭说：哼！这种糊涂的皇帝；你给手下的兵，劫进叛兵城里，再出来，还想没有罪么？不如索性反罢。李嗣源一想，不错，就派石敬瑭做先锋，直趋洛阳。庄宗想要拒他，手下的兵，没一个用命，就给伶人郭从谦所弑。于是李嗣源即位，是为明宗。

明宗也是沙陀人，是李克用的养子。这个人在军阀里，却比较的算安分些。在位八年，总算没十分荒谬的事情。前九七九年（九三三），明宗死了。养子从厚立，是为闵帝。这时候，明宗的养子从珂镇凤翔，石敬瑭镇河东。闵帝想把他俩调动，从珂就举兵反。闵帝派五节度的兵去打他，都非降即溃。派自己的卫兵去迎敌，到陕州，如今河南的陕县。又迎降。于是闵帝逃到卫州，如今河南的汲县。

被杀。从珂即位,是为废帝。废帝既立,又要把石敬瑭移到天平,石敬瑭也就造反,于是契丹来了。

第二节　契丹的兴起和侵入中国

契丹的祖宗,就是鲜卑宇文氏,已见第二篇中第三章第四节。这一种人,自为慕容氏所破,窜居如今的热河道境。后魏道武帝,又把他打败。于是"东西分背"。西为奚,东为契丹。奚人居土护真河流域,如今的英金河。盛夏徙保冷陉山。在妫州西北。契丹人居潢河之西,如今的西剌木伦。土河之北。如今的老哈河。奚众分为五部,契丹则分为八部。

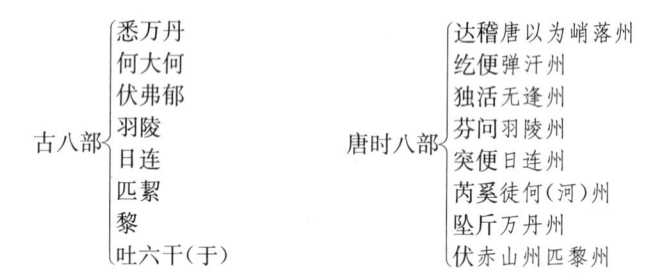

古八部	唐时八部
悉万丹	达稽唐以为峭落州
何大何	纥便弹汗州
伏弗郁	独活无逢州
羽陵	芬问羽陵州
日连	突便日连州
匹絜	芮奚徒何(河)州
黎	坠斤万丹州
吐六于(于)	伏赤山州匹黎州

按契丹的部名,见于《魏书》的,《辽史》谓之古八部。其后尝为蠕蠕及高丽所破,部落离散。隋时,才复依托纥臣水而居,即土护真河。分为十部,逸其名。唐时,复分为八部。《辽史》说:这八部,"非复古八部矣"。然而据唐朝的羁縻州名看起来;则芬问就是羽陵,突便就是日连,芮奚就是何大何,坠斤就是悉万丹,伏就是匹絜;其余三部,虽不能断定他和元魏时何部相当,然而八部却实在没有变。《辽史》的话,是错误了的。

契丹盛强之机,起于唐初。唐太宗时,契丹酋长窟哥内附。太宗把他的地方,置松漠都督府,就以窟哥为都督,赐姓李。别部大酋辱纥主也来降,以其地为玄州。八部也各置羁縻州。这时候,奚人亦内附,以其地为饶乐都督府。两都督府,共隶营州。如今热河道的朝阳县。武后时,窟哥的后人李尽忠,和归城(诚)州刺史孙万荣这是契丹的另一部。其酋长孙敖曹,以高祖武德四年来降。安置之于营州城旁,即以其地为归城(诚)州,万荣是敖曹的孙子。同反。武后发几十万大兵,都不能讨定。到底靠突厥默啜,袭破尽忠之众。这时候尽忠已死。又借助于奚兵,才把万荣打平。契丹势力的不可侮,于此已见。然而经这次大创以后,契丹也就中衰,附于突厥。前一一九八年(七一四),玄宗开元二年。尽忠的从父弟失活才来降。于是奚酋李大酺,也叛突厥来归。唐朝就再置松漠饶乐两都督府,各妻以公主。前一一九四年(七一八),失活死,从父弟娑固袭爵。为牙将可突干所攻,逃奔营州。营州都督许钦澹,为他发兵,并且发李大酺的兵,去攻可突干,大败,娑固及李大酺都被杀。于是奚衰而契丹独强。可突干立娑固的从父弟郁干。前一一九〇年(七二二),郁干死,弟吐干袭。又和可突干不协。前一一八七年(七二五),来奔。国人立其弟邵固。前一一八二年(七三〇),为可突干所弑。一一七八年(七三四),幽州长史张守珪,结契丹部长过折,过折斩可突干来降。即以为松漠都督,旋为可突干余党泥礼所弑。

辽太祖先世世系:据《辽史·太祖本纪赞》。

雅里——毗牒——颏领——肃祖耨里思——懿祖萨剌德——玄祖匀德实——德祖撒剌的——太祖阿保机《辽史·耶律曷鲁传》:曷鲁对奚人说:"汉人杀我祖奚首,夷离堇。"这奚祖夷离堇,也是太祖的先世。我疑心就是可突干。

遥辇氏九可汗:见《辽史·百官志》。

津(注)可汗　阻午可汗　胡剌可汗　苏可汗　鲜(鲜)质可汗　昭古可汗　耶澜可汗　巴剌可汗　痕德堇可汗

雅里就是泥礼。亦作涅里。当时推戴他的人很多，见《耶律曷鲁传》。"让不有国"，而立迪辇阻（组）里。《辽史》说就是阻午可汗。唐朝赐姓名曰李怀秀，拜松漠都督。前一一六七年（七四五），天宝四年。杀公主叛去。更封其酋李楷落以代之。安史乱后，契丹服于回纥。前一〇七〇年（八四二），武宗会昌二年。可汗屈戍《辽史》说就是耶澜可汗。才来降。咸通中，懿宗年号，前一〇五二年至前一〇三九年（八七三）。可汗习尔，曾两次进贡。《辽史》说就是巴刺可汗。前一〇一一年（九〇一），昭宗天复元年。钦德立为可汗，是为遥辇氏的末主痕德堇可汗。

《辽史·地理志》说：辽之先世，是"有神人，乘白马，自马盂（孟）山浮土河而东；有天女，驾青牛，由平地松林泛潢河而下；至木叶山，二水合流，相遇，为配偶。生八子；其后族属渐盛，分为八部"。木叶山，辽属永州，在如今热河道赤峰县东北境。我颇疑契丹所谓八部，就是八子之后，而《辽史》所谓"皇族"、"国舅"，却出于八部之外，皇族是代表乘白马的神人，国舅是代表乘青牛的天女。所以隋时其众分为十部，而唐时松漠、玄州，亦在八部之外。皇族是大贺氏、遥辇氏、世里氏，是为三耶律。国舅是乙室已氏、拔里氏，是为二审密。大贺氏之衰，八部仅存其五。雅里就把这五部再分为八；《五代史》载契丹八部是：旦利皆、乙室活、（实）活、纳尾、频没、纳会鸡、集能（解）、奚嗢。又析三耶律为七，二审密为五；共二十部。三耶律的分，大贺、遥辇，共析为六，而世里氏仍合为一，谓之迭刺部。所以其实力最强。遥辇氏做可汗的时候，实权仍在迭刺部手里。

契丹太祖之兴，据《五代史》说：契丹"部之长号大人。常推一大人，建旗鼓以统八部。至其岁久，或其国有疾疫而畜牧衰，则八部聚议，以旗鼓立其次而代之；被代者以为约本如此，不敢争。某部大人遥辇次立。案这是误以氏族为人名。时刘仁恭据有幽州，数出兵摘星岭攻之。每岁秋霜落，则烧其野草。契丹马多饥死。即以良马赂仁恭，求市牧地；请听盟约；甚谨。八部之人，以为遥辇不任事，选于其众，以阿保机代之。……是时刘守光暴虐，幽涿之人，多亡入契丹；阿保机又间入塞，攻陷城邑，俘其人民；依唐州县，置城以居之。汉人教阿保机曰：中国之王，无代立者。由是阿保机益以威制诸部而不肯代。其立九年，诸部以其久不代，共责诮之，阿保机不得已，传其旗鼓。而谓诸部曰：吾立九年，所得汉人多矣，吾欲自为一部，以治汉城，在如今热河道围场县西南。可乎？诸部许之。……使人告诸部大人曰：我有盐池，诸部所食。然诸部知食盐之利，而不知盐有主人，可乎？当来犒我。诸部……共以牛酒会盐池。阿保机伏兵……尽杀诸部大人，遂立不复代"。据《辽史》则太祖是做本部夷离堇，升为大迭烈府夷离堇，再进为于越；痕德堇可汗死，然后即位的。我颇疑所谓建旗鼓以统八部，就是夷离堇之职。至于共主，则自在八部之外，但看唐时松漠玄州，在八部之外可知。大贺、遥辇两氏的可汗，相承具有世次，断不得仅有八部公推的大人。迭刺部、夷离堇，就是后来的北南二大王院，总统部族军民之政，是很有实权的。居了此职，所以可图篡。太祖以前，这一职，或须由诸部公推。所以大贺、遥辇两氏，虽无实权，世里氏还迟迟不能图篡。

　　太祖的代痕德堇而立，事在前一〇〇六年（九〇六）。《辽史》以明年为太祖元年。当时既能招用汉人，又尽服北方诸部族。契丹所征服的部族甚多，具见《辽史·属国表》——此外还有散见于《本纪》中的。其最有关系的，就是渤海（见第五章第一节）、黠戛斯（征服黠戛斯，则可见契丹的声威，已到漠北）、党项、沙陀、鞑靼（这三种人，在今山陕之北。党项，见第二篇下第二章第三节。自为吐蕃所破，跟吐谷浑同逃到中国的北边。鞑靼，见下篇第二章第一节）、回鹘、吐蕃（这是在河西的回鹘，陇右的吐蕃）等等。于是契丹疆域："东至海；西至金山，阿尔泰山。暨于流沙，甘肃新疆的沙漠。北至胪朐河；克鲁伦河。南至白沟。"这是取燕云十六州以后的事。以上几句话，据

《辽史·地理志》。就做了北方一个大国了。前此北族的得势,不过一时强盛,总还不脱游牧种人的样子。独有契丹,则附塞已久,沐浴汉人的文化颇深;而且世里氏之兴,招用汉人,也是其中一个原因;所以他的情形,又和前此北族,稍有不同。自李大酺死后,奚人就弱,而契丹独强。终唐之世,契丹人崛强,而奚人常服从。契丹太祖绝后,奚人才服属契丹。后来又一部叛去,依妫州北山射猎,到太宗时才服契丹。

契丹太祖,起初和李克用约为兄弟,后来又结好于梁,所以李克用很恨他。后唐庄宗时,契丹屡次入寇。这时候,周德威守幽州,弃渝关_{如今的山海关。}之险,契丹就入据平州,_{如今直隶的卢龙县。}然而和后唐战,总不甚得志。前九八六年(九二六),契丹太祖死,次子德光立,是为太宗。立十年,而石敬瑭来求救。

石敬瑭造反之后,废帝派张敬达去攻他。石敬瑭便去求救于契丹。许赂以卢龙一道,及雁门关以北之地。部将刘知远_{后汉高祖。}说:契丹是没有大志的,就要借他的兵,只宜许以金帛;不可为一时之计,遗将来的大患。敬瑭不听。契丹太宗听得石敬瑭求救,便自带大兵南下。把张敬达围了起来。废帝派幽州节度使赵德钧去救,德钧又怀挟异志,投降契丹。于是契丹太宗册石敬瑭为晋帝。挟之南下,打败后唐的兵。废帝自焚死。晋高祖入洛,就割幽、_{如今的京兆。}蓟、_{如今京兆的蓟县。}瀛、_{如今直隶的河间县。}莫、_{如今直隶的肃宁县。}涿、_{如今京兆的涿县。}檀、_{如今京兆的密云县。}顺、_{如今京兆的顺义县。}新、_{如今直隶的涿鹿县。}妫、_{如今直隶的怀来县。}儒、_{如今直隶的延庆县。}武、_{如今直隶的宣化县。}云、_{如今山西的大同县。}应、_{如今山西的应县。}寰、_{如今山西的马邑县。}朔、_{如今山西朔县的西北。}蔚_{如今山西的朔县。}十六州,送给契丹。从此以后,中国的形势,就如负疽在背了。《辽史·兵志》:"每南伐,点兵多在幽州北千里鸳鸯泊。……皇帝亲征,至幽州……分兵为三道……至宋北京,三路兵皆会……大抵出兵不过九月,还师不过十二月。若帝不亲征,则以重臣统率往还,进以九月,退以十月。……若春以正月,秋以九月,则不命都统,只遣骑兵六万,于界外三百里内,耗荡生聚,不令稳(种)养而已。"观此,则辽人之侵宋,殆视为每岁当然之事。宋朝北边的所以凋弊,实由于此。而其所以然,则全由于幽州割让,北边无险可守(河东虽割云州,仍有雁门内险。受害便不甚深)。所以《辽史》说,"宋惟太宗征北汉,辽不能救。余多败衄。纵有所得,亦不偿失。良由石晋献土,中国失五关故也"。可见燕云十六州的割让,于中国关系极大。这种内争的武人,真是罪大恶极。

然而石晋自身,也就深受其害。当石晋高祖时候,事契丹甚谨,内外诸臣,也有许多不忿的。高祖深知国力疲敝,不能和契丹开衅,始终十分隐忍。前九七〇年(九四二),石晋高祖卒,兄子重贵立,是为出帝,出帝的立,侍卫景延广,颇有功劳。于是用他和高祖旧臣桑维翰,同做宰相。景延广这个人,是很冒昧的。立刻就罢对辽称臣之礼,对于辽人交涉,一味强硬。于是兵衅遂开,战争连年,虽亦互有胜负,然而这时候,国力既已疲敝,诸藩镇又各挟异心,到底难于支持。前九六六年(九四六),晋将杜重威,叛降契丹。契丹兵就入大梁,把出帝捉去。晋高祖入洛的明年,迁都于汴。

明年,契丹太宗入大梁。然而这时候,辽人全不知治中国之法。一味想搜括中国的钱财,搬到本国去。于是派使者分路出去"括措财帛"。又用子弟亲信做诸州节度刺史,也全是外行,用了一班汉奸,做出许多荒谬的事情。又辽国的兵制,有一种"打草谷军",是军行时,专出去剽掠的。既入中国之后,依然行用此法。于是叛者蜂起。契丹太宗没法,只得北还,行至滦城_{如今直隶的滦县}。而死。先是契丹太祖的长子,名倍,太宗是次子。太祖后述律氏,喜欢太宗。于是灭掉渤海之后,封倍为人皇王,_{太祖号天皇,述律氏号地皇后}。以镇其地。人皇王逃奔后唐,_{废帝死时,把他杀掉}。于是太宗袭位。述律后第三个儿子唤做李胡,最为横暴。太宗死后,辽人怕述律后又要立他,就军中推戴世宗。述律后怒,叫李胡发兵拒战,兵败,乃和世宗讲和。后来述律后和李胡,又有异谋。世宗幽后于木叶山,把李胡囚在祖州(在如今热河道林西县境)。事情才算了结。

后汉高祖刘知远,也是沙陀人。石晋高祖南下,派他留守太原。契丹攻晋时,他按兵守境,好像是守中立的样子。辽太宗北还后,才在太原称帝。太宗死后,乃发兵入大梁。诸镇降辽的,都复来归。辽世宗因国内有难,无暇顾及南边,于是中国又算恢复。

第三节　周世宗的强盛和宋朝的统一

后汉高祖入大梁后,明年,就死了。子隐帝立。前九六四年(九四八)。高祖旧臣杨邠、总机政。郭威、主征伐。史弘肇、典宿卫。王章管财赋。分掌国事。隐帝厌为所制。前九六二年(九五〇),把杨邠、史弘肇、王章都杀掉。郭威方统兵防辽,隐帝又要杀掉他。郭威还兵,把隐帝攻杀。高祖的兄弟刘崇,留守太原。本和郭威不协。这时候,郭威扬言要迎立他的儿子。名赟。刘崇就按兵不动。郭威旋出军御辽,至澶州,如今直隶的濮阳县。为军士所拥立,还大梁。是为后周太祖。差人把刘崇的儿子杀掉。于是刘崇称帝于太原,是为北汉。遣使称侄于辽,世宗册之为帝。更名旻。

前九五八年(九五四),周太祖卒,养子世宗立。北汉乘丧,借辽兵来伐,世宗大败之于高平。如今山西的高平县。世宗是个奋发有为的人,于是富国强兵,立下了一个安内攘外的计画。就做了宋朝统一事业的根本。

五代时候的禁卫军,原是唐朝藩镇的兵;这种兵,用以胁制主将则有余,真个要他见仗则不足,我前面已经说过了。后唐庄宗、闵帝、废帝的相继败亡,也未必不由于此。周世宗从高平打仗回来,才深知其弊。于是大加简汰;又在诸州招募勇壮,以补其阙;同时又减裁冗费,整顿政治;于是国富兵强了。

这时候,辽世宗已死,穆宗继立。前九六一年(九五一)。沉湎于酒,不恤国事,国势中衰。然而北汉、南唐、后蜀等,还想凭借其力,以震动中原。北汉本是靠辽立国的,南唐、后蜀,也特差使臣,和辽通问。周世宗要想伐辽,就不得不先用兵于南唐、后蜀。

南唐李昪,是篡吴得国的。吴当杨渥时,兵权尽入于牙将张颢、徐温之手。前一〇〇四年(九〇八),颢、温共弑渥,而立其弟隆演。温又杀颢。于是大权尽归于温。温出镇升州(如今江苏的江宁县),留子知训在江都辅政。为副都统朱瑾所杀。温养子知诰戡定其乱。代知训辅政。徐温死后,大权就归于知诰。前九七五年(九三七),隆演的弟溥,禅位于知诰。复姓李,更名昪。国号叫作唐。**传子李璟**,文弱不能有为,国势实弱。然南唐土地本大;李璟又乘闽楚之衰,把他吞并;闽王审知,传子延翰,为弟延钧所弑。延钧袭位,更名璘。自以国小地僻,常谨事四邻。颇为安稳。前九七七年(九三五),璘为其下所弑。子继鹏立,改名昶。前九七五年(九三七),又遇弑。审知少子延曦立,延曦的兄弟建州刺史延政,和他相攻。前九六八年(九四四),延曦为其下所弑,延政即位,还没有迁到福州。明年,给唐兵围起来,灭掉。马殷传子希声。希声传弟希范。湖南多产金银,又有茶利,国颇殷富。希范奢侈无度,重加赋税,才弄得民穷财尽。前九六〇年(九五二),希范卒,弟希广立。庶兄希萼守朗州(如今湖南的武陵县)。以年长不得立,怨望。庶弟希崇,又和他合谋。于是希萼入潭州,把希广杀掉。自立。又为希崇所囚,希崇把他安置在衡山(如今湖南的衡山县)。又有人奉以举事。崇惧,请兵于唐。前九六一年(九五一),唐兵入潭州,希崇降。于是颇有自负的意思。**后蜀主孟昶,也是昏愚而狂妄的。** 后蜀孟知祥,是后唐的西川节度使。明宗末年,安重诲为相,和东川节度董璋不协。璋举兵反,明宗使石敬瑭讨之。知祥和董璋并力,敬瑭不能克,罢兵。前九八一年(九三一),知祥攻杀董璋,兼有两川之地。前九七四年(九三八),知祥卒,子昶继立。**都想交结契丹,以图中原**,前九五六年(九五六），周世宗遣兵伐蜀，取阶、如今甘肃的武都县。成、如今甘肃的成县。秦如今甘肃的天水县。三州。明年，自将伐唐，屡破其兵。尽取江北之地。前九五四年（九五八），遣舟师入江。唐人只得割江北请和。称臣于周，奉其正朔。

前九五三年（九五九），周世宗自将伐辽，取瀛、莫、易三州，置雄、如今直隶的雄县。霸如今直隶的文安县。二州，自此中国和契丹，以瓦桥关为界。遂趋幽州。辽将萧思温不能抗。请救于穆宗，穆宗沉湎于酒，又不时应。幽州大震。不幸世宗有病，只得班师。不多时，世宗死了。儿子梁王宗训立，是为恭帝。还只七岁。未几，就有陈桥驿在如今河南开封县东北。兵变的事情。

宋太祖赵匡胤，本是后周太祖、世宗两代的将，屡立战功。这一次事情，是和后周太宗的篡汉，如出一辙的。大约竟是抄老文章。大凡人心看惯了一件事，很容易模仿，所以"恶例不可轻开"。当时传言辽人入寇，太祖带兵去防他，走得不多路，就给军士所拥戴了。太祖既袭周世宗富强之余；而这时候，割据诸国又没一国振作的，统一的事情，自然容易措手。前九四九年（九六三），先平定了湖南和荆南。马希萼时，朗州将王逵、周行逢，据州以叛。推辰州刺史刘言为主。南唐破潭州后，不久，仍为王逵等所得，受命于后周。后来王逵攻杀刘言，又为裨将潘叔嗣所杀。周行逢讨诛叔嗣，平定湖南。前九五〇年（九六二），行逢卒，子保权年幼。行逢遗命，说衡州刺史张文表，一定要造反。若不能敌，可请命于朝。明年，文表果然袭取潭州，将攻朗州。朗州人就到宋朝请救。南平高继（季）兴，本梁将。前一〇〇七年（九〇五），梁太祖用他做荆南节度使，有荆、归、峡三州。后唐庄宗灭梁，继（季）兴入朝，唐封为南平王。继（季）兴见庄宗政乱，知道不能久存。还镇后，遂谋自保之策。从此南平在实际上，就自立为一国。继（季）兴传子从晦（诲），从晦（诲）传子保融，保融传弟保勖，保勖又传保融子继冲，凡五世。宋朝派慕容延钊、李处耘去救朗州，就假道于南平，把他袭灭。南平灭时，张文表已给朗州将杨师璠打平。而宋朝仍进兵不已，到底直逼朗州，把保权擒获。前九四七年(九六五),灭后蜀。孟昶降。前九四三年(九六九),平南汉。南汉刘岩死后,弟龑继立,极其侈虐。龑传子玢,玢传弟晟,皆耽于游宴,政治愈坏。晟传子鋹更为昏暴,而屡侵宋边,遂为宋所灭。前九三七年(九七五),灭南唐。南唐事中国最谨。前九五一年(九六一),李璟卒,子煜立。宋以"征其入朝不至"为名,前九三八年(九七四),派曹彬去伐他。明年,十一月,把他灭掉。九三四年(九七八),吴越王钱俶遂纳土。钱镠传子元瓘,元瓘传子佐,佐传弟倧,倧传弟俶,凡五世。只有北汉,倚恃辽援,宋朝攻他几次,未能得志。太祖和赵普,也因北汉捍御西北两面,北指契丹,西则当时甘肃地方亦在化外。所以姑置为缓图。到前九三三年(九七九),太宗太平兴国四年。天下已定,太宗便大举伐北汉,分兵败辽援兵。于是北汉也灭掉。唐中叶后的分裂,到此才算统一。

宋朝的太祖、太宗,都可以算能祖述周世宗的人物。但是彼此的政策,似乎有一异点。周世宗之意,似乎是想先破辽,恢复幽州的。对于以后,作何策画,无从揣测。伐后蜀,伐南唐,不过是除掉后患,以便并力向前的意思。宋太祖、太宗,却是先平定内难,然后从事于辽。大约是"先其易者"的意思,原也不失为一种政策。但是辽当穆宗在位,实在是有隙可乘的时候。景宗初年,南边也未能布置得完密。穆宗死于前九四三年(九六九)。已在太祖代周之后十年。此时努力进取,颇较后来为容易。失此机会,颇为可惜。

还有宋太祖和太宗的继承,这件事,也是所以结五代之局的。据《宋史》说:太祖母杜太后死时,太祖和赵普,都在榻前受遗命。太后问太祖:"汝知所以得天下乎?"太祖说:"皆祖考及太后之余荫也。"太后说:"不然。正由周氏使幼儿主天下尔。汝百岁后,当传位汝弟。"云云。太祖顿首受教。于是太后叫赵普,把这件事笔记起来,藏之金匮。太宗在太祖时,是做开封尹的。即位之后,就以秦王廷美为开封尹。征辽之役,德昭也从行。有一次,军中夜惊,失掉太宗所在,有人谋拥立德昭。太宗知之,不悦。失利而归,并太原之赏,也阁置不行。德昭为言。太宗怒曰:"待汝自为之,未晚也。"德昭退而自刎。前九三一年(九八一),太平兴国六年。秦康惠王亦卒。太祖四个儿子,都没有了。又有人告秦王骄恣,将有阴谋。乃罢其开封尹,以为西京留守。时赵普和卢多逊,互相排挤。赵普失掉相位。就上疏自陈预闻顾命的事情;太宗又发见了金匮的誓书;于是再相赵普。把卢多逊和廷美两人,罗织成狱。多逊窜死崖州。如今广东的崖县。廷美房州安置,忧悸而死。太宗就传位于自己的儿子了。这许多话,自然不是这件事情的真相。"斧声烛影"等说,出于李焘《长篇(编)》。也是"齐东野人"之谈。我说太祖篡周,太宗原是与闻其事的。当时一定早有"兄终弟及"的成约。杜太后遗命等话,都是子虚乌有的。这件事,也不过结五代"置君如弈棋"的局罢了。

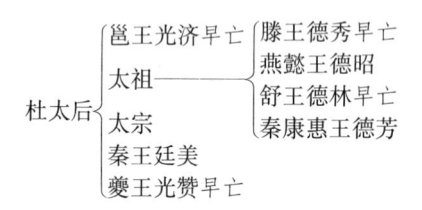

```
                 ┌邕王光济早亡
                 │          ┌滕王德秀早亡
                 │太祖──────┤燕懿王德昭
杜太后───────────┤          │舒王德林早亡
                 │          └秦康惠王德芳
                 │太宗
                 │秦王廷美
                 └夔王光赞早亡
```

五代系图 十国已见前。后唐、石晋、后汉都是沙陀人。

(梁)(一)太祖朱晃 ─ (二)末帝友贞

(唐)李克用 ┬ (一)庄宗存勖
           └ (二)明宗亶养子 ┬ (三)愍帝从厚
                            └ (四)废帝从珂养子

(晋) ┬ (一)高祖石敬瑭
     └ 敬儒 ─ (二)出帝重贵

(汉)(一)高祖刘知远 ─ (二)隐帝承祐

(周)(一)太祖郭威 ─ (二)世宗荣养子

辽系图

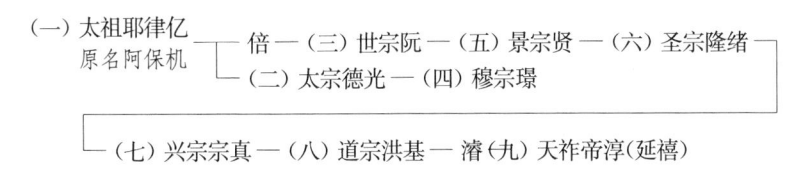

(一) 太祖耶律亿（原名阿保机）
　├ 倍 ─ (三) 世宗阮 ─ (五) 景宗贤 ─ (六) 圣宗隆绪
　└ (二) 太宗德光 ─ (四) 穆宗璟

　　└ (七) 兴宗宗真 ─ (八) 道宗洪基 ─ 濬 ─ (九) 天祚帝淳（延禧）

宋系图

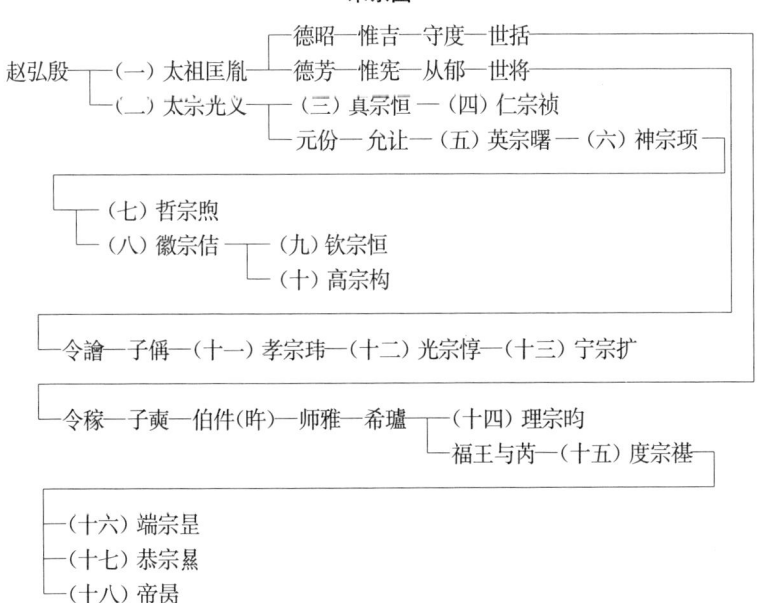

赵弘殷
　├ (一) 太祖匡胤
　│　├ 德昭 ─ 惟吉 ─ 守度 ─ 世括
　│　└ 德芳 ─ 惟宪 ─ 从郁 ─ 世将
　└ (二) 太宗光义
　　　├ (三) 真宗恒 ─ (四) 仁宗祯
　　　└ 元份 ─ 允让 ─ (五) 英宗曙 ─ (六) 神宗顼

　├ (七) 哲宗煦
　└ (八) 徽宗佶
　　　├ (九) 钦宗恒
　　　└ (十) 高宗构

─ 令譮 ─ 子偁 ─ (十一) 孝宗玮 ─ (十二) 光宗惇 ─ (十三) 宁宗扩

─ 令稼 ─ 子奭 ─ 伯件(昈) ─ 师雅 ─ 希瓐
　├ (十四) 理宗昀
　└ 福王与芮 ─ (十五) 度宗禥

─ (十六) 端宗昰
─ (十七) 恭宗㬎
─ (十八) 帝昺

第四章　北宋的积弱

第一节　宋初和辽夏的交涉

宋太祖专力平定国内，对于北方，是取守势的。史称太祖使李汉超屯关南(瓦桥关)，马仁瑀守瀛州，韩令坤镇常山(如今直隶的正定县)，贺惟忠守易州，何继筠镇棣州(如今山东的惠民县)，以拒北狄。郭进控西山(卫州刺史兼西巡检)，武守琪戍晋州(如今山西的临汾县)，李谦溥守隰州(如今山西的隰县)，李继勋镇昭义，以御太原。赵赞屯延州(如今陕西的肤施县)，姚内斌守庆州(如今甘肃的庆阳县)，董重遵诲守环州(如今甘肃的环县)，王彦昇守原州(如今甘肃的镇原县)，冯继业镇灵武，以备西夏。都待之甚厚，给他们的钱也很多；军中的事情，都得以便宜从事；由是二十年无西北之虞，得以尽力东南。到太宗时候，中国既已全定，就想乘此攻辽，恢复燕云。然而辽自景宗即位以后，已非复穆宗时的腐败；这时候，辽距开国未远，兵力还强；又有耶律休哥等良将；所以太宗北伐，竟无成功。

太宗既灭北汉之后，就进兵攻辽。克顺蓟二州，进攻幽州，兵势颇锐。已而辽将耶律休哥来援，王师败绩于高梁河。前九三○年(九八二)，辽景宗卒，圣宗立。年幼，太后萧氏同听政。专任耶律休哥以南边之事，形势益强。而太宗误听边将的话，以为辽女主当国，有隙可乘。前九二七年(九八五)，再命曹彬、潘美、田重进，分道北伐。彬出雄州，取涿州，为耶律休哥所败。潘美出雁门，取寰、朔、应、云四州，亦为辽将耶律色珍所败。太宗遂急召田重进还师。田重进是出飞狐口的。

从这两次以后，宋朝就不能进取。而契丹却屡次南侵。前九一五年（九九七），太宗崩，真宗立。前九一三年（九九九），辽圣宗自将入寇，至澶州。遣偏师渡河，掠淄、青。真宗自将御之，次于大名。契丹乃还。前九〇八年（一〇〇四），圣宗和太后，又大举入寇。到澶州，中外震骇。群臣多主张迁都。幸而宰相寇准，力主亲征。于是车驾渡河，次于澶州。辽人不意真宗亲出；这时候，圣宗和萧太后，亲在行间，用兵也不免偏于迟重些。前锋攻澶州，又不利；统军萧挞凛，中弩箭而死。于是用中国降将王显忠介绍，和中国议和。索价是要关南之地。磋议的结果，以岁币银十万两，绢二十万匹成和；辽主称真宗为兄，真宗称萧太后为叔母。

宋朝对于契丹，虽始终不能得志。然而从前九〇八年（一〇〇四）成和之后，到前七九〇年（一一二二），再开兵衅，差不多有百二十年。其间只有辽兴宗初立的时候，看见国家富强，慨然有取关南之意，差刘六符等来求地。前八七〇年（一〇四二）。宋朝遣富弼报之，弼力言用兵则利在臣下，言和则利在主上；反复开陈，兴宗才算取消用兵的意思。这句话，是出于《辽史》上的，所以可信。但增加岁币银绢各十万两匹。这一次，又争岁币用"纳"字用"贡"字。据《宋史》说，是用纳字；据《辽史》说，则是用贡字的。没有第三者做证据，也无从判决其真假。总而言之，宋朝对辽朝的交涉，是始终处于弱国的地位的。然而言和甚久，实际上受害还不算利害。实际上受害最利害的，倒在西夏。

西夏出丁党项。始祖名拓跋赤辞，大约是鲜卑人在党项中做酋长的。唐太宗时归中国。他的后人，有一个唤做思敬的，讨黄巢有功。

唐朝赐以国姓,用他做定难节度使,世有夏、如今陕西的怀远县。银、如今陕西的米脂县。绥、如今陕西的绥德县。宥、鄂尔多斯右翼后旗。静如今米脂县北。五州。宋太宗时,其后人李继捧入朝,尽献其地。继捧的兄弟继迁,叛走地斤泽。在夏州东北三百里,如今怀远县境。前九二七年(九八五),袭据银州,明年,降于辽。前九二四年(九八八),宋人仍用李继捧做定难节度使,赐姓名赵保忠。想要招徕他。继迁请降,宋人也用为银州观察使。赐姓名赵保吉。旋继迁又叛,继捧也与之合。宋朝讨擒继捧,而继迁卒不能获。前九一〇年(一〇〇二),继迁陷灵州,改为西平府,迁居之。元昊又改名兴州。明年,陷西凉府。旋给吐蕃族潘罗支所攻,中流矢而死。参看第四章第四节。子德明立。使子元昊,西取河西。这时候,河西为回鹘所据。德明在位凡三十年,总算没有窥边。前八八〇年(一〇三二),德明卒。元昊嗣立,中国的边患就起了。

元昊是西夏一个豪杰,他是兼吸收中国和吐蕃两种文明的,所以《宋史》说他"晓浮屠法,通蕃汉文字"。参看第二篇下第二章第三节。所以即位之后,西夏的情形,就焕然不变。定官制,造文字,设立蕃学汉学,区画郡县,分配屯兵,具见《宋史·西夏本传》。前八七三年(一〇三九),元昊举兵反。宋朝初令范雍、夏竦,分守鄜延、环庆和泾原、秦凤。旋用夏竦做陕西招讨使,韩琦、范仲淹两个,做他的副手。韩琦主张出兵,范仲淹主张坚守;两人议论不协,出兵的事情,就没有成功。西夏人来攻,韩琦的副将任福,倒大败于好水川。在甘肃隆德县东。范仲淹又擅和夏人通信。于是韩、范和夏竦都罢,用陈执中代他。后来又用韩琦守秦凤,王沿守泾原,庞籍守鄜延,范仲淹守环庆,也总是不能得利。前八六九年(一〇四三),元昊虽屡打胜仗,而国中也觉得困弊,才遣书庞籍请和。明年,和议成,宋朝封他为夏国王。岁赐银绢茶彩,共二十五万五千。元昊的反叛,虽也不过五年,然而宋朝用兵的耗费,和沿边的破坏,所受的损失甚大。陕西地方,元气差不多始终没有恢复。西夏兼吸收中国和吐蕃的文明,立国有二百多年,规模很有可观。可惜记载极为阙略。《西夏纪事本末》一书,搜辑得还算完备。可以参考。

西夏系图从(一)到(八)为定难节度使的传授

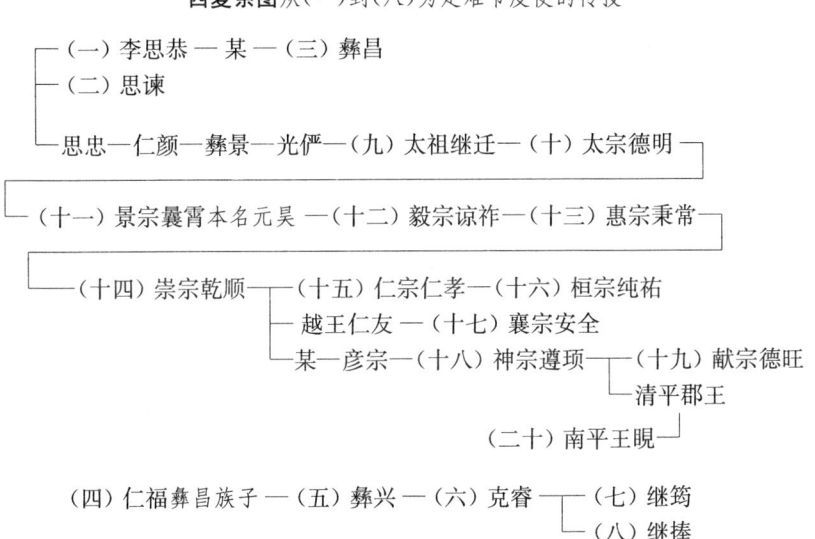

┌─(一)李思恭 ─ 某 ─(三)彝昌
├─(二)思谏
│
└─思忠─仁颜─彝景─光俨─(九)太祖继迁─(十)太宗德明─┐
┌───┘
└─(十一)景宗曩霄本名元昊 ─(十二)毅宗谅祚─(十三)惠宗秉常─┐
┌───┘
└─(十四)崇宗乾顺─(十五)仁宗仁孝─(十六)桓宗纯祐
　　　　　　　├─越王仁友 ─(十七)襄宗安全
　　　　　　　└─某─彦宗─(十八)神宗遵顼─┬─(十九)献宗德旺
　　　　　　　　　　　　　　　　　　　　　└─清平郡王
　　　　　　　　　　　　　　(二十)南平王睍─┘

(四)仁福彝昌族子─(五)彝兴─(六)克睿─┬─(七)继筠
　　　　　　　　　　　　　　　　　　　└─(八)继捧

第二节　宋初的政策和后来腐败的情形

宋朝的对外,既如此失败,而内政也日即于腐败。原来宋初所患的,便是:

禁军的骄横,

藩镇的跋扈。

禁军是承五代的余习,时时想把天子卖给别人。这时候的天子,原是节度使变的。他们看了他,还和前此的节度使一样。卖一次,总有一班人得升官发财。藩镇的所以跋扈,是由于他一个人常兼统数郡;既有兵权在手里，支郡节度使所管而非其所治的，谓之支郡。自然给他压倒。于是先把财政把持起来；地方上的款项，都把"留使"、"留州"的名目，开销净尽；只把一小部分"上供"给国家。这还是表面上服从中央的；和中央断绝关系的，就自然一个大钱也没有了。既有了钱，就再拿来养兵，以违抗中央政府。

宋太祖得天下之后，自然首先要除掉这种弊病。所以乾德初，就面讽带禁军的石守信等，解除兵柄；开宝初，又因藩镇王彦超等入朝，讽他们也把兵柄解除。参看《宋史》诸人的本传。这就是所谓"杯酒释兵权"。不至于时时怕"肘腋之变"；外面有兵柄的，又先去掉几个；事情自然就好办了。于是以后节度使有出缺的，就都用文臣代他。

命以前节度使所管的支郡，都直隶京师。

在诸州设立通判，一切事情，皆得直达朝廷。

各路皆设转运使，以管理一路的财赋。诸州的经费，除本地的开支外，悉送阙下。

各州精壮的兵，都送到京师，升为禁军。其留本州的，谓之厢军；大都老弱，而且不甚教阅，不过给役而已。

各处要兵防守的地方，再派中央的兵出去，一年一换，谓之"番戍"。

这种政策推行以后，中央集权的形势就很稳固；唐中叶以后的弊病，就都除掉了。然而日久便腐败起来。你道为什么？原来：

（1）宋初务弱外兵。其后中央的军政，不加整顿，禁军也弄得很腐败。番戍原是叫兵士习劳的意思；然而不熟悉戍守地方的形势，以致遇有战事，毫无用处（西夏造反的时候，陕西屯兵数十万，然而缓急时候，仍旧要倚仗民兵。后来就大签乡民为兵，弄得十分骚扰）；倒反借此要索衣粮，看得出戍一次，是一个要钱的机会。又历代厢军升为禁军的很多；每遇荒年，又把招兵看作救荒的政策；于是兵数骤增。

开宝太祖年号,前九四四年(九六八)至前九三六年(九七六)　三七八〇〇〇人

至道太宗年号,前九一七年(九九五)至前九一五年(九九七)　六六六〇〇〇人

天禧真宗年号,前八九五年(一〇一七)至前八九〇年(一〇二二)　九一二〇〇〇人

庆历仁宗年号,前八七一年(一〇四一)至前八六四年(一〇四八)　一二五九〇〇〇人

治平英宗年号,前八四八年(一〇六四)至前八四五年(一〇六七)　一一六二〇〇〇人

(2)在财政上,宋初用度尚小;平吴、蜀、江南、荆南、湖南、南汉诸国,都颇得其蓄积;所以颇称富饶。后来兵多而官也多;真宗又因外交上的关系,去封泰山,祠汾阴,这件事,散见于《宋史》寇准、丁谓、王旦、王钦若诸人传中。然而并不是真相。据《宋史》说:澶渊之役,寇准主亲征,王钦若主迁都。和议既成,真宗颇优待寇准,寇准也自鸣得意。王钦若内怀惭愧,就对真宗说:澶渊之役,实在是"城下之盟",寇准以陛下为"孤注"耳。真宗颇以"城下之盟"四字为耻,问他有什么法子,可以雪耻?王钦若说:只有封禅。于是妄言有天书降,就出去封泰山,祠汾阴。以封禅为雪耻的方法,真宗愚不至此。宋朝人素好说话,果然如此,断不能不起哄的;然而当时也并没有多少人反对,可知其中一定别有用意。《真宗本纪》赞说:"契丹,其主称天,其后称地,一岁祭天,不知其几;猎而手接飞雁,鹄自投地,皆称为天赐。祭告而夸耀之。宋之诸臣,意者……欲假是以动敌人之听闻,而潜销其窥伺之心欤?……"颇得当时的真相。未必吓得倒敌人。而因此大兴土木,广营斋醮,财政的耗费,倒弄得一天大似一天;仁宗在位岁久,万事因循;更加以陕西的用兵,财政更形竭蹶。原来宋朝最为无名的费用,是"郊祀"、祭天时的赏赐。至道末,五百余万缗。景德(真宗年号,前九〇八年至前九〇五年,公

元一〇〇四至一〇〇七）七百余万缗。仁宗时,一千二百余万缗。"养兵"、"宗室吏员冗禄"真宗时,九百七十八万五千缗。仁宗时,一千二百万缗。治平视皇祐(仁宗年号),增十之三。元祐(哲宗年号)则一倍皇祐,四倍景德。三项,其数都日有加增。所以他的岁入,是：

　　　　至道末　二二二四五八〇〇缗
　　　　天禧末　一五〇八五〇一〇〇缗
　　　　皇祐元　一二六二五一九六四缗
　　　　治平二　一一六一三八四〇五缗

天禧末的岁出,是一二六七七五二〇〇,还有盈余。治平二年的岁出,是一二〇三四三一七四,再加以非常出临时经费。一一五二一二七八,就不足一五七二六〇四七了。

（3）宋朝的政治,还有一种毛病,便是防弊太甚。不但削弱外官的权柄,便对于中央的官,也是如此。唐中叶以后,因为宦官掌握兵权,枢密使一职,就渐渐尊重,前面已经说过了。前篇第三章第一节,本篇第一章第四节。却到五代时,还相沿设立此官,改用士人,宋朝也是如此。又唐朝中叶以后,因财政紊乱,特设度支使一官,以整理财政,又因这时候,盐铁两项,都是入款的大宗,又特设盐铁使一官。宋朝都没有裁掉；于是合户部度支盐铁,为一个机关,谓之三司。就成一个"中书主民,枢密主兵,三司理财"的局面。宰相的权柄太小。当时的人说：财已匮而枢密还是添兵；民已困而三司还是敛财；中书看着民困,而不能叫三司宽财,枢密减兵。这就是行政不统一的毛病。而谏官的气焰却极盛。这个(一)者因宋初的君主,要想防制权臣,特借台谏以重权。苏轼说："历观秦汉,以及五代,谏诤而死,盖数百人；而自建隆以来,未尝罪一言者；纵有薄责,旋即超升。许以风闻,而无官长。风采所系,不问尊卑。言及乘舆,则天子改容；事关廊庙,则宰相待罪。故仁宗之世,议者讥宰相但奉行台谏风旨而已。"(二)者,也因为五代时候,风俗大坏,气节扫地,发生了一种反动力。宋朝的士夫,就多有"务为名高"、"好持苛论"的气习。喜欢求名,就遇事都要起哄,到后来就弄成一种群众心理的样子。好持苛论,便彼此不能相容,就弄得互相嫉忌,不免要用不正当的"竞争"、"报复"手段——所以喜欢结党,喜欢排挤,喜欢标榜,喜欢攻击,差不多是宋朝士大夫,人人同具的气习。恭维自己的同党,便说得比天还要高;毁骂异党的人,就说得连禽兽也不如。叫后世读史的人疑惑,这时候,何以君子这样多,小人也这样多,其实谁也算不得君子,谁也不定是小人,不过是风气已成,人人为群众心理所左右。其中起哄得最利害的,就是英宗时所谓"濮议",欧阳修有一篇文章,记这件事情,颇为穷形尽相。惜乎太长,不能抄录;读者诸君,可自己取来看一遍。宋朝的党祸,实在是从真宗时闹起的。当时王钦若和寇准,就互相排斥。读史者都说寇准是君子,王钦若是小人。天书一件事,似乎是王钦若等几个人弄出来的。其实寇准也并没反对,而且也上书献符瑞。可见得两派之争,其中并没甚政见的异同了。天书的事情,丁谓是其中一个有力的人物,因为丁谓是做三司使,全靠他筹了款来,然后封禅等事得以举行的。真宗末年,复相寇准。真宗的皇后刘氏,"警悟,晓书史",颇与闻政事。真宗末年久病,事情更都是皇后管的。内侍周怀政,不知怎样,忽然想请太子监国(刘皇后无子;后宫李氏生子,刘后取为己子,叫杨淑妃抚养他;后来立为太子,这便是仁宗),去同寇准商量,寇准亦以为然。后来事情泄漏了,便罢寇准,代以丁谓。怀政忧惧,要想废刘皇后,杀掉丁谓,再相寇准,而逼真宗传位于太子。事情又泄漏了,于是诛怀政,贬寇准,诏太子刁资善堂,引人臣央事,而后裁制于内。这件事情,据《宋史》说:想叫太子监国,原是真宗的意思,不过对周怀政说及,而怀政出去告诉寇准的。然而羌无证据。如果如此,周怀政也不负多大的责任,何至于就想废皇后杀宰相呢?若本来周怀政和寇准毫无关系,废掉皇后,杀掉宰相,去请他来再做宰相,寇准又如何肯来呢?所以这件事,殊为可疑。寇准既贬,丁谓自然得法了。未儿,真宗去世,丁谓和内侍雷允恭,去营视山陵。雷允恭误听人言,把皇堂移了一块地方。太后叫王曾去覆看。王曾就说他"包藏祸心,有意移皇堂于绝地"。借此把丁谓挤去。这种手段,殊不正当,而宋人非常赞美他。丁谓既罢,代以王曾。后来吕夷简做宰相。吕夷简这个人,《宋史》上也说他不大正当的。然而也没甚显著的坏处。仁宗是李宸妃所生。当刘太后在日,始终自己没有知道。刘太后死后才有人对他说起。于是仁宗大恸,去易棺改葬。先是李宸妃死的时候(李氏本是顺容,疾急时,进位为宸妃),刘太后本要"用宫人礼治丧于外"。吕夷简对太后说:"礼宜从厚。"又对承办丧事的内侍罗崇勋说:"宸妃当用后服敛,以水银实棺。异时莫谓夷简未尝言也。"罗崇勋也听了他。及是,仁宗开棺验视,妃"玉色如生,冠服如皇太后",乃叹曰:"人言其可信哉。"(当时告诉仁宗的人,说宸妃是死于非命)待刘氏加厚。吕夷简这种事情,读史的人,不过说他有心计,能替刘氏打算,其实这等处,消弭掉无数无谓的风潮。不然,早就兴起大狱来了。仁宗即位之后,吕夷简仍做宰相。仁宗的皇后郭氏,因和尚美人、杨美人争宠。自己去批尚美人的颊。仁宗自起救之。误批上颊。仁宗大怒,要废掉郭后,吕夷简不曾反对。这时候,孔道辅做台长,率谏官范仲淹等力争。一时都遭贬谪。这件事,宋人也算他一件大事情的。西夏既和之后,仁宗用夏竦做枢密使,谏官欧阳修等攻之,说他是奸邪。竦才到京城,就罢去。代以杜衍。于是国子监直讲石介,就做了一首《庆历盛德诗》,以称美仁宗。杜衍之党,和夏竦之党,就互相指目为党人,大相攻击(欧阳修《朋党论》,就是作于此时)。前八六九年(一○四三),仁宗以范仲淹为宰相,富弼为枢密使。范仲淹是王荆公以前一个有心改革的人。《宋史》上说他锐意裁抑徼幸,考核官吏。然而不便者多,不过几个月,就罢去。杜衍继为宰相。御史中丞王拱辰攻其婿苏舜钦,和他所引用的集贤校理王益柔。杜衍不自安,罢职而去。于是富弼、范仲淹、欧阳修等,也联翩辞职。拱辰大喜,说:"吾一网打尽矣。"而夏竦又继为宰相。再以后的大事件,便是濮议了。以上党争的事情,一一详叙起来太繁。《宋史》中诸人的传,读者可自取参考。但是《宋史》的议论,全是一偏的。须得自出眼光,用精密的手段考校。总而言之:宋朝的党争,不过是闹意气。并无甚真有关系的事情。却因此弄得政局不能稳静;无论什么人,都不能放手做事情;就奋勇去做,也四面受人牵掣,不得彻底;即使一时勉强办到,不久政局转变,也要给人家取销掉的。后来的王荆公,就是榜样。这个却贻害甚大。

而其最可痛心的,就是民穷财尽。原来从藩镇擅土以后,就多用武人做地方官,管收税机关;又创设了无数麻烦的杂税。这种苛税,无有不拣着地方上贫弱的人欺的(因为豪强的人,都是有势力,能和官府相结托的)。于是贫弱的人,就只得献其所有,以托庇于豪强;有产的人,就逐渐变为无产者。这么一来,豪强的力量更大了,就更可以兼并贫弱的人。而且干戈之际,田地总有荒废的,还有那贫弱之人流亡的;田地也都入于豪强之手。于是贫富就大为不均。宋朝的收税,是很宽的。每破一国,必把他所有的苛税废除,或是大加蠲减(累朝相承,又递有蠲减)。而且"一遇水旱徭役,则'蠲除'、'倚阁',殆无虚岁。倚阁者后或凶歉,亦辄蠲之"。"畎亩转易,丁口隐漏,并兼伪冒",也"未尝考按"。然而历代开国之初,都有一种改良分配的政治。譬如晋之户调,魏之均田,唐之租庸调制。宋朝却丝毫未有。所以取民虽宽,只是优待了一种豪强兼并的人,贫民丝毫得不到好处。而且受豪强的压迫更甚。民间借贷的利率,春天借米一石,秋天就还他两石,还算是普通的,见《宋史·陈舜俞传》。司马光说当时穷民的情形,"稼⋯⋯不登,则富者操奇赢之资,取倍称之息;偶或小稔,责偿愈急;税调未毕,资储罄然;谷未离场,帛未下机,已非己有。所食者糠籺而不足,所衣者绨褐而不完。直以世服田亩,不知舍此尚有可生之路耳"。见《宋史·食货志》。这种状况,真是言者伤心,闻者酸鼻了。还有一件,宋朝的税额虽轻,而税目和征收的方法,都很不佳良;所以国家收入虽少,人民的负担,并不见轻。参看下篇第五章第五六节。又有一种苛酷不堪役法,简直是绝掉人民的生机,社会的经济状况,就更不堪设想了。原来所谓"力役",就是唐朝租庸调制里的所谓"庸","庸钱"既已并入两税,就不该再有所谓力役。然而从唐朝中叶以后,还是要按"人户等第"差充的。赋税无论重轻,总还有个数目;数目过大,表面上总还有些说不出来。这种差役的苦累,却是因办公事而赔贴,法律上无可告诉。宋时差役的名目,是衙前——主官物;里长、正、户长——督课赋税;耆长、弓手、壮丁——逐捕盗贼;承符、人力、手力、散从——以供驱使;而衙前,里长,最为苦累,往往倾家不能给。所谓人户的等第,是以丁口的多寡,和赀产的厚薄定的。于是百姓弄得不敢多种一亩田,多栽一株桑,也有自残以免役的,也有自杀以免子孙之役的。真是惨无人道。以上所说的话,还不过述得一个大略;若要仔细说起来,还有许多的情形。读者请自取《宋史》的《食货志》看一遍。总而言之:宋朝的百姓,是苦极不堪的。所以从澶渊议和以后,除掉陕西一隅,因西夏造反,连兵五六年外,此外并没有什么大干戈;而且朝廷也并没行什么害民的事情;然而海内的景象,已觉得憔悴不堪;财政上很觉得竭蹶,而察看民力,租税的负担,业已至于"不可复加"的限度。要想设法改革,一切弊窦,都是积重如山的。这样的一个国家,要想治理真觉得无可下手。惟其如此,我们读史的人,真不能不佩服神宗和王荆公的热心和勇气了。

第三节 王荆公的变法

然而变法的结果,不过弄得党争更甚,所创的法,也不过供给后来奢侈的君主、贪欲的宰臣,聚敛和妄作妄为之用。岂不可叹!王荆公是我国有数的政治家,怕也是世界有数的政治家。他一生的事迹,本书因限于篇幅,不能备详。近人新会梁氏,著有《王荆公传》一书,很为可看。读者诸君,务必取来细读一过。"高山仰止,景行行止",这种伟大人物的精神和人格,是不可以不天天"心向往之"的。讲史学的人,总说历史有裨于修养,我说历史的有裨于修养,无过于看王荆公这一种人物的传记了。

神宗的用王荆公做宰相，事在前八四三年（一〇六九）。到前八三八年（一〇七四）六月，罢相。明年二月，再入相。又一年多而罢。继其后的，是韩绛、吕惠卿等。终神宗之世，行荆公的法不曾变。

　　当王荆公的时候，宋朝所亟待整理的，是财政与军政。然而荆公的眼光，不是专注于一时的。所以他的财政政策，大致在于宽恤人民，培养社会的富力；至于兵政，则想变募兵为民兵；还于这种眼前的急务以外，特注意于培养人才，而改良学校和选举。这是荆公内政上的政策。

　　荆公所创设的财政机关，是制置三司条例司。神宗初令司马光等置局看详，裁减国用。光辞以不能。乃罢裁减局，但下三司共析。荆公执政后，才创设这个机关。创设之后，对于支出一方面，则把一岁的用度，和郊祀大计，都"编著定式"。所裁省的冗费，计有十分之四。其余一切积极的政策，也都是从此议行的。

　　荆公对于民政上的设施，最紧要的，是青苗法和免役法。"青苗法"是陕西转运使李参所行。当春天播种时，叫百姓自己揣度，种田之后，能有多少赢余，官就酌量借钱给他，以做种田的资本；到谷熟后还官。荆公把这个法子，推行到诸路。用常平广惠仓的钱谷做本钱。常平仓是汉朝耿寿昌所创的法子。丰收之年，仓里储蓄了米，到荒年发出来平粜；使岁有丰歉，而谷价常得其平；不至于荒年则吃米的人受累，丰年则种田的人吃亏。所以谓之常平。历代仿办的很多，也有就唤做常平仓的，也有另立广惠……名目的。但是常平二字，总算做这种仓的总名。南宋后，又有一种社仓，则用意与常平同，而办法小异。可参考《文献通考》的《市籴考》。这是所以救济富人盘剥重利之弊的。"免役法"是改"差役"为"雇役"，令"乡户"各按等第，输"免役钱"。本来无役的人家，出"助役钱"。其"额"，是按县所须的数目均摊。又额外增取二分，谓之"免役宽剩钱"，以备水旱。官用此钱，募人充役，不再"签差"。其整理赋税，最为根本的，是"方田均税法"。以东西南北各千步之地为一"方",每年九月,县令委佐官分地计量。于每一方地的角上,立了一根木头,以作标识。测量既毕,则经界已正;然后察看其土性的高下,以定赋税。当时反对青苗的人,其理由是:(一)官放钱取息;(二)取息二分太重;(三)州县以多借出为功,不免押借;(四)有钱的人,不愿借,无钱的人,借了不容易还;银钱入手,良民不免浪费,何况无赖之徒?追收起来,州县就不免多事;(五)出入之际,吏缘为奸,法不能禁。(一)、(二)两说,都不足论(取息二分,较之当时民间借贷的利率,已经轻得多了)。(三)、(四)、(五)都是奉行不善之弊,不能怪到法的本身。青苗一事,读史的人,大都以为诟病,然而所谓害民的话,都出在反对党的口里。此外,在"反对荆公的《宋史》"里,竟也找不出什么证据来。可见当时奉行就是不善,也没有多大的弊病。反对雇役的理由是:(一)向来差役,固有因此破家的,也有全然不役的下户;现在一概要出钱,上户则便,下户则否。不知负担本该均平;况且免役钱亦视乡户等第,以定多少,并非是不论贫富,概令出同一的钱;还有向来无役的户,也出助役钱;如何得便于上户,不便下户?(二)户口升降失实。不知差役也要分别人户等第的。户口的升降,和役法的为差为雇无关。此外理由尚多,更不值得一驳。总而言之,荆公所行的法,以免役为最完全合理。所以后来辗转变迁,而其法卒不能废——差役之法,卒不能复。新会梁氏说:"直至今日,人民不复知有徭役之苦,即语其名,亦往往不能解。……公之此举……实国史上世界史上最有名誉之社会革命……"实非虚言。青苗原非完全合理之法,然在当时,确亦为救济贫民之一法。方田则荆公时推行不曾甚广。后来徽宗时候,虽然继续进行,恐怕有名无实。此外还有"市易"、"均输"等法,也是关于经济的行政,以其推行也不甚广,而本书篇幅有限,所以从略。读者可自取《宋史·食货志》参考。

关于军事,则首先着手于裁兵,把不任禁军的,降为厢军;不任厢军的降为民。《宋史》上不曾明言其所裁之数,只说"所裁减者甚众"。《通考》同。其次则改掉从前番戍之制,置将统兵,分驻各路。其置将之数,河北十七,府畿七,京东九,京西四,鄜延九,泾原十,环庆八,秦凤五,熙河九,淮南两浙江南东西路各一。荆湖北路一、南路二,福建路一,广南东路一，西路二，共九十二将。又有马军十三指挥，忠果十指挥，士军两指挥，与将并行。一将一指挥的兵数，史无可考；但知忠果十指挥，额各五百人；东南诸将的兵，有在三千人以下的。又行保甲之法，以十家为一保，保有长；五十家为一大保，有大保长；十大保为一都保，有都保正，副。户有二丁的，以其一为保丁。保丁中每日轮派五人备盗。后来才教保长以武艺，教他去转教保丁。荆公是主张民兵制度的。和反对党辩论的话，具见《宋史·兵志》。还有他上仁宗的书，也畅论此理，可以参看。当时还有"保马"之法，由官给民马，令其豢养，而免其租税的一部。又特置"军器监"，以改良军器，本书因限于篇幅，也只得从略。

关于教育选举的改革，见下篇第五章第二节。

第四节　神宗的武功

神宗、荆公，所想膺惩的是辽、夏。但这两件事，都不是一时办得到的。于是先为伐夏的准备，而有恢复河湟之举。

唐宣宗时，虽然恢复河湟；然占据其他（地）的蕃族，仍旧不少。大者数千家，小者数十百家，为一"族"，各有首领。内属的谓之"熟户"，不内属的谓之"生户"。其初，凉州的潘罗支，和青唐的唃厮罗，都能和西夏相抗。后来潘罗支之兄弟厮铎督，为元昊所并。唃厮罗死后，也国分为三。潘罗支李继迁，已见前。不久，被蕃族附继迁的所杀。潘罗支，宋朝本曾授以朔方节度的名号，及是，遂以授其弟厮铎督。元昊复取西凉府，厮铎督和中国，就音信不通，想是给他征服了。唃厮罗初居宗哥城（在凉州西南五百里），后徙邈川（在如今西宁县的东南），又徙青唐（如今的西宁）。始终和元昊相抗。唃厮罗死后，第三子董毡嗣，遂据河北之地。长子瞎毡，别据河州（如今甘肃的导河县），次子磨毡角据宗哥城。前八四二年（一〇七〇），建昌军司理王韶，诣阙上平戎三策。说欲取西夏，要先复河湟。荆公颇善其言，用韶为洮河安抚使。于是王韶先克复武胜，建为熙州。

如今甘肃的狄道县。旋破木征，取河州。以次降岷、如今甘肃的岷县。洮、如今甘肃的临泽县。宕、在岷县西南。叠，在临潭之南。开辟熙河一路。董毡传子阿里骨，至孙瞎征，部落自相睽贰。哲宗元符二年（前八一四年，一〇九八），王赡因之，取邈川，青唐。置邈川为湟州，青唐为鄯州。旋因蕃族反叛，弃之。徽宗崇宁三年（前八〇八年，一一〇四），王厚又重取二州。

夏元昊死于前八六一年（一〇五一），仁宗皇祐三年。子谅祚立。先是鄜州将种世衡，请进城延安东北二百里的旧宽州城，以逼西夏，朝廷许之。城既筑成，赐名为青涧。如今陕西的清涧县。就以世衡知城事。世衡死后，儿子种谔，继任下去。前八四五年（一〇六七），英宗治平四年。种谔袭取绥州，如今陕西的绥德县。朝议以为擅开兵衅，把种谔贬斥。这一年，谅祚也死了，子秉常立，还只有三岁。前八四三年（一〇六九），愿将所陷的塞门、如今陕西安塞县北。安远如今甘肃通渭县境。两砦，归还中国，以换取绥州。神宗也答应了他。谁知道夏人并无诚意，交涉不能就绪。于是改筑绥州城，赐名绥德。夏人就举兵入寇。神宗用韩绛做陕西宣抚使。起用种谔，杀败夏人，进筑了一个啰兀城。在如今陕西米脂县北。又进筑了许多的砦。不多时，夏人来攻，诸砦尽陷，并啰兀也不能守。于是再罢韩绛，斥退种谔。前八三一年（一〇八一），秉常给他的母亲囚了起来。神宗听种谔的话，这时候，种谔已仍做了鄜延总管。令陕西河东，五路进讨，约期同会灵州，不曾成功。前八三〇年（一〇八二），侍中徐禧，新筑了一个永乐城，在如今米脂县西。夏人来攻，又败死，这两役，中国丧失颇多。但《宋史》说"官军，熟羌，义保，死者六十万"。恐怕也言之过甚。于是仍许西夏讲和。元丰六年，前八二九年（一〇八三）。神宗对西夏用兵，是失败的。然而决不如《宋史》所言之甚。只要看反对新法的人，并没指出什么陕西因用兵而受害的实据来，就可知道了。前八二六年（一〇八六，哲宗元祐元年），秉常死，子乾顺立。也只三岁。还了中国"永乐之俘"一百四十九人。当时朝臣，就把神宗时所得米脂(如今的米脂县)、葭芦(如今陕西的葭县)、浮图(绥德西)、安疆(在如今甘肃安化县东北)四砦,轻轻还了他。然而画界不定,侵寇仍不绝。于是知渭州章楶,请进城平夏(如今甘肃的固原县)以逼之。诸路同时进兵拓地。西夏毕竟国小,不能支持,介辽人以乞和。前八二五年(一○八七,哲宗元祐二年),和议再成,从此终北宋之世,无甚兵争。

以上所述,是神宗以后,对于北方的兵事。还有对于南方的兵事,关系也颇大;如今撮叙其大略。

(一)沅水流域的蛮族,参看第一篇第三章第二节。就是黎族的正支。汉时谓之武陵蛮,隋时,汉族的疆域,进拓到如今沅陵地方,置了一个辰州。唐时,又进辟锦、如今湖南的麻阳县。溪、如今湖南的永顺县。巫、如今四川的巫山县。叙如今湖南的黔阳县。等州。唐末,其地为群蛮所据。宋初,用徭人秦再雄,招降之。于是沅江的蛮族,分为南江和北江。北江彭氏最大,南江舒氏、田氏、向氏最大。而资江流域,又有梅山峒蛮。如今靖县地方,又有杨氏,号十峒首领。酋长都是汉姓,大约是汉人王其中的。梅山峒蛮,为患最甚。神宗用章惇经制蛮事,平梅山蛮,开其地为安化、新化两县。今县名同。又平南江蛮,置沅州。如今湖南的芷江县。而北江诸酋,亦愿纳土。徽宗时,又降十峒首领,置诚州。如今的靖县。

(二)黔江流域的濮族,在唐时,为东谢、在如今贵州思南县一带。牂牁、汉朝的牂牁郡境。西赵、在东谢之南。夷子在东谢之西。诸蛮。宋时,先有龙、方、张、石、罗五姓,神宗时,又有程、韦二姓,都通朝贡,谓之西南七蕃。其在长江流域的,则分属黎、叙、威、茂、泸五州。其中惟黎州的三王蛮,系氐羌,余均濮族。皆不侵不叛,只有居长宁、如今四川的长宁县。宁远如今四川屏山县附近。以南的晏子,和纳溪如今四川的纳溪县。附近的斧望箇恕,颇为边患。神宗命熊本讨平他。后来又平定了如今重庆以南的地方,开建了一个南平军。叙、威、茂三州的蛮族,徽宗时,内附置州的颇多。但都不久即废。参看第一篇第六章第六节,第二篇上第四章第四节,第四篇上第七章。西南诸族,就是如今总称为"高地族"的。鄙人自谓把他分析得颇清楚,读者诸君,务请留意,得了这一个纲领,去看别种书,可以较有把握。

（三）安南之地,自唐以前,本来都属中国版图。五代时,才有人据其地独立。宋初,平岭表,据其地的丁氏,遣使入贡;太祖也因而封之。这大约是内地初平,不欲穷兵于远的意思。太宗时,丁氏为黎氏所篡,太宗发兵讨他,不能取胜;只得因其请和,授以官爵。从此以后,安南就独立为一国了(有三国的纷争,而朝鲜独立;有五代的纷争,而安南独立,正是事同一例,这都是军阀给国家的好处)。真宗时,丁氏又为李氏所篡。神宗时,其主乾德,遣兵犯边。连陷钦、如今广东的钦县。廉如今广东的合浦县。二州,和邕州。如今广西的邕宁县。前八三七年(一〇七五),神宗派郭逵去讨他,逵先恢复失地。明年,入其国,败其兵于富良江。安南请和。从此以后,对于宋朝,就始终臣服。安南的历史,中国史上所说的,都有些错误。现在根据日本人所著的《安南史》,述其大略如下——这是根据安南人自己所作的历史的。安南之地,本来是唐朝的安南都护府。后梁末帝贞明中(前九九七至前九九二,九一五至九二〇),土豪曲承美据其地,送款于梁,南汉伐执之,派杨廷艺领其地。后来杨廷艺给手下人杀掉。牙将吴权,自立为王(前九七四,九三八)。传子昌岌(岌),为权妃杨氏之弟三哥所篡。昌岌(岌)的兄弟昌文,废三哥,重立昌岌(岌)。昌岌(岌)死,昌文即位。境内大乱。昌文自己出兵讨伐,中箭而死(前九四七,九六五)。诸州互相攻伐。前九四二年(九七〇),并于驩州刺史丁部领。始称帝,国号瞿越。部领爱少子项郎,欲立为嗣。项郎的哥哥丁琏,把项郎杀掉,部领就只得传位于琏。琏时,宋平南汉,琏遣使入贡。太祖以为静海军节度使,封交阯郡王。后来为其下所杀。部领亦遇害。琏的兄弟璿立。前九三二年(九八〇),为大将黎桓所篡(太宗太平兴国五年)。太宗派海陆兵(海兵出广州,陆兵出邕州)去讨他,不利。桓亦遣使谢罪。前九二六年(九八六),仍以为静海军节度,加安南都护,封京兆郡侯。前九一九年(九九三),封南平郡王。真宗即位,进封南平王。前九〇六年(一〇〇六),黎桓死,次子龙钺立,为弟龙铤所弑。前九〇二年(一〇一〇),龙铤死,殿前指挥使李公蕴自立。真宗仍以其官爵授之(英宗时,改封安南国王)。传四世而至仁宗,始改国号曰大越。自太祖至仁宗,皆留心政事,制定法律,兼提倡孔教和佛教,称为安南的盛世。神宗、英宗两世,亦称贤主。高宗立,荒于游宴,安南始衰。将军郭卜作乱,都城为其所陷。渔家子陈承,以乡兵平卜,辅立高宗之子惠宗。惠宗无子,传位于女佛金,佛金嫁陈承的儿子炬(就是《元史》的陈日煚)。就传位于炬,于是李氏亡而陈氏兴。

安南李氏系图 国号大越

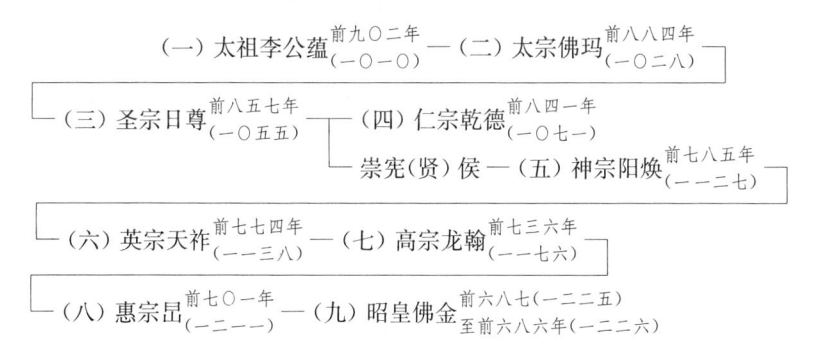

(一)太祖李公蕴 前九〇二年(一〇一〇) ——(二)太宗佛玛 前八八四年(一〇二八)

(三)圣宗日尊 前八五七年(一〇五五) ——(四)仁宗乾德 前八四一年(一〇七一)

崇宪(贤)侯 ——(五)神宗阳焕 前七八五年(一一二七)

(六)英宗天祚 前七七四年(一一三八) ——(七)高宗龙翰 前七三六年(一一七六)

(八)惠宗昑 前七〇一年(一二一一) ——(九)昭皇佛金 前六八七年(一二二五)至前六八六年(一二二六)

第五节　元祐绍圣的纷更和徽宗的衰侈

王荆公的变法,宋朝人把他骂得一佛不出世,然而实在无甚贻害于民之处。只要看当时,并无民愁盗起的现象,就可明白了。荆公变法,关涉的方面太多。果真贻害于民,则全社会都受其骚扰,断没有不民怨盗起的道理。然而宋朝人的党见,闹的太凶了。不论什么事情,都几乎只有意气,并无是非。当荆公行新法的时候,反对的人,便纷纷而起(其中最著名的,便是司马光、吕公著、韩琦、富弼、欧阳修、范纯仁、苏轼、苏辙等),无如神宗一概不听。前八二七年(一〇八五),神宗崩，哲宗立，还只十岁。太皇太后高氏_{神宗的母亲}。临朝，用司马光、吕公著做宰相。于是旧党联翩而进。不到一年，就把荆公所行的新法都废掉。然而这时候，旧党之中，又分为洛、蜀、朔三党。洛党以程颐为首。蜀党以苏轼为首。朔党以王岩叟、刘安世、刘挚、梁焘为首。互相攻讦，纷纭扰攘，对于政治，其实并没有一定的主见。又大家都捧着一个太皇太后，"哲宗有言，或无应者"。于是哲宗积忿在心。前八一九年（一〇九三），太皇太后崩。杨畏、李清臣、邓润甫等，首创绍述之议。哲宗就罢范纯仁，起用章惇做宰相。而朝局又一变。当荆公执政的时候，反对的人虽多，却并未窜逐一人。只有上《流民图》的郑侠，下狱远窜，乃荆公罢相一年中事。详见梁氏所著《王荆公传》。元祐诸臣执政，才把行新法的吕惠卿、邓绾、蔡确等远窜。章惇执政之后，也就窜逐旧党诸臣，以为报复。甚至要追废宣仁太后，以有人阻挠，不果。前八一二年（一一〇〇），哲宗崩，无子。太后要立徽宗。章惇说：以年则神宗诸子，申王为长；以亲，则哲宗母弟简王当立。太后不听。徽宗既立，章惇遭贬，以曾布为相。这时候，太后权同听政，颇起用元祐诸臣。然曾布本是助荆公行新法的。太后听政才七月，就归政。徽宗意亦倾向新法，却去引用了一个反复无常的蔡京。_{司马光要复差役，限期五日，大家都以为难。这时候，蔡京知开封府，独能如约办到。司马光大喜。}于是曾布亦罢相。蔡京窥徽宗意旨所在，把元祐诸臣的姓名，亲写了一张党人碑，勒诸朝堂，其子弟都不得至阙下；于是新旧水火之势，格外无可挽回。而徽宗又荒淫无度，好大喜功，北宋的天下，就无可支持了。_{当时就没有女真，内乱也要大起的。只看南渡之初，群盗的多便可知。}

蔡京是一个聚敛的好手，只要把《宋史·食货志》看一遍，便可见得当时：不论那一项财源，都给他搜括净尽；不论那一件政事，到他手里，就变做了聚敛的政策；以供给徽宗淫侈之用。本篇势难备详，读者诸君,请取来自读一过。便可见得财政紊乱,是国家的致命伤。于是设苏杭应奉局,派宦者童贯,到东南去监造御器。又命朱勔领花石纲,东南人家有好的花石,便运进京来。其骚扰,自然不言可知。于是在京城里造了一座万岁山,穷极奢侈。到元朝攻金汴京的时候,金人把这山上的石头,用来供发炮之用。涂毒了无数生灵,其结果,还是拿来做杀人之具,真正可发一叹。又相信道教,进用方士王老志、王仔昔、林灵素等,大营斋醮,费用也不可胜计。内政一方面,既已如此,对外又要讲武功。西南一方面,则招降蛮族,置了许多州县。西北一方面,又用王厚以开湟、鄯。均见上节。于是童贯借此机会经略陕西,和夏人开衅。每战,辄讳败为胜。教诸将多筑城堡,骗朝廷是新拓的土地。前七九二年(一一二〇),睦州人方腊作乱,连陷睦、如今浙江的建德县。歙如今安徽的歙县。二州,进陷杭州。童贯带兵把他讨平。就格外自谓知兵,要想趁辽朝败亡的机会,恢复燕云。北狩南渡之祸,就因此而起了。

第五章　北宋辽金的兴亡

第一节　女真和金室的起源

女真,就是现在的满族。他的起源,是很古的。他的名称,考据起来,也很有趣味。

这一族人:在最古的时候,称为肃慎。亦作息慎、稷慎。两汉时谓之挹娄。从南北朝到唐,谓之靺鞨。亦作勿吉。辽以后,称为女真。避兴宗讳作女直。《大金国志》:"金国,本名珠里真,后讹为女真,亦作虑真。"宋刘忠恕说金朝姓朱里真。到明末,才称为满洲。而据清朝人所说:则谓旧称所属曰珠申。近来日本稻叶君山著《清朝全史》,说:清朝改号称清以前,实曾自号其国曰金。至于满洲二字,则明人和朝鲜人,都书作"满柱",乃最大酋长之称,既非国名,并非部族之名。我国人有自署心史的,著了一本《史料》,把这件事情,考核得很详细,实在已无可疑。参看这两部书,和本书第四篇上第三章第一节。我才悟到《魏书》称靺鞨的酋长,号"大莫弗瞒咄","瞒咄"两字,就是满柱的异译,靺鞨两字,又是瞒咄的异译。至于挹娄,则是满洲语"叶噜"亦作懿路。的转音,乃是岩穴之义。是因其所居而名之,并非种族的本号。见《满洲源流考》。至于其种族的称号,则索慎、女真、珠申,原是一音的异译,几千年来,并没有改变。现在东三省的索伦人,也就是这种人,把珠申又写作索伦了。

这一族人,当三代以前,曾到中国来,贡其楛矢石砮。见《史记·孔子世家》。两汉时代,臣服夫余,所以不和中国交通。据《后汉书》及《晋书》。到南北朝时,分为七部。便是:

靺鞨 ｛ 粟末部居最南与高丽接。
伯咄部在粟末北,《唐书》作汨咄。
安车骨部在伯咄东北。
拂涅部在伯咄东。
号室部在拂涅东。
黑水部在安车骨西北。
白山部在粟末东南。

《唐书》没有号室部,其余都同。又有思慕、黑水西北,当在今龙江境。郡利、从思慕北行十日,当在今嫩江境。窟说、从郡利东北行十日,当在今瑷珲附近。莫曳皆、从窟说东南行十日,当在今同江附近。虞娄、无考。越喜、在如今开原铁岭之北,北接宁安。铁利在图们江北岸。等部。靺鞨,渤海的释地,《韩国小史》,最为可据。《满洲源流考》,亦可参看。拂涅、铁利、虞娄、越喜,时时通中国,而郡利、窟说、莫曳皆,都不能自通。粟末、黑水,都是如今的松花江(上源称粟末,稍远便称黑水),所以《唐书》说:粟末等六部,"部间远者三四百里,近者二百里"。《金史》说"女真之地,有混同江,长白山。混同江,亦号黑龙江;所谓白山黑水者也"。尤其说得清楚。清朝人误把鄂嫩、克鲁伦两河,算作黑龙江的上源,于是《唐书》、《金史》之说都不可通。不自知其考古之粗疏,反疑心前史是错误,真是荒谬绝伦。

满族的开化,都是得高丽的力。参看第四篇上第三章第一二节。所以粟末靺鞨和高丽最近,就最先开化。当唐朝时候,建立了一个渤海国,地有五京,十五府,六十二州。上京龙泉府,在如今宁安附近。中京显德府,在如今吉林东南。东京龙泉府,在如今海参崴附近。南京南海府,在如今朝鲜的咸兴。西京鸭绿府,在如今辑安县附近。其余诸府州,不尽可考。核其疆域,实在包括如今的吉、黑两省,朝鲜的咸镜道和平安道的大部分,俄国的阿穆尔沿海两州。一切制度文化,都以唐朝为模范。真不愧为海东文明之国。到五代时候,才给契丹太祖灭掉。关于渤海的事情,可参看《唐书》本传和《韩国小史》。前述靺鞨诸部落,《唐书》说:"白山本臣高丽,唐取平壤,其众多入唐。伯咄、安车骨等浸微,无闻焉。惟黑水盛强,分十六落,跨水,称南北部。"从渤海盛强以后,这许多部落,都变做他国家的一部。渤海灭亡以后,依旧是黑水部出来反抗契丹,这便是金朝人。

金朝的部族,就是黑水女真。从渤海亡后,服属契丹。《金史》说:在南者系辽籍,谓之熟女真;在北者不系籍,谓之生女真。《大金国志》则说明熟女真在混同江之南,生女真在混同江之北。朝鲜史籍,则称熟女真为西女真,说他在白头山就是长白山。大干、长岭之西,鸭绿江之北;生女真为东女真,在长岭之东,豆满江图们江。之西。据《韩国小史》。地位都相符合。

至于金朝的王室,则实在系出高丽。据《金史》说:金朝的始祖,名唤函普。来自高丽,年已六十余矣,居完颜部仆干水之涯。这时候,完颜部方与他部争斗,函普替他排难解纷;部人感激他,把部里一位六十多岁还没出嫁的姑娘嫁给他;生了两男一女,从此以后,就做了完颜部人。可见前此还无意于久住。朝鲜的史家,则说彼国的平州如今的咸兴。有个僧人,唤做金俊,逃入生女真。娶妻生子,为金之始祖。又有说平州有个僧人,唤做金幸。金幸的儿子,名唤克守。克守娶生女真之女为妻,生了个儿子,唤做古乙太师,太师是辽朝人所加的爵号。生女真虽不系辽籍,也有受辽命,称太师的。见《大金国志》。是金朝的始祖的。我说金朝的始祖,名字唤做什么,自然该以金朝人自述的话为准。然而函普究竟姓什么,《金史》不曾说出来。《金史》述金人所以称金的原因,共有两说:一说:"国言金曰'安出虎',以安出虎水源于此,故名金源。"一说:是太祖建国时候的诏书说:"契丹名国,义取镔铁。镔铁虽坚,终亦变坏;惟金不变。"遂号国为大金。两说自相矛盾。我看"太祖下诏书的时候,金朝必久已称金,诏书上的话,不过是就固有的名称,加之以一种解释。安出虎水的名目,前此亦没有听见;怕函普本来姓金,安出虎水,正是因高丽的金氏,迁居于此,所以得名的。乃水以部族名,非部族以水名。至于《金史》上说金朝的王室为完颜氏,乃是从生女真之俗,用的女系"。这种推测,傥使不谬,则金朝的王室,简直是汉族的血胤了。为什么呢?因为朝鲜半岛的金氏,实在系出中国。见第二篇下第一章第六节。以上兼据《韩国小史》。《韩国小史》载宋徽宗崇宁八年,金使裹弗失请和于高丽说:"昔我太师盈歌,尝言我祖宗出自大国,至于子孙,义当归附;今太师乌雅束,亦以大邦为父母之国。"政和时,金使如高丽修好,亦称高丽为父母之邦。

金系图

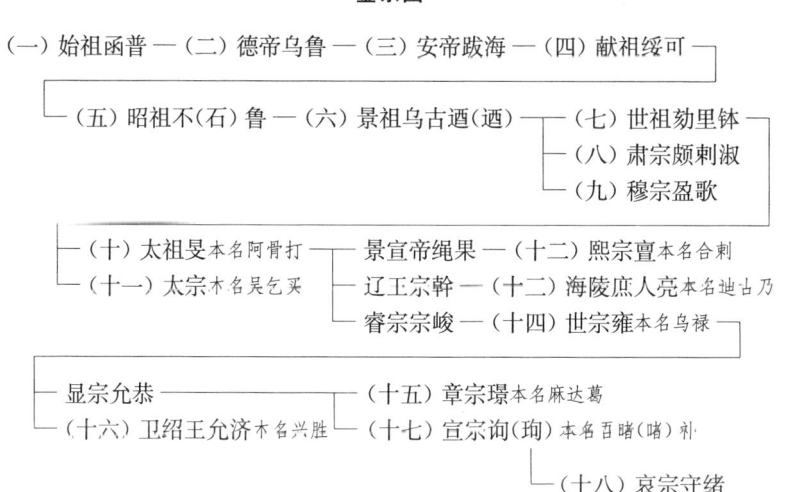

(一)始祖函普 —(二)德帝乌鲁 —(三)安帝跋海 —(四)献祖绥可
└(五)昭祖不(石)鲁 —(六)景祖乌古迺(迺) ┬(七)世祖劾里钵
　　　　　　　　　　　　　　　　　　　├(八)肃宗颇剌淑
　　　　　　　　　　　　　　　　　　　└(九)穆宗盈歌
┬(十)太祖旻 本名阿骨打 ┬景宣帝绳果 —(十二)熙宗亶 本名合剌
└(十一)太宗 本名吴乞买 ├辽王宗干 —(十二)海陵庶人亮 本名迪古乃
　　　　　　　　　　　└睿宗宗峻 —(十四)世宗雍 本名乌禄
┬显宗允恭 ————————(十五)章宗璟 本名麻达葛
└(十六)卫绍王允济 本名兴胜 (十七)宣宗询(珣) 本名吾睹(睹)补
　　　　　　　　　　　　　└(十八)哀宗守绪

第二节 辽朝的灭亡

　　金朝的开化，起于献祖。安帝、德帝两代，无事迹可见。前此是穴居的，到献祖徙居海姑水，《金史·本纪》下文又说"自此遂定居于安出虎水之侧矣"。《始祖以下诸子传赞》则说："再徙安出虎水。"安出虎水，是如今的阿勒楚喀河。海姑水当在其附近。才知道"筑室"、"树艺"。至昭祖，乃渐以"条教为治"。辽人以为惕隐。"昭祖耀武，至于青岭白山，长白山。入于苏滨、耶懒之地，所至克捷"。《韩国小史》说：苏滨，就是渤海的率宾府，金朝的恤品路；其地，从如今的兴京向西南，跨过鸭绿江。耶懒，就是金朝的曷懒路；其地，从朝鲜吉州向南，直至咸州。景祖之时，"自白山、耶悔、未详。统门、图们的转音。耶懒、土鲁伦未详。之属，至于五国之长，皆听命"。案所谓五国，就是《辽史》所谓五国部，有一个城，在朝鲜的会宁府。徽宗所迁的五国城，就是这个城。乃辽朝属境最远的地方。景祖替辽人讨平五国中的蒲聂部，受辽命，为生女真部族节度使。"始有官属，纪纲渐立。"景祖、世祖、肃宗、穆宗四世，皆尽力平定东方诸部族，一面借用辽朝的声威，一面又用外交政策，阻止辽兵入境，拒绝辽人要他"系籍"。到太祖手里，就和辽人交涉起来了。

　　契丹的国势，以圣宗时为最盛；兴宗时，亦尚可蒙业而安；道宗时，用佞臣耶律乙辛，自杀其子耶鲁斡，忠良多遭陷害，国势遂衰。天祚帝立，荒于游畋，委政于妃兄萧奉先，国事更坏。这时候，辽朝年年遣使到女真去求海东青，一种名鹰的名目。骚扰得极其厉害。金太祖就借此激怒诸部族；又有个星显水纥石烈部的阿疏，和金朝构兵，逃到辽朝去，金朝要索还，辽朝不肯；太祖也以为口实。前七九八年（一一一四），起兵攻辽，陷宁江州。在如今吉林东北。辽遣都统萧嗣先讨之，大败于出河店。在如今夫余县附近。金遂取咸州。在如今铁岭之东。前七九七年（一一一五），金太祖称帝，定国号曰金。

女真初起，部族很小，初起时，甲兵未尝满千。太祖攻辽，诸路兵皆会来流水（如今的拉林阿），只有二千五百人。出河店之战，兵始满万。然护步答冈之役，辽兵号称七十万，金兵仍不过二万。以后两路伐宋，每路也不过三万人。说他就有取辽而代之之心，是决无之理。他所以起兵，大概因辽朝对于女真，控制颇为严密；《大金国志》说：契丹于宾州混同江之北八十里筑寨，以控制生女真。又说："契丹恐女真为患，诱豪右数千家，处之辽阳之南，使不得与中（本）国往来，谓之曷苏馆。自咸州东北分界，入山谷，至涑末江（即粟末），中间所居之女真，隶咸州兵马司，谓之回霸。极东而野居者，谓之黄头女真。居涑末江之北，宁江州之东。……"所以当时辽朝控制女真，咸州宁江州，是两个要地。这两处既破，就轮到黄龙府了。而所谓求海东青等的辽使，又一定十分骚扰。金朝从景祖做生女真部族节度使后，累代都和辽朝打交涉，辽朝的无能为，已经给他看穿。当时女真有叛乱的，辽朝都不能定，都靠生女真部族节度使替他打定。于是姑且起兵，想脱辽朝的羁轭。所以咸州、宁江州既下之后，就遣使与辽议和。因他本来所求，不过如此。以还阿疏和迁黄龙府于别地为条件。黄龙府如迁去，女真的自由，就算完全恢复了。辽人不答应。金太祖就自行用兵，攻破黄龙府。前七九七年（一一一五）九月。天祚帝闻之，自将兵七十万至驼门。七十万自系虚数，然而为数必不少。不意御营副都统耶律章奴谋反，想立兴宗次子耶鲁斡之子秦晋国王淳。天祚帝闻之，皇遽西归，给金兵追到护步答冈，杀得大败。驼门和护步答冈，都该离黄龙府不远。大概在如今艮岭县附近。明年，渤海人高永昌据东京，又给金太祖打破。于是东京郡县，多降于金。金朝的疆域，差不多有如今的奉、吉两省了。

黄龙府既破，金朝已经心满意足；更加意外得了一个东京，自然更无进取之意。前七九五年（一一一七），又差人到辽朝去议和。所要求的条件是：

（一）辽主册金主为皇帝。

（二）辽主以兄礼事金主。

（三）割让上京、中京、兴中府三路之地。

（四）纳岁币。

（五）以亲王公主，驸马，大臣子孙为质。

磋磨了许多时候。(三)(五)两条，都不要了。第(四)条也肯减少数目，只求册用汉礼，和第(二)条而已。然而辽人争执条文，议终不就。至前七九二年(一一二〇)，兵衅再开，金兵就攻破上京。在如今热河道开鲁县境。

辽朝是一个泱泱大国，如何亡得十分快；而且极容易？这件事，读史的人，都有点疑心。原来辽朝的国家，是合三种分子组织成功的。便是(一)契丹、奚，(二)诸部族，(三)汉人。诸部族的瓦解，是很容易的；南边既然拥立了秦晋国王，就把所得到的中国地方都失去；再加以契丹诸部族，也未必都归心天祚，就弄得众叛亲离的了。前七九一年(一一二一)，辽朝的耶律余睹叛降金，天祚的元妃，生秦王定。文妃生晋王敖鲁斡。敖鲁斡颇贤，为国人所归心。耶律余睹，是文妃的妹夫。元妃怕秦王不得立，诬文妃和耶律余睹谋立晋王，天祚赐文妃死，耶律余睹惧而降金。金人因此尽知天祚的虚实。于是命世祖的儿子辽王杲做都统以伐辽。明年，克中京。如今热河道的凌源县。天祚帝这时候，还在鸳鸯泺打猎，在如今直隶赤城县境。为金兵所袭，逃到夹山。在如今五原西北。于是南京的人，拥立了秦晋国王淳，尽有燕云、平州、辽西、上京之地；天祚帝所有，不过沙漠以北，西南西北两招讨使而已。金人就进取西京。

漏屋更遭连夜雨，破船又遇打头风；辽人正弄得七零八落，却宋人又想恢复燕云了。原来宋徽宗本是个好大喜功之主，蔡京、童贯一班人,又是全不晓得轻重的,听得金朝打破辽人,就想借金人之力,以恢复失地。于是差一个马政到金朝去,求"五代时陷入契丹汉地"。前七九四年(一一一八)。马政是燕人,童贯使辽时,自言有灭辽之策。童贯就把他带归,引见徽宗,赐姓名为赵良嗣。《宋史》说:马政的使金,是约夹攻辽国的。然而《金史本纪》说:"……马政以书来,曰:克辽之后,五代时陷入契丹汉地,愿畀下邑。"并无夹攻之说。果使宋本约夹攻,金朝的复书,就不必再提起与宋夹攻之说了。大概童贯等本想不烦一兵,而得燕云的,这并不是有外交手段,不过是小人徼幸之心而已。金太祖复书,约宋朝夹攻,谁得到的地方,就算谁的。于是约宋朝攻南京,金取中京及上京。前七九〇年(一一二二),童贯派兵攻辽,大败。这一年六月,辽秦晋国王死了,辽人立天祚帝的次子秦王定为帝,尊秦晋国王的妻萧氏为太后,同听政。童贯听得,又派刘延禧(庆)和辽国的降将郭药师去攻辽,又不胜。童贯大窘,就差人到金朝去,请金朝代攻燕京。这时候,金太祖正以西京郡县反侧,应辽王呆的请,亲自出师。就从蔚州攻破居庸关,直薄南京。萧太后和秦王定都逃掉,于是南京攻破,辽人五京皆破。天祚帝辗转山后,弄得无家可归。到前七八六年(一一二六),给金朝人捉获,辽朝就此灭亡。金朝和宋朝的交涉,就此起了。

第三节 北宋的灭亡

金朝当初起的时候,并没有什么土地思想(他的灭辽,其实是辽人自己土崩瓦解,并不是金人真有多大的能力)。以区区东方一个小部落,一旦灭辽而有之,不但喜出望外,再求扩充,一时也有些难于消化了。所以南京虽系金朝所取,也不过敲几个钱的竹杠,就肯把来还宋。原来宋朝和金朝,是约夹攻契丹的。辽朝的南京、西京两道,本应当宋人自己去取。然而后来,全仗金人的力量攻下。于是金人一方面,只肯还宋燕京和蓟、景、檀、顺、涿、易六州;而宋朝则山后诸州外,还要要求营、平、滦三州。原来燕云十六州,自入契丹之后,颇有废置。这时候,在辽朝的南京道,除析津府外,有蓟、景、檀、顺、涿、易六州;景州辽所置,在如今直隶的遵化县。西京一道,除大同府外,有应、蔚、儒、妫、奉圣、归化六州,和武、朔二州;归化州,就是旧时的武州。辽朝的武州,治如今山西的神池县。奉圣州,也是辽朝所置,在如今直隶的保安县。都是五代时让给契丹的旧地。至于营、平二州,见第三章第二节。则系后唐时,契丹所攻陷,滦州如今直隶的滦县。系辽人所置,都和石晋所割的地无涉。宋朝起初和金立约,也只说"五代时陷入契丹汉地",并没提起营、平、滦;南京既破之后,宰相王黼,就想兼得此三州,差马政到金朝去要求。金朝一定不答应。这时候,涿、易二州,是辽将郭药师带来投降的,已经是宋朝的地方,其余诸州,却都在金人手里。于是金人也提出强硬的抗议。说:

(1) 若宋朝定要营、平、滦三州,则并燕京而不与。

(2) 就使宋朝不要营、平、滦三州,单要燕京和六州,燕京的租税,也是要给金朝的;因为这地方是金朝所攻下。燕京的租税额,是每年六百万缗;现在金朝肯减取,只要一百万缗。

(3) 倘若宋朝不肯照此办法,就要把涿、易二州,都还金朝。

于是磋议的结果,宋朝答应:

(1) 岁输银绢各二十万两匹,又别输"燕京代税钱"一百万缗。

(2) 遣使贺金主生辰及正旦。

(3) 置榷场贸易。

前七八九年(一一二三),五月,金人就把燕京和蓟、景、檀、顺之地来归。不多时,又还了应、蔚、儒、妫、奉圣、归化六州。这一年八月里,金太祖死了,太宗立。十一月,又以武朔二州来归。宋朝置为燕山府和云中府两路。

平州地方,金朝既不还宋,就建为南京,以辽降将张觉留守。就是这一年六月里,张觉据城叛降宋。宋人受之。十一月,给金朝打破,张觉又逃到燕山。金朝人来索取,宋朝无奈,只得杀掉张觉,"函首以畀金"。然金朝人仍以此为口实。前七八七年(一一二五),十月,宗翰、宗望都是辽王杲的儿子。分两道伐宋。

宗望从平州入燕山,宗翰从云中攻太原。这时候,童贯方驻兵太原,听得金朝人来,先拔步跑掉。幸得知太原府事张孝纯固守,所以河东一路,还可暂时支持。而河北一路,宋人以郭药师守燕山,又派内侍梁方平,带着卫士,拒守黎阳。郭药师既望风投降。明年正月,梁方平的兵也大溃,宗望遂渡河。这时候,徽宗业已传位钦宗,隔年十二月。金兵围汴京,由主战的李纲固守。虽然未必一时就破;然而四方来援的兵很少,因为这时候已没有什么兵,参看下篇第四章第三节。偶有来的,也遇敌辄败。于是只得和金朝讲和。其条件是:

(1) 宋朝输金五百万两,银五千万两,表段百万匹,牛马万头。

(2) 尊金主为伯父。《宋史·钦宗纪》作叔父,是错的。《高宗纪》也作伯父。

(3) 割太原、中山、河间三镇。

(4) 以亲王宰相为质。

于是括京城里的金二十万两,银四十万两,先行交给金人,并以肃王枢为质。五月,宗望遂解围北还。这时候,宗翰还在太原,听得宗望讲和,也差人来"求赂"。大概金朝人的意思,以为每一支兵,都要得些利益，才算罢兵的。宋朝人的意思，则说业已讲和，如何又来需索。于是把他的使者捉起来。宗翰大怒，分兵攻破威胜军、如今山西的沁县。隆德府，如今山西的长治县。进取泽州。如今山西的凤台县。宋朝人说：这是背盟了。就诏三镇固守，而且派兵往援。这时候，辽朝的国戚萧仲恭，做了金朝的使臣，来到宋朝，也给宋朝人拘留住。萧仲恭的母亲，本是辽道宗的女儿，就骗宋朝人，说能替宋朝招耶律余睹，叫他叛金。宋人信了他，写了封信给余睹，封在蜡丸里，托萧仲恭带回。萧仲恭走到燕山，就把这蜡书献给宗望。金人以这两件事为名。八月，宗翰、宗望再举兵南下。九月，宗翰陷太原，从孟津渡河。宗望也渡河，替他会合。十一月，合围京城。闰十一月，城陷。钦宗自到金营请和。先是京城未被围时，金人差人来，要尽得两河之地。宋朝没法，只得答应他。叫聂昌使宗翰军，耿南仲使宗望军。聂昌到绛州，如今山西的绛县。给钤辖赵子清所杀。南仲走到卫州，如今河南的汲县。卫州人不纳，而且要杀掉他。南仲逃到相州。如今河南的安阳县。于是和议不成。京城既破之后，仍以割两河地成和。再差耿南仲和陈过庭出去割地，各地方的人，都不奉诏。前七八五年（一一二七），二月，金人就掳徽、钦二宗，和钦宗的太子谌，以及后妃宗室等皆北去，而立宋臣张邦昌为楚帝。金人既去之后，张邦昌虽不敢做皇帝；然而宋朝人在北方，也始终站不住，就成了南渡之局了。